성격과 삶

융의 성격 유형론으로 깊이를 더하는
성격과 삶

초판 1쇄	펴낸 날 2020년 11월 12일
초판 5쇄	펴낸 날 2023년 1월 22일

지은이	김창윤
발행인	이원석
발행처	북캠퍼스
등 록	2010년 1월 18일(제313-2010-14호)
주 소	서울시 마포구 양화로 58 명지한강빌드웰 1208호
전화	070-8881-0037
팩스	02-322-0204
전자우편	kultur12@naver.com
마케팅	임동건

ISBN   979-11-88571-10-9 03180

이 도서의 국립중앙도서관 출판시도서목록(CIP)은 서지정보유통지원시스템 홈페이지 (http://seoji.nl.go.kr)와
국가자료공동목록시스템(http://www.nl.go.kr/kolisnet)에서 이용하실 수 있습니다.(CIP제어번호: CIP2020046210)

융의 성격 유형론으로 깊이를 더하는

성격과 삶

김창윤 지음

북캠퍼스

인간은 어떤 존재인가 그리고 어떻게 살아야 하는가. 나이가 든 지금까지 계속되는 질문이다. 학창 시절에는 마땅히 의논할 상대를 찾지 못해 혼자 이런저런 책을 뒤적여 보기도 했으나 만족스러운 답을 얻지 못했다. 남들은 하지 않는 고민을 하는 것이 혼자 예민하고 별난 탓인가 생각하기도 했다.

그러다가 정신과 의사가 되어 칼 구스타프 융을 접했다. 융의 이론은 흔히 모호하고 이해하기 어렵다고 하는데, 내게는 직관적으로 상당히 명료하게 다가왔다. 인간 존재와 삶에 대해 그간 가졌던 고민을 이해하고 정리하는 데도 큰 힘이 되었다. 특히 성격 유형론은 사람들의 차이를 이해하는 데 단연 으뜸이었다. 융은 프로이트와 아들러를 넘어서 인간 심리와 삶의 방향에 대한 통찰을 제시했고, 이론뿐만 아니라 실제 환자를 상담하는 데도 많은 도움이 되었다. 심리학자는 철학자가 되어야 한다는 말과 치료란 행복으로 이끄는 것이 아니라 어쩔 수 없는 부분을 받아들이게 하는 것이라는 가르침도 마음에 와닿았다. 하이데거나 노자를 비롯한 동서양 철학을 아우를 수 있다는 점도 이끌리는 부분이었다.

그러나 아쉽게도 융은 일반인에게 아직 친숙하지 않은 듯하다.

최근 '영혼의 치유자' 융에 매력을 느끼는 사람들이 많아지고 관련 서적들이 늘어나고 있으나 막상 주변에 권할 만한 일반인을 대상으로 알기 쉽게 쓴 책은 찾기 힘들다.

상담하다 보면 어떻게 살아야 할지 고민하면서 도움이 될 만한 책을 추천해 달라는 부탁을 받을 때가 있다. 그럴 때마다 자기 계발서는 넘쳐나는데 막상 적당한 책을 찾기가 쉽지 않았다. 책에 따라서는 현실 적응을 위한 도구적 기능이나 사회성과 같은 외향적 성향을 지나치게 강조한 듯하여 마음에 들지 않았고, 긍정적인 사고방식을 강조한 책은 삶의 고통스럽고 부정적인 측면을 애써 외면한 듯하여 깊이가 부족하다는 인상을 주었다. 열등감 콤플렉스를 다룬 책도 성격 특성의 전체적 모습을 조망하지 못하는 듯하여 아쉬움이 있었다. 알기 쉽게 쓴 철학책들 역시 특정 철학자의 관점에 국한되거나 관념적이라 실생활에 적용하기가 쉽지 않아 보였다.

이 책은 세 부분으로 이루어져 있다. 먼저 1부 "성격—성격을 알면 사람이 보인다"에서는 융의 성격 유형론을 중심으로 개별 성격의 차이를 살폈다. 성격에 대한 이해는 적절한 대인 관계를 위해서뿐만 아니라 궁극적으로 자기답게 살기 위해서도 필수적이다. 융의 성격 유형에 대한 이해는 삶의 여정에서 나침반을 가진 것에 비유할 수 있다.

융은 막연하게 열등감 보상과 우월성 추구를 주장하는 아들러와 달리, 개개인의 우월한 부분과 열등한 기능이 성격 유형에 따라 어떻게 다른지를 설명해 준다. 최근 심리학계에서 성격의 5요인 모델이 주목받고 있으나 학문적 깊이와 실용적 측면에서 융의 성격 유형론에 비할 바가 못 된다고 생각한다. 융의 성격 유형론은 개인의 의사 결정 방식과 행동 양식을 예측하고 실생활에서 대인 관계 또는 부부간의 갈등을 이해하고 해결하는 데 많은 도움이 된다. 융의 성격 유형에 대한 이해는 상담자나 교육에 종사하는 사람뿐만 아니라 최고 경영자가 기업에서 조직 구성원의 역량을 최대한 살리는 데도 큰 도움이 될 수 있다. 리더십 역시 성격 유형과 밀접한 관련이 있기 때문이다. 융의 성격 유형에 대한 이해를 돕기 위해 현대 그룹 창업자 아산 정주영 명예회장과 삼성 그룹 창업자 호암 이병철 선대회장, 애플의 스티브 잡스, 도널드 트럼프 미국 대통령 등을 예로 제시했다.

2부 "삶─어떻게 살 것인가"는 평소 환자들을 진료하며 자주 하는 얘기들을 모아 정리한 것으로 필요할 때 읽고 삶에 도움이 되었으면 하는 마음으로 썼다. 많은 부분이 융의 이론을 실생활에 적용하는 내용이다. 삶의 우선순위와 방향을 정하지 못한 청소년부터 삶이 무의미하거나 공허하다고 느끼는 중년 이후 노년에 이르기까지 삶에 대해 진지하게 고민하는 모든 사람에게 도움이 되었으면 한다.

3부 "마음의 병"에서는 정신 질환과 다양한 치료법에 대해 안내하고 있다. 정신 질환은 매우 흔할 뿐만 아니라 삶의 질에 많은 영향을 주는데 불행히도 오해와 편견으로 적절한 치료를 받지 못하는 경우가 많다. 병의 원인과 발병 기전이 명확히 밝혀져 있지 않다 보니 전문가조차 전문적 용어를 나열할 뿐, 자신의 지식이 어느 정도의 과학적 근거를 가진 것인지 잘 알지 못하는 경우가 많다. 머리 아픈 것을 두통이라고 부른다 해서 두통이 무엇인지 아는 것은 아니듯이, 정신 질환도 병명을 붙였다고 해서 그 병의 실체를 알고 있는 것을 의미하지 않는다. 정신 질환을 제대로 이해하기 위해서는 우선 병이 어떻게 정의되고 이름이 붙여지는지 알아야 한다. 이를 고려하여 3부는 정신 질환의 정의에 대한 설명부터 시작해 평소 진료실에서 내원한 환자 또는 가족에게 설명해 주는 내용을 담았다.

독자의 이해를 돕기 위해 나름 많은 예를 들어 가며 글을 쓰고자 했으나 읽는 사람을 배려하기보다는 글 쓰는 이의 관점에서 기술하는 한계를 벗어나지 못한 듯하다. 또한 간명하게 설명할 수 있어야 제대로 이해한 것이라는 생각을 가지고 직관적인 이해를 바탕으로 기술하다 보니 부연 설명이 아쉬운 부분이 적지 않고, 매끄럽게 이어지지 않는 부분이 여기저기 눈에 띈다. 그러나 융의 성격 유형론에 대한 이해를 돕고, 삶의 방향을 간명하게 제시하고자 한 애초의 목적이 달성된다면 그것으로 만족하고자 한다.

이 책이 내가 사랑하는 모든 이들을 비롯하여 삶의 여정에서 심리적 어려움을 겪는 분들과 진지하게 잘 살기를 원하는 모든 분들에게 도움이 되길 바란다.

◆
차
례
◆

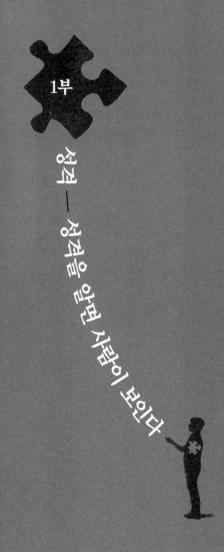

1부

성격 — 성격을 알면 사람이 보인다

1장

성격이란

성격을 알면 사람이 보인다

'잘 산다'는 것은 큰 불만이나 고통 없이 정신적으로 건강하게 사는 삶을 말한다. 이는 진정한 자기를 실현하는 데서 오는 결과이 기도 하다. 자기실현은 자신의 잠재적 재능과 한계를 알고 진정으로 자신이 원하는 삶을 사는 것이다. 자기실현에 다가가는 사람은 더불 어 사는 삶의 소중함을 알고 남을 배려하고 공감하며 적절한 관계 를 맺을 줄 안다. 이렇게 자기답게 사는 자기실현에 반드시 전제되 어야 하는 것이 자신의 성격에 관한 이해다. 다른 사람들과 적절한 관계를 맺는 데도 성격에 관한 이해는 중요한 요소다. 개인적인 관 계에서뿐만 아니라 조직 경영자로서 성공하기 위해서도 구성원의 개별적 특성을 제대로 파악할 수 있어야 한다. 구성원의 성격을 제대로 이해해야 각자의 장점을 살리고 단점을 보완하여 성과를 올리고 조직을 조화롭게 이끌어 나갈 수 있다.

영어에서 성격을 뜻하는 '퍼스낼리티personality'는 가면을 의미하는 '페르소나persona'에서 유래한다. 같은 뜻인 '캐릭터character'는 조각상의 얼굴에 새겨진 특성과 같이 '새겨진 것, 조각, 각인' 등을 의미하는 그리스어 '카락테르charakter'를 어원으로 한다. 따라서 성격은 '페르소나', 즉 개인이 세상과 관계를 맺는 방식이자 '캐릭터', 즉 다른 사람과 구별되는 특성을 의미한다고 볼 수 있다.

성격은 또한 고대 그리스어로 '에에토스'라고 하는데, 이는 '에토스ethos(풍습)'에서 유래한 말이다. 고대 그리스 철학자 제논의 제자들은 에토스를 '개별적 행동을 낳는 삶의 근원'이라고 설명한다.[1] 즉, 한 개인이 어떤 생각을 하고 느끼고 행동할 때 그 사고, 감정, 행동의 바탕에 깔린 개인의 내재한, 고유한 특성을 성격이라 할 수 있다. 성격은 정서적, 인지적, 사회적, 종교적 특성 모두를 포함한다. 현실 적응 능력, 대인 관계 특성, 의사소통 방식, 자기 이미지, 평소 기분 및 감정 조절, 욕구(충동) 조절 및 좌절에 대한 반응, 지각 및 사고방식, 일에 대한 태도, 취미 및 여가 활용, 가치관 및 종교적 태도 모두 성격에 포함된다.

성격은 상황적 요인만으로는 설명되지 않는 지속적 특성을 말한다. 상황에 따라 일시적으로 보이는 행동이 성격을 반영하는 것은 아닐 수 있다. 평소 자기중심적인 사람이 상황에 따라 남을 배려하는 행동을 한다고 성격이 달라진 것은 아니다. 평소 사람들과 어울리기를 좋아하는 사람이 원하는 일이 뜻대로 풀리지 않아 일시적으로 의기소침해지고 혼자 동떨어져 지내는 모습을 보인다고 성격이 내향적이라고 말하지 않는다.

성격을 알면 특정 상황에서 어떻게 행동할지 예측하는 데 도움이 된다. 같은 상황에서도 성격에 따라 생각이나 행동이 다를 수 있다. 자기 생각을 상황에 맞춰 적용하는 사람이 있는가 하면 자신의 원칙에 상황을 맞추려는 사람도 있다. 똑같은 스트레스 상황에서도 조바심하며 걱정하는 사람이 있는가 하면 느긋하고 태평인 사람도 있다.

대인 관계 갈등의 많은 부분도 성격 차이로 설명할 수 있다. 직장 내 인간관계뿐 아니라 부부 관계, 부모와 자식 관계 모두 성격의 영향을 받는다. 온화하고 공감 능력이 뛰어난 사람이 있는가 하면 비판적이고 다른 사람의 감정에 아랑곳하지 않는 사람도 있다. 진정성 있는 인간관계를 소중하게 생각하는 사람이 있는가 하면 상대를 욕구 충족의 수단 정도로 생각하는 사람도 있다. 내 일이 아니면 나서지 않거나, 지배 욕구가 강해 영향력을 행사하려 들고 지나치게 관여하는 태도도 성격과 관련된다. 실용적 가치를 추구하는 사람과 도덕적 가치나 원칙을 중시하는 사람 사이의 갈등도 성격에 따른 가치관의 차이로 설명할 수 있다. 일하는 방식이나 일에 대한 태도도 성격에 따라 다르다. 큰 그림을 보는 사람이 있는가 하면 세부 사항부터 챙기는 사람도 있다. 진취적이고 창의적인 사람이 있는가 하면 변화를 싫어하고 정해진 방식대로 실행하기를 고집하는 사람이 있다.

기업에서 의사 결정을 할 때 객관적 데이터와 성과를 중시할지 직관적 판단을 따를지도 경영 이론보다는 경영자의 성격에 의존한다. 갈등을 해결할 때, 원칙을 중시하는지 사람들과의 관계를 먼저 생각하는지도 성격과 관련된다. 정치가의 역량 역시 성격의 한계를 벗어나기 어렵다. 조직 내에서 소통하는 방식도 마찬가지다. 주장이 강하고 다른 사람을 지배하려 드는 권위적 유형도 있고 권위에 무조건 순응하는 사람도 있다. 자신의 오류 가능성을 인정하는 합리적 유형도 있고 다른 사람 말을 듣지 않는 고집불통의 리더도 있다. 리더가 스스로 가치 판단을 잘못하면 누군가의 생각에 조정당하고 그때그때 상황에 따라 다른 말을 하거나 엉뚱한 고집을 부릴 수 있다.

성격을 이해하는 능력은 관점을 변경하고 행동의 맥락을 이해하는 능력인데 사회적 지능의 한 부분으로 보기도 한다. 따로 떼어서 성격 지능이라고 부르는 심리학자도 있으나 성격을 이해하는 능력도 성격의 한 부분으로 볼 수 있다. 성격에 대한 이해는 사람마다 다르고 지능처럼 타고난 부분도 있으나 삶의 경험을 통해 훈련되고 학습되는 부분이 크다. 공부가 가능하다는 얘기다. 그런데도 학교 교육에서 소홀히 하는 부분이기도 하다. 성격을 바라보는 관점과 서로 다른 성격 특성을 공부하면 그간 보지 못한 성격을 볼 수 있게 된다. 성격을 이해하는 것은 낯선 길을 갈 때 나침반을 가진 것에 비유할 수 있다.

성격의 5요인 모델

성격의 다양한 특성을 파악하기 위해서는 성격을 보는 관점에 대한 이해가 필요하다. 성격을 보는 관점은 성격을 기술하는 형용사만큼 다양하고 사람마다 제각각이다. 대인 관계에 관심이 있는 사람이 있는가 하면 일에 대한 태도를 보고 성격을 평가하는 사람이 있다. 또 어떤 사람은 도덕성이나 가치관을 중시한다. 학자들 사이에도 정해진 바가 없고 일치된 연구 결과를 찾아보기도 어렵다. 이런 배경에서 근래 주목받는 연구 성과 중 하나가 '성격의 5요인 모델'이다.

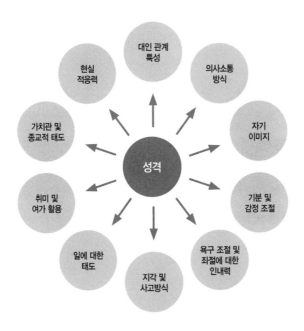

• 성격을 보는 관점 •

성격의 5요인 모델은 오래전부터 성격을 기술하는 형용사들을 모아 의미가 비슷한 단어끼리 묶어 분류를 시도하면서부터 시작되었다. 1930년대 중반 심리학자 루이스 서스톤Louis L. Thurstone은 성격을 기술하는 단어가 많을 것 같지만, 성격을 기술하는 형용사 60개를 나열하고 통계적으로 분류해 보니 의외로 5개 요인으로 축약된다는 보고를 한 바 있다. 비슷한 시기 고든 올포트Gordon W. Allport와 헨리 오드버트Henry S. Odbert는 영어 단어 목록에서 성격 특성을 나타내는 4504개의 용어를 찾아내는데, 1940년대 들어서 레이먼드 커텔Raymond B. Cattell이 이 단어들을 통계적으로 분류해 보니 16개의 요인으로 묶인다고 발표했다.

한편 비슷한 시기 한스 아이젱크Hans J. Eysenck는 성격이 2개의 요인, 즉 외향성/내향성과 신경성/정서적 안정성 성향으로 구성되어 있다는 가설을 세우고 이를 요인 분석으로 확인한다. 아이젱크는 성격을 기술하는 데서 더 나아가 외향성은 대뇌 피질의 각성 수준이 낮아 자극을 추구하고, 내향성은 그 반대라고 주장하며 성격 요인이 생물학적 또는 유전적 요인에 의해 결정된다고 보았다. 아이젱크는 1970년대에 들어서서 정신병적 성향 요인(적대적이고 충동적 성향을 보이며 무책임한 반사회적 성향)을 추가한다.

이후 커텔의 자료를 1980년대 초반에 이르기까지 몇몇 학자들(Fiske, 1949; Tupes & Christal, 1961; Norman 1963; Digman & Takemoto-Chock, 1981)이 재분석하는데 일관되게 5개 요인으로 압축된다는 결과를 보고한다. 또한 대상이나 방법을 달리한 연구들(Borgatta, 1964; Digman & Inoue, 1986; McCrae & Costa, 1985, 1987; Goldberg, 1990)도 비슷한 결과를 보여 주면서, 5요

인(루이스 골드버그Lewis R. Goldberg는 '빅 파이브Big Five'라고 불렀다) 모델은 학계의 관심을 끌게 된다.[2]

성격의 5요인 모델은 성격의 다양성을 크게 외향성, 우호성, 신경증적 성향, 성실성, 경험에 대한 개방성과 같은 5개 요인의 관점에서 설명한다.[3]

'외향성extroversion' 요인 점수가 높은 사람은 사회적 활동과 대인관계를 긍정적 정서 경험의 기회로 보고 가치를 부여한다. 즉 외적 세계에 긍정적 기대를 하고 사회적 보상에 민감하다.[4] 따라서 사람들과 어울리기를 좋아하고, 활동적이고, 자기주장도 강하고, 적극적으로 관여하며 지배적이거나 영향력을 행사하려는 성향을 보인다. 즉, 외향성은 사교성, 활동성, 자극 추구, 지배적 경향, 자기주장, 사회 적응 등과 관련된다고 볼 수 있다. 외향성 요인은 연구자에 따라 '권력'과 관계된 것으로 보기도 하고 '사회 적응력', '긍정적 기대 성향', '주장성'으로 불리기도 한다.

'우호성agreeableness'은 사람들과 조화로운 관계를 유지하며 잘 지낼 수 있는지를 나타낸다. 타인에 대한 신뢰와 관심, 공감, 배려, 이해심, 관대함, 겸손, 정직함(겸손과 정직함은 별개 요인으로 보는 학자도 있다), 온화함(외향적 요인으로 보는 연구자도 있다), 예의 바름, 순응적 태도, 타협 및 협조와 관련된다. 우호성 점수가 낮으면 타인의 의도를 의심하고, 비판적이며, 상대의 단점을 지적해서 마음을 상하게 하고, 경쟁적이고, 자신의 욕구 충족을 위해 타인을 조종하거나 속이는 태도를 보인다. 우호성 요인은 '사랑'과 관련된 것으로 보기도 하고 '순응성', '호감성'으로 불리기도 한다.

'신경증적 성향neuroticism'은 걱정, 긴장, 예민함, 불안, 우울과 같은 부정적 정서 체험 성향과 관련되며 정서적 안정감을 나타낸다. 자의식과 충동성, 취약성이 포함된다. 신경증적 성향은 '정동情動'과 관련된 것으로 보기도 하고, '감정 통제', '정서성'이란 이름으로 불리기도 한다.

'성실성conscientiousness'은 주어진 과제를 해내는 일에 대한 태도와 처리 방식을 나타낸다. 준비가 되어 있는지, 계획적인지, 꼼꼼하고 정확하게 처리하는지, 조직적으로 일하는지, 신중한지, 책임감이 있는지 등과 관련된다. 점수가 낮은 경우는 부주의하고, 무책임하고, 제멋대로(좋게 보면 융통성 있게) 일 처리를 한다고 볼 수 있다. 성실성은 '일'과 관련된 것으로 보기도 하고, '성취 의지', '책임감'으로 명명되기도 한다.

'경험에 대한 개방성openness to experience'은 새로운 경험이나 다양한 의견을 선입견 없이 받아들이고, 고정 관념, 관습 또는 정해진 방식에 얽매이지 않는 태도를 의미한다. 창의성, 상상력, 예술과 문화에 대한 심미적 또는 지적 관심 등이 포함된다. 점수가 높은 사람은 개방적이면서 창의적이고 상상력이 풍부하고 자신을 성찰하는 경향이 있다. 점수가 낮은 사람은 현실적이면서 구체적이고 규정에 얽매이면서 융통성이 부족하다. 경험에 대한 개방성은 '지성知性'에 관한 것으로 보기도 하고, '지적 탐구', '지능', '문화'로 불리기도 한다.

성격을 기술하는 방식은 크게 둘로 나뉜다. 하나는 어떤 성격 유형에 속하는지 범주를 나누는 방식이고, 다른 하나는 성격을 연속적 특성으로 보고 점수를 매겨 집단 평균과 비교해 보는 방식이다.

융의 성격 유형론에 따라 어떤 사람이 내향적인지 또는 외향적인지 판단한다면 이는 성격 유형을 범주로 나누는 방식이다. 성격의 5요인 모델은 성격을 5개 요인 중 하나의 유형으로 분류하는 게 아니라, 5개 요인 각각에 대해 성격의 연속적 특성을 다른 사람들의 평균과 비교해 어느 정도인지 점수로 평가한다.

성격의 5요인 모델의 한계

성격의 5요인 모델은 성격을 체계적으로 기술하는 데 유용하고, 대인 관계나 업무 수행 능력 등 실생활에서 행동을 예측하는 데 도움이 된다는 연구 결과들이 나와 있다. 하지만 개인의 성격을 전체적으로 생생하게 묘사하지 못하고 병적인 성격을 기술하는 데는 한계가 있다는 지적이 있다. 5요인 모델은 성격 차이(분산)의 60퍼센트 이상을 설명하지 못하는 것으로 보고된다. 또한 단지 어떻게 행동할지를 기술할 뿐 어떤 상황에서 왜 그렇게 행동하는지, 즉 성격의 역동이나 기전을 설명하지 못한다는 단점이 있다. 예를 들어 주장성이 강하고 지배적 성향을 보일 때 성격의 5요인 모델은 그냥 외향적 성향이 강하다고 얘기할 뿐이다. 그런 행동이 겉보기와 달리 열등감의 소산인지 또는 내향적 성격의 과잉 보상으로 나타난 것인지, 원래 외향적 성향이 강해서 그런지 설명하지 않는다. 즉 내적 특성과 겉으로 드러난 특성이 반대일 수 있는데, 이런 점은 고려하지 않고 그냥 관찰되는 특성에 따라 기술한다. 의식적 행동인지 무의식의 영향을 받은 행동인지 구분하지 않고, 주관적 평가와 객관적 관찰이 일치하는지도 따져 보지 않는다. 이를 고려하는 정신 역동적 관점에서 볼 때 5요인 모델의 성격 기술은 그럴듯해 보이나 공허한 느낌을 지울 수 없다.

성격의 5요인 모델은 관찰 자료를 바탕으로 통계 기법을 사용하여 요인을 추출한 '경험적 연구'라 할 수 있다. 성격의 구성 요인에 관한 이론을 바탕으로 가설을 세우고 검증한 '이론적 연구'가 아니다. 그러므로 연구 결과로 얻어진 5요인은 관찰 자료와 자료 분석 및 해석 방법에 따라 달라질 수 있고, 결론 또한 가설적 수준의 추론을 넘어서지 못한다.

유사한 변인들끼리 묶어 보는 통계 분석을 통해 얻은 요인이 무엇을 의미하는지는 연구자의 직관에 의존하게 되는데, 실제 요인의 개념이 명확하지 않은 부분이 있어 보인다. 요인은 서로 독립적이어야 하는데 요인 간에 서로 관련 있어 보이는 점도 5요인 모델의 타당성에 의문을 품게 한다. 외향성의 경우 핵심 개념을 사회성으로 볼지, 긍정적 정서 경험에 대한 기대를 본질로 보고 사회성을 이차적 개념으로 볼지, 또는 지배성이나 주장성으로 볼지, 활동성으로 볼지 명확하지 않다. 우호성은 대인 관계 특성을 나타내는데, 외향성을 사회성으로 보면 개념상 겹치는 부분이 있다. 실제 온화함 같은 경우 두 요인 모두와 관련 있을 수 있다. 개념적으로 볼 때 신경증적 성향은 부정적 정서 체험과 관련되는데, 긍정적 정서 체험을 기대하는 외향성의 열등한 형태로 볼 수도 있다. 우호성에 포함된 정직과 겸손은 별개의 요인으로 봐야 한다는 연구 결과도 있다.[5]

전반적으로 일에 대한 태도나 일 처리 방식을 나타내는 성실성의 경우 도구적 기능과 관련된 인상을 주어 양심적인지 아닌지를 뜻하는 성실성이란 용어가 적절한지도 의문이다. 도덕성과 관련된 양심은 공감 능력을 반영하는 우호성과 관련이 높은 게 아닌가 하는 생각이 든다. 경험에 대한 개방성 요인에서 관습이나 형식에 얽매이지 않은 부분은 질서와 규칙을 중시하는 성실성과는 상반되는 성향으로 설명할 수도 있다.

　성격 특성에 관한 요인 분석 결과는 연구 대상, 성격 평가 방법(질문지 문항 구성, 성격 기술 형용사 등), 통계 기법에 따라서도 달라질 수 있다. 예를 들면 마빈 주커만Marvin Zuckerman 등은 질문지 문항 구성을 달리하여 '신경증 불안neuroticism anxiety', '공격성 적대감aggression hostility', '충동적 감각 추구impulsive sensation seeking', '사회성sociability', '활동성activity' 5가지 요인을 대안적 모델로 제시했다. 성격의 5요인 모델과 비교해 보면 경험에 대한 개방성 요인은 빠져 있고 충동적 감각 추구가 추가되었는데, 이는 성실성 요인과 역으로 관련된다. 그리고 공격성 적대감은 우호성과, 사회성 및 활동성은 외향성 요인과 관련된다.

　성격을 평가하기 위해 자기 보고식 질문지를 이용하는 데 따른 한계점도 있다. 응답자가 생각하는 자신의 성격이 객관적 평가와 일치하지 않는 경우도 있고 또 스스로 좋게 보고하는 경향이 있을 수 있기 때문이다. 예를 들어 객관적으로 성실하지 않은 사람이 성실한 것처럼 보고할 수 있고, 사람들과 잘 어울리지 못하는 사람이 사교적인 사람으로 보고하기도 한다. 그러므로 이에 따른 문제들도 고려해야 한다.

이처럼 최근 학계에서 주목받고 있는 성격의 5요인 모델은 관찰 자료를 바탕으로 통계적 추론을 통해 얻은 가설적 수준의 구성 요인으로 이론적 토대가 약하다. 한 개인의 성격을 요인별로 간결하게 설명해 주고, 어느 정도 실제 상황에서 행동을 예측해 주기도 한다. 하지만 성격을 전체적으로 생생하게 기술해 주지 못하고, 행동을 기술할 뿐 행동의 이면에 있는 성격 기전에 관해서는 설명해 주지 못하는 문제는 정신 역동적 성격 이론과 대비된다.

클로닝거의 신경 생물학적 모델

통계적 분석에 기반을 둔 심리학자들의 성격의 5요인 모델과 달리 신경 생물학적 이론에 기초하여 접근한 모델도 있다. 1980년대 중반 정신과 의사이자 유전학자인 로버트 클로닝거C. Robert Cloninger 는 타고난 기질을 자극 추구novelty seeking(행동 활성화, 새로운 자극 추구, 탐색적, 충동적), 위험 회피harm avoidance(행동 억제, 수동적 위험 회피), 보상 의존 reward dependence(학습된 행동 유지, 사회적 보상 신호에 민감한 반응) 세 가지 차원으로 설명했고, 이후 인내심perseverance을 추가하여 네 가지 차원을 제시했다.[6] 그리고 1990년대 들어 다시 성격 차원으로 자율성 self-directedness(외부 탓하지 않고 스스로 책임지기, 목적 지향, 의지, 자기 조절), 연대감cooperativeness(자신을 사회의 한 부분으로 인식, 공감, 관대), 자기 초월self-transcendence(자신을 우주의 한 부분으로 인식, 영적 관심)에 대한 관심 세 가지를 추가했다.

  클로닝거는 기질을 타고난 생물학적 요인에 의해 결정된다고 보았으며, 자극 추구는 도파민의 기능과 관련 있고 위험 회피는 세로토닌 그리고 보상 의존은 노르에피네프린과 같은 뇌의 신경 전달 물질과 연관 있다고 주장했다. 그러나 아직 기질과 신경 전달 물질과의 관계는 명확히 밝혀지지 않았다.[7]

  클로닝거의 자극 추구는 5요인 모델의 외향성과는 정적으로, 성실성과는 역으로 상관이 있고, 위험 회피는 신경증적 성향과는 정적, 외향성과는 부적 상관이 있으며, 보상 의존성은 외향성 및 경험에 대한 개방성과, 연대감은 우호성과 그리고 인내심은 성실성과 상관이 있는 것으로 보고되고 있다.[8] 클로닝거는 5요인 모델의 단점으로 생물학적 이론의 기반이 부족하고 도덕성이나 영적인 측면 등을 포괄하지 못하는 점을 지적한다.[9]

  클로닝거의 신경 생물학적 모델은 이론적 기반이 약한 성격의 5요인 모델과 달리 유전적 또는 생물학적 변인과 관련된 기질 요인을 찾고자 한다는 점에서 높이 평가할 만하나, 기질적 요인 또는 성격 유형과 신경 전달 물질과의 관계에 대한 도식적 설명은 아직 가설 수준에 머물러 있다. 세로토닌이 기분과 관련된 신경 전달 물질이긴 하나 세로토닌형 인간이 존재하는지 역시 과학적 근거가 확실하지 않다. 도파민이 자극 추구와 관련 있을 것으로 추정되나 도파민형 인간 또한 마찬가지다.

프로이트의 관점

'정신 분석'이란 용어를 처음 사용한 지그문트 프로이트Sigmund Freud는 인간을 이성적 존재라기보다 무의식의 영향을 받는 비합리적 존재로 보는 새로운 시각을 제시했다.

프로이트는 1856년 오스트리아 모라비아의 작은 마을 프라이베르크(현재는 체코에 속함)에서 태어났다. 그의 아버지는 모피상이었다. 스무 살 연하의 젊고 아름다운 여성과 세 번째 결혼해 8남매를 낳았는데, 프로이트가 장남이었다. 프로이트의 이복형은 어머니보다 나이가 많았고, 조카 또한 삼촌인 프로이트보다 한 살 위였다. 프로이트는 어려서부터 영특했고 어머니의 사랑을 독차지하며 자랐다. 프로이트 또한 어머니를 사랑했다. 프로이트는 권위적이고 엄격한 아버지에게 사랑과 미움의 양가적 감정을 지니고 있었다. 이런 부모와의 관계나 프로이트의 가정 환경에서 오이디푸스 콤플렉스의 요소를 볼 수 있다.

프로이트는 빈 의과 대학을 졸업하고, 생리학 연구를 하다가 정신 질환에 관심을 두게 된다. 프랑스의 신경의학자 장 샤르코Jean M. Charcot에게서 최면술을 접한 프로이트는 최면을 진료에 적용했다. 하지만 치료에 특별히 효과적이지 않다는 생각에 최면술을 중단하고 대신 자유 연상법과 대화를 통한 카타르시스catharsis(마음에 억압된 감정을 발산하면 긴장이 해소되고 마음이 정화된다고 보는 치료) 방법을 사용한다. 스승 요제프 브로이어Josef Breuer와 함께 히스테리 환자(안나 O 사례)를 치료하면서 히스테리의 원인이 받아들이기 어려운 억압된 감정에 기인

한다고 보고 무의식에 주목한다.

1900년《꿈의 해석》을 발표하고, 1908년 미국 클라크 대학에서 강의하면서 정신 분석학을 널리 알린다. 1910년 국제 정신분석협회를 창립하여 알프레드 아들러, 칼 구스타프 융, 산도르 페렌치Sándor Ferenczi, 오토 랭크Otto Rank, 앨프리드 존스Alfred E. Jones 등과 학술 활동을 함께한다. 1920년대 들어서는 정신의 구조적 모델을 발표했다. 제1차 세계 대전을 겪으면서 전쟁에 참전하게 된 두 아들과 부상당한 사위 걱정을 하기도 한다. 이후 1930년대에 들어서 프로이트는 인간의 기본적 본성에는 성적 욕구 에로스Eros뿐만 아니라 죽음 충동 타나토스Thanatos도 있다고 생각한다.

정통 유대교 집안에서 자란 다섯 살 연하의 마사 버네이즈Martha Bernays와 결혼(1886)하여 3남 3녀의 자녀를 두었는데, 막내딸 안나가 아버지의 뒤를 이어 아동 정신 분석가가 된다. 1920년에 딸 조피가 인플루엔자로 사망하고, 이듬해에 조피의 아들마저 사망하면서 프로이트는 우울한 기분에 빠져든다. 이때 그는 페렌치에게 "나는 전에는 우울한 상태에 빠진 적이 없는데, 아마 이것이 우울증인가 보네"라는 말을 했다.[10] 이 무렵 구강암이 발생했고 이후 사망하기까지 여러 차례 수술을 받으며 오랜 기간 고통을 겪는다. 1938년 안나가 비밀경찰에 연행되자 프로이트는 가족과 함께 유대인 박해를 피해 영국으로 망명하여 그다음 해에 83세의 나이로 생을 마감했다.

이드, 자아, 초자아
프로이트는 의식하는 부분은 빙산의 일각이고 성격의 많은 부분은 자신이 알지 못하는 무의식에 의해 결정된다고 보았다. 무의식은 개인적으로 머리에 떠올리는 것이 고통스럽거나 받아들이기 어려운 내용을 담고 있다. 본능적 욕구나 남이 알까 두려운 부도덕한 욕구 같은 것들이 의식에서 억압되어 무의식에 머물러 있게 된다.

프로이트는 이드Id, 자아Ego, 초자아Super Ego 개념으로 성격을 설명한다. 이드는 성욕과 같은 본능적 욕구와 관련된 영역이다. 자아는 이드의 욕구를 현실에 맞게 조절하고, 도덕적·양심적·이상적 영역인 초자아는 자아를 통해 이드를 통제한다. 이드는 달면 삼키고 쓰면 뱉는 식의 쾌락 원칙에 따라 욕구 충족이 즉각적으로 이루어지길 바라며 상상 속에서라도 욕구를 해결하고자 한다. 자아는 이드에서 점차 분화되는데, 현실 원칙에 따라 이드의 욕구를 참기도 하고 주변 상황도 고려하며 상상과 현실을 구분해 현실적으로 해결하고자 노력한다. 초자아는 부모 또는 사회적 기대가 내면화된 영역이다. 현실 적응 수준을 넘어서 이상적인 것을 추구하고 도덕적으로 해서는 안 될 일을 판단하며 자아 또는 이드를 통제한다. 프로이트는 이드, 자아, 초자아가 끊임없이 서로 갈등하고 타협하는 역동적 관계가 성격을 구성한다고 보았다.

이드, 자아, 초자아의 역동적 관계 균형이 깨지면 신경증적 증상이 나타난다. 자아가 이드와 초자아 사이를 조화롭게 중재하지 못하면 위협을 느끼고 불안해진다. 이드의 본능적 욕구나 충동을 감당하기 어렵거나, 초자아가 지나치게 이상적이거나 도덕적인 것을 요구할 때 자아가 불안해지는 것이다. 이때 불안 증상을 조절하기 위해 자아는 무의식적으로 다양한 방어 기제를 사용한다. 가장 대표적인 방어 기제는 의식에서 받아들이기 어려운 생각을 부정denial하거나 억압repression하여 의식하지 않도록 하는 것이다. 방어 기제는 의식적이 아니라 무의식적으로 작동한다.

방어 기제는 부정과 억압 외에도 투사와 분열, 합리화, 주지화, 반동 형성, 전치, 격리, 억제, 동일시, 승화 등과 같이 매우 다양하다. 투사projection는 자신의 생각이나 감정을 다른 사람이 지니고 있다고 생각하는 것이다. 자신이 적대적이면서 오히려 상대가 적대적이라고 믿는 경우를 예로 들 수 있다. 분열splitting은 좋으면 다 좋고 싫으면 다 싫다는 식의 이분법적 생각을 하는 경우다. 합리화rationalization는 체면상 받아들이기 어려운 이유 대신 그럴듯한 이유로 자존감을 유지하는 경우다. 면접시험에 실패하고는 합격해도 어차피 안 다닐 직장이라고 주장하는 경우를 예로 들 수 있다. 주지화intellectualization는 어려운 심리학 용어를 사용하여 자신의 문제를 알고 있는 듯 말하면서 실제 문제를 외면하는 경우처럼 지적인 접근을 통해 불쾌한 내용 의식을 피하는 것이다. 반동 형성reaction formation은 속내와 반대로 행동하는 경우다. 예를 들어 적대적 감정이지만 매우 호의적으로 대하는 것이다. 전치displacement는 화를 엉뚱한 대상에게 내는 것처럼 생각이나 감정의 대상을 바꾸는 것이다. 격리isolation는 생각과 감정을 분리해서 감정은 억압하고 생각만 남기는 것이다. 불쾌한 기억을 무표정하게 남의 일처럼 얘기하는데 주로 강박적 성격을 가진 사람들에게서 관찰된다. 억제suppression는 의식적으로 생각이나 감정을 억누르는 것이다. 억압을 비롯하여 다른 방어 기제들이 무의식적으로 작동한다면 억제는 의식적으로 행해진다. 동일시identification는 다른 사람의 속성을 자신의 것으로 느끼는 것이다. 자신도 모르게 연예인을 모방하며 자신이 연예인이 된 것처럼 느끼는 경우가 그 예다. 승화sublimation는 무의식적 욕구를 사회적으로 도움이 되는 방향으로 전환하여 표현하는 방어 기제로 성적性的 욕구를 예술로 표현하는 경우를 예로 들 수 있다.

주로 사용하는 방어 기제는 그 사람의 성격을 말해 준다. 이와 함께 문제나 상황에 따른 적절한 방어 기제 사용은 성격의 성숙도를 보여 준다. 속내나 현실을 지나치게 부인하거나 남 탓하고 이분법적으로 생각하는 등의 방어 기제를 많이 사용하는 사람은 건강한 성격의 소유자는 아니다. 갈등에서 비롯된 심리적 불안을 적절하게 방어하지 못하면 신경증적 증상을 야기한다. 또 방어 기제로 불안을 줄이더라도 지나치거나 부적절할 경우 현실을 왜곡하게 되어 현실 적응에 문제를 일으킨다. 의식적인 감정 억제, 존경하는 사람과의 동일시, 본능적 욕구 승화는 인격 발달에 기여한다.

성격의 단계적 발달 이론

프로이트는 아이의 성장 단계별로 성적 관심(리비도)이 쏠리는 신체 부위가 달라지는데, 이러한 일련의 발달 단계를 거쳐 성격이 형성된다고 보았다. 각 단계에서 욕구 충족이 제대로 이루어지지 않거나 과도하면 다음 단계로 이행하지 못하고 고착되는 현상이 발생하기도 한다.

구강기oral stage(출생~18개월)에는 욕구 충족이 먹고 빠는 행위를 통해 이루어진다. 모자간 신뢰를 바탕으로 의존 욕구가 충족되는 시기다. 이 시기에 의존 욕구가 충족되지 않으면 성인이 되어서도 의존적 성향을 보일 수 있다. 술이나 담배 또는 마약을 입에 대는 것도 의존 욕구를 충족시키기 위한 습관적 행위로 본다. 정신 분석학자 에릭 에릭슨Erik Erikson은 신뢰 형성을 이 시기의 주된 과제로 보았다. 그는 신뢰 형성이 안 되면 편집적 양상을 보일 수 있다고 했다.

다음은 항문기anal stage(18개월~3세)로 이어지는데, 배변 훈련 과정에서 부모와 힘겨루기를 하며 스스로 통제하는 것을 배우는 시기다. 변을 내보내면서 부모의 기분을 맞춰 줄지 아니면 변을 내보내지 않고 고집을 부리며 자기주장을 할지 사이에서 통제를 배우고 자율성을 획득하는 시기이다. 통제에 실패할 때 야단맞고 수치심을 경험하는 시기이기도 하다. 배변 훈련 과정에서 부모가 심하게 강요하거나 엄격하게 굴면 아이는 스스로 지나치게 통제하는 강박적(인색하고, 완고하며, 지나치게 깔끔하고, 질서정연한) 성격의 소유자가 될 수 있다. 반면 너무 관대하게 대하면 아이는 제멋대로이고 무책임한 성향을 보일 수 있다. 에릭슨은 이 시기를 자율성과 수치심을 배우는 시기로 기술했다.

항문기는 리비도가 남근으로 향하는 남근기phallic stage(3~5세)로 이어진다. 이 시기의 남아는 어머니를 소유하고 싶은 욕구를 느끼면서 아버지를 적대시하고, 아버지에게 거세당하지 않을까 하는 두려움(거세 불안castration anxiety)을 느낀다. 반면 여아는 남근이 없는 동성의 어머니에게 실망하고 남근을 선망penis envy하면서 아버지에게 성적 관심을 보이게 된다. 아버지가 모자(녀) 관계에 개입하여 삼각관계로 발전하며 아들(딸)이 겪게 되는 심리적 현상을 오이디푸스 콤플렉스 또는 근친상간 콤플렉스라고 부른다.[11] 프로이트는 성격 발달 과정에서 오이디푸스 콤플렉스를 중요하게 생각했다. 오이디푸스 콤플렉스에 대한 인정 여부는 정통 프로이트학파인지 아닌지를 가늠하는 기준이 되기도 한다.

이성의 부모에게 애착을 가지며, 동성의 부모에게는 경쟁적이고 적대감을 품는 오이디푸스 콤플렉스는 부친을 죽이고 모친과 결혼하는 고대 그리스 비극 〈오이디푸스 왕〉에 뿌리를 두고 있다. 테베의 왕 라이오스와 왕비 이오카스테 사이에 태어난 오이디푸스는 커서 '아비를 죽이고 어미를 범할 것'이라는 신탁에 따라 발이 꽁꽁 묶여 버려진다. 오이디푸스는 다행히 목동에 의해 구해져서 이웃 나라 코린토스의 왕자로 성장한다. 오이디푸스는 '부은 발'을 뜻하는데, 발견 당시 발이 부어 있어서 붙은 이름이다. 그러던 어느 날 오이디푸스가 자신의 출생에 의문을 품고 신탁을 청하자 아버지를 죽이고 어머니와 결혼하게 될 것이니 고향을 떠나라는 충고를 듣게 된다. 오이디푸스는 고향을 떠나 길을 가던 중 뜻하지 않게 라이오스 왕을 만나 길을 비켜 주지 않고 다투다가 그를 죽이게 된다. 이후 스핑크스의 수수께끼를 풀고 그 보상으로 이오카스테를 아내로 맞아 자식도 낳는다. 신탁을 생각하며 걱정하는 오이디푸스에게 이오카스테는 "지금까지 많은 사람이 어머니와 함께 자는 꿈을/꾸었기 때문입니다. 그러나 이런 일들을/대수롭게 여기는 사람은 인생의 짐도 가볍답니다"[12]라는 위로의 말을 건넨다. 오이디푸스가 행방불명된 왕을 대신해 테베를 통치하던 중에 역병이 돌게 되고, 그 원인이 라이오스의 살해범 때문이라는 소문이 퍼진다. 곧 오이디푸스는 자신의 비극을 알게 되고 두 눈을 찔러 눈이 먼 상태로 방황한다.

오이디푸스 콤플렉스는 동성의 부모와 동일시하며 갈등을 해소한다. 즉, 남아는 아버지가 금지하는 것을 받아들이고 자기 것으로 만들면서 본능적 욕구를 조절하는 초자아를 발전시키고, 아버지를 모델로 성장한다. 여아 역시 어머니를 모델로 여성적 정체성을 형성한다. 이 시기에 고착하면 남아는 남성적인 면을 과시하고 허세를 부리며 바람피우는 남성이 될 수 있으며, 여아는 남성에게 유혹적이면서(유혹이 억압으로 이어지면서 막상 남성이 다가오면 놀라서 물러나고 유혹을 부인하기도 한다) 주장이 강하고 남성과 경쟁적인 성향을 보이는 여성이 될 수 있다. 혹은 반대로 성적 욕구를 지나치게 억압하여 성적 무기력을 느끼거나 성을 터부시하거나 혐오감을 보이기도 한다. 에릭슨은 이 시기의 주된 심리적 과제를 주도성과 죄책감으로 보았다.

오이디푸스 콤플렉스를 잘 해소하면 사람들과 적절하게 경쟁하며 사회적 성취를 이룰 수 있다. 그렇지 못하면 경쟁에 죄책감을 느끼고 사회생활에 적응하는 데 어려움을 겪을 수 있다. 프로이트는 말을 무서워하는 '리틀 한스Little Hans'와 강박 증상을 보이는 '쥐 인간rat man' 등의 신경증 사례를 분석했는데, 해소되지 않은 오이디푸스 콤플렉스를 그 원인으로 보았다.

오이디푸스 콤플렉스는 욕구와 두려움의 양가감정을 나타내는데, 확대 해석하면 성적 욕구는 존재감을 과시하거나 영향력을 행사하려는 지배 욕구나 권력 욕구로 볼 수 있다. 이러한 욕구를 억압하거나 금기시하면 두려움과 죄책감 또는 분노의 감정을 가질 수 있다. 존경과 두려움(또는 죄책감)이나 사랑과 미움과 같은 양가감정뿐만 아니라 질투도 오이디푸스 콤플렉스로 해석할 수 있다.

미카엘 하네케 감독의 영화 〈피아니스트〉(2002)는 프로이트의 오이디푸스 콤플렉스를 떠오르게 하는 작품이다. 이 영화는 2004년 노벨 문학상을 수상한 엘프리데 옐리네크의 소설 《피아노 치는 여자》[13]가 원작이다.

오스트리아 빈의 음악원 교수 에리카는 30대 후반이다. 그녀는 옷차림과 귀가 시간까지 간섭하는 어머니와 함께 살며 갈등을 겪는다. 어머니는 딸이 피아니스트가 되기까지 자신의 헌신적인 노력이 있었음을 강조하며 심리적 독립을 원하는 딸에게 죄책감을 불러일으키고, 에리카는 어머니에게 사랑과 미움의 양가감정을 느낀다. 아버지는 정신 질환으로 장기간 요양 병원에서 있다가 사망했다. 에리카는 포르노를 보러 가거나 정사 장면을 몰래 훔쳐보기도 하며 억압된 성적 욕구를 드러내고 칼로 민감한 부위에 상처를 내는 강박적 행위를 반복한다. 평소 학생들에게 엄격하고 까다로운 그녀는 제자인 발터 클레머에게 마음이 끌리나 내색하지 않는다. 그런데 발터가 역시 자신의 제자인 안나에게 호의를 보이자 에리카는 그녀의 외투 주머니에 유리 조각을 몰래 집어넣는 원초적 질투심을 드러낸다. 그러던 어느 날 자신에게 사랑을 고백하는 발터로부터 느닷없이 성적 공세를 받게 된 에리카는 상대를 성적으로 자극할 뿐 관계는 거부한다. 그리고 발터를 집으로 초대하는 편지를 보내는데 어머니를 옆방에 가두고 자신을 때리고 강간하라는 가학피학적sadomasochistic 제안을 한다.

에리카는 성적 욕망을 자연스럽게 받아들이지 못하고 양가적인 면을 보이며 관음증과 자해 및 가학피학적 행위를 통해 성적 욕구를 드러낸다. 이러한 성향은 이성(아버지)에 대한 자연스러운 성적 욕망을 억압하는 어머니를 향한 분노와 죄책감의 양가감정에서 비롯된 것이다. 어머니의 지배적 성격과 아버지의 심리적 부재 또한 오이디푸스 콤플렉스를 해소하고 사랑받는 여성으로서의 정체성을 형성하는 데 부정적 영향을 주었을 것으로 생각한다. 에리카에게 진정으로 필요한 것은 자신의 여성성을 확인해 줄 수 있는 남성의 따뜻한 사랑이 아니었을까?

셰익스피어의 《햄릿》에서 햄릿이 자신의 아버지를 살해하고 어머니를 차지한 숙부에게 복수를 감행하지 못하고 망설이는 것도 오이디푸스 콤플렉스로 설명할 수 있다. 햄릿의 망설이는 행동은 생각이 많고 우유부단한 성격 때문이라기보다 본인 자신이 숙부와 같은 생각을 한 적이 있어 죄책감을 느끼기 때문이라고 프로이트는 해석한다. 그리고 햄릿이 연인 오필리아에게 성적 혐오감을 드러낸 바 있다면서 히스테리 환자로 본다.[14]

나이든 남성의 권위에 저항하고 도전적인 청소년의 태도나 자신의 윗사람을 존경한다면서 그 자리를 넘보며 이유 없이 두려워하는 아래 사람의 마음 역시 해소하지 못한 오이디푸스 콤플렉스로 설명할 수 있다.

남근기를 지나면 성적 관심이 드러나지 않고 성적인 것이 아닌 다른 데 관심을 두는 잠복기latency period(6세~10대 초)에 들어선다. 이 시기에는 동성 또래와 어울리고 지적 활동과 신체적 활동을 하며 자아의 사회 적응 능력을 키우게 된다. 에릭슨은 잠복기를 '근면과 열등감'의 시기로 보았으며 '유능감competency'을 중요한 덕목으로 제시했다.

청소년기 후반부터 성인기에 들어서면 성적 관심이 되살아나고 이성을 향한다. 아동 초기에는 자기애적 만족을 구했다면 이 시기에는 상호적 만족을 구하고 이타적 관심이 생긴다. 프로이트는 정신 성적 발달의 마지막 시기인 이 시기를 성기기genital stage라고 불렀다.

프로이트의 단계적 발달 이론은 에릭슨의 생애 전반에 걸친 정신 사회 발달 이론으로 발전한다. 에릭슨은 성격 발달 단계별로 수행해야 할 과제가 있고 이를 해결하며 성격이 발달한다고 보았다. 발달은 유아기뿐 아니라 노년에 이르기까지 전 생애에 걸쳐 계속된다고 보았으며, 유능감을 갖는 것과 청소년기 자아의 정체성(자신이 무엇을 잘하고 무엇을 하면서 어떻게 살지에 대한 생각) 형성을 강조했다. 성년기에는 친밀한 관계를 형성(사랑)하고 생산적 활동과 함께 다른 사람을 배려하며, 노년에 이르러서는 지혜를 바탕으로 지나온 삶에 의미를 부여하는 자아 통합을 노년기 발달 과제로 제시했다.

프로이트는 성격 형성 과정에서 5세 이전의 초기 경험을 중요하게 생각했다. 그러나 모든 심리학자가 프로이트 생각에 동의하는 것은 아니다. 성격 심리학자 올포트는 어릴 때 경험이 성인이 되었을 때 영향을 줄 수는 있으나 절대적이지 않으며, 성인기 동기는 유아기 동기와 근본적으로 다르다는 견해를 보인다. 인본주의 심리학자 칼 로저스Carl R. Rogers 역시 사람의 성장 가능성을 믿고 과거에 얽매이기보다는 현재를 중시한다. 현상학적 또는 실존주의적 접근법을 따르는 심리학자도 과거 무의식보다는 현재의 경험을 중요하게 생각한다.

프로이트를 넘어

행동의 동인으로 성적 욕구를 강조한 프로이트 외에도 많은 심리학자가 인간의 욕구 또는 동기에 관한 다양한 설명을 시도해 왔다. 헨리 머레이Henry Murray는 인간의 기본적 욕구 또는 동기로 야망(우월감 추구, 성취 욕구, 인정 욕구, 과시 욕구 포함), 물욕, 권력 욕구, 애정 욕구, 지식 욕구 등을 나열하며, 욕구 또는 동기 관점에서 성격의 개인 차이를 설명하고자 했다. 이어서 데이비드 맥클랜드David C. McClelland는 머레이의 연구에 기초하여 성취 욕구, 친화 욕구, 권력 욕구 세 가지를 인간의 주된 욕구로 제시했다.

환경에 대한 유능감 추구를 중요한 행동 동인으로 보는 로버트 화이트Robert White도 있다. 유능감에 대한 욕구는 아들러의 우월성 추구와 비슷한 개념으로도 볼 수 있다. 프로이트의 성욕설에 동의하지 않은 아들러는 우월성 추구를 중요하게 생각했다.

인본주의 심리학자 에이브러햄 매슬로Abraham H. Maslow는 욕구를 5단계로 기술하며 성격을 단계별로 충족해야 할 욕구로 설명했다. 가장 하위 단계인 '생리적 욕구'부터 '안전에 대한 욕구', '소속감과 사랑에 대한 욕구', '자기 존중의 욕구' 그리고 가장 상위의 '자아실현의 욕구'에 이르기까지 인간의 욕구에는 서열이 있다고 보았다. 클레이턴 앨더퍼Clayton P. Alderfer는 매슬로의 5단계 욕구 이론을 압축하여 인간의 욕구를 존재 욕구, 관계 욕구, 성장 욕구 세 가지로 설명했다. 에드워드 데시Edward Deci와 리처드 라이언Richard Ryan은 자기 결정에 따른 동기 부여를 중요하게 생각했는데, 인본주의에 기초한 자율성, 유능감, 관계성 세 가지를 인간의 기본적이고 보편적인 욕구로 제시했다.

프로이트의 가장 큰 업적은 인간의 행동을 설명하는 데 무의식의 개념을 도입한 것이다. 무의식의 존재를 인정하지 않으면 프로이트의 이론은 설 자리를 잃는다. 행동주의 심리학자들은 무의식이 존재한다는 과학적 근거를 찾아보기 어렵다며 무의식의 존재를 인정하지 않는다. 그러나 최근 인공 지능을 포함한 인지 과학이 발전하면서 무의식이 재조명받고 있다. 암묵적 기억, 자동적 사고, 병렬 분산 처리, 시스템 1·시스템 2[15] 등의 용어는 무의식의 정보 처리 과정을 의미한다. 어떤 사물을 인식할 때 카메라로 사진 찍듯이 보이는 대로 받아들이는 것이 아니라 무의식적 추론이 더해지는 것으로 생각하고 있다. 즉 무의식에 저장된 각자의 주관적 생각이 자신도 모르게 외부 지각과 합해진다는 뜻이다. 무의식은 현재 뇌 인지 과학의 가장 뜨거운 연구 과제다.

성격 형성 과정에서 성적 본능을 중요하게 생각하는 프로이트의 이론은 사회 문화적 요인과 대인 관계를 중시하는 신프로이트학파(카렌 호나이Karen Horney, 해리 스택 설리반Harry Stack Sullivan, 에리히 프롬Erich Fromm 등)와 자아의 자율적이고 독립적 기능을 중시하는 자아 심리학(안나 프로이트Anna Freud, 하인즈 하트만Heinz Hartmann, 에릭 에릭슨), 어린 시절 부모와의 관계가 내재하여 훗날 대인 관계에 영향을 준다고 보는 대상관계 이론(멜라니 클라인Melanie Klein, 로널드 페어베언Ronald D. Fairbairn), 부모와 치료자의 공감적 이해를 강조하는 하인즈 코헛Heinz Kohut의 자기 심리학으로 발전한다.

아들러의 관점

알프레드 아들러Alfred Adler(1870~1937)는 오스트리아 빈 근교에
서 5남 2녀 중 둘째(아들러는 출생 순서를 중시했다)로 출생했다. 어려서 폐
렴과 등이 굽는 구루병을 앓는 등 병치레로 고생했다. 제화공이 되
는 게 어떻겠냐는 말을 들을 정도로 공부를 못해 학교에서 인정받
지 못했으나, 열심히 노력해 열등감을 극복하고 의사가 되었다. 프
로이트의 초청을 받아 분석 모임에 참가하여 프로이트(열네 살 위), 융
(다섯 살 아래)과 함께 활동하며 빈 정신분석학회 초대 회장을 역임했
다. 1911년 아들러는 프로이트와 성욕설에 관한 학문적 견해 차이
로 정신분석학회에서 탈퇴하고 자유정신분석학회(개인심리학회)를 창
립했다. 1932년 뉴욕 롱아일랜드 의과 대학 교수로 초빙되었으며
1934년에는 미국으로 이주했다. 아들러는 프로이트나 융의 그늘에
가려 상대적으로 인지도가 높은 편이 아니나 국내에서는 기시미 이
치로와 고가 후미타케의《미움받을 용기》로 널리 알려지게 되었다.

우월성 추구와 열등감 보상
아들러는 개인을 세부적으로 나누지 말고 전체적으로 봐야 한다
는 생각에서 자신의 이론을 개인(개인을 의미하는 'individual'은 'indivisible'
에서 유래한 말로 더 이상 나눌 수 없다는 뜻이다) 심리학이라고 불렀다. 프로이

트가 성격을 이드, 자아, 초자아의 관계 또는 갈등 구도로 보았다면 아들러는 성격을 삶의 과제에 대처해 나가는 방식(생활 양식style of life)으로 보았고, 주변 세계와의 관계, 즉 자신과 주위 사람, 세상을 어떻게 바라보고 대하는지의 관점에서 파악하고자 했다. 아들러는 일, 대인 관계, 사랑과 결혼을 삶의 중요한 과제로 생각했는데,[16] 생활 양식은 이러한 삶의 과제에 대한 생각과 느낌을 포함한다.

프로이트가 무의식에 내재한 과거 체험이 현재 행동을 결정한다고 보면서 인과론적이고 결정론적 입장을 취한 반면, 아들러는 개인의 삶에 대한 태도와 목적이 행동을 선택하는 데 중요한 역할을 한다고 보면서 삶에 대해 좀 더 긍정적이고 미래 지향적인 목적론적 입장을 취했다. 즉 어려서 체험한 과거의 불행에 얽매여 좌절하며 병적 반응을 보일지 혹은 이를 딛고 일어설지는 각자 삶을 바라보는 관점과 삶의 목표에 따라 달라질 수 있다는 것이다.

아들러는 개인의 행동(또는 증상)은 단순히 과거의 산물만은 아니고 어떤 의미나 목적이 있다고 생각했다. 예를 들어 의학적으로 설명할 수 없는 신체적 증상이나 불안 또는 공포증을 무의식에 내재한 갈등의 소산이기보다 곤란한 상황을 모면하면서 우월감(자존감)을 유지하려는 목적으로 보는 식이다. 모든 행동은 나름 의미 있다고 생각되는 가상적 목표fictional finalism를 지향한다고 설명하는데, 그 목표는 실현 불가능할 수 있고 개인이 명확히 인식하지 못할 수도 있다고 보았다. 가상적 목표, 즉 미래에 무엇이 되고자 하는지는 개인의 고유한 특성에 따라 다르고 환경의 영향을 받기도 한다.[17]

아들러는 가상적 목표를 향한 행동의 동인으로 열등감 보상과 우월성 추구를 중시했다. 열등감은 외부 환경에 적절하게 대처하지 못할 때나 주어진 삶의 과제를 적절하게 해결하지 못할 때 생길 수 있다. 또한 타고난 능력과 주위 사람들이 대하는 태도(칭찬, 비난, 무관심, 과보호 등)와 같은 환경적 요인의 영향을 받기도 한다. 사람은 누구나 열등감을 가지고 있으며 열등감을 보상하면서 우월감을 느끼고 싶어 한다고 보았다. 열등감이 사회 적응에 문제를 일으키면 부정적 의미에서 열등감 콤플렉스라고 불렀다.

우월해지고 싶어 하는 마음, 즉 우월성 추구[18]는 타고난 성향으로 외부 환경에 대한 지배 욕구 또는 우위를 차지하려는 욕구로부터 자기완성에 이르고자 하는 욕구로 이해할 수 있다. 우월성 추구의 목표와 방식은 사람마다 다르고 그 결과는 부정적일 수도 있다고 보았다. 우월성 추구가 고유한 재능이나 특성을 살리는 방향으로 나아가면 자기 향상 또는 자기실현에 기여할 수 있다. 가상적 목표가 지나치게 비현실적이거나 사회적 관심(타인에 대한 공감, 배려, 공동체 의식)이 결여되고 자기중심적 경향을 보이면 부정적 결과를 낳고 신경증의 원인이 된다고 보았다. 우월성 추구가 열등감에 대한 과잉 보상으로 이뤄질 경우에도 바람직하지 않은 것으로 보았다. 허영심, 교만, 시기, 질투 및 지나치게 소심하고 의존적이거나 회피적인 행동, 불안, 강박증도 열등감에 대한 보상 또는 우월성 추구가 부적절한 데서 기인한다고 설명한다.[19]

아들러는 성격 대신 '생활 양식'이란 용어를 사용하여 사회적 관심과 활동 수준에 따라 네 가지 유형을 제시했다. 아들러는 사회적 관심을 인격 성숙의 주요한 척도로 보았다. '지배형ruling type'은 사회적 관심은 적고 활동 수준은 높은 사람으로 지배와 통제 욕구가 강하고 활동적이나 타인에 대한 공감이나 배려는 부족하다. 부모 역시 지배형인 경우가 많다. '기생형getting type'은 사회적 관심과 활동 수준이 낮은 사람으로 삶의 과제를 스스로 해결하지 못하고 의존적이다. 부모가 자녀를 과잉보호하면 의존적 사람이 될 수 있다. '회피형avoiding type'은 자신감이 없어 매사 소극적이고 나서질 못해 사회적 거리를 유지한다. 사회적 관심과 활동 수준 모두 낮다. '사회적으로 유용한 유형socially useful type'은 건강하고 성숙한 사람으로 사회적 관심과 활동 수준 모두 적절하다. 삶의 과제에 능동적으로 적절하게 대처하며 타인에 대해서도 공감하고 배려할 줄 아는 사람이다.

아들러 이론은 프로이트나 융의 이론에 비해 상식적이고 이해하기 쉬우며 실생활에 적용하기 쉬운 장점이 있다. 그러나 성격을 열등감과 우월성 추구의 관점에서 너무 단순하게 설명하고, 사회 적응을 지나치게 강조하여 개인 심리학이 아니라 사회 심리학이 아니냐는 비판을 받기도 한다.

융의 관점

칼 구스타프 융Carl Gustav Jung은 정신과 의사이자 분석 심리학의 창시자이다. 1875년 스위스 작은 마을에서 목사의 아들로 태어났다. 바젤 의과 대학을 졸업 후, '정신분열증schizophrenia'이란 병명을 처음 사용한 오이겐 블로일러Eugen Bleuler가 있던 취리히 대학 정신병원에서 진료와 연구를 했다. 당시 정신분열증 치료가 증상 기술과 진단 분류, 통계적 자료 수집에 머물러 있는 데 실망하여 정신분열증에 대한 심리적 이해와 치료를 시도했다. 또한 단어 연상 검사를 통해 콤플렉스 이론에 관한 기초를 마련했다.

융은 열아홉 살 연상의 프로이트와 편지로 열띤 토론을 했고 미국 여행도 함께했다. 국제 정신분석협회 회장직을 맡기도 하면서 프로이트의 후계자로 지목되기도 했으나 성욕설의 부적절함을 비판하면서 프로이트와 결별한다.

프로이트가 신경증의 원인을 유년기 성적 욕구와 관련한 심리적 외상으로 본 것과 달리, 융은 의식 또는 무의식에 치우친 삶의 결과 또는 종교적 심성의 문제로 보았다. 무의식이 개인적 체험의 기억만이 아니라 자율적으로 의식의 기능을 보상하는 작용을 한다고 보았으며, 집단 무의식과 원형의 개념을 소개하면서 독창적인 분석 심리학을 개척해 나아갔다. 종교와 신화, 원시 문화에 깊은 관심이 있었으며 무의식이 종교와 신화적 체험을 매개한다고 보았다. 융은 자신의 삶을 무의식의 실현 과정이었다고 말하며 자기 원형을 찾아가는 개성화를 치료 목표로 삼았다.

융은 불교와 노자, 《주역》에 이해가 깊었다. 선불교에서 무의식이라는 단어를 사용하지는 않았지만 자신과 같은 내용을 말하고 있다고도 했다.[20] 스스로를 자연인이라 불렀으며[21] 자신이 30년에 걸쳐 지은 취리히 호수 부근의 볼링겐 별장에서 1961년 86세의 나이로 세상을 떠났다.

집단 무의식과 원형

융은 인간의 무의식에는 개인적 체험을 담고 있는 개인 무의식 외에 인류의 기억을 보관한 집단 무의식이 존재한다고 보았다. 집단 무의식은 특정 유형의 인식과 체험을 가능하게 하는 원형들로 이루어져 있다. 원형과 집단 무의식은 융이 독창적으로 도입한 개념이며 융의 분석 심리학의 핵심을 이룬다.

원형原型은 본래적·근원적·원초적 형태 또는 형태가 새겨진 틀을 의미한다. 시간과 공간을 초월해서 모든 사람에게 보편적이고 근원적인 인식과 행동 양식을 가능하게 하며 선천적인 것이다. 어떤 대상을 접했을 때 '아! 이것이 바로 그런 것이구나' 하면서 뭔가 말로 설명하기 어려운 강한 정서적 체험을 하는 것은, 그 대상이 그와 유사한, 내면에 내재한 어떤 것(원형)을 건드려서 원초적 이미지를 떠오르게 하거나 근원적 체험을 하게 하기 때문이다. 예를 들면 뱀을 태어나서 처음 보았는데 무서워하는 반응과 여신에 매료되는 느낌, 성모상을 볼 때 느껴지는 성스러움, 사악한 사람을 대할 때의 섬뜩함, 사탄이나 마귀에게서 느껴지는 혐오감 등은 모두 외적 대상이 내면의 원형을 자극하기 때문에 그런 체험이 가능하다는 것이다. 뱀에 대한 원형은 뱀을 본 적이 없어도 뱀에 대한 원초적 반응을 할 수 있게 해 준다. 여신의 모습에 매혹되는 느낌도 남성의 내면에 있는 아니마 원형을 자극하기 때문이다. 경건한 느낌이나 경이로운 체험도 종교적 심성과 관련한 원형이 무의식에 내재해 있기 때문이다. 베토벤이나 슈베르트의 음악을 듣고 말로 표현할 수 없는 감동적 체험을 하거나 예술 작품에 매료되는 것도 작품들이 내면의 원형을 움직이기 때문이다.

원형은 흔히 그것이 표상하는 원형상像과 혼용되고 있으나 원형 그 자체가 원형상은 아니며, 원형상으로 인식하게 하는 선험적 조건 또는 틀type이다. 원형은 명확하게 정의하거나 말로 설명하기 어렵고, 어떤 계기에 의해 근원적 체험을 하거나 원초적 이미지(원형상)가 떠오를 때 비로소 그 존재를 유추할 수 있는 개념이다. 원형의 종류는 무수히 많다. 어머니, 아버지, 노현자老賢者, 영웅, 신, 악마, 죽음, 물, 불, 바다, 산, 물고기, 뱀 등 헤아릴 수 없을 정도다. 성격을 구성하는 페르소나, 그림자, 아니마·아니무스, 자기도 원형에 속한다. 원형은 종교적 체험과 신화 또는 예술의 원천이 된다. 집단 무의식의 구성 요소인 원형은 조상 대대로 내려온 삶의 원초적 경험이 각인된 것으로 볼 수 있다.

마음을 인공 지능(뇌의 신경망을 모델로 한 컴퓨터 프로그램)에 의한 패턴 인식으로 설명하는 뇌 인지 과학 관점에서 보면 원형은 일종의 패턴 인식기(패턴 인식 모듈)로 설명할 수도 있다는 것이 필자의 개인적 생각이다. '패턴 인식 마음 이론'에 따르면 뇌에는 100개 정도의 뉴런(신경 세포)으로 구성된 패턴 인식기가 3억 개 정도 있다고 보며, 패턴 인식기를 통해 언어 습득, 상식적 판단, 학습 등이 이루어진다고 설명한다. 패턴 인식기는 선천적이지만 후천적 학습으로 새롭게 만들어지는 부분도 있는데, 원형은 시공을 초월해서 인류가 보편적으로 인식하거나 반응하게 하는 패턴 인식기로 출생 시 누구에게나 공통으로 내장된 프로그램이라고 볼 수 있다.[22]

콤플렉스, 페르소나, 그림자

융은 성격을 정신의 전체성으로 보았다. 의식과 무의식(개인 무의식, 집단 무의식)의 중심에 '자기self'가 있고, 의식의 중심에 '자아ego'가 있다고 한다. 융은 다른 심리학자들과 달리 '자기'와 '자아'를 구별해서 사용한다. 융의 분석 심리학에서 '자기'는 흔히 자기실현이라고 말할 때의 자기, 즉 되어야 할 바 또는 진정한 자신을 뜻한다. '자아'는 의식적 인식과 경험의 주체를 말하며, '자기'는 자신이 의식하지 못하는 부분을 포함한 전체 정신의 중심을 의미한다.

성격은 콤플렉스와 페르소나, 그림자, 아니마 또는 아니무스를 포함한다. 콤플렉스는 복합적인 것이라는 뜻인데, 의식이나 무의식에 있는 여러 가지 심리적 요소가 모여 이루어진 것이다. 감정적 색채가 강해 건드리면 매우 민감한 반응을 불러일으키는 성격의 한 부분이다. 외모 콤플렉스가 있는 사람은 외모에 지나치게 신경을 쓴다. 누군가 외모를 언급하기만 해도 과민 반응을 보인다. 학력 콤플렉스가 있는 사람은 학교 얘기만 나오면 불편해지고 출신 학교와 졸업장에 연연한다. 돈 콤플렉스가 있는 사람은 돈에 너무 집착하거나 반대로 돈을 경시하는 태도를 보인다. 권력 콤플렉스가 있는 사람은 지나치게 권력을 추구하거나 권력에 비굴한 태도를 보인다. 출생 신분이나 사회적 지위에 콤플렉스가 있는 사람은 금수저, 흙수저와 같은 단어에 민감한 반응을 보이거나 신분 또는 사회적 지위 상승에 집착한다. 모성 콤플렉스가 있는 남성은 아이처럼 여성에게 모성적 역할을 기대하고, 충족되지 않으면 정서적으로 예민한 반응을 보인다. 부성 콤플렉스가 있는 여성은 남성에게 지지 않으려 하고,

웬만한 남성은 눈에 차지 않아 이성 관계에 어려움을 겪는다.

흔히 콤플렉스 하면 열등감 콤플렉스를 연상하지만 열등감과 무관한 내용도 많다. 어린 시절의 상처와 같은 개인적 체험이 콤플렉스가 될 수 있으나 개인적 체험과 무관한 집단 무의식의 원형적 내용이 콤플렉스를 이룰 수 있다. 영웅이나 구세주가 되고자 하는 행동은 영웅이나 구세주 원형 콤플렉스에 사로잡힌 경우다. 융은 정신병적 증상을 무의식의 원형적 콤플렉스에 사로잡혀 현실 판단력을 잃고 의식이 제대로 기능을 못 하는 것으로 설명한다. 어머니가 어느 순간 마귀로 보였다는 조현병 환자의 체험도 모성에 대한 부정적 콤플렉스에 사로잡힌 것으로 설명할 수 있다. 지배적이고 모성애가 부족한 어머니 밑에서 자란 아들은 모성 콤플렉스에 사로잡혀 뭘 해도 소용이 없고, 자신은 쓸모없는 사람이라는 생각이 들면서 기분이 우울해지고 예민해질 수 있다. 때로는 모성 콤플렉스가 알코올 중독으로 이어지기도 한다. 원형적 콤플렉스에 사로잡히면 무엇에 홀린 것처럼 평소와 전혀 다른 인격을 가진 사람처럼 행동할 수 있다.

누구나 콤플렉스를 가지고 있으며, 콤플렉스 자체는 문제가 되지 않는다. 문제는 우리가 콤플렉스의 존재를 인식하지 못하고 그것에 사로잡히는 것이다. 융은 의식하지 못하는 것이 그 사람의 운명이 된다고 하는데, 콤플렉스에 사로잡히면 그것이 곧 그 사람의 운명이 된다.

이문열의 소설 《추락하는 것은 날개가 있다》에서 명문대 법대를 졸업한 형빈은 시골 출신의 수재로 매우 현실적이면서도 신데렐라를 꿈꾸는 매혹적인 윤주와 격렬한 사랑을 나눈다. 하지만 형빈에 안주하지 못한 윤주는 희망 없는 힘들고 지루한 일상을 견디지 못하고 둘은 비극적 결말을 맞는다. 현실의 윤주는 형빈의 이상적 여인(아니마)이 되지 못했고, 형빈은 윤주의 이상적 남자(아니무스)가 되지 못했다. 둘은 아니마와 아니무스 콤플렉스에서 헤어나지 못하고 추락하게 된다. 즉, 두 사람의 추락은 콤플렉스 때문이다. 콤플렉스를 이해하고 적절하게 다루는 것은 정신적으로 건강하게 잘 살기 위한 필요조건이다.

페르소나persona는 고대 그리스 연극배우가 쓰던 가면이었는데, 자아가 외부의 집단 세계에 적응하기 위해 갖춘 여러 가지 행동 양식 또는 사회적 기대에 부응하기 위한 외적 인격이라고 말할 수 있다. 교수는 교수답고 학생은 학생답게 사회적 지위나 기대에 걸맞게 행동하는 것, 자신의 사회적 임무를 수행하는 것, 체면치레나 격식을 갖추고 예의를 지키는 것 모두가 페르소나와 관련된다. 사람을 대할 때 격식에 얽매이지 않고 솔직하게 대하면 좋을 것 같지만 오히려 관계가 불편해지고 함께 일하는 데 불편해지는 경우가 많다. 적절한 페르소나를 갖추지 못하면 사회생활이 불편해진다. 특히 삶의 전반부에는 페르소나를 갖추는 것이 중요하다.

현실 적응을 위해 페르소나를 갖출 필요가 있으나 그렇다고 지나치게 페르소나에 얽매이는 것도 바람직하지 않다. 자신의 생각인 줄 알고 있는 것이 사실은 자신이 속한 집단의 생각인 경우가 많다. 페르소나는 진정한 자신이 아니고 삶의 전부가 아니다. 사회적 기대에 지나치게 자신을 맞추다 보면 진정한 자신으로부터 소외되어 신경증적 증상을 일으킬 수 있다. 페르소나와 자신을 동일시하면 삶이 경직되면서 활력을 잃고 재미가 없어질 뿐만 아니라, 나이가 들면서 어느 순간 삶이 무기력하고 공허하다는 느낌에서 헤어나기 어려워질 수 있다. 삶의 후반부에는 페르소나로부터 어느 정도 자유로워져야 우울증에서 벗어날 수 있다. 페르소나를 본인뿐만 아니라 가족이나 주위 사람에게 강요하는 것도 바람직하지 않다.

그림자는 의식의 뒷면, 마음 한구석에 숨겨져 있는 인격의 어두운 부분이다. 자아가 자신의 일부로 받아들이기를 꺼리는 부분인데, 개인적 내용도 있고 집단적 내용과 원형적인 요소도 있다. 의식될 기회를 잃어 미분화된 채로 남아 있는 부분이며, 대부분 동물적 본능이나 머리에 떠올리고 싶지 않은 열등하고 부도덕한 내용이다. 사람들을 대할 때 괜히 싫고 거부감을 느끼는 부분, 자신은 아니라고 생각하는 부정적 인격이 자신의 그림자다. 유명 인사나 연예인의 부도덕한 행동에 보이는 과민 반응도 모두 우리 내면의 그림자를 투사하는 것이다. 어떤 사람을 대할 때 느껴지는 섬뜩함은 사악한 모습과 관련된 원초적 이미지의 그림자가 어른거리기 때문이다.

내 안의 그림자는 다른 사람에게 투사하면서 인식하게 되는 경우가 많다. 어떤 사람이 괜히 싫고 부정적 느낌이 들 때 그때가 바로 내 안의 그림자를 인식할 기회다. 그림자는 대개 부정적 내용이 대부분이나 그렇지 않은 경우도 있다. 문제 행동을 일삼는 청소년의 경우 자아가 인식하지 못하는 그림자의 모습은 오히려 선할 수 있다. 자신을 불량 학생이라고 믿고 있는 청소년은 자신에게도 선량하고 성실한 모습의 그림자가 있다는 사실을 깨닫고 이를 체험할 필요가 있다.

그림자는 살아 보지 못한 부분이라 호기심을 자아내고 유혹하는 측면이 있다. 동물적 본능과 관련된 부분은 삶에 활기를 불어넣기도 한다. 모범생이 불량 학생에 이끌리고 불량 학생이 모범생에 이끌리는 것은 서로의 그림자가 끌어당기기 때문이다. 원초적 본능을 표현한 영화에 호기심과 매력을 느끼는 경우도 그림자에 이끌리기 때문이다. 그림자가 없는 사람은 없다. 그림자가 없는 사람은 죽은 사람이다. 그림자가 없는 삶은 활력이 없고 재미없는 삶이다. 한때 일탈 행동을 보이며 그림자의 삶을 체험하는 것도 그림자를 이해하기 위해 거쳐야 할 과정일 수 있다.

괴테의《파우스트》에서 메피스토펠레스는 세상의 모든 지식을 꿰뚫고 있으나 정작 세상의 진리가 무엇인지 모르고 삶의 권태에 빠진 파우스트를 온갖 향락으로 유혹하는 파우스트 박사 자신의 그림자다.[23] 메피스토펠레스가 파우스트에게 자신을 소개하는 대목은 그림자를 잘 설명해 준다.

늘 악을 원하면서도 도리어 늘 선을
행하는 것이 제 힘의 일부입니다.
(…) 한마디로 말해서
악이라고 부르는 모든 것들이 내 활동의 영역이지요.
(…)
나는 처음 전체였던 부분의 한 부분이지요.
빛을 낳은 저 암흑의 한 부분 말입니다.[24]

파우스트의 깨달음의 여정은 그림자의 삶을 체험하면서 시작된다. 자신의 그림자를 인식하는 것이 성숙한 사람이 되기 위해 자신의 내면을 이해하는 첫걸음이 된다. 본능적 욕구와 관련된 그림자는 사회적 체면을 따지는 페르소나와 서로 갈등을 일으킬 수 있다. 그림자와 페르소나의 조화를 이루게 하는 것이 자아의 역할이다.

아니마와 아니무스

아니마anima는 남성의 무의식에 있는 여성적 요소이고, 아니무스animus는 여성의 무의식에 있는 남성적 요소를 말한다. 아니마와 아니무스는 남성과 여성의 내면에 있는 원형적 인물이다. 각자의 내면에 있는 개별적 여성상 또는 남성상이라기보다 원초적이고 보편적인 여성상 또는 남성상이라 할 수 있다. 페르소나가 외부 환경에 적응하기 위한 외적 인격이라면 아니마와 아니무스는 그림자보다 좀 더 깊은 층에 존재하며 무의식의 자기 원형과 연결하는 내적 인격이다. 아니마의 여성적인 면은 에로스Eros를, 아니무스의 남성적인 면은 로고스Logos를 의미한다. 에로스는 성적 감정이 아니라 관계를 맺고자 하는 본능을 뜻하고 로고스는 분별력(이성, 논리, 말, 의견)을 뜻한다.

자신의 창의적인 면을 살리고, 세련된 관계를 유지하며 온전한 자신이 되기 위해서는 아니마와 아니무스를 이해해야만 한다. 아니마와 아니무스는 남녀 관계를 통해 인식하게 되며 배우자 선택이나 남녀 관계에 많은 영향을 준다. 처음 보는 이성에 반해서 사랑에 빠져드는 것은 자신의 내면에 있는 이상적 여성 또는 남성의 모습을 투사하고 그것에 빠져든 것이다. 즉, 아니마와 아니무스의 투사로 인한 것이다.

영화감독 엘리아 카잔Elia Kazan의 소개로 마릴린 먼로Marilyn Monroe를 처음 본 아서 밀러Arthur Miller[25]는 완벽하다고 느낀 그녀의 관능미에 반한다. 먼로는 밀러를 지적이고 잘생긴 데다 기댈 수 있는 꿈에 그리던 남자라 생각한다. 두 사람의 서로에 대한 느낌은 아니마와 아니무스 투사와 관련 있다. 먼로는 밀러에게 보내는 한 편지에서 "나는 내가 감탄할 수 있는 남자가 필요해요"라고 쓰는데, 여기서 '감탄할 수 있는 남자'는 바로 아니무스 남성을 가리킨다. 먼로는 결혼한 지 2주도 되지 않아 밀러가 적어 놓은 한 메모를 발견한다. 알코올 중독과 약물 남용에다 무슨 짓을 할지 모르는 어린아이 같은 먼로의 모습에 실망한 밀러가 정신과 의사도 그녀를 치료할 수 없을 거라면서 작가의 힘을 잃을까 두렵고 결혼한 것을 후회한다는 내용이었다. 훗날 그녀는 자신의 정신과 상담의 그린슨에게 영화 〈어울리지 않는 사람들〉에서 먼로를 연기했다고 말한다. 공교롭게도 〈어울리지 않는 사람들〉을 촬영하던 중 둘의 결혼은 끝났다.[26]

앞에서 잠깐 언급한 이문열의 《추락하는 것은 날개가 있다》는 팜므 파탈femme fatale 아니마의 전형을 보여 준다. 내향적 성격의 명문대 법대생 형빈은 우연히 영문과 여학생 윤주를 본 순간 그녀의 매혹적인 모습에 빠져든다. 윤주는 형빈의 꿈속의 여인이다. 잠자리에 든 순간 꿈속에 나타난 그녀는 고귀한 천사가 되어 하늘로 날아오르기도 하고 천박한 탕부가 되어 외설적 몸짓으로 다가오는가 하면 그의 아내가 되어 지루한 일상을 때워 나가기도 한다. 이는 아니마의 다양한 모습을 보여 주는 꿈이라 할 수 있다.

윤주는 형빈에게 사랑을 고백하는 편지를 받았으나 답장을 하지 않은 이유를 설명한다.

첫째로 댁은 서윤주란 현실의 대단찮은 여자 아이에게 글을 쓴 게 아니라 댁의 머릿속에 있는 이상理想의 여인에게 글을 쓰고 있었어요. 거기에 저 따위가 감히 어떻게 답장을 낼 수 있겠어요? 그 다음으로 걱정된 것은 그 느닷없이 폭발할 듯한 댁의 열정이었지요. 내가 알기로 댁이 나를 본 것은 딱 두 번뿐일 거예요. 그것도 두 번 모두 지나쳐 갔다고 해도 좋을 만큼 짧은 대면이었죠. 따라서 댁의 편지에 씌인 것은 거짓말이거나 광기狂氣라고 밖엔 이해할 수 없는데, 그 어느 편도 답장을 내기에는 적합하지 않죠.[27]

6·25 때 부모를 잃고 언니와 함께 어렵게 살아온 윤주는 자신의 삶을 관리하는 매우 현실적인 여성이다. 윤주는 물불 안 가리는 순진한 형빈이 그녀를 있는 그대로 보기보다는 마음속의 여성상(아니마)에 사로잡혀 있음을 날카롭게 지적하고 있다. 현실의 윤주는 일상적 삶의 즐거움을 공유할 수 있는 형빈의 이상적 여인(아니마)이 되지 못한다. 윤주가 바라보는 형빈은 그녀가 우려했던 대로 구질구질한 일상에서 자신을 구해 주지 못하는 평범한 남자(윤주는 한국 남자를 '땅개'라고 표현한다)의 범주를 벗어나지 못한다. 형빈은 기회의 땅 미국에서 신데렐라가 되길 바라는 그녀의 이상적 남자(아니무스), 즉 불행한 기억과 힘들고 지루한 일상에서 자신을 구해 줄 왕자님이 되지 못

하고, 둘은 비극적 결말을 맞는다.

상대가 자신의 아니마나 아니무스와 일치하지 않을 때 실망하고 화를 내게 되는데, 이에 대한 처방은 아니마와 아니무스 투사를 거두어들이는 것이다. 천진난만한 모습에 관능미를 자랑하며 뭇 남성의 마음을 사로잡은 세기의 여배우 마릴린 먼로는 "(사람들은) 나를 사랑한다고 하지만 내가 아닌 누군가를 사랑하면서 나를 멋대로 지어내고 자기들의 환상이 깨지면 나를 탓한다"[28]라는 명언을 남긴 바 있다. 마릴린 먼로에 대한 남성들의 아니마 투사를 알기 쉽게 설명해 주는 말이다.

아니마는 개인의 성숙도에 따라 에덴동산의 이브와 같은 모성적이고 관능적 여성,《파우스트》에 나오는 트로이의 헬레네 같은 미모의 낭만적 여성, 성스러운 성모 마리아나 지혜의 여신 소피아와 같은 여성처럼 다양하게 나타난다. 아니마는 대개 감상적인 기분으로 나타나며 긍정적 아니마는 삶에 활력을 불어넣고 영감을 주고 창의성을 일깨워 준다. 반면 부정적 아니마는 의기소침해지고, 짜증이나 화를 내고, 예민해지며 변덕스럽고, 상대를 깎아내리는 행동을 한다. 상대 여성이 자신의 기분을 존중하고 잘 맞춰 주며 부드럽게 받아 주면 별문제 없이 넘어간다. 하지만 상대 남성에게 남성적인 면을 기대하는 여성이 아무 때나 짜증 내는 소심한 남자를 이해할 수 없다며 실망하고 화를 내면 갈등은 증폭된다.

아니무스는 주로 영웅적인 모습으로 나타난다. 남성미를 자랑하는 스포츠 스타, 잘생기고 로맨틱한 배우, 성공한 사업가, 지적인 교수나 목사, 지혜로운 성인聖人에 이르기까지 분화 정도에 따라 다양한 모습을 한다. 마릴린 먼로의 경우 두 번째 남편 조 디마지오는 야구 선수로 당대 스포츠 스타였으며, 세 번째 남편 아서 밀러는 극작가로 매우 지적이고 세련된 남성이었다. 먼로는 밀러를 진정으로 사랑했던 유일한 남자라고 말하기도 했다.[29]

아니마가 감상적인 기분으로 나타난다면 아니무스는 일반적으로 합리화된 의견으로 표출된다. 긍정적 아니무스는 논리적이고 지적인 면을 살려 전문적 직업여성으로 사회적 활동을 하는 데 도움이 된다. 그러나 부정적 아니무스는 근거가 충분치 않은 섣부른 단정과 지나친 일반화, 지나친 자기주장과 합리화, 비판적 의견, 명령적 태도, 논쟁적이고 지지 않으려는 태도, 완강한 고집 등으로 나타나 관계 형성에 문제를 일으킨다.

여성의 부정적 아니무스는 본인은 옳은 얘기를 하는데 자신을 멀리하거나 화를 내는 남성을 이해할 수 없다며 비난한다. 그리고 이에 대해 상대가 자신을 싫어하기 때문이라고 추측했던 자신의 생각이 옳다고 확신한다. 여성의 아니무스를 대할 때는 아버지가 사랑스러운 딸을 대하듯 인내심을 가지고 그녀의 말을 경청해야 한다. 화를 내지 않으면서 사실 관계를 잘 설명해 주는 것이 필요하다. 여성의 아니무스가 자신의 의견이 당연히 옳고 마땅히 자신의 의견에 따라야 한다고 주장한다면 남성의 아니마는 말도 안 되는 주장이라며 더는 들을 수 없다고 돌아설 것이다.

개성화 과정

융은 무의식이 의식의 일방성을 자율적으로 보완하는 작용을 한다고 주장했다. 사람들 앞에 나서기를 꺼리고 수줍어하는 내향적인 사람이 매우 사교적이고 권력 지향적인 사람으로 활동하는 상상을 하거나 그런 꿈을 꾸는 경우를 흔히 볼 수 있는데, 이는 내향적인 사람의 무의식이 의식의 열등한 외향적 기능을 보상해 주는 예라 할 수 있다. 내향적인 사람의 무의식에 있는 외향적 성향은 의식의 열등한 외향적 기능을 자율적으로 보상하며 의식과 무의식의 조화를 이루고자 한다. 융은 정신적으로 건강해지기 위해서는 의식과 무의식의 조화가 중요하다고 보았다. 의식이 어느 한쪽으로 치우치면 무의식의 자동적 보상 작용이 일어나는데, 의식이 무의식의 의도를 이해하고 무의식과 조화로운 관계를 유지하지 않으면 의식과 무의식의 해리가 일어나 병적 증상을 일으킨다.

융은 자기실현이 삶의 목표라고 생각하고 진정한 자기를 찾아가는 삶의 여정인 개성화individuation 과정을 강조한다. 자기실현은 자신의 내면에 대한 이해를 전제로 하며 무의식을 의식화하는 과정이라고 말할 수 있다. 우선 페르소나에 얽매이지 않고 자신의 열등한 면인 그림자를 인식하는 것부터 시작한다. 그림자는 자신이 거부감을 느끼고 싫어하는 사람들과의 관계를 통해서 깨달을 수 있다. 자기 원형에 도달하기 위해서는 그림자 인식에 이어 내적 인격인 아니마 또는 아니무스를 이해해야 한다.

자기실현은 궁극적으로 자기 원형을 깨닫는 것이다. 자기 원형은 신적인 존재, 불성佛性, 노현자 등의 모습으로 비유되며 삶의 체험을 바탕으로 자기중심적인 데서 벗어나 종교적 깨달음 또는 삶의 지혜를 얻는 것으로 설명할 수 있다. 삶의 여정에서 종착역이 자기실현이라면 각자 도달하는 역이 어디일지는 가늠하기 어려우며 개개인에 따라 다르다.

성격이 곧 운명이란 말이 있다. 융은 "어떤 내적 상황을 의식하지 못하면 그 상황은 반드시 밖에서 운명으로 나타난다"라고 말했다.[30] 즉, 자신이 알지 못하고 통제하지 못하는 성격이 곧 운명이 된다는 뜻이다. 운명을 극복하기 위해서는 의식하지 못하는 내면의 자신을 인식할 수 있어야 한다는 말이기도 하다. 고대 그리스 철학자들이 얘기하는 다이몬daimon(운명, 소명, 내면의 소리)도 평소 의식하지 못하는 내면의 성격 요인으로 볼 수 있다. 성격은 그 사람 전체를 말하며, 성격을 알면 그 사람의 삶이 보인다.

2장

융의
성격 유형론

왜 융의 성격 유형론인가

성격 유형론은 정신과 의사 융이 20년 이상의 대인 관계에 관한 통찰을 바탕으로 얻은 성과로 1921년《심리 유형Psychologische Typen》에서 처음 언급한 이론이다. 수많은 성격 이론 중 단연 으뜸으로 개별적 성격의 차이를 유형별로 잘 설명해 준다.[31] 융은 프로이트, 아들러와 사고방식이 서로 다른 점에서 성격 유형의 차이를 생각하게 되었다고 한다.[32]

융의 성격 유형론은 실제 적용하기 어렵다고 말하는 사람도 있지만, 필자가 가장 좋아하고 임상에서 즐겨 사용하는 이론이다. 융의 성격 유형론은 키나 체중 또는 좋아하는 음식을 말하는 것과 달리 기술하고 있는 사실 이상의 것을 말해 준다. 성격 유형을 알면 그 사람이 세상과 관계를 맺고 살아가는 전형적 패턴을 그려 볼 수 있다. 개개인의 우월한 기능과 열등한 부분을 이해하고 예측하는 데 융의 성격 유형론만 한 이론이 없다. 인간관계의 갈등을 이해하고 해결하는 데도 유용하다. 미처 알지 못했던 자신과 타인의 모습을 이해하는 데 큰 도움이 된다.

사고와 감정뿐만 아니라 직관과 감각적 기능 유형을 소개한 것도 주목할 부분이다. 인지 심리학자로 행동 경제학을 태동시키고 2002년 노벨 경제학상을 수상한 대니얼 카너먼Daniel Kahneman은 실증적 예를 제시하며 인간의 의사 결정이 합리적 사고에 의해 이루어지는 것만은 아니고 비합리적인 직관적 판단에 의존하는 경우가 많다고 주장했다.[33] 이후 의사 결정 과정에서 직관적 기능에 관한 세간의 관심이 높아지게 되는데, 사실 대니얼 카너먼의 주장은 융의 성격 이론에 따르면 그리 새로울 것이 없다. 다만 풍부한 사례를 통한 실증적 접근은 높이 평가할 만하다.

융의 성격 유형론이 타당하지 않다는 주장도 있다. 이러한 주장은 통계적 타당성에 대한 맹신과 융 이론에 대한 직관적 이해가 부족한 데서 비롯된 경우가 대부분이다. 통계적 접근을 통해 드러난 행동 특성을 다루는 성격 이론과 달리 융의 성격 유형론은 의식과 무의식, 주관과 객관적 관점을 아우르는 점에서 독보적 이론일 뿐만 아니라, 실생활에서 행동을 예측하고 성격의 개별적 차이를 설명하는 데 매우 유용하다.

최근 심리학에서 널리 알려진 성격의 5요인 모델은 실증적 연구에 바탕을 둔 것이라 통계적 타당성은 인정할 수 있을지 모르겠으나, 이론적으로도 성격의 본질을 꿰뚫고 있는지는 의문이다. 드러난 성격의 단면을 5개 요인의 관점에서 단지 기술하는 데 그치고 있다는 인상을 준다. 성격의 5요인 모델은 4504개의 성격을 기술한 단어를 나열하고 통계적으로 연관된 단어들을 묶어 보니 크게 5개 범주(요인)로 구분된다는 연구 결과에 바탕을 두고 있다.[34] 얼핏 보기에 실증적 연구라 매우 객관적이고 과학적인 듯하나 5개 요인이 무엇을 의미하는지 해석하고 명명하는 것은 연구자의 직관적 통찰력에 달려 있다는 방법론상의 제한점이 있다. 즉, 연구 방법 면에서도 결국 융의 오랜 경험과 뛰어난 직관에 의해 얻어진 유형론보다 반드시 낫다고 말하기도 어렵다.

성격의 5요인 모델은 내용이 새로운 것 같지만 융의 성격 유형론과 겹치는 부분이 적지 않다고 생각한다. 5개 요인 중 '외향성'은 융의 개념과 반드시 일치하지는 않지만 내향적·외향적 태도와 관련이 있다는 것을 쉽게 알 수 있다. '우호성'은 순응하고 공감하는 기능으로 감정 기능과 유사하고, '성실성'은 과제를 계획적, 체계적으로 조직하고 완수하는 기능으로 감각적 기능과 비슷하다. '경험에 대한 개방성'은 새로운 경험이나 가치관을 수용하고 창의적 성향을 기술하는데, 직관적 기능과 비슷한 부분이 많아 보인다.[35]

융은 "심리학적 발견의 여정에서 어떠한 장비를 준다 해도 이 나침반과는 결코 바꾸지 않을 것이다", "유형 이론이 비교 시스템과 방향 감각을 준다는 객관적 이유만으로도 이 이론을 높이 평가한다"라고 말했다. 융이 얼마나 성격 유형론에 애착과 자부심을 가졌

는지 알 수 있는 말들이다.[36]

융의 성격 유형론

융은 개인의 주된 관심의 방향에 따라 외향적 태도와 내향적 태도로 나누고 각각의 태도 유형을 감각, 직관, 사고, 감정과 같은 네 가지 기능 유형으로 세분했다. 내향적 유형은 관심이 내면세계로 향하고 외부 세계에 대해 자신의 내면세계를 지키려는 성향을 보이며, 외향적 유형은 관심이 외부 세계로 향하고 외부 세계에 순응하여 무언가를 이루려 한다.

'감각'은 물리적 지각을 통해 사물의 존재를 파악하는데, 카메라에 잡히는 모습을 그대로 담아내는 것에 비유할 수 있다. 즉, 눈에 보이는 대상의 겉모습을 있는 그대로 지각하는 능력이다. '직관'은 보이는 대상의 이면에 있는 본질을 꿰뚫고 그것이 어디서 유래하여 무엇을 향하는지를 통찰하는 기능이다. 보이는 대상의 배후에 있는 의미와 가능성 그리고 과거와 미래를 꿰뚫어 보는 능력이라 할 수 있다. 영감, 예감, 육감 같은 것으로 인식 과정은 무의식적이어서 설명하기 어렵다. 의식에서는 대상으로부터 한발 뒤로 물러나 겉으로 드러나는 모습에 초점을 맞추지 않고 이면의 본질을 관조하는 것처럼 느껴질 수 있다. '사고'는 지각된 대상에 이름을 붙이거나 개념의 연관성을 부여하며 의미를 파악하고, '감정'은 좋고 싫은 가치를 부여한다.[37]

융은 도덕적 판단에 이성적 사고뿐만 아니라 감정 또한 중요한 역할을 한다고 보았다. 공감 여부에 따라 느끼는 좋고 싫은 감정을 토대로 도덕적 판단을 하게 된다. 예를 들어, 어려운 사람을 도와주는 일에는 좋다고 공감할 수 있고, 다른 사람을 괴롭히는 일에는 공감할 수 없고 거부감을 느껴 부도덕한 일로 평가한다고 보는 것이다. 옳고 그른 것을 선악의 기준이나 보편적 원칙에 따라 도덕적으로 평가하는 것은 이성적 사고의 기능이다. 사고와 감정은 의식적 과정으로 합리적 판단 기능이라 부르며, 감각과 직관은 대상을 있는 그대로 지각하는 기능으로 의식적 판단이 개재되지 않아 비합리적 기능이라 부른다. 합리적 판단 기능도 열등한 상태에서는 비합리적인 모습으로 나타날 수 있다. 감정이 열등한 경우 감정에 따른 상황 판단은 합리적이라고 보기 어렵다.

사고형과 감정형과 같은 판단형은 어떤 사람을 관찰할 때 의식적인 면을 바라보는 경향이 있다. 반면 감각형과 직관형 같은 비합리적 유형은 정신적 과정을 있는 그대로 보기 때문에 무의식적 면에 영향을 받을 수 있다. 무의식적인 면을 중시하면 성격은 반대 유형으로 보일 수 있다. 외향적인 사람의 무의식적인 면은 매우 자기중심적이고 이기적인 사람처럼 보여 내향적인 사람으로 보일 수 있고, 내향적인 사람의 무의식적인 면은 권력 지향적인 외향적 성격으로 비칠 수 있다. 사고형인 사람은 평소 감정 표현이 제한되어 있으나 무의식의 열등한 기능인 감정이 드러나면 매우 감정적인 사람으로 보일 수 있는데, 이때 무의식적인 면에 초점을 맞추면 감정형으로 오인할 수 있다. 즉, 성격 유형을 판단하기 위해서는 의식적 기능과 무의식의 보상적 기능을 구분해서 관찰해야만 한다. 이 점이 융의 성격 유형 판단을 어렵게 하여 관찰자마다 유형 판단이 달라진다는 오해를 사게 한다.

열등한 기능

성격 유형은 우월한 기능이 무엇인지에 따라 결정된다. 그러나 실제로는 열등한 기능을 보고 판단하는 게 더 쉽고 정확할 수 있다.[38] 우월한 기능보다 열등한 부분이 더 눈에 띄는 경우가 많기 때문이다. 우월한 기능은 의식의 통제를 받고 의지와 목적에 부합하는 적응적이고 자연스러운 행동으로 나타난다. 반면에 열등한 기능은 의식의 통제를 덜 받고 좀 더 무의식의 영향을 받아 예기치 않게 우연히 드러나거나 부자연스럽고 부적절한 행동으로 나타나는 경우가 많다. 우월한 기능은 즉각적으로 나타나며, 열등한 기능은 적시에 표현되지 않고 뒤늦게 드러나는 경우가 많아 쉽게 관찰되지 않을 수도 있다. 감정 기능이 열등하다고 감정이 없는 것은 아니고 뒤늦게 표현되는 것이다. 낮에 기분 나쁜 얘기를 듣고 그 자리에서 감정 표현을 못 하고 뒤돌아서서 뒤늦게 화가 치미는 경우를 예로 들 수 있다. 열등한 부분은 대개 세련되지 못하고, 유치하거나 진부하고 상투적인 방식으로 드러나는 경우가 많다. 열등한 부분을 건드리면 격한 감정적 반응을 보일 수 있다. 열등한 부분을 건드릴 때는 상처받지 않게 조심스럽게 접근하는 것이 바람직하다.

감각이 열등한 사람은 일부러 신경 쓴 옷차림이 오히려 세련되지 못하고 원색적이어서 튀는 경우를 볼 수 있다. 사고 기능이 열등한 사람에게 의견을 물으면 지극히 상투적이고 진부한 대답을 하는 경우를 흔히 볼 수 있는데, 이는 자신의 진정한 생각이 무의식에 억압되어 제대로 표현되지 않기 때문이다. 감정 기능이 열등한 사람이 자신의 특별한 감정을 표현하고 싶어 하나 오랜 생각 끝에 지극히 일상적이고 평범한 표현에 그치는 경우 역시 무의식 수준에서 진정한 감정이 억압되어 있기 때문이다.

상대가 열등한 기능으로 접근해 오면 쉽게 속아 넘어갈 수 있다. 감정이 열등한 사고형의 사람에게 감정에 호소하면 의외로 쉽게 넘어오는 경우를 볼 수 있다. 논리적 사고가 약한 감정형의 사람은 어설픈 감정 호소에는 냉정한 반응을 보이나 얼떨결에 논리적인 설득을 당하기도 한다.

성격 양상은 문화적 환경이나 교육의 영향을 받을 수 있으나 성격 유형은 타고나는 것으로 본다. 같은 부모 밑에서 동일한 환경에서 자라더라도 형제간에 성격 유형은 다를 수 있다. 내향적인 사람이 외형적인 사람처럼 행동한다고 해서 외향형이 되는 건 아니다. 오른손잡이가 왼손 연습을 한다고 왼손잡이가 되는 게 아닌 것과 같은 이치다.

성장 과정에서 부모나 사회적 기대에 따라 실제와 다른 성격 유형인 것처럼 살아가는 경우 스트레스를 많이 받게 된다. 감수성이 뛰어난 전형적인 감정형이 논리적 교육을 받으며 본인의 적성에 맞지 않는 기계 공학을 전공하면 적응에 어려움을 겪을 수 있다. 이는 몸에 맞지 않는 옷을 입으라고 강요당하는 것과 마찬가지다.

어떤 유형이 좋고 어떤 유형이 나쁜 성격이라고 할 수는 없다. 유형마다 장단점이 있을 뿐이다. 성격 유형에 따라 재능이 다르므로 사람에 따라 맞는 일이 다를 수 있다. 손이 서툴러 자로 재고 자르는 데 어려움을 겪는 사람이 목수가 되면 일이 힘들어진다. 훌륭한 재판관이 예능에는 미숙할 수 있고, 뛰어난 예술가가 옳고 그른 가치 판단은 잘 못할 수 있다. 성격 유형을 알면 자신과 타인의 장단점을 이해할 수 있어 궁극적으로 자신의 역량을 발휘하면서 자기답게 그리고 타인과 조화로운 관계를 형성하며 살아가는 데 도움이 된다.

사람을 설득하거나 논쟁을 할 때도 성격 유형을 아는 것이 도움이 된다. 일반적으로 논리보다는 감성에 호소하는 것이 효과적이라고 하나 이는 상대의 성격 유형에 따라 다를 수 있다. 상대의 우월한 기능에 호소하기보다 열등한 기능에 호소하는 편이 효과적인 경우가 많다. 사고형에는 열등한 감정에 호소하며, 감정형에는 논리로 다가가는 것이 좋은 전략이 될 수 있다. 직관적인 사람에게는 사실 관계를 들이밀고 감각적인 사람에게는 본질적 문제를 거론하는 것이 유리하다. 상대의 우월한 기능에 호소하면 웬만해서는 인정받기 쉽지 않다.

기능적 유형은 주요 기능에 따라 감각, 직관, 사고, 감정 네 가지 중 하나로 결정되나, 실제로는 순수하게 한 유형만 분화하고 나머지 세 기능이 보조 기능으로 주요 기능을 보완하는 경우가 많다. 보조 기능은 주요 기능의 대극이 되는 기능을 제외한 나머지 두 기능 중 하나가 된다. 예를 들어 감각형은 직관형을 제외한 나머지 보조 기능인 사고와 감정 유형 중 하나와 짝을 이루고, 직관형은 감각형을 제외한 나머지 보조 기능인 사고와 감정 유형 중 하나와 짝을 이룬다. 마찬가지로 사고형은 감정형을 제외한 나머지 보조 기능인 직관 또는 감각 유형과 짝을 이루고, 감정형은 사고형을 제외한 나머지 보조 기능인 직관 또는 감각 유형과 짝을 이룬다. 성격 유형은 외향형과 내향형에 주요 기능 유형인 감각, 직관, 사고, 감정에 따라 8가지 유형으로 분류되나 보조 기능을 고려하면 16개 유형으로 나누어진다.

살아가는 데는 네 가지 기능이 모두 필요하다. 융은 사고만을 앞세우면 "세상의 4분의 1만이 당신에게 이롭게 작용하는 반면에 4분의 3은 당신에게 반감을 품을 것이다"라고 말한다.[39] 직관적인 사람이 멋있어 보이나 감각적인 사람이 볼 때는 비현실적인 공상가로

· 융의 성격 유형 분류 ·

태도 유형	기능 유형	보조 기능
외향적	감각	사고
		감정
	직관	사고
		감정
	사고	감각
		직관
	감정	감각
		직관
내향적	감각	사고
		감정
	직관	사고
		감정
	사고	감각
		직관
	감정	감각
		직관

보이는 반면, 직관적 사람이 볼 때 감각적인 사람은 눈앞의 이익만 바라보는 답답한 사람으로 여겨진다. 특정 기능 유형이 다른 유형보다 반드시 좋은 것은 아니다. 무엇이 우월하고 열등한 부분인지를 이해해서 장점은 살리고 단점은 보완하는 것이 중요하다. 자신의 우월한 기능만을 내세우며 다른 사람의 열등한 기능을 폄하하는 태도는 바람직하지 않다.

내향적 성격과 외향적 성격

세계를 보는 태도

관심 또는 정신적 에너지가 주로 향하는 방향이 내면세계인지 외부 세계인지에 따라 내향적 성격과 외향적 성격으로 나뉜다. 외향적인 사람은 세상을 객관적 관점에서 바라보고, 내향적인 사람은 주관적 관점에서 바라본다.

외향적인 사람은 외부 대상에 관심이 많고, 쉽게 다가가서 관계를 맺으며 자발적으로 외부 세계에 순응해 나간다. 세상에 나서길 두려워하지 않는다. 자신을 내맡기고 세상의 일부가 되어 무엇인가 이루기를 갈망하는 사람이다. 사회적 기대와 같은 외적 기준과 객관적 판단에 따라 행동하고 사회적 관계나 외적 성취를 중시한다. 내향적인 사람은 외부 세계로부터 자신의 내면세계를 지키고, 내적 세계의 우월성을 은근히 내세우려는 경향이 있다. 실제로 사람 대하기를 수줍어하는 내향적인 사람이 친밀해지면 은근히 자신을 과시하는데, 외향적인 사람이 보기에도 의외라고 느끼는 경우가 적지 않다.

도스토옙스키의 소설 《지하로부터의 수기》는 사람들과 어울리지 못하는 내향적 성격의 주인공이 외모, 옷차림, 재산 등에서 열등감을 느끼면서 내적으로는 아름다움과 숭고함을 추구하며 고결한 사람인 양 우월감을 과시하고 싶어 하는 모습을 잘 보여 준다. 자신을 통 매력이 없고 심술궂은 인간이라고 소개하는데, 매력이 없다는 느낌은 외향적 기능에 대한 열등감에서 비롯되고 심술은 내적 우월감을 과시하고자 하는 마음을 반영한다.

외향적인 사람은 앞으로 나서 즉각적 반응을 보이면서 자기가 옳다는 확신에 차서 행동한다. 반면 내향적인 사람은 마음속으로 '노No'라고 말하는 것처럼 약간 뒤로 물러서듯 나서기를 주저하며 행동에 앞서 먼저 생각하는 편이다.[40] 내향적인 사람은 뭔가를 이뤄 내기보다는 내면적 원칙을 지키는 것을 중요시한다. 객관적 기준보다 내적 기준과 주관적 판단에 따라 행동한다. 사람들의 시선과 관심을 불편하게 느낀다. 자신을 세상에 맞춰 나가는 일을 내적 자유나 주체성에 대한 위협으로 느끼기도 한다. 따라서 내향적인 사람은 낯을 가리고 여러 사람과 함께 있으면 방어적으로 되어 혼자 있는 것을 더 편하게 느낀다. 반대로 외향적인 사람은 낯선 사람에게 쉽게 다가가고 친숙하지 않은 사람들과도 잘 어울린다.

외향적인 사람은 모든 사람이 좋다고 하면 그 생각이 적절하다고 보고 자신도 좋다고 생각한다. 사람들의 생각을 자연스럽게 따라간다. 지배적 의견이 곧 자기 생각이기도 하다. 스스로 객관적이고 합리적이라고 자부한다. 사람들이 좋다고 평하는 작품은 역시 좋다고 생각한다. 반면 내향적인 사람은 남들이 좋다고 해서 다 좋은 것은 아니라고 믿는다. 아무리 권위가 있고 많은 사람이 옳다고 해도 자신이 보기에 아니면 아닌 것이다. 그만큼 내향적인 사람에게는 주관적 판단이 중요하다. 일제 강점기에 독립운동가로 활동한 단재 신채호가 이런 내향적인 사람이었다.

어지간한 학생이라면 책을 읽다가 의문점이 나오면 스승에게 한마디라도 문의했을 것이다. 그러나 신채호는 아무런 주저 없이 '이것은 내용이 잘못된 것이다'라고 판단하고 결론지어버렸다. 이야말로 신채호다운 행동이었다. 그는 아무리 권위가 있고, 많은 사람이 옳다고 여기는 일이라도 자신의 판단에 맞지 않으면 조금의 망설임도 없이 내던졌다.[41]

외향적인 사람이 클래식 음악을 좋아한다면 지휘자와 음반 등에 관한 배경 지식을 많이 알아야 한다고 생각한다. 반면 내향적인 사람은 배경 지식을 나열하는 외향적인 사람 앞에 위축되지만, 외향적인 사람이 진정으로 음악을 좋아하는 사람인지 의구심을 갖는다.[42] 주관적 느낌을 중요시하며 배경 지식이 음악의 본질은 아니라고 생각하기 때문이다.

외향적인 사람은 열 번 실패하면 열한 번째도 실패할 가능성이 크다고 생각한다. 더 이상의 시도는 비합리적이라고 생각하는데 객관적 경험을 중시하기 때문이다. 반면에 내향적인 사람은 원래 성공할 수 있는 일이라고 생각하면 열 번 실패해도 열한 번째 시도가 의미 있다고 생각한다. 경험적 수치보다는 성공 가능성에 대한 주관적 판단을 중시하기 때문이다.

외향적인 사람이 사회적 성취를 중시하는 건 지극히 당연한 일이다. 이들에게는 내향적인 사람이 사회적 성취가 전부가 아니라고 말하는 게 납득하기 어렵다. 내향적인 사람은 사회적 성취보다 내면적 가치, 예를 들어 주관적 체험과 존재 자체의 고유한 가치에 대한 깨달음 등을 중시할 수 있다. 그러다 보니 현실 세계에서 적응에 어려움을 겪기도 한다.

외향적인 사람은 자신을 세상에 쉽게 내맡기며 사회적으로 용인되는 방식으로 표현하는 데 어려움이 없다. 하지만 내향적인 사람은 자신을 적절하게 표현하는 데 익숙하지 않다. 자신의 생각이나 감정을 표현하는 데 자신의 내적 기준과 원칙에 맞는지는 신경을 쓰지만, 객관적 관점에서 어떻게 보일지는 신경을 쓰지 않거나 잘 모르는 경향이 있다. 융은 "내향적인 사람들은 언제나 자신의 최고의 모습을 보여 주지 않는다. 그들은 자신의 약점을 드러내는 데 특별한 재주를 갖고 있다"라고 말한다.[43] 머뭇거리고 망설이다 기껏 꺼낸 얘기가 의도치 않게 혹은 준비 부족으로 엉뚱한 말실수가 되어 버리는 경우가 적지 않다. 평소 자신을 드러내지 않다가 불쑥 지나치게 직설적인 비판을 하거나 감정이 폭발하면 자신의 장점보다 단점을 드러내서 실제보다 과소평가되는 경우가 많다.

외향적인 사람은 개별 경험을 별개로 받아들이나, 내향적인 사람은 개별 경험에서 유사점이나 패턴을 찾아 개념을 도출하거나 개념에 맞춰 생각(추상화)하려는 경향이 있다. 복잡한 세상일들을 통일

되고 일관된 무엇인가로 바꿔 놓는 데서 마음의 평온을 얻는다. 외향적인 사람의 인지 스타일이 경험적이고 구체적이라면 내향적 사고는 관념적이고 추상적인 경향이 있다.

외향적 성격과 내향적 성격은 바라보는 관점이 달라 서로를 부정적으로 볼 수 있다. 외향적인 사람이 볼 때 내향적인 사람은 쉬운 길을 두고 굳이 어려운 길을 택해 힘들게 살아가는 이해하기 어려운 독선적인 고집쟁이이고, 내향적인 사람이 볼 때 외향적인 사람은 아무 생각(주관, 원칙) 없이 좋은 게 좋은 거라며 쉽게 살아가는, 시류에 편승하는 얄팍한 기회주의자로 여겨진다. 내향적인 사람이 일부러 어렵게 치열한 삶을 살아간다면, 외향적인 사람은 쉽게 살아가는 편이다.

내향적인 사람은 자신이 외향적인 관찰자에게 어떻게 보이는지 대부분 알지 못한다. 내향적인 사람은 원칙에 따라 행동하는 자신이 매우 정의롭고 공정한 사람으로 보일 것이라고 자부하면서 외향적인 관찰자가 자신을 부정적으로 본다는 사실을 모를 수 있다. 외향적인 관찰자는 내향적인 사람을 자신만의 생각에 사로잡혀 현실에 대한 고려와 융통성이 부족한 고지식하고 답답한 사람 또는 과장된 행동을 하는 돈키호테처럼 볼 수 있다. 내향적인 사람의 예상과는 아주 다른 것이다. 내향적인 사람은 자신의 주관적 관점을 상대가 공유할 것으로 기대하나, 외향적인 상대는 내향적인 사람의 깊은 속내에는 관심이 없고 드러난 행동만을 객관적 관점에서 평가하기 때문이다. 아울러 외향적인 사람은 내향적인 사람의 행동을 외부 환경의 결과로만 생각하고 내면의 동기를 간과하는 경우가 많다. 반면에

내향적인 사람은 외향적인 사람의 행동을 상대의 주관적 관점에서 해석하려는 실수를 저지를 수 있다.[44]

　예를 들면 내향적인 남편은 외향적인 아내가 모임에서 처음 본 사람들에게 말을 건네고 호의적으로 대하는 행동을 사람들의 관심을 끌려는 것이라며 못마땅하게 생각하여 아내를 나무란다. 그런데 아내는 그런 남편이 이해되지 않는다. 아내는 그저 상황에 맞는 적절한 말과 행동을 했을 뿐이나 내향적인 남편이 아내의 의도를 심각하게 분석한 예다. 다시 말해 아내는 객관적 관점에서 적절한 행동을 한 것뿐인데 남편은 아내의 주관적 관점에서 바라보면서 갈등이 생기게 된 것이다. 말수도 적고 무뚝뚝하며 집안일을 도울 줄 모르는 남편에게 아내가 불만을 토로하면 남편은 도무지 이해할 수 없다면서 분노를 표출할 수 있다. 늘 아내와 집안 걱정을 하는 자신의 주관적 마음을 상대가 당연히 알고 있으리라고 생각한 남편은 아내가 자신을 무책임하고 가정에 소홀한 사람으로 간주하는 데 분노한 것이다. 아내는 남편의 드러난 행동에 대해 객관적 관점에서 반응했을 뿐인데 말이다. 남편은 아내가 속으로 자신을 싫어하거나 무시하기 때문에 그런 말을 한다고 생각한다. 이 경우에도 자신의 행동을 자신의 주관적 관점에서 보는 내향적인 남편이 아내의 행동도 아내의 주관적 관점에서 해석하면서 외향적인 아내와 갈등이 빚어진 것으로 볼 수 있다.

보상적 기능

　내향적이라고 해서 외향적 성향이 없는 건 아니고 외향적이라고 해서 내향적 성향이 없는 것도 아니다. 주된 기능이 무엇인지에 따라 내향적인지 외향적인지가 결정된다. 내향적 또는 외향적 유형일 지라도 무의식에서는 각각 반대 성향의 보상 작용이 이루어진다. 때론 과잉 보상이 이루어져 내향적인 사람이 외향적인 사람으로 또는 외향적인 사람이 내향적인 사람으로 보일 수 있다.

관찰자가 의식과 무의식중 어느 부분을 보고 평가하는지에 따라 성격 유형을 잘못 판단할 수 있다. 합리적 유형의 관찰자는 의식적인 부분을 보나 비합리적 유형의 관찰자는 무의식적인 면을 보고 판단할 수 있는데, 무의식에서는 의식의 성격과 반대 성향을 드러낼 수 있는 것이다. 이로 인해 관찰자 스스로도 자신의 성격 유형을 잘못 알고 있는 경우가 많다. 질문지를 이용한 성격 검사에서 실제와 반대로 성격 유형이 나오는 것도 본인 스스로 과잉 보상된 열등 기능을 우월한 기능으로 잘못 알고 있기 때문이다.

외향적인 사람이 우울해지면서 혼자 생각에 잠길 때 스스로 내향적이라고 생각하기도 한다. 과도한 외향적 성향에 대한 반작용으로 무의식적인 면이 겉으로 드러나면 평소 사교적이고 타인을 배려하는 모습과는 달리 유치하고 이기적인 내향적인 사람처럼 보일 수 있다. 반대로 내향적인 사람이 무의식적으로 외향적 삶에 매료되면 권력 환상에 빠지거나 실제 자기 현시적이고 권력 지향적인 삶에 몰입할 수도 있다.

외향적인 사람의 경우 외향적 기능이 세련되고 자연스러운 데 반해 내향적인 사람의 무의식적인 외향적 행동은 어색하고 부자연스러운 모습을 띤다. 외향적인 사람이 대중 앞에서 연설할 때 자연스럽게 그리고 적당히 자신을 드러내는 데 반해 내향적인 사람은 상당히 형식적이고 의례적인 표현을 자주 한다.

내향적인 사람은 외향적 기능을, 외향적인 사람은 내향적 기능을 보완할 필요는 있으나 자신의 유형과 반대로 살게 되면 성격대로 살 때보다 힘들고 쉽게 지칠 수 있다. 오른손잡이가 왼손을 쓰면 아무래도 익숙하지 않고 힘이 드는 법이다. 과잉 보상된 행동은 어딘가 과장되고 지나치거나 어설프고 어색해 보일 수 있다. 어울리지 않고 맞지 않는 옷을 빌려 입은 것과 비슷해서 남들이 보기에도 어색하고 본인도 불편하다. 열등한 기능을 보완하되 각자 원래 성격 유형대로 사는 것이 건강하게 사는 삶이라 할 수 있다. 성격은 원래 타고나는 것인데 간혹 부모의 기대에 맞추느라 또는 교육 환경에 따라 자신의 성격과 반대되는 성격을 가진 사람처럼 자랄 수 있다. 내향적인 아이가 외향적인 것처럼 행동하기도 하는데, 이럴 경우 아이는 성장하면서 많은 스트레스를 받게 된다.

일반적으로 청소년기까지는 주어진 환경에 적응하느라 외향적 기능을 요구하는 경우가 많다. 따라서 삶의 초반부에는 외향적인 사람보다 내향적인 사람이 불리한 점이 있다. 그러나 중년 이후에는 외향적 삶만으로는 삶의 의미를 찾는 데 어려움을 겪으며 공허감을 느낄 수 있다. 반면 내향적인 사람은 내면세계에서 다양한 체험을 하며 만족을 구할 수 있다. 행복의 개인차가 타고난 외향적 성향에 의해 결정된다는 일부 심리학자의 주장[45]에 필자는 동의하지 않는다. 이러한 연구에서 측정된 외향성이 반드시 융이 말하는 진정한 외향적 성격을 반영하는 것이 아닐 수 있다. 외향적인 사람도 우울할 때는 자신의 성향을 내향적인 것처럼 응답할 수 있고, 내향적인 사람도 적극적이고 지배적 성향이 강할 경우 외향적 성격으로 보고 할 수 있기 때문이다.

마릴린 먼로는 전형적인 외향적 성격으로 그녀의 지나친 외향적 성향은 오히려 우울증의 원인이 되었다.[46] 마릴린 먼로는 세상 사람들이 기대하는 모습에 자신을 맞추면서 진정한 자신에게서 멀어지게 되는데, 이는 결국 공허감과 함께 우울증과 약물 남용으로 이어진다. 마릴린 먼로는 정신과 의사 그린슨에게 다음과 같이 말한다. "아서 밀러와 결혼했을 때 나는 마릴린 먼로가 아닐 수 있겠다는 꿈을 꾸었죠. 그런데 이제 같은 일을 해야 하는 나를 지켜봐야만 하는 거예요. 나는 여기서 나가고 싶어요!"[47]

조선 태종 이방원이 "이런들 어떠하며 저런들 어떠하리" 하면서 현실적으로 잘 사는 게 중요하지 않으냐고 〈하여가何如歌〉로 정몽주를 설득했는데, 이는 실리를 중시하는 외향적 가치관의 전형을 보여 준다. 이에 정몽주는 〈단심가丹心歌〉로 답하여 현실 적응보다 내적 원칙을 중시하는 내향형의 사고방식을 보여 준다. 또 이승만 전 대통령이 현실적 상황 판단과 실리를 중시하는 외향적 성격이라면, 김구는 명분과 내적 원칙을 중시하는 내향적 성격이라 할 수 있다.

아들러는 우월성 추구를 삶의 중요 동인으로 보았다. 반면에 융은 아들러의 우월성 추구는 열등한 외향적 기능과 환경에 대한 주체의 우월성을 내세우고 싶어 하는 그의 내향적 성격으로부터 영향을 받은 것이라고 보았다.[48] 아들러의 관점이 내향적이라면 프로이트의 관점은 외향적이다. 융은 프로이트가 개인 무의식에 억압된 본능적 욕구를 강조하는데, 이는 본능의 자연스러운 흐름을 중요하게 생각하는 외향적 성향과 관련 있다고 보았다.[49] 외향적인 사람에게는 프로이트의 이론이, 내향적인 사람에게는 아들러의 이론이 더 와닿을 수 있다고 융은 말한다.[50]

신채호는 《조선상고사》에서 역사를 '아我와 비아非我의 투쟁'의 기록으로 보았다.[51] 이와 같은 신채호의 시각은 적응을 요구하는 외부 세계를 주체성에 대한 위협으로 느끼며 방어적인 태도를 보이는 내향적 성격의 특성이다.

감각과 직관

감각은 감각 기관을 통해 눈에 보이는 대상의 겉모습을 있는 그대로 지각하는 물리적 지각을 의미한다. 직관은 보이는 것의 배후에 있는 의미와 가능성을 꿰뚫어 보는 능력이다. 영감, 예감, 육감 같은 것으로 의식에서 한발 떨어져 관조하는 태도로 나타나고 인식 과정은 무의식적이라 설명하기 어렵다. 감각이 사실에 초점을 맞춘다면, 직관은 그 이면을 관조하는데, 그러기 위해서는 대상에서 한발 물러나 감각 기능을 억제할 필요가 있다. 이는 카메라로 사진을 찍을 때 감각이 배경을 그대로 담아내는 것이라면, 직관은 한곳에 초점을 맞추면서 배경이 흐려지는 것에 비유할 수 있다. 직관적인 사람은 감각 기능이 억제되어 눈앞에 보이는 대상을 지나쳐 버릴 수 있어 안하무인의 오만한 사람으로 오해받을 수 있다.

감각적인 사람은 모임에서 사람들의 옷과 헤어스타일, 장신구 등을 카메라로 사진을 찍은 것처럼 소상하게 기억해 낸다. 반면 직관적인 사람은 모임에서 나누었던 대화 내용은 기억해도 이와 무관한 옷, 헤어스타일, 장신구 등과 같은 세부적인 내용은 기억하지 못한다. 감각적인 사람이 세부적 내용(나무)을 먼저 본다면, 직관적인 사람은 전체(숲)를 먼저 보는 경향이 있다.

감각적인 사람은 금전적인 면에서도 현실적이고, 창의적인 것보다 실용적인 것을 좋아한다. 추상적이거나 잠재적 가능성보다는 구체적이고 현재 눈에 보이는 것을 중시한다. 일할 땐 창의적인 방법보다는 매뉴얼대로 정해진 방식을 선호한다. 중간에 다른 일을 벌이기보다는 원래 계획대로 마무리하는 스타일이다. 글을 쓰거나 발표할 때도 깔끔한 형식을 중시한다. 감각형의 상사는 직관형의 부하 직원이 쓴 보고서가 마음에 들지 않을 수 있다. 내용이 문제가 아니라 줄 간격이나 서체 등의 형식들이 눈에 거슬리기 때문이다. 반면에 직관형 부하 직원은 감각형 상사가 내용보다 형식적인 사소한 부분들을 문제 삼는 게 답답하기 이를 데 없다. 문제는 상사 스타일에 맞추려 해도 피곤하고 어렵다는 데 있다. 직관적인 사람이 감각형의 프레젠테이션이나 보고서를 보면 군더더기 없이 깔끔하긴 하지만 정작 핵심을 짚지 못하거나 알맹이가 없어 아쉽다는 인상을 받을 수 있다.

감각형의 사람은 당장 필요하지 않은 물건은 버린다. 평소 겉보기에 주변이 깔끔하게 정리되어 있고 가구나 기기를 고를 때 기능보다 모양을 중시한다. 애플 창업자 스티브 잡스Steve Jobs는 기기의 세부 디자인을 중시한 최고 경영자로 유명하다. 보통은 엔지니어가 기술을 개발하면 디자이너가 거기에 맞춰 외형을 만드는데 스티브 잡스는 그 반대였다. 디자인을 결정한 다음 회로 기판과 부품 등을 제품 디자인에 맞추는 식이었다. 마우스나 키보드 커넥터와 같은 사소한 일로 중요한 프로젝트를 지연시키기도 했고, 프로그램을 코딩하는 엔지니어에게 기능적으로 그리 중요해 보이지 않는 제목의 줄을 고치라고 화를 내거나 아무도 볼 일이 없는 기기 뒷면의 배선이 깔끔하지 않다고 불평하기도 했다. 집을 수리하는 데 디자인을 계속 변경하여 4개월 정도의 수리 일정을 16개월 지연시키기도 했다. 마음에 드는 독특한 색을 고르는 데 집착해서 갑자기 기기의 색을 변경하여 생산 라인에 차질을 겪게 하는가 하면, 입원 치료를 받는 중에 의사가 마스크를 씌우려 하자 마음에 드는 디자인의 마스크를 고르겠다고 하는 등 비합리적인 수준의 감각적인 행동을 보였다. 잡스의 경우 군더더기 없는 깔끔한 프레젠테이션을 자랑하는데 이 또한 타고난 감각적 성격과 관련된다. 언론 매체에 기사가 나갈 때도 사진, 글씨체, 레이아웃 등 보이는 것에 무척 신경을 쓴 것으로 알려져 있다.[52] 잡스는 한때 선불교에 빠지기도 했는데, 현실적인 것을 중시하는 감각적 성향에 대한 보상 작용일 가능성이 크다.

직관적인 사람에게 비본질적인 것은 안중에 없다. 내용이 중요하지 형식은 중요하지 않다. 글을 쓸 때도 줄을 맞추거나 서체에 신경 쓰는 편이 아니다. 형식을 맞추는 데 열등하다 보니 과잉 보상되어 오히려 강박적으로 신경 쓰는 경우도 있다. 가구를 선택한다면 모양보다 기능을 중시한다. '지금', '여기'보다 미래 지향적이다. 그래서 언젠가 쓸데가 있다고 생각해서 물건을 버리지 않는다. 창의적이고 의미 있는 일에 몰두하면 현실적인 돈 문제는 신경 쓰지 않는다. 잠재적 가능성을 중시하다 보니 당장의 현실적 문제를 외면하는 경향이 있다. 열 번 실패해도 열한 번째는 성공할 수 있다는 직관을 믿는다. 감각적인 사람이 볼 때는 구체적 사실을 무시하니 매우 비현실적이다.

직관적인 사람은 일할 때 매뉴얼대로 하기보다는 창의적 방식을 도입한다. 창의적 아이디어가 많다 보니 곁가지를 치면서 일이 늘어나 마무리를 못 하기도 한다. 창의적인 일을 계획하고 시작하는 사람은 직관적 유형이나 실제 마무리 짓고 성과를 거두는 사람은 감각적 유형이다.

요리할 때 직관형은 조리법을 정확히 따르지 않는다. 감각형이 볼 때는 조리법을 따르지 않는 게 마음에 들지 않고 엉터리란 생각이 든다. 직관형이 보기에는 감각형은 융통성이 없어 답답해 보인다.

외향적 감각형

외향적 감각형은 눈앞의 손익 계산에 빠르고 지금 현재 눈에 보이는 구체적 사실이나 수치를 중시한다. 감각적 안목이 있어 세련되고 매끄러운 인상을 주나 생각의 깊이가 있어 보이진 않는다. 늘 안테나를 세우고 정보를 수집하나 직관적 예측은 근거 없는 얘기라고 무시한다. 보이는 것을 별생각 없이 곧이곧대로 믿는 경향이 있다.

실용주의자로 물질적인 것을 중시하며, 철학적 또는 종교적 생각은 실생활에 도움이 될 게 없다고 무시하기도 한다. 상식적이고 즉각적으로 행동하는 편이며 이념적인 것에는 관심이 없다. 도덕적 설교를 하면 진부하고 위선적인 인상을 줄 수 있다. 현실주의자로 미래에 대한 고민이나 내면적 성찰이 부족하고 쾌락이나 관능적 취미에 빠지기 쉽다. 감각적 즐거움을 추구하고 모험이나 긴장감을 즐기기도 한다. 직관적 기능이 열등하여 때로는 미신에 사로잡히거나 광신도가 되기도 한다.

외향적 감각형은 분위기 파악이 빠르고 임기응변과 현실 적응에 능하다. 행동이 민첩하고 눈치가 빨라 영업 사원이라면 남다른 수완과 실적을 자랑할 수 있다. 사고 기능이 받쳐 주면 뛰어난 실행 능력을 보인다. 구체적으로 빨리 현실을 파악하고 탁상공론을 싫어해 현장에서 주어진 일을 신속하게 마무리 짓는 능력이 탁월하다. 또 외향적 감각형에 감정 기능이 곁들여지면 재치 있고 분위기를 잘 띄워서 주변 사람들을 즐겁게 해 준다.

클래식 음악을 대중에게 널리 알린 세계적 지휘자 헤르베르트 폰 카라얀Herbert von Karajan은 뛰어난 장사꾼이라는 평을 받기도 하는데, 외향적 감각형의 전형적인 모습을 보여 준다. 당대의 다른 지휘자들이 음반 녹음에 무관심할 때 그는 발 빠르게 음반사와 계약을 체결하고 레코딩 산업에 뛰어들어 엄청난 음반 판매량(SP, LP, CD를 합하여 약 1억 2000만 장)을 기록하며 음악계의 거부가 되는 뛰어난 사업가적 감각을 보인다. 새로운 녹음 기술뿐만 아니라 회사를 따로 차릴 정도로 영상 제작에도 관심이 많았던 것으로 전해지는데, 이 점 역시 그의 감각적 성향을 반영한다. 외향적 감각형답게 카라얀은 자기 연출에 능해 헤어스타일과 외모, 이미지 관리에 신경을 많이 쓴 것으로 알려져 있다. 평소 청바지에 터틀넥을 즐겨 입었는데 빈의 베스트 드레서로 꼽힐 만큼 의상에 신경을 썼다고 한다.[53] 또한 비행기 조종, 페라리와 같은 스포츠카 몰기, 수상 스키와 요트 타기처럼 호화롭고 매우 감각적인 취미를 가지고 있었다.[54] 카라얀의 나치 가입 전력 또한 현실 적응이 빠르고 실리를 추구하며 이념적인 것에 상관하지 않는 그의 일면을 보여 주는 행적이라 할 수 있다. 카라얀은 실용주의자답게 사업에는 특출한 감각을 보였으나 독서에는 관심이 없었고 학문과도 거리가 멀었던 것으로 전해진다. 지인에 따르면 카라얀은 주로《대형 제트기 조종법》과 같은 책을 읽었다고 한다.[55]

카라얀에 앞서 베를린 필의 지휘를 맡았던 빌헬름 푸르트벵글러 Wilhelm Furtwängler는 카라얀을 이름 대신 K라고 부를 정도로 무척 싫어했던 것으로 알려져 있는데, 이는 그의 성격이 카라얀과 정반대였기 때문일 수 있다. 처세에 능하고[56] 물욕이 강하며 사업가적 기질이 있는 카라얀과 달리 영혼을 중시한 푸르트벵글러는 인간적이고 사람들에게 존경을 받았으나 소통과 사교에 서툴러 소프라노 마리아 슈타더 Maria Stade는 그를 '세상사에 어두운 얼간이'[57]라고 부르기도 했다.

카라얀이 음악의 기술적 측면과 악보의 정확한 연주를 중시하고 매끄러운 음색을 자랑한다면, 푸르트벵글러는 전체적인 곡 해석과 영감을 중시하고 악보에 얽매이지 않아 부정확하다는 평을 받기도 한다.[58] 푸르트벵글러의 곡 해석과 지휘는 늘 일정한 카라얀과 달리 그때그때 다르다는 평을 받았는데,[59] 이 점 역시 정해진 방식을 따르는 감각적 유형과 창의적이고 직관적인 유형의 차이점을 보여 준다. 작품 전체를 꿰뚫는 통찰을 중시하는 직관적 유형의 푸르트벵글러[60]

가 보기에 감각적인 카라얀은 유려하지만 깊이가 부족하다는 인상을 주었을 가능성이 크다.

내향적 감각형

내향적 감각형은 사물에 대한 주관적 지각에 반응한다. 사실적이기보다 주관적 인상을 세밀하게 그려내는 화가나 문학 작가에게서 볼 수 있는 유형이다. 남다른 미적 감각과 재능을 지녀 예술가라면 작품으로 표현할 수 있다. 그러나 일반적으로 표현이 진부하고 평범한 경우가 많으며, 작품으로 표현하기 전에는 무감각하고 수동적인 사람으로 보인다. 사고와 감정이 주관적 지각을 표현하기에 미숙하기 때문이다. 이 유형의 사람은 객관적으로 이해하기 어렵고 자기 자신도 스스로를 잘 이해하지 못하는 경우가 많다.

갈등 상황에서 가치 판단을 못하고 적당히 중립을 지키면서 조정하려고 애쓰는데 이편도 저편도 아닌 모호한 태도를 보인다. 자신의 생각이 없어 다른 사람에게 이용당하기 쉽다. 그러다가 가끔 엉뚱하게 저항하고 고집을 부려 주위 사람을 당황케 한다. 무의식에 억압된 직관 기능은 현실의 불확실하고 부정적인 그림자(위험성)를 알아내는 직감을 지니고 있다. 이러한 무의식적 보상 기능이 의식의 호의적이고 남을 잘 믿는 태도와 대조된다.

노벨 문학상 시즌마다 이름이 거론되는 무라카미 하루키村上春樹가 내향적 감각형일 가능성이 크다. 그의 작품은 관찰자의 눈에 담기는 모습에 대한 세부적 묘사가 매우 섬세하고 구체적이지만, 독자에게 전하려는 메시지는 모호하다는 인상을 준다. 하루키는 자신이 관찰한 내용을 사진 대신 이야기로 전달할 뿐이어서 의미 부여나 분석을 시도하지 않고 결론도 내리려 하지 않는 것으로 보인다.[61] 소설의 장르적 특성일 수도 있으나 감각적 수준에 머무르며 가치 판단을 유보하는 그의 작품들은 의도가 있어서라기보다 작가의 성격이 감각적 유형일 가능성을 보여 준다.

1980년대 말 국내에 "상실의 시대"라는 제목으로 소개되어 큰 반향을 불러일으킨 《노르웨이의 숲》을 보면, 소설의 마지막 부분에서 주인공 와타나베는 요양원에서 알게 된 레이코 여사와 함께 자살한 여자 친구 나오코를 추억하다가 정사를 갖고 헤어진 뒤 평소 가까이 지내던 미도리에게 전화를 건다.[62]

나는 미도리에게 전화를 걸었다. 어떻게든 너와 이야기를 하고 싶다, 이야기할 게 많다, 이야기하지 않으면 안 될 게 잔뜩 있다. 온 세상에서 너 외에 원하는 건 아무것도 없다. 너와 만나 이야기하고 싶다, 모든 걸 너와 둘이서 처음부터 다시 시작하고 싶다고 말했다.

미도리는 한참 동안 전화 저쪽에서 말이 없었다. 마치 전 세계의 가랑비가 온 지구의 잔디밭에 내리고 있는 것 같은 침묵만이 계속되었다.

나는 그동안 줄곧 유리창에 이마를 붙이고 눈을 감고 있었다. 그러자 이윽고 미도리가 입을 열었다.

"당신, 지금 어디 있어요?"

그녀는 조용한 목소리로 그렇게 물었다.

나는 지금 어디에 있는가?

나는 수화기를 든 채 얼굴을 들고, 공중전화 주변을 둘러보았다. 나는 지금 어디 있는 것인가.

그러나 그곳이 어딘지 나로서는 알 수가 없었다. 짐작조차 할 수 없었다. 대체 여기가 어딘가? 내 눈에 비치는 것은 어디랄 것도 없이 걸어가는 무수한 사람들의 모습뿐이었다. 나는 아무 데도 아닌 공간의 한 가운데에서 미도리를 계속 부르고 있었다.[63]

지금 어디에 있는지 묻는 미도리의 질문에 뜬금없이 "나는 지금 어디에 있는가?"라는 실존적 의문을 제기한다. 마지막 장면에서 자신의 정체성에 대해 갑자기 철학적 고민을 하며 당혹스러워하는 와타나베의 모습은, 그가 세상을 관찰하고 체험하는 데는 익숙하나 삶의 근원적 문제에 대한 철학적 성찰에는 미숙함을 보여 주는 대목으로 작가의 내면을 반영하는 것으로도 볼 수 있다. 감각적 유형에게 삶의 본질에 대한 철학적 고민은 어울리지 않아 어색하게 느껴지기 마련이다.

하루키에게 프란츠 카프카상(2006)을 안겨 준《해변의 카프카》는 의식과 무의식을 넘나드는 듯하나 정작 내용은 상징적이라기보다 사실적이고 구체적으로 묘사되어 있어 작가의 감각적 특성을 여실히 보여 주는 작품이다.《해변의 카프카》에서 뜬금없이 나치 유대인 학살의 주범이었던 '아이히만'에 관한 얘기가 잠깐 언급되는데, 작가는 아이히만 스스로가 바라보는 그의 성격을 옳은지 그른지를 의식하지 않고 단순히 주어진 과제를 효율적으로 실행하는 사람으로 기술하고 있다.[64] 이 대목은 사고와 감정이 열등한 감각적 성격의 아이히만을 적절하게 묘사하고 있는 것으로 보인다. 하지만 하루키는 아이히만의 주관적 관점만을 서술하며 아이히만에 대해 가치 판단을 유보하고 그저 관찰 대상으로만 보고 있다는 인상을 준다. 그의 이러한 태도는 직관적이고 논리적인 철학자 한나 아렌트Hannah Arendt가 아이히만에 대해 '악의 평범성'을 말하며 사유하지 않는 점이 문제라고 비판적 태도를 보인 것과 대비된다. 하루키가 작품에서 아이히만을 언급할 때는 그의 재판에 대한 보고서를 쓴 한나 아렌트를 모르지 않았을 것이다. 그럼에도 아이히만에 관해 그의 주관적 관점만을 기술한 점은 비록 소설이긴 하나 세상을 단지 관찰하고 기술할 뿐 분석이나 가치 판단에는 무관심한 작가의 감각적 성향이 은연중에 드러난 부분이라 하겠다.

하루키는 규칙적인 일과를 보내는 것으로 유명한데, 새벽 5시에 일어나 10킬로미터를 달리고 글 쓰는 일과를 시작한다. 저녁 10시면 잠자리에 들어 좋아하는 재즈나 음악 콘서트를 놓치는 경우가 많았다고 한다. 원고도 마감 시간을 철저히 지켜서 마감 이틀 전에 끝마쳐야 직성이 풀리는 성격이라고 한다.[65] 이와 같은 규칙적 생활과 마감 시간을 엄격히 지키는 스타일 역시 감각적 유형일 가능성을 시사한다. 하루키는 달리기를 하는 이유에 대해 "나는 그다지 머리가 좋은 인간은 아니다. 살아 있는 몸을 통해서만, 그리고 손에 닿는 재료를 통해야만 사물을 명확하게 인식할 수있는 사람"이라고 말한 바 있다.[66] 그는 또한 "본질적인 것에 대해서는 아무것도 생각하지 않으며 소박하고 아담한 공백 속을, 정겨운 침묵 속을 그저 달려가고 있다"라고 말한다.[67] 이와 같은 자신에 대한 하루키의 진술도 그의 성격이 감각적 유형일 가능성이 큼을 보여 주는 대목이다.

삼성 그룹 창업자 호암 이병철 선대회장 역시 사람들과 함께 어울리기보다는 혼자 조용히 생각하는 내향적 성격의 소유자라고 생각한다. 흐트러짐이 없이 깔끔하고 튀지 않는 세련된 옷차림은 상당히 감각적이라는 인상을 준다. 이는 옷차림에 그다지 관심을 보이지 않은 직관적 유형의 현대 그룹 창업자 아산 정주영 명예회장과 대조적이다. 호암은 사업을 구상할 때 구체적이고 체계적인 자료 수집과 빈틈없는 대책 마련을 중시했고 계획대로 정확하게 실행하는 것을 원칙으로 했다. 좀처럼 화내는 법이 없고 아래 사람들에게 보고받을 때도 좋다 싫다 표현하는 법이 없었다고 한다. 메모하다 글씨가 비뚤어지면 다시 썼고, 삼성 사옥을 지을 때 외벽의 색상과 대리석 간격을 일일이 직접 결정했다는 일화가 있다. 구체적이고 현실적이면서 실행 능력과 미적 감각이 뛰어난 내향적 감각형 성격의 한 단면이다. 이와 함께 미술품 수집에 대한 애착과 건축, 국악, 서예에 대한 깊은 조예와 관심 역시 높은 수준의 감각적 면모를 보여 준다. 사업뿐만 아니라 목욕과 같은 일상생활조차 일정대로 정확하게 실행하는 것을 좋아했다고 전해진다. 당시 정해진 시간에 목욕물 온도를 미리 맞춰 놓을 수 있을 정도였고, 호암이 목욕하는 동안은 아들들이 아버지에게 들킬 염려 없이 마음 놓고 몰래 담배를 피울 수 있는 시간이었다고 한다.[68]

호암은 세상을 떠나기 한 달 전에 가톨릭 신부에게 24개의 종교적 질문을 던진다. 신의 존재를 어떻게 증명할 수 있는지, 신이 인간을 사랑했다면 왜 고통과 불행과 죽음을 주는지, 신은 왜 악인을 만들었는지 그리고 종교란 무엇이고 인간에게 필요한 것인지와 같은 근원적 질문을 포함한다.[69] 질문 자체는 종교의 본질에 관한 진지하고 철학적인 내용으로 보이나 그 이면에는 직관적 통찰보다는 매우 현실적이고 구체적인 관점에서 종교를 바라보는 사고방식이 엿보인다. 추상적 질문을 던지면서 눈에 보이는 구체적인 답을 구하는데, 이는 본질을 꿰뚫는 직관형이나 관념적(추상적) 사고로 시작되어 주관적 관념으로 귀결되는 사고형의 사고방식이기보다는 구체적 현실에 바탕을 둔 감각형의 사고방식을 보여 주는 대목이다.

또 이런 일화도 있다. 호암이 한번은 일식을 제대로 배운 신라호텔 조리부장에게 초밥에 밥알이 몇 알이나 들어가는지 묻자 조리부장이 당황하며 그 자리에서 밥알을 세어 답했다. 그러자 호암은 낮에 먹는 초밥의 적당한 밥알 개수와 저녁에 술안주로 먹기에 좋은 밥알 개수를 정확히 알려 주어 조리장을 부끄럽게 했다. 이 역시 구체적인 자료를 중시하는 감각적 성격의 유형일 가능성이 큼을 시사한다.

미국의 대부호 존 데이비슨 록펠러John Davison Rockefeller도 내향적 감각형으로 볼 수 있다. 나서는 성격은 아니었던 록펠러는 어릴 때부터 칠면조를 키워 돈을 버는 등 이재에 밝았고 숫자에 강했으며,[70] 타고난 사업적 감각으로 정유 사업을 시작해 성공한다. 훗날 공익 재단을 설립하고 대학을 세우는 등 사회에 공헌한 바가 크지만, 사업을 확장하는 과정에서 수단과 방법을 가리지 않은 기업가로 비난받기도 했다. 근검절약했으나 외모나 옷차림은 깔끔하고 흠잡을 데 없었다 한다. 록펠러는 감정 표현을 절제하고, 디테일에 강하고, 매사 계획대로 정확하게 시행하는 것을 중시했다. 석유통을 만들면서 땜납을 몇 방울 사용하는지 체크하고 40방울에서 39방울로 절약하게 했다는 일화도 전해진다.[71] 록펠러의 부친은 떠돌이 약장수였다. 가족을 부양하는 데 무책임했고 결혼한 사실을 숨긴 채 다른 여자와 결혼하는 등 도덕적으로 문제가 있는 사람으로 알려져 있다. 록펠러는 모친의 영향을 받아 독실한 기독교 신자가 되는데, 종교적 가르침이 사회에 공헌할 수 있게 현실적이고 감각적 측면을 어느 정도 보상해 주지 않았나 생각한다. 융은 미국 방문 시 록펠러를 대면한 적이 있고, 딸 에디스Edith는 스위스에서 분석을 받으며 융의 학술 활동(심리학 클럽)을 지원하기도 했다.[72] 융은 록펠러와 딸 모두 내향적이라고 보았다.[73]

스티브 잡스도 실행 능력이 뛰어나고 미적 감각이 탁월한 내향적 감각형으로 생각된다. 스티브 잡스는 뛰어난 사업적 감각에 비해 감정은 미숙했던 것으로 보인다. 평소 분노 조절을 잘 못했다고 한다. 창업 초기 동료인 컴퓨터 엔지니어 스티브 워즈니악Steve Wozniak을 속이고 게임 개발 수익금을 제대로 나누어 주지 않은 일과 자신의 혼외 딸 리사를 친자 확인 소송에 이르기까지 인정하지 않은 점은 그의 열등한 감정 기능을 보여 준다. 워즈니악이 매우 뛰어난 창의적 개발자라면 잡스는 프로그램 개발에는 문외한이었다. 잡스는 앞서가는 사업 감각과 뛰어난 디자인 감각을 지녔으나 합리적인 편은 아니었으며 창의적인 사고를 보여 주는 사람도 아니었다.

참고로 국가별로 문화에 따라 우세한 성격 유형도 다를 수 있다. 융의 수제자 마리 루이제 폰 프란츠Marie-Louise von Franz에 따르면 미국 문화는 외향적 감각형이 우세하고 스위스 문화는 내향적 감각형이 주된 유형이라 한다.

외향적 직관형

외향적 직관형은 실제 생활에서 미래의 가능성을 예측하는 능력이 뛰어나다. 사업가라면 어디에 투자하고 어떤 일을 벌여야 성공할지 본능적으로 냄새를 맡는다. 주위 사람의 잠재적 가능성이나 능력을 한눈에 알아보는 사람이다. 내향적 직관형의 사람이 창의적 능력의 소유자라면 이를 알아보고 능력을 발휘하게 하는 사람이기도 하다. 내향적 직관형의 사람은 창의적 일을 하는 데 에너지를 쏟지만 자신을 알리는 데는 관심이 없거나 미숙하기 때문이다.

외향적 직관형은 중요한 의사 결정을 할 때 구체적 자료나 수치보다는 본인의 직관을 중시한다. 호기심이 많아 좀 엉뚱해 보일 수 있다. 단순히 사실 관계를 조사하거나 관례적인 일에는 싫증을 느끼고 집중하지 못한다. 반면에 진취적이고 새로운 일을 벌이는 것을 좋아한다. 일이 제자리를 잡는 듯하면 새로운 가능성을 찾아 다른 일을 시작한다. 씨를 뿌리고 거두지는 못하는 사람에 비유할 수 있다.

목적을 위해서는 규정이나 절차를 무시하거나 남을 배려하지 않아 결과적으로 제멋대로이고 무례한 사람으로 비칠 수도 있다. 관심을 가진 일에 꽂히면 눈앞의 대상을 보지 못하고 주위 사람의 신념이나 생활 양식을 신경 쓰지 않아 오만하고 부도덕한 사람으로 오해받을 수 있다.[74] 감각이 열등하여 현실적으로 자신에게 어울리지 않는 이성에 집착하기도 한다. 점잖아 보이고 사회적으로 성공한 사업가가 어울리지 않는 관능적 여성에 집착하는 경우가 그러한 예다.

제너럴 일렉트릭의 최고 경영자를 역임한 잭 웰치Jack Welch도 외향적 직관형이다. 생산 공정의 오류를 줄이기 위해 6시그마[75] 경영 방식을 도입했으나, 사실 본인이 중시하는 경영 방식은 수치보다는 직관적 판단임을 인정하고 있다.[76] 최연소로 제너럴 일렉트릭의 최고 경영자 자리에 오른 잭 웰치는 매끄럽지 못한 연설로 고민했다.[77] 직관적 유형은 연설하거나 발표할 때 구체적이지 못하고 도중에 곁가지로 흘러 난해하고 매끄럽지 못한 인상을 준다.

"이봐, 해 봤어?"로 요약되는 도전과 개척 정신으로 유명한 정주영 현대 그룹 명예회장도 전형적인 외향적 직관형이다. 성취 지향적이고 진취적인 점에서 외향적 성격임은 쉽게 알 수 있다. 평소 정해진 방식대로 하는 것을 탐탁지 않게 생각한 정주영 명예회장은 문제의 본질에 대한 통찰력이 뛰어나고 창의적 아이디어가 끊임없이 이어지는 점에서 직관형의 전형이다.

(…) 나는 잠잘 때 빼고는 생각할 수 있는 시간에는 거의 끊임없이 생각이라는 것을 한다. 생각을 해야지 하고 의지로써 생각하는 것이 아니라 생각이 스스로 꼬리에 꼬리를 물고 이어진다고 하는 말이 맞는다. 사업하는 사람은 누구나 비슷하겠지만, 밥풀 한 알만 한 생각이 내 마음속에 씨앗으로 자리잡으면, 나는 거기서부터 출발해서 끊임없이 계속 그것을 키워서 머리 속의 생각을 눈으로 볼 수 있는 커다란 일거리로 확대시키는 것이 나의 특기 중에서도 주특기라 할 수 있다.
한 가지 씨앗만 키우는 것이 아니다. 몇 개의 씨앗이든 함께 품어놓고 둥글리면서 키워가다가 그 중에 하나나 둘을 끄집어내어 현실화시키는데, 예를 들자면 미군 공사를 하면서 정부 발주 공사를 잡지 않으면 안 된다는 생각과 곧 해외 시장으로 나가야 한다는 생각을 동시에 하는

그런 식이다.[78]

정주영 명예회장을 가장 답답하게 하는 것은 "간단히 개선할 방법이 있는데도 고정 관념에 갇혀 그냥 예전 방식대로 아까운 시간과 돈을 낭비하는 이들이었다."[79] 소양강 댐을 건설할 때도 일본의 댐 전문가가 설계한 콘크리트 방식을 자재 조달의 어려움과 고비용의 운송비를 이유로 거부하고, 대신 소양강 주변의 풍부한 모래와 자갈을 이용한 사력 댐 방식을 독창적으로 제안하여 공사비를 20퍼센트 이상 절감하기도 했다.[80]

외향적 직관형은 외적 성취를 지향하나 감각형과 달리 물질(돈) 자체에는 관심이 없다. 돈은 자신의 창의적 생각을 실현하는 수단일 뿐이다.

나는 회사에 돈이 얼마나 있는지 상관하지 않는다. 내 호주머니에 들어 있는 돈만이 내 돈이고 집으로 타가는 생활비만이 내 돈이라고 생각하며, 돈이란 자신의 의식주를 해결하는 그 이상의 것은 자기의 소유가 아니라고 생각한다. 어떤 사람들은 '현대'의 성장을 더 큰 부자가 되려는 나의 욕심으로 볼지도 모르지만, 내 의식 중에 '부자'란 단어는 없다.[81]

히틀러의 위협과 러시아의 유럽 지배 위험성을 예측하고 뛰어난 통찰력을 자랑하며 제2차 세계 대전을 승리로 이끈 영국 수상 윈스턴 처칠Winston Churchill도 외향적 직관형이다. 제2차 세계 대전 당시 영국의 육군 참모 총장이었던 앨런 브룩은 전쟁 중에 쓴 일기에 처칠에 대해 "계획된 전략은 그의 효과적인 패가 아니었다. 그는 직관과 충동에 따라 일하는 것을 선호했다"라고 적었다.[82]

　미국 대통령 도널드 트럼프Donald Trump도 이 유형에 속한다. 자신의 관심 사항이 아니거나 본질과 무관한 주변적인 것에는 관심이 없고 눈앞의 대상을 보지 못하고 지나쳐서 오만하고 예의 없는 사람처럼 보인다. 또한 목적 달성을 위해서는 형식이나 절차를 부차적인 문제로 간주하고 신경 쓰지 않아 수단과 방법을 가리지 않는 제멋대로인 사람으로 보이기도 한다. 미국 정신과 의사와 심리학자 27명이 쓴《도널드 트럼프라는 위험한 사례》에 따르면 트럼프 대통령은 타인에 대한 배려와 공감 능력이 부족하고, 제멋대로이며 자기애적 성격 장애가 있는 사람이라고 한다.[83] 그러나 트럼프 대통령이 그렇게 보이는 이유는 자기애적 성격 장애 때문이기보다 외향적 직관형의 성격 특성 때문일 가능성이 크다. 다른 사람을 무시하는 듯한 행동은 관심사에 초점을 맞추면서 주변적 또는 부차적인 것에 대한 감각이 억제된 탓이다. 이는 우월감과 특권 의식에서 비롯한 것이 아니며, 의도적으로 타인을 이용하거나 타인에게 상처를 주고 공감을 못 하는 경우도 아니라는 점에서 자기애적 성격 장애와는 구분해야 한다. 또한 외향적 직관형은 의사 결정을 할 때 객관적 자료보다는 자신의 직관(영감)을 따르므로 제삼자가 보기에 모호하고 제멋대로고 비합리적으로 보일 수 있다. 이런 의사 결정 방식이 자신에 대한 근거 없는 우월감에서 비롯된 게 아니라면 자기애적 성격 장애라고 부르는 것은 적절하지 않다.

내향적 직관형

내향적 직관형은 실용적이고 구체적인 현실 문제보다는 내면적 문제에 관심을 가지고 근원적인 것에 관한 관심과 통찰력을 보인다. 본질을 꿰뚫고 미래를 예측하기도 하나 정작 눈앞의 현실에는 둔한 편이다. 바깥 안테나(외향적 감각 기능)가 없어 구체적 현실 문제에 대해 남들은 다 아는데 혼자만 모르는 경우가 많다. 내향적 직관형은 외적인 것을 내적인 것을 통해 지각하므로 사실을 잘 못 볼 수 있다. 내적 관조에 몰입하여 다른 사람에 대한 인간적 배려가 부족한 사람으로 오해받을 수 있다.

컴퓨터를 처음 접한 내향적 직관형은 컴퓨터를 직접 조작해 보며 경험을 통해 사용법을 배우기보다 우선 컴퓨터의 작동 원리와 프로그램 언어를 공부해야 한다고 생각한다. 경영학을 공부하기 위해서는 통계학을 알아야 한다고 하면, 통계학을 제대로 하기 위해서는 수학적 지식이 필요하다며 전공인 경영학을 접어 두고 학점 취득과 무관한 수학을 공부하기 시작하는 게 내향적 직관형이다.

직관적 기능과 더불어 사고 기능이 함께 발달한 우수한 학생의 경우 근본적 원리를 자신 만큼 정확하게 이해하는 사람이 없다고 자부하며 선생이 가르치는 내용에 의문을 제기하기도 하고 시험 문제가 틀렸다는 말을 하기도 한다. 학자라면 학회에서 진부하고 뻔한 발표를 참지 못한다. 남들이 보지 못한 문제점을 찾아 지적하면서 학문적 논쟁을 하기도 하고 새로운 관점을 제시하기도 한다. 늦은 밤에 운전할 때 보는 사람도 오가는 차량도 없다면 굳이 신호를 지켜야 하는지 의문을 제기하는 사람이기도 하다.

내향적 직관형은 니체처럼 인정받지 못하는 천재나 또는 지혜롭지만 기이한 사람으로 불릴 수 있는데, 소통 능력과 실제 성과가 부족해 흔히 과소평가받는다. 자신에 대한 객관적 평가를 잘 모를 수 있고 자신을 표현하거나 알리는 데도 그다지 관심이 없다. 실제적이고 구체적인 체험을 하기보다는 내적으로 창의적이고 풍부한 체험을 하는 데 스스로 만족한다. 내향적 직관형이 표현하는 부분은 내적 경험의 일부에 지나지 않는다. 자신을 표현하는 데 구체적 경험은 단편적이거나 제한된 경우가 많다. 니체는 "자신이라는 인간을 체험하는 것, 그것이 인생이다"[84]라고 말한다.

외향적인 사람이 보기에 내향적 직관형은 공상가이고 현실에 아무 쓸모 없는 사람으로 보일 수 있으나, 내면적 삶의 소중함과 현대인들이 살아가야 할 방향을 제시해 주는 사람이다. 자신을 드러내는 방식이 세련되지 못하고 오해의 소지가 많지만, 지적 유행을 따라가지 않고 자기만의 철학을 가진 교육자일 수 있다. 예언자, 철학자, 종교인, 예술가 등에서 발견할 수 있는 성격 유형이다. 직관이 사고와 결합하면 철학적 사유 능력을 보일 수 있고, 감정과 짝을 지으면 창조적 예술로 표현될 수 있다. 순수한 직관 자체는 도덕적 판단과는 무관하게 심미적 관심이나 관조하는 태도로 나타난다.

내향적 직관형은 신체적 감각이 둔해 과로로 병이 나도 이를 모르고 지내다 뒤늦게 알게 된다. 자주 가는 곳의 실내 장식이 변하거나 매일 보는 사람의 머리 스타일이 바뀌어도 전혀 눈치채지 못한다. 감각 기능이 열등해 감각적 인상에 사로잡히거나 본능적 욕구나 감각적 즐거움을 추구하는 데 무절제하게 빠져들 수 있다.

내향적 직관형은 논문을 쓰거나 발표할 때 사실 관계나 출처를 꼼꼼하게 밝히는 것을 힘들어한다. 사고 내용이 직관에 바탕을 두고 있다 보니 사실 관계를 부차적인 것으로 간주해 소홀히 다룬다. 발표 자료도 서체나 줄이 잘 맞지 않아 깔끔하지 않다.

장황한 부연 설명과 반복으로 독창적 관점의 개념을 이해시키려고 애쓰는 도올 김용옥이 내향적 직관형이라 할 수 있다. 도올의 강의 스타일은 감각적인 스티브 잡스의 군더더기 없이 깔끔한 발표와 대조적이다. 한 저술가가 도올 김용옥의 저서를 학문적 전문성과 엄밀성을 갖추지 못한 에세이 수준이라면서 혹평한 적이 있다.[85] 도올 스스로 엄격한 직역과 상세한 주석 등을 강조하면서 정작 본인의 책들은 스스로 내세운 기준에 부합하지 않는다는 것이다. 도올과 같은 내향적 직관형의 학자는 자신의 주관적 통찰을 중시하면서 객관적 근거와 설명, 형식적 내용 등을 소홀히 하는 경향(반대로 강박적으로 집착할 수도 있다)이 있을 수 있는데, 극단적이면 논문이 수필처럼 보일 수도 있다. 그에 대한 비판은 직관적 유형의 열등한 기능을 향한 것이다. 도올은 이러한 비판에 대응하지 않았다. 아마도 구체적 지적에 당황했겠지만, 자신이 전달하고자 하는 내용의 본질은 보지 못한 형식적이고 지엽·말단적인 지적이라고 불만을 느꼈을 것이다.

칼 구스타프 융은 내향적 직관형으로 알려져 있다. 융의 무의식에 관한 이론의 많은 부분이 그의 뛰어난 통찰력을 나타내는 직관에 바탕을 두고 있다. 꿈 분석을 포함한 치료적 접근 역시 매우 직관적이다. 융의 설명은 새로운 관점을 제시하는 부분이 많은데, 매우 간명하게 본질을 짚기도 하나 대체로 그 설명이 장황할 때가 많고 문장은 난해하다. 융은 합리적인 사람으로서는 언뜻 이해하기 어려운 부분이 적지 않은 것이 사실이다.

현실주의자 입장에서 이해하기 어려운 프리드리히 니체Friedrich Nietzsche도 내향적 직관형에 속한다. 《차라투스트라는 이렇게 말했다》는 그의 직관적 성격을 잘 보여 주는 작품이다.[86] 니체는 스위스 바젤대학에서 교수로 생활할 때 "멋쟁이라 불릴 정도로 옷차림에 신경을 많이 썼기 때문에, 그의 외모는 사람들 입에 오르내렸다"[87] 하는데 이는 직관 유형의 열등한 감각 기능에 대한 과잉 보상으로 생각된다. 니체는 디오니소스적인 요소를 삶의 본질로 보았는데,[88] 이 또한 열등한 감정과 감각에 대한 보상과 관련된 것이다.

니체는 체계적인 철학자라기보다 예언자에 가까웠다. 명언과 아포리즘을 숱하게 내놓았으나 체계적인 것과는 거리가 멀었다는 평가를 받는다.[89] 강의할 때면 "교과목과 직접적인 관계가 없는 것을 상세히 설명하느라 교과 과정을 벗어나곤 했다" 한다.[90] 이 또한 체계적이지 않고 그때그때 떠오르는 생각을 따라가는 직관적 유형의 강의 스타일을 보여 주는 예다. 융은 니체에 대해 "합리적인 절제와 간결함을 결여하고 있다는 사실 때문에 대체로 직관적인 유형으로 여겨진다"라고 말한다.[91]

현실에 어두운 니체의 그림자를 보여 주는 일화가 있다. 니체는 자신을 무척 존경하는 젊은이가 자신이 그리스의 아름다움에 관해 이야기할 때면 열정적인 모습을 보이자, 그리스의 아름다움을 눈으로 확인하기 위해 함께 여행하자고 제안했다. 가난한 청년은 니체의 제안에 흥분했으나 돈이 한 푼도 없다는 사실을 걱정하며 교수가 여비를 대 줄지 아니면 자신이 부담해야 할지 생각이 많아졌다. 그러자 현실적인 고민에 사로잡힌 젊은이의 흐리멍덩한 모습을 본 니체는 더는 젊은이에게 말을 걸지 않았다. 니체는 가난한 그를 불쌍히 여긴 주위의 선한 사람들에게서 경제적 도움을 받으면서《차라투스트라는 이렇게 말했다》를 집필했다. 그러나 자신을 지원한 사람들에게 비난의 화살을 돌리면서도 자신이 비난한다는 사실조차 몰랐던 것처럼, 경제적 도움을 받는 자신의 현실을 깨닫지 못했다.[92]

삶의 근원적 문제에 의문을 던진 실존주의 철학의 선구자 쇠렌 키르케고르 Søren Kierkegaard 역시 내향적 직관형으로 생각된다. 키르케고르는 어려서부터 상대의 약점을 파악해서 날카롭게 공격하는 능력이 뛰어나서 '포크'라는 별명을 얻었다고 하는데,[93] 이는 본질을 파악하는 직관적 사고 능력이 뛰어남을 보여 주는 대목이다.

니체와 키르케고르 모두 통찰력이 뛰어난 철학자지만 현실 생활에서 여자와의 관계는 매우 미숙했던 것으로 유명하다. 니체는 여성들에게 접근하는 것을 매우 수줍어했다. 먼발치에서 본 여배우에게 푹 빠져 특별히 작사·작곡한 노래를 그녀의 집에 보냈으나 아무런 답을 듣지 못하는가 하면, 열차 여행을 하는 동안 발레리나를 사귀게 되나 이 소박한 모험도 종착역에 도착하면서 끝을 맺는다.[94] 니체가 사랑했던 여자는 적어도 한 사람은 알고 있지만, 그를 사랑했던 여자는 단 한 사람도 알지 못한다는 말이 있을 정도다.[95] 서른여덟 살의 니체는 스물한 살의 루 살로메[96]를 처음 만났을 때 "어떤 운명이 우리를 만나게 했나요?" 하며 자신의 감추어진 속내를 털어놓고 그녀를 유일한 제자로 생각하며 신뢰했으나, 감히 그녀의 손을 잡아 볼 엄두도 내지 못했다.[97] 또 바그너와 가까이 지내며 그의 아내 코지마[98]를 연모했으나, 이루어질 수 있는 사랑은 아니었다. 레기네 올센을 처음 본 순간 사랑에 빠져든 키르케고르가 약혼했다가 분명치 않은 이유(이유를 알 수 없는 죄책감으로 추정)로 1년 후 파혼한 이야기도 유명하다. 키르케고르는 이후 결혼하지 않고 죽을 때까지 그녀를 계속 사랑했던 것으로 알려져 있다.

악보나 형식에 얽매이지 않고 작품 전체에 대한 직관적 통찰과 주관적 해석을 중시하는 지휘자 푸르트벵글러도 내향적 직관형으로 볼 수 있다. 그는 영혼을 울리고 영감이 넘치는 지휘자였다. 나치 하에서 유대인 음악가를 돕는 인간적 면모를 보이기도 했으나 소통과 사교에는 서툴렀다. 푸르트벵글러는 연습 시간 배분을 잘못하여 마무리를 제대로 하지 못하고 본 연주회에 오른 경우도 많았다고 한다. 이런 점 또한 연습의 본질에 치우쳐 일정이나 시간제한과 같은 현실적인 문제들을 소홀히 하는 직관적 성격의 단점을 드러내는 것이다.

사고와 감정

감각과 직관이 대상을 무의식적으로 지각하는 방식이라면, 사고와 감정은 옳고 그름을 의식적으로 판단하는 기능이다. 사고는 개념의 연관성을 따지며 의미를 부여하고 원칙에 따라 판단하는 기능이고, 감정은 좋고 싫은 느낌에 따라 가치를 부여하는 기능이다. 도덕적으로 옳고 그름을 이성적으로 판단하는 것은 마땅히 어떠해야 하는지에 대한 당위의 판단이며 사고의 기능이다. 그러나 융은 도덕적 판단이 반드시 이성적인 것만은 아니고 감정도 중요한 역할을 한다고 보았다. 바람직한지 아닌지에 대한 감정적 수용 여부가 당위를 평가하는 도덕적 잣대가 될 수 있다고 본 것이다. 융은 "감정은 어떤 사물이 용인되거나 받아들여질 수 있는 것인지 여부에 대해 말해준다"라고 설명한다.[99] 융의 이러한 설명은 18세기 스코틀랜드 철학자 데이비드 흄David Hume이나 《국부론》의 저자 애덤 스미스Adam Smith의 생각과 매우 유사하다.[100]

흄은 가치 판단을 하는 데 감정이 중요한 역할을 한다고 보았다. 공감할 수 있는 것은 수용하고 바람직하다고 평가하는 반면, 공감할 수 없는 것에 대해서는 거부감을 느끼며 부도덕하다고 간주한다. 타인의 관점에서 생각하거나 애덤 스미스가 말하는 각자 마음속에 있는 가상적 존재인 '공정한 관찰자'로서 판단하는 것도 공감 능력에 따른 것으로 볼 수 있다.[101] 데이비드 흄이나 애덤 스미스가 말하는 도덕적 판단의 기초인 공감 능력은 융이 말하는 잘 분화된 감정 기능으로 볼 수 있다. 아르투르 쇼펜하우어Arthur Schopenhauer 또한 도덕적 판단을 이성적 사고의 기능으로 본 칸트와 달리, 도덕적 기초가 지성이 아닌 연민에 있다고 주장하며 감정 기능을 강조했다.[102]

외향적 사고형

외향적 사고형은 구체적 사실과 경험적 정보를 체계적으로 분류, 정리하고 요약해서 알려진 이론에 부합하는 객관적 결론을 도출하는 데 능숙하다. 외향적 사고 내용은 경험의 범위를 넘어서지 않는다. 모든 일을 객관적 공식(원칙)에 꿰맞춰 생각하는 경향이 있고 남들도 마땅히 자신의 공식을 따라야 한다고 생각한다. 자신의 원칙을 비판할 경우 악의적 비판으로 오해하고 감정적 반응을 보일 수 있다. 감정은 미숙하고 이상주의나 원칙을 강조하다 보니 자신과 타인에 대한 배려나 인간미와 융통성이 부족하다는 인상을 준다. 정보나 지식을 잘 정리하고 전달할 수 있어 가르치는 일에 적합하다. 법조인, 행정가, 자연 과학자에 적합한 유형이다. 찰스 다윈, 헤겔, 마르크스가 외향적 사고형으로 알려져 있다.[103]

찰스 다윈Charles R. Darwin의 진화론은 자연을 관찰해서 얻은 경험적 정보를 잘 정리해서 얻은 결론이다. 다윈은 비글호 항해(1831~1836)에서 얻은 관찰 자료를 토대로 진화론을 주장한다. 1830년대에 이미 몇십 년 전부터 알려진 '생물의 진화'에 관한 학설이 다윈에 의해 과학적으로 입증, 정리된 것 역시 객관적 정보를 바탕으로 알려진 이론에 부합하는 결론을 향하는 외향적 사고형인 그의 성향을 보여 준다. 다윈은 갈라파고스 제도에서 새들의 부리가 서식지의 환경에 적응되어 모습이 다르다는 사실도 알게 된다. 견과류를 먹는 새는 부리가 짧고 견고하며 틈새 음식을 먹는 새는 부리가 길고 가늘다는 것을 발견한 것인데, 이는 다윈과 함께 항해한 조류 학자가 관찰한 것이다. 다윈은 예리한 관찰력을 지녔다기보다 자료 정리를 잘한 것으로 보인다. 여행에서 돌아와 자료를 정리한 다윈은, 식량 증가가 인구 증가를 따라갈 수 없으므로 경쟁이 불가피하다는 맬서스의 인구론을 읽고 진화론의 자연 선택 이론을 전개한다.[104]

"이성적인 것이 현실적이고 현실적인 것이 이성적이다"라는 게 오르크 헤겔Georg W. F. Hegel의 말도 관념적이나 객관적인 것을 바탕으로 하고 구체적 현실을 지향한다는 점에서 외향적 사고의 한 단면을 보여 준다. 모든 것을 '절대정신'으로 설명하는 방식도 객관적 공식의 틀에 맞춰 설명하는 외향적 사고형의 특성으로 볼 수 있다. 헤겔의 이러한 사고방식은 내향적인 주관성과 개별성을 중시한 키르케고르와 대비된다. 헤겔의 경우 직관적 관념이 전체 철학 체계의 바탕을 이루고 있으나 주된 기능 유형은 사고로 판단된다.[105] 헤겔은 젊은 시절 하숙집 여주인의 딸과의 사이에서 태어난 아이를 훗날 집으로 데려왔다. 이때 헤겔은 아내에게 현실을 인정해 달라며 현실적인 것이 이성적인 게 아니겠냐고 말했다는 일화가 전해진다.[106]

헤겔은 남자들이 쓸데없이 여자들과 어울리며 시간을 낭비한다고 비난하면서, 정작 본인은 음악회를 다녀온 뒤 아름다운 여성을 바라보는 것은 상당히 즐거운 일이라고 말한다.[107] 이런 발언도 외향적 사고형의 열등한 감정 기능을 보여 주는 대목이다. 외향적 사고형인 헤겔의 강의는 학생들에게 인기가 많았다. 그러나 헤겔은 노하고 격분하는 데 대단한 능력을 발휘했다. 매섭게 질책해서 당하는 사람이 사지를 바들바들 떨 정도였다고 한다.[108]

헤겔은 사랑이란 타인 속에서 나 자신으로 존재하는 것이고 타인이 내 안에서 그 사람으로 존재하는 관계라고 말한다.[109] 사랑에 대한 헤겔의 기술은 감정형이 볼 때 굳이 그런 설명이 필요한가 의문이 들 정도다. 누구나 쉽게 이해할 수 있는 감정적 체험을 사고형답게 이성적으로 어렵게 설명하는 것을 볼 수 있다.

융은 지극히 평범한 것을 특별한 진리라도 되는 양 조현병 환자의 과대망상증 언어와 같이 알맹이가 부실한 과장된 언어를 사용한다고 헤겔을 비판한다.[110] 쇼펜하우어는 헤겔을 진정성이 없는 궤변가에다 세속적 영달을 바라는 야바위꾼이라며 무척 싫어했고, 그의 주장을 무의미하고 모호한 미치광이 얘기라고 폄하했다.[111] 개별적인 모든 사물을 존재하게 하는 근거, 맹목적 의지(인식되지 않고 제어할 수 없는 충동을 의미하며 부질없는 욕망, 집착, 아집 같은 것을 포함한다)와 같이 삶의 비합리적 측면을 강조한 쇼펜하우어는 매우 직관적인 내향적 사고형이다. 삶의 본질에 관한 직관적 통찰력이 뛰어나고 직관적 기반 위에 형이상학을 창안한 점으로 보아[112] 직관형이 아닌가 하는 생각도 드는데, 인식론에서 보이는 명료한 논리적 사고로 볼 때 사고형일 수 있겠다는 생각이 든다.[113] 직관형 니체가 철학자지만 형이상학적 인식론에 그다지 관심이 없었던 것과 비교된다.

유물론을 주장한 카를 마르크스Karl H. Marx도 외향적 사고형이다. 테렌티우스Terentius의 경구 "인간적인 것 가운데 자신과 무관한 것은 없다Nihil humani a me alienum puto"[114]를 좋아했던 마르크스는 "인간의 존재를 결정하는 것은 인간의 의식이 아니다. 차라리 인간의 의식을 결정하는 것은 인간의 사회적 존재이다"라고 말하며 헤겔의 관념론에 반대 견해를 밝힌다.[115] 마르크스의 사상은 헤겔의 이론을 180도 뒤집어 머리(관념)가 아닌 발(경제적 토대)로 딛고 서게 만든 것이다.[116] 구체적 현실(노동자의 삶, 인간 소외)에서 출발하여 인간을 사회적 관계(계급)와 경제적 존재로 규정하는 역사적 유물론도 객관적 공식에 따르는 외향적 사고에 기반을 둔다. 옷을 저당 잡힐 정도로 매우 궁핍한 생활을 하게 되자 아내 예니는 절망에 빠져 이렇게 비참한 생활을 하느니 차라리 아이들과 함께 죽는 게 낫겠다고 생각할 정도였는데, 그 판국에 마르크스는 하녀와 연애 소동을 일으켰다.[117] 이러한 일 역시 외향적 사고형의 열등한 감정 기능을 보여 주는 대목이다.

내향적 사고형

내향적 사고형은 객관적 사실이나 경험을 객관적 이론에 맞춰 생각하기보다는 주관적 관념의 틀에 맞춰 생각하는 경향이 우세하다. 학자라면 객관적 관찰 또는 실용적 연구보다 관념적 또는 이론적 연구를 하는 데 관심이 있다. 넓게 생각하기보다는 깊이를 추구하며 생각에 관해 생각을 하는 사람이다. 내향적 사고의 주된 관심은 새로운 사실에 대한 지식보다는 새로운 관점이다. 사실은 이론의 증거로서 관심의 대상이 되는 것이지 사실 자체는 부차적이라 생각한다.[118]

외향적 사고형이 경험적 지식을 서술하고 편집 또는 합성하는 데 능숙하다면, 내향적 사고형은 주관적 생각의 틀에 맞춰 근본 원리나 창의적 이론을 도출하는 데 능숙하다. 창의성이 편집의 결과라는 주장은 외향적 사고의 전형이다. 경험적 지식을 나열하지 않고 하나로 꿰뚫어 통찰하고 새로운 관점 또는 근원적 원리를 제시하는 기능은 내향적 사고다. 내향적 사고형이 볼 때 외향적 사고는 알려진 이론 또는 프로그램에 맞춰 결론을 내려 모방적이고 새로울 게 없어 진부하다고 본다. 외향적 사고형이 바라보는 내향적 사고는 독단적이고 관념적이라 실제로 잘 와닿지 않는다. 외향적 사고형의 논문은 기존 지식을 잘 정리해서 나름 객관적 결론을 제시한다. 그러나 내향적 사고형은 외향적 사고형의 논문은 이미 알고 있는 지식을 나열하고 있을 뿐 꿰뚫지 못하고 있고 새로울 게 없다며 깎아내린다. 그러면 외향적 사고형은 발끈해서 내향적 사고형의 독단적 비판일 뿐이라고 반박하며, 학회지에 발표되어 객관적으로 학술 가치를 인정받은 논문이라 말한다.

내향적 사고형의 사람은 자신의 생각이 옳다는 믿음과 우월감을 가지고 있으나 이를 객관적으로 전달하지 못하는 경우가 많아 좋은 선생이란 말을 듣지 못한다. 자신의 생각을 사람들에게 알리는 데도 그다지 관심이 없고, 자신에게 분명한 것이 다른 사람에게는 분명하지 않을 수 있다는 점을 인정하려 들지 않는다. 자신의 생각을 정확히 표현하고 옳게 기술했는지에 신경 쓴다. 때론 필요 이상의 부가 설명, 유보, 단서 조항을 달기도 하지만, 상대가 제대로 이해할 수 있는지 또는 이해를 돕기 위해 좀 더 상세한 설명이 필요한지는 신경 쓰지 않는 편이다. 일례로 만유인력의 법칙과 미적분의 계산법을 발견한 천재 물리학자 아이작 뉴턴Isaac Newton의 경우가 그러했다. 전형적인 내향적 사고형으로 보이는 그는 연구 업적과 관련하여 세상의 관심과 비판을 꺼렸고, 타인의 재촉이 없었더라면 자신이 발견한 것을 발표하지 않았을 것이라고 한다.[119] 뉴턴의 강의는 재미없고 지루했으며 강의실이 텅 빈 일도 있었다고 한다.[120] 가르치는 일이 이론적 문제를 제기하지 않으면 내향적 사고형의 관심을 끌지 못한다. 가르치면서도 자신의 생각에 몰입해 자신의 생각을 학생들에게 전달하는 데 소홀했을 수도 있다.[121]

내향적 사고형의 사람은 대인 관계에 서툴고 타인의 시선을 피하려 하거나 아니면 현실 생활에 대해서는 순박하고 무관심한 경우가 많다. 사람들이 자신을 이해하지 못하면 그 사람이 어리석다는 증거라고 생각한다. 그리고 어쩌다 이해를 받기라도 하면 타인의 과대평가를 순진하게 믿어 버린다. 그를 잘 모르는 사람에게는 가까이하기 어렵고, 오만하고, 성가시고, 까다로운 사람으로 보일 수 있으나 그를 깊이 아는 사람은 친밀감을 느끼고 좋게 평가한다.[122] 감정 기능이 미숙하여 좋고 싫은 게 분명하며 그에게 좋은 사람은 무엇을 해도 다 좋고, 싫은 사람은 무엇을 해도 다 싫어할 수 있다. 겉보기에 거만하고 무뚝뚝해 보일 수 있으나 인정이 많고 열정적이고 파격적인 모습을 보이기도 한다.

자신의 관념을 추구하는 데 고집 세고 남의 영향을 허용하지 않는 모습을 보인다. 자신의 생각이 옳고 진실하다면 그것은 실제에서도 옳고 진실한 것이며 다른 사람들은 그 진실을 받아들여야 한다. 영향력 있는 인물의 평가를 들으려고 자신의 길에서 벗어나는 일이 거의 없다.[123] 자신의 신념을 다른 사람에게 강요하지는 않지만, 자신의 신념에 대한 비판은 인신공격으로 오해하고 민감하게 반응할 수 있다. 자신이 우월하다는 인상을 남겨 내향적 사고 유형 앞에서 주위 사람은 초라해지는 느낌을 받는다. 융은 내향적 사고 유형은 경쟁자들에게 그들이 자신에게 얼마나 불필요한 존재인지를 보여 주는 데 성공할 뿐이라고 말한다.[124]

내향적 사고형은 대부분 이성에게 애정을 표현하는 데 서툴다. 때로는 상대의 반응은 신경 쓰지 않고 혼자 좋아하며 끈질기게 집착하는 태도를 보이기도 한다.

다윈과 헤겔, 마르크스가 외향적 사고형이라면, 칸트는 내향적 사고형의 전형이라 할 수 있다. 칸트 철학은 경험적 자료에 대한 생각이 아니고 관념적인 생각에 관해 생각하는 내향적 사고의 대표적 사례다. 칸트에게는 마음을 사로잡은 두 여인이 있었지만, 그가 청혼을 뜸 들여 결국 다른 남자에게 가 버리게 하고 말았다. 이 일화는 철학자 칸트의 감정적 미숙함의 한 단면을 보여 준다.[125]

외향적 감정형

외향적 감정형은 여성들 사이에서 발견되는 경우가 많은데, 어떤 자리에서나 사람들과 잘 어울리고 화기애애하게 분위기를 살린다. 모임에서 처음 보는 사람에게 먼저 다가가고 분위기가 어색하면 먼저 말을 꺼내 분위기를 자연스럽게 만드는 사람이다. 온화하고 붙임성이 있고 혼자 있기보다는 여러 사람과 함께 어울리기를 좋아한다. 상대의 기분과 욕구를 헤아리고 배려할 줄 안다. 동정심이 많고 어려운 사람을 돕는 일에 먼저 나서는 사람이다.

외향적 감정형은 행동이 사회적 기대와 상식에 어긋나지 않고 협조적이며 분위기에 따라 감정 표현도 적절하게 한다. 생각하는 것은 좋아하지 않으며 특히 철학이나 추상적 얘기, 논리적 토론은 질색이다. 일반적 생각이 곧 자기 의견이다. 의사 결정을 하는 데 갈등 상황을 피하고 사람들과 조화로운 관계를 중시한다.

외향적 감정형은 파격적인 삶을 선택하기보다는 품격 있고 보수적인 삶을 선호한다. 내향적 사고형과 달리 배우자 선택에도 파격적인 면은 보이지 않는다. 개인적으로 마음에 드는 사람보다 사회적 지위나 학벌, 재산 등과 같이 사람들이 선호하는 조건을 갖춘 배우자를 선택하는 경향이 있다. 적당히 계산적인 듯 보이나 실제 본인에게는 그렇게 하는 것이 그저 합리적 기대에 부응하기 때문에 적절하게 여겨져 그런 선택을 하는 것일 수 있다. 융은 그런 감정을 약삭빠른 것이 아니라 순수한 것이라고 한다.[126]

독일 문호 괴테는 《젊은 베르터의 고뇌》에서 베르터의 마음을 사로잡은 로테를 주위 사람들을 잘 보살피고 공감 능력이 뛰어난 온정적이고 매력적인 여성으로 묘사한다. 그녀는 자신에게 매료된 베르터가 싫지 않지만 적당히 거리를 유지하며, 누가 보아도 훌륭한 신랑감이라 할 수 있고 정서적으로도 안정적인 알베르트와 결혼한다. 로테는 사람들과의 관계를 소중하게 생각하나 배우자 선택에서 감정에 매몰되지 않고 적당히 거리를 유지하는 지극히 현실적인 외향적 감정형의 특성을 보여 준다. 사랑에 눈이 멀어 자기 연민에 빠진 베르터와는 다르다.

체호프의 단편 소설 〈귀여운 여인〉의 주인공 올렌카는 상냥하고 정이 많은 사랑스러운 여인으로 불행하게도 남편들과의 사별로 세 번 결혼하게 된다. 남편의 관심사가 곧 올렌카의 관심사고, 남편의 생각이 무엇이든 그것이 곧 그녀의 생각이다. 남편이 좋아하는 일이 자신이 좋아하는 일이고, 남편이 관심이 없으면 의미 없는 일로 간주한다. 남편이 극장주일 때는 예술을 높이 평가한다. 그러나 목재 상인 남편과 결혼하자 극장에 가 봐야 별거 없다고 하며 목재의 가격과 운임을 화제로 삼는다. 수의사와 결혼하고 나서는 사람의 건강도 중요하지만 가축의 건강도 중요하다며 어느새 남편과 똑같은 말을 하게 된다. 올렌카는 사별할 때마다 매우 슬퍼하나 곧 재혼한 남편에 전념하는 지극히 현실적인 여성이다. 올렌카는 새로운 상황에 쉽게 적응하며 조화로운 관계를 중시하는 외향적 감정형의 전형이다.

외향적 감정형이 지나치면 히스테리성 성격으로 나타날 수 있다. 평소 주위에 좋은 인상을 주려는 외향적 태도가 지나치면 무의식의 열등한 내향적 기능의 과잉 보상으로 유치하고 이기적인 모습을 보이며 고집을 부릴 수 있고, 사소한 일에도 과민한 반응을 보일 수 있다.

매사를 너무 쉽게 생각한다는 말을 듣는 김영삼 전 대통령과 다정다감하고 예술을 사랑하며 2인자 처신론을 내세우는 김종필 전 총리도 논리나 원칙보다는 조화로운 관계를 중시하는 외향적 감정형의 소유자로 생각된다.[127] 2인자 처신론은 비굴할 정도는 아니나 품격을 유지하면서 고개를 숙이고 1인자를 성의를 다해서 일관되게 보좌하는 사람이 되어야 하고, 조금도 의심받을 행동을 하지 말라는 내용이다. 신군부 시절 김종필 전 총리가 노태우 전 대통령에게 한 말로 전해진다.[128]

내향적 감정형

내향적 감정형 역시 주로 여성인 경우가 많은데, 고요한 물이 깊이 흐른다는 말처럼 평온하고 조화롭게 처신하나 속을 헤아리기 어렵다. 가까이하기 어려울 뿐 아니라 무심하고 차가운 인상을 준다. 처음 만나는 사람은 따뜻한 느낌을 받지 못하고 가까이 지내는 사람이 과소평가받는 것처럼 보일 수 있다. 하지만 내면은 매우 예의 바르고 타인의 고통에 대한 깊은 공감 능력과 경건한 마음이 숨겨져 있다. 통상 흥분할 수 있는 상황에서도 감정적으로 매우 절제된 모습을 보여 준다. 잘 분화한 가치 판단 기준이 내재해 은연중에 주변에 도덕적 영향을 주게 되어 주위 사람들이 부도덕한 사람으로 보일까 봐 행동을 조심하게 된다. 은밀한 감정에 주위 사람들이 매료될 수 있는데 외향적 남성이 보기에 신비한 매력이 있는 여성으로 느껴질 수 있다. 외향적 사고 기능이 부족하다 보니 참고 자료나 정보 수집에 매달리거나 복잡한 현상을 단순한 생각으로 바꿔(환원적 사고) 무엇에 불과하다고 깎아내리거나 일반화하는 경향이 있을 수 있다.

융의 수제자 폰 프란츠는 프로이트의 사고는 내향적 감정형에서 보이는 외향적 사고일 가능성이 높고 그의 성격 유형은 내향적 감정형일 가능성이 크다고 보았다.[129] 《삼국지》에 나오는 관우의 성격 유형도 내향적 감정형일 가능성이 크다. 관우는 사려 깊고 온화하면서 정이 깊은 사람이었으나 감정을 잘 드러내지 않고, 다른 사람의 비위를 맞추는 성격이 아니어서 보기에 따라서는 오만하게 보일 수도 있다. 신의를 중시하고 편법과 거짓을 싫어하는, 도덕성이 뛰어난 성격으로 묘사되고 있다.

자전적 성장 소설 《호밀밭의 파수꾼》의 저자 제롬 데이비드 샐린저Jerome David Salinger는 베일에 싸인 작가로 알려져 있는데, 내향적 감정형의 성격을 지녔을 가능성이 크다. 소설의 주인공 홀든 콜필드는 학부형의 옷차림에 따라 대하는 태도를 달리하는 교장, 장황하게 설교하며 자기 자랑만 늘어놓는 학교 동문, 유명 인사가 아니면 상대하지 않으면서도 겸손한 척하는 클럽의 재즈 피아니스트와 반갑지 않은데도 그런 척해야만 하는 가식적 삶을 언급하며 사회적 가면에 얽매인 삶에 대해 남달리 예민하게 거부감을 느낀다.[130] 학생의 개별적 특성에 대한 이해와 공감이 부족하고 획일적인 교육에 대해서도 비판적 태도를 보이면서 적응에 어려움을 겪는다. 홀든 콜필드는 구두 표현법에서 낙제하게 되는데, 발표하다 주제를 이탈하면 '탈선'이라고 동료들이 외치게 하여 발표자를 주눅 들게 하는 방식에 불만을 표하며 간결하고 통일성 있게 발표해야 한다는 선생의 가르침에도 반대한다.[131] 홀든이 못마땅하게 여긴 간결하고 통일성 있게 발표하는 기능은 어쩌면 내향적 감정형의 열등한 부분일 수 있다.

홀든은 아버지처럼 변호사가 되어 돈을 많이 벌어 고급 차를 타고 사회적으로 성공적인 삶을 사는 것에 대해서도 가치를 부여하지 못하고, 아이들이 놀다 낭떠러지에서 떨어지지 않게 보호하는 호밀밭의 파수꾼이 되길 희망한다. 그렇다고 홀든 콜필드가 현실을 있는 그대로 보지 못하거나 사람을 미워하는 것은 아니다. 실제로 저자 샐린저는 선불교와 같은 종교에 심취하고 뉴햄프셔 코니시라는 마을에서 은둔 생활을 하며 자신을 드러내지 않는 삶을 살았다. 외적 성취보다는 내적 가치 판단을 중시하고 허위와 가식에 민감하게 반응하는 모습, 그리고 겉보기에 차가우나 내면 깊숙이 간직한 공감 능력과 종교적 심성은 속을 헤아리기 어려운 내향적 감정형의 특성이다.

성격 유형과 사회생활

회사 내에서 야심가로 알려진 C 부장은 감당하기 어려울 정도로 여러 개의 프로젝트를 한꺼번에 진행한다. 부하 직원이 규정이나 절차상의 문제를 제기하면 짜증을 내며 적당히 처리하라고 지시한다. C 부장의 팀원인 D 과장은 맡은 프로젝트가 정말 필요한 일인지 그리고 누구를 위한 일인지에 대해서 회의적이다. 협력 부서의 A 부장 역시 D 과장과 같은 생각이다. 그러나 C 부장은 자신의 프로젝트가 정말 필요한 일인지 그리고 무리해서까지 할 일인지에 근본적인 의문을 제기하는 A 부장을 사업에 관한 안목이 없고 자신의 업적을 시기하고 자신을 견제한다며 비난하고 나선다.

C 부장은 인력이 부족해지자 상의도 없이 A 부장 소속 인력을 동원한다. C 부장에 대해 평소 제멋대로이고 예의가 없다고 생각해 온 A 부장이 항의하자, C 부장은 오히려 A 부장이 지나치게 까다롭고 융통성이 없다고 맞받아친다.

보스 노릇 하길 좋아하는 C 부장은 자기 사람에게는 호의적이고 격의 없이 대하나 마음에 들지 않는 사람에게는 함부로 단정해서 말하는 경향이 있다. A 부장은 규정과 절차를 존중하고 양심적이고 성실한 사람으로 알려져 있다. 겸손할 뿐 아니라 공정하고 주위 사람을 배려하여 예의 바른 사람으로 정평이 나 있는데, 그래서 대하기 어려워하는 부하 직원도 있다. C 부장이 세부적인 사항들을 신경 쓰지 않고 덜렁대며 본인의 즉흥적인 생각에 따라 의사 결정하고 밀어붙이는 데 반해, A 부장은 부하 직원들의 의견을 경청하고 충분히 객관적인 정보를 확보한 후에 신중히 의사 결정을 하는 사람이다.

C 부장이 계속 불만을 토로하며 A 부장과의 갈등이 표면으로 드러나자 P 부장이 중재에 나섰다. P 부장은 원래 자기 일만 신경 쓰고 누가 간섭하는 것도 싫어하지만 남의 일에 간섭하는 사람도 아니다. P 부장은 C 부장과 A 부장 모두 문제라고 말하다가, A 부장 측근에게는 C 부장이 문제라고 하고 C 부장 측에 가서는 A 부장이 문제라고 말한다. 다른 직원들은 P 부장이 누구 편을 드는지 알 수가 없다. P 부장은 보고서를 볼 때 내용보다 서체나 줄을 제대로 맞췄는지 등의 형식을 중요하게 생각하는 사람으로 유명하다. 일하는 방식도 늘 하던 대로 규정에 따르는 것을 좋아하고 새로운 방식은 내켜 하지 않는다. 그래서 함께 일하는 것이 편하다는 사람도 있고 답답하다는 사람도 있다.

P 부장에게 두 사람의 얘기를 전해 들은 K 부장은 자신은 그냥 지켜볼 생각이고 어느 쪽도 편들 생각이 없다고 한다. 외모부터 깔끔한 K 부장은 매우 현실적인 사람으로 이해타산이 빠르고 발 빠른 처신으로 회사에서 유명한 사람이다.

위의 사례에서 C 부장은 외향적 직관형 성격으로 일을 벌이는 경향이 있는 사람이다. 자신의 영감과 직관적 판단을 중시하다 보니 절차나 규정 또는 주위 사람을 배려하지 않는 행동을 보인다. 내향적 직관형의 D 과장은 자신이 추진하는 프로젝트가 C 부장의 업적을 과시하는 것 외에 무엇을 위한 것인지 회의적 생각이 들자 근원적 문제를 제기하고 A 부장도 동조한다. 그러나 C 부장은 눈에 보이는 대외적 성취만을 중요하게 생각하고 A 부장의 근원적 비판과 우려를 시기와 질투로 일축해 버린다. C 부장은 외향적 성격의 소유자인지라 A 부장의 주관적 관점 또는 깊은 속을 이해하지 못한다.

점잖기로 소문난 A 부장은 내향적 감정형의 성격으로 자신의 내적 가치를 소중하게 생각하며 다른 사람을 배려하는 사려 깊은 사람이다. 행동거지가 주위 사람에게 모범이 되어 그렇지 않은 사람에게는 은연중에 부담을 주기도 한다. 의사 결정할 때 객관적 정보 수집에 지나치게 의존하는 것은 외향적 사고 기능이 열등한 데 대한 보상 작용일 가능성이 크다. A 부장이 C 부장을 못마땅하게 생각한 이유는 C 부장이 자기 욕심을 앞세워 무리하게 일을 벌이고 추진하고 있으며, 이러한 일이 규정에 어긋날 뿐만 아니라 공적 이익에 부합하지 않는다고 판단했기 때문이었다. C 부장의 행동이 자신의 도덕적 원칙에 반한다고 보았기 때문이며 사적인 질투나 시기심은 전혀 없다.

A 부장과 C 부장 사이를 중재하겠다고 나선 P 부장은 내향적 감각형의 성격이다. 주어진 일은 계획대로 깔끔하게 처리하나 평소 좋다, 싫다 감정 표현은 별로 없는 편이다. P 부장은 사고 기능이 열등해 가치 판단을 못하고 직관적 기능이 부족해 문제의 본질을 파악하지 못한다. 보이는 것이 전부이다 보니 누구 얘기를 듣고 누구와 얘기하는지에 따라 이쪽이 맞는 것 같기도 하고 저쪽이 맞는 것 같기도 하다. P 부장의 행동은 자신이 좋은 사람 역할을 하려 한다는 점에서 나름 계산적인 부분도 있으나, 실제로는 모호한 태도를 보이는 사람으로 평가되어 실익도 없다.

P 부장과 달리 외향적 감각형의 K 부장은 누가 옳고 그른 것에

관심도 없고 자신의 이해관계와 무관한 일에 나설 이유가 없다고 생각한다. 실익이 없기 때문이다. C 부장과 A 부장의 다툼에 굳이 편을 들어야 한다면 결과를 보고 이긴 사람 편을 들거나 회사 실세가 누구 편을 드는지를 보고 결정할 계획이다.

그러던 중 여직원과 C 부장의 추문을 접한다. C 부장의 추문을 바라보는 시각도 성격 유형에 따라 다르다.

외향적 직관형 C 부장은 추문의 당사자지만 별거 아니라며 의미를 두지 않고 무시한다.

외향적 감각형 K 부장은 추문의 사실 관계를 따진다.

외향적 감정형은 이런 추문에 어떻게 그럴 수 있냐며 감정 반응을 보이나 주위의 지배적 의견을 따라간다. 대다수 의견과 상식에 근거해 판단한다.

외향적 사고형은 추문이 법 또는 규정에 어긋나는지 따져 본다.

내향적 직관형의 D 과장은 도덕적 문제를 본능적 욕구와 같은 인간의 근원적 심성 관점에서 바라본다.

내향적 감각형의 P 부장은 추문에 관심이 없고 본인 판단도 없다. 주위 사람들의 의견에 따라 도덕적 문제일 수도 있고 아닐 수도 있다며 모호한 태도를 보인다.

내향적 감정형 A 부장은 C 부장의 도덕적 문제를 속으로 경멸하나 내색하지 않는다.

내향적 사고형은 도덕이란 무엇인지 도덕의 정의부터 생각한다.

현대 경영학의 아버지라 불리는 피터 드러커Peter Drucker에 따르면 경영이란 인간에 관한 것으로 경영의 과제는 사람들의 장점을 살리고 단점이 걸림돌이 되지 않도록 공동 노력하는 것이다.[132] 조직의 능력을 향상시키기 위해서는 각 구성원의 성격 유형을 파악하고 장점을 살리고 단점을 보완할 필요가 있다.

조직이나 기업의 발전을 위해서는 외향적 직관형이 아이디어를 내서 일을 기획하고, 외향적 감각형이 영업을 담당하고, 외향적 사고형이 규정이나 행정 업무를 맡고, 내향적 직관형이 인사를 책임지는 게 이상적이다. 고객 만족 부서는 외향적 감정형이 적격이다. 회계는 내향적 감각형이, 윤리적 문제의 책임자는 내향적 감정형이 적합하다.

외향적 직관형이 창고 관리나 장부 정리를 하고 있으면 갑갑해서 오래 견디지 못하고 실수도 잦아 불성실해 보일 수 있다. 주의력 결핍 과잉 행동 장애ADHD(attention deficit hyperactivity disorder)처럼 보일 수 있다. 반복적이고 틀에 박힌 일보다는 주도적으로 할 수 있는 자신의 사업을 하는 게 적성에 맞는다. 내향적 직관형이나 사고형에게 영업은 엄청난 스트레스다. 새로운 사람을 만나는 것 자체가 부담이다. 자사의 상품에 대한 확신이 없으면 마음에도 없는 얘기를 하며 고객을 설득하기가 너무 힘들다. 외향적 감각형은 우선 고객인지 아닌지부터 한눈에 알아본다. 처음 보는 사람에게 쉽게 다가가 상대의 관심사에 초점을 맞춰 물건의 장점만 얘기하고 실적을 올린다. 외향적 감정형이 영업을 하면 고객에게 온화하고 편안하게 응대한다. 다 아는 상식적 내용을 적당히 감성으로 포장하여 상품을 설명한다.

강의나 가르치는 방식도 성격에 따라 다르다. 외향적 감각형의 강의는 사실을 나열하는 식이다. 외향적 직관형은 중요한 부분을 짚어 주는 대신 다른 부분은 대충 넘어간다. 외향적 사고형의 강의는 체계적으로 잘 정리되어 있고 명료하다. 외향적 감정형의 강의는 책에 있는 얘기 그대로이고 상식적이다. 내향적 감각형의 강의는 책에 있는 내용 그대로인데 깔끔하고 군더더기가 없다. 시청각 자료를 인상적으로 사용한다. 내향적 직관형의 강의는 생각지 못한 점을 짚어 주지만 다른 얘기로 발전해 가면서 장황해져 정리가 잘 안 되고 받아 적기 어렵다. 내향적 사고형의 강의는 너무 간결하거나 생각에 생각을 더하여 열정적으로 설명해 주는데 알 듯 말 듯하다. 원리에 관해 알려 주는데 쉬운 것도 어렵게 설명하는 것 같다. 내향적 감정형의 강의는 '~에 불과하다'면서 단순하게 일반화해서 이야기하며 근거 자료나 예를 장황하게 나열한다.

성격 유형과 부부 관계

부부의 성격 유형이 같다고 해서 잘 살고 반대 유형이라고 못 사는 것은 아니다. 부부의 성격이 비슷한 유형이면 서로 이해하기 쉽다. 그러나 성격이 비슷해서 서로 단점이 거슬리고 도움이 되지 않아 답답해할 수 있으며, 특별한 매력을 못 느낄 수 있다. 부부가 서로 반대 유형의 성격일 때는 상호 보완적이고 자신이 갖지 못한 장점에 이끌릴 수 있다. 그러나 성격의 서로 다른 면이 이해하기 어렵고 갈등의 요인이 될 수 있다. 일반적으로는 성격이 다른 유형이 서로에게 끌려 결혼하는 경우가 많은 것으로 알려져 있다.[133] 융의 경우 그가 직관형이라면 그의 아내 엠마는 남편을 많은 면에서 보상하고 보완해 준 감각형으로 알려져 있다.[134]

내향적 직관형 남편과 외향적 직관형 아내

오랜만에 가는 시골길이라 내비게이터대로 가자는 아내와 길을 안다며 자신이 알아서 가겠다고 고집부리는 남편 H 교수 사이에 다툼이 벌어졌다. 결국 길을 잘못 들어 고생만 하고 제자리로 돌아오게 되자, 자기 말을 듣지 않는다고 따지며 아내가 언성을 높인다. 이에 흥분한 남편은 차에서 당장 내리라고 소리 지르며 싸움이 격해진다.

외향적 성격으로 객관적 사고방식의 아내와 주관적 판단과 직관을 중시하는 내향적 남편 사이에 다툼을 보여 주는 예다. H 교수의 아내는 어울리지 않는 화려한 옷을 좋아하고 강박적으로 명품 가방과 구두를 모으는 취미가 있다. 감각적 면이 과잉 보상된 탓이다. 남편은 아내의 취향을 이해하기 어렵고 비합리적이라고 생각한다. H 교수는 낭비를 줄이기 위해 가계부를 적으라고 하나 아내는 죽어도 못 쓰겠다고 한다. 서로 다투기도 하지만, 내향적이어서 나서길 좋아하지 않고 낯을 가리는 남편은 외향적이고 사교적인 아내 덕에 여러 사람과 어울리며 미처 생각하지 못한 새로운 체험을 할 수 있어 좋은 점도 있음을 인정한다. 남편은 평소 아내에게 칭찬하는 말이나 고맙다는 말을 한 번도 한 적이 없다. 그럴 마음이 없어서가 아니라 감정 표현에 익숙하지 않아서다.

외향적 직관형 아내는 주식 투자로 돈을 벌었다. 돈을 불리는 방법이 눈에 보이는 사람이다. 내향적 직관형의 H 교수는 사는 데 부족한 게 없는데 왜 돈을 벌려고 하냐고 한다. 특히 주식으로 망한 사람이 많다며 아내의 주식 투자에 절대 반대한다. 남편은 돈밖에 모르고 사는 아내가 뭐가 중요한지 모르는 것 같아 답답하다. 아내는 현실 감각이 없는 남편이 자신을 무시한다고 비난한다. 자식들 결혼 비용을 누가 어떻게 해결했는지조차 모른다고 아내는 하소연한다. 경제적인 면에 통찰력이 있는 아내가 남편을 보완하고 있으나 가치관의 차이로 갈등을 겪고 있는 부부다. 부부간에 가치관의 차이는 성격 유형의 차이다.

외향적 감각형 남편과 내향적 직관형 아내

수완이 좋아 장사로 성공한 남편은 아내 몰래 외도하고도 죄책감을 못 느낀다. 그저 아내에게 들키지만 않으면 된다고 생각하며 남자는 원래 본성이 그런 거 아니냐고 말한다. 내향적 직관형의 독실한 기독교 신자인 아내는 현실적으로 유능하고 잘생긴 남편이 좋았으나 결혼 생활에 점차 회의가 든다. 돈만 갖다 주면 책임은 다했다고 생각하는 그런 남편에게는 영혼이 없다는 생각이 든다. 교회가 밥 먹여 주냐며 신앙생활도 못마땅하게 생각하는 남편을 더는 신뢰하기 어렵다.

남편은 외향적 감각형 성격으로 눈치 빠르고 현실 적응력은 뛰어나나 무엇이 옳고 그른지에 대한 판단 능력이 없다. 남편은 아내가 물건을 정리 정돈하지 못하고 살림을 깔끔하게 하지 못하는 게 불만이다. 아내는 그런 남편의 지적에 자존심이 상한다. 아내가 어질러진 장난감을 상자에 담아 치웠는데, 퇴근하고 집에 들어온 남편은 거실 한복판에 있는 그 상자가 눈에 띄어 거슬린다. 아내는 애들이 장난감을 찾기 쉽게 일부러 눈에 띄는 곳에 놓은 것이다. 남편은 상자가 눈에 띄지 않는 곳에 있어야 깔끔하게 정돈되었다고 느낀다.

남편은 가구 배치도 최소한으로 간결하게 하는 스타일인데, 아내는 그럼 물건은 어디에 보관하느냐고 하면서 수납공간이 없다고 항의한다. 물건을 눈에 안 보이는 곳에 놓으면 보기 좋을지 모르나 찾기 어렵다며 남편에게 반박한다. 그리고 애들이 어질러 놓은 장난감을 치워도 깔끔하지 못하다고 야단만 친다며 남편에게 화를 낸다.

눈에 보이는 것을 중시하는 감각형의 남편과 기능적인 면을 고려하는 직관형 아내의 갈등을 보여 준다. 부부간에 각자 성격의 열등한 부분은 상대가 이해해 주고 보완을 해 주면 바랄 것이 없다. 그러나 이러면 열등한 부분은 분화되지 않고 그대로 덮여 있다가 어느 순간 터져 나오며 문제를 일으킬 수 있다. 따라서 나의 아픈 데를 건드리는 상대만 탓할 문제는 아니다. 각자의 열등한 인격은 상대를 통해서 상보적으로 해결할 문제가 아니라 스스로 보완하며 해결해야 할 문제다. 살면서 부딪히는 매우 어려운 일 중에 하나다.

내향적 사고형 남편과 외향적 감정형 아내

40대 초반의 한 부부가 내원했다. 남편은 아내가 자녀 양육과 집안 살림을 제대로 못 하고, 말을 해도 개선이 되지 않는 데다 남편인 자신을 이상한 사람이라고 비난한다며 누가 문제인지 가려 달라는 것이었다. 어렵게 공부해서 대학을 졸업한 남편은 컴퓨터 소프트

웨어를 개발해서 재산도 모으고 경제적으로는 걱정할 게 없다고 한다. 어릴 때부터 부러워했던 다른 가정처럼 품위 있게 살고 싶은데 그렇게 되지 않는 게 불만이다. 퇴근해서 집에 오면 거실부터 애들이 늘어놓은 장난감들이 그대로 있어 엉망이다. 아내는 두 딸을 유치원과 유아원에 보내는데 늘 지각하기 일쑤이고 어수선하여 정신이 없다. 남편은 아내가 밤늦게까지 홈쇼핑과 게임을 하느라 늦잠을 자기 때문이라고 생각한다. 생활비는 충분히 주는데 늘 부족해하며 더 달라고 요구하는 것도 이해가 안 된다. 다른 여자들 같으면 돈을 모아도 꽤 모았을 거 같다. 가계부를 쓰라고 해도 한쪽 귀로 듣고 흘린다. 종일 집에 있으면서 뭐 하나 제대로 하는 게 없어 보인다. 애들 옷이 지저분해져도 갈아입힐 생각을 하지 않는다. 게다가 뭐라고 그러면 무시한다고 화를 내서 말도 못하겠다고 한다. 남편은 화려한 색상의 양복과 셔츠로 나름 멋을 부렸는데 색상이 튀고 어딘가 어색해 보인다.

수더분해 보이는 아내는 남편이 사사건건 참견하며 야단치고 자신을 무시한다며 울먹이며 불만을 토로한다. 남편은 자기밖에 모르고 인정이 없는 데다 고지식하고 말이 안 통한다. 애 둘 키우기가 얼마나 힘든지도 모르면서 잔소리하고 야단만 치지 정작 도와주는 일이 없다. 집에 오면 자기 방에 들어가 주식을 한다며 컴퓨터만 들여다본다. 집안 살림은 손 하나 까딱하지 않지만 남자니까 그러려니 하고 불평한 적도 없었다. 벽에 못을 박고 전구를 가는 것도 자신이 하는 일이라고 한다.

남편과 아내 모두 이해받지 못해 억울하다는 입장이다. 내향적 사고형의 남편은 내향적인 사람답게 스스로 남달리 똑똑하고 현명한 사람이라고 생각하며 은근히 우월감을 과시하고 싶은 마음이 있다. 경제적으로 여유가 생긴 만큼 깔끔하고 품위 있게 살고 싶어 한다. 또한 어려운 환경에서 독창적 아이디어를 내고 연구에 몰입하여 사업을 성공시켰을 뿐만 아니라 가족을 위해 헌신하고 올곧게 사는 사람이라고 아내의 칭찬을 받아 마땅하다고 생각한다. 그런데 오히려 이기적이고 인정 없는 사람으로 취급받아 화가 치밀고 억울하다. 자신은 집안이 잘되라고 아내에게 잘못을 지적하고 당연히 해야 할 일을 요구한 것인데, 말을 듣지 않고 화를 내는 아내가 합리적이지 못하다고 하소연한다.

억울하기는 아내 역시 마찬가지다. 온화한 성격에 사람들과 어울리고 인정받기 좋아하는 외향적 감정형의 아내는 혼자서 아이 둘을 키우기에 정신이 없으나 남편에게 집안일도 못하고 애들 뒤치다꺼리조차 못한다고 야단만 맞다 보니 바보가 된 것 같아 속상하기 그지없다고 한다.

아내의 좋은 점은 없냐고 묻자 남편은 사람들과 잘 어울리지 못하는 자신에게 아내가 먼저 다가와 편안하게 대해 주고 사람들과도 잘 어울리는 점이 마음에 들어 결혼했다며 남의 말을 듣지 않는 자신의 어머니와도 잘 지내는 게 신기하고 고마운 점이라고 한다. 아내에게 '고맙다'나 '미안해' 또는 '잘했다'라고 감사, 사과 또는 칭찬의 말을 해 본 적이 있냐는 질문에 이제껏 아내에게 그런 말을 해 본 적이 한 번도 없다고 말한다. 그런 말을 하는 게 익숙하지도 않지만 사실 속마음을 표현할 생각조차 해 본 적이 없다고 솔직하게 말한다. 또한 자신이 매사에 참견하고 아내의 잘못을 지적하며 가르치려 하면 아내가 거부감을 느낄 수 있다는 점도 상담받기 전에는 생각해 본 적이 없다고 말한다. 그저 자기 생각이 옳은지 그른지만 생각을 했을 뿐 자신이 한 얘기를 아내가 자신의 의도와 달리 받아들일 수 있음은 예상하지 못했다고 한다. 내향적 사고형답게 자신의 주관적 관점에서 옳은지 그른지만 판단하고 상대의 관점에서 바라보지 못하여 공감하지 못한 것이다. 내향적 사고형의 남편은 사고형답게 관념적이라 직접 체험하기 전에는 아내가 집안일과 아이 양육으로 얼마나 힘든지 전혀 이해하지 못했다. 종일 집에 있으며 그것도 못하냐고 책망하다가 본인이 직접 집안일과 아이 양육을 체험해 보면서 비로소 아내가 힘들어했음을 이해했다. 남편은 체계적으로 정돈된 것을 좋아하나 눈에 보이는 감각적인 인상에 얽매이는 경향이 있다. 튀는 색상의 양복도 사실 감각적인 데 사로잡힌 결과다. 감각 기능이 열등한 데 대한 과잉 보상의 결과다.

아내 또한 남편을 자기중심적이고 이해심이 없는 이상한 사람으로 깎아내리고 남편의 바람을 이해하고 만족시켜 주지 못해 미안하다고 했다면, 남편도 자기 뜻대로 되지는 않아도 그렇게 화를 내진 않았을 것이다. 아내가 평소 모범생 남편을 칭찬해 내적 우월감을 충족시켜 주면서 혼자서 하기 힘든 집안일도 도와 달라고 요청했다면 남편은 이해심 많은 남자가 되고 아내는 원하는 바를 얻으며 사랑받는 아내가 되었을 것이다.

욱하는 내향적 사고형 남편과 에로스

40대 초반인 교사 K의 아내는 남편의 욱하는 폭력적인 성격 때문에 이혼을 생각하고 내원했다고 말한다. 남편은 억울하다는 입장이다. 수 년 전 외도한 일에 대해서는 충분히 사과했는데도 아내가 신체 접촉을 거부하고 자신을 변태나 성관계를 구걸하는 사람으로 취급하는 것 같아 자존심이 상한다. 폭력 행사는 잘못한 일이나 참다가 폭발한 것이고 최근에는 1년에 한 번 정도 있는 일이었다. 오래전에 외도한 사실을 제외하고는 가정에 충실했고, 결혼할 때부터 지금까지 아내를 진심으로 사랑하고 있다고 말한다.

그런데 아내는 남편의 '욱하는' 성격이 무섭다고 한다. 남편의 제안이나 요구를 거부하면 언제 화를 낼까 두렵다. 남편은 상대의 기분을 헤아리지 못하고 자기밖에 모르는 사람인 것 같다. 남편의 신체 접촉이 싫어서 하지 말라고 하는 것인데 그러면 더 집요하게 괴롭힌다. 남편을 받아들일 마음의 준비가 되지 않아 신체 접촉을 하면 거부감이 드는데, 이를 남편은 이해하지 못한다고 말한다.

남편 K는 전형적인 내향적 성격의 소유자로 자신의 주관적 관점에서만 생각하는 경향이 있다. 자신이 아내를 좋아하면 아내도 당연히 자신의 마음을 알 것으로 생각한다. 아내와 좋은 관계를 갖기 위해 다가가면 이를 거부하는 것이 이해할 수 없고, 무시당하는 것 같아 화가 난다. 반면 외향적 성격의 아내는 남편의 주관적 마음보다는 남편의 드러난 행동을 보고 일반적 기준에 따라 판단한다. 오래전 일이고 사과했다고 하지만 아직 마음이 풀리지 않았는데, 남편의 일방적 신체 접촉은 아내에 대한 예의가 없고 자신을 무시하는 행위이며 욱하고 화내는 것도 아내에 대한 배려나 이해심이 없기 때문이라고 생각한다. 즉 남편은 자신의 행동을 호의적 접근이라고 생각하지만, 아내는 예의와 같은 상식적이고 객관적 기준에 비추어 볼 때 남편이 자신을 무시하고 배려하지 않는 것으로 판단하는 것이다.

평소 남편은 아내가 좋아하고 싫어하는 것이 무엇인지 알지 못한다. 아내가 보기에는 남편이 아내에 관한 관심이 있는지조차 의문이다. 남편은 내향적이면서 사고형의 성격이라 아내의 기분을 파악하고 맞추는 능력이 부족하고 자신의 감정을 적절하게 표현하는 데도 미숙하다. 욱하는 감정 폭발은 감정적이기보다 오히려 감정 기능이 미숙한 데 기인한다. 남편의 욱하는 감정은 남편 입장에서는 자신이 이해받지 못하는 데 대한 억울함과 무시당한다는 느낌에서 비롯된 것이다. 게다가 자신의 감정이 부적절한 것으로 간주되고 아내에게 수용되지 않자 증폭해 폭발한 것이다. 내향적 사고형의 남성은 여성과의 관계 형성이 미숙하고 여자의 마음을 잘 모르는 것이 문제다. 에로스에 대한 이해도 부족하여 신체적 접촉만 시도할 뿐 아내는 남편과 로맨틱한 관계를 바란다는 것을 이해하지 못한다.

내향적 감각형 남편과 외향적 직관형 아내

3세 여아를 둔 30대 후반 부부가 내원했다. 사무직 회사원 남편은 영어 학원 강사인 아내가 자기주장만 하고 툭하면 화를 내고 물건을 던지기도 한다며, 아내의 성격에 문제가 있음을 확인하고 싶어 아내와 함께 온 것이다. 오히려 아내는 남편과 말이 안 통하고 왜 화내는지조차 이해를 못한다며 남편이 문제라고 목소리를 높였다.

두 사람 사이의 갈등은 신혼 초부터 아파트 대출금 상환을 남편이 모른 척한 데서 비롯되었다. 남편은 처가에서 아내 명의로 집을 장만해 주면서 대출받은 거라 아내가 알아서 갚아야 한다고 생각한다. 대신 자신이 관리비와 생활비의 반 이상을 대고 있어 아내 입장에서 화낼 이유가 없다고 주장한다. 아내 입장에서는 남편이 내 돈 네 돈 따지는 게 못마땅하고 이해가 안 된다. 비싸지도 않은 생활용품을 사려고 하는데 인터넷에서 가격을 비교해 보고 사라고 참견하는 것도 마음에 안 든다. 그렇게 돈에 인색한 남편은 어렵게 모은 목돈을 친구 말만 듣고 투자했다가 다 날리기도 했다. 당시 아내는 그 친구에 대해 왠지 신뢰가 가지 않는다고 말했으나, 회계를 전공한 남편은 친구가 보여 준 자료에 있는 구체적 수치를 제시하며 아내가 자료를 볼 줄 모른다고 아내의 말을 일축해 버렸다. 아내는 남편이 수치만 보고 사람은 볼 줄 모른다고 생각한다.

아내는 남편이 돈을 너무 따지는 것 같아 자신에게 애정이 있는지 의구심이 들었다. 그러던 중 남편이 그동안 대출금 상환은 거부하면서 시부모 용돈은 아내 몰래 꼬박꼬박 챙긴 사실을 아내가 알게 되었다. 사실을 안 아내가 화를 내자 시부모가 아들 편을 들며 싸움이 커지고 이혼 얘기가 나왔다. 부부는 돈 문제 외에도 평소 사소한 일로도 의견 충돌이 잦았다. 남편은 감각형으로 한 번 본 사람을 사진 찍듯이 기억하고 그려 내는 재주가 있다. 직관적 성격의 아내는 관심 사항이 아니면 세부적인 것에 신경 쓰지 않고 기억하지 못한다. 아내는 남편이 사소한 일에만 신경을 쓰는 것 같아 못마땅하다. 반면 남편은 아내가 세심하지 못한 게 거슬린다. 중고차를 구매

할 때 아내는 고장 난 데는 없는지 신경 쓰는데, 남편은 눈에 잘 띄지도 않는 사소한 외관 문제에 집착한다. 역시 본질을 중시하는 직관형과 보이는 것을 중시하는 감각형의 차이를 보여 준다.

남편은 집 안을 보기 좋고 깔끔하게 정리하는 것을 좋아하지만 정작 중요한 서류나 물건을 어디에 두었는지 찾지 못한다. 아내는 자주 사용하는 물건을 눈에 안 띄는 곳에 넣는 것을 싫어한다. 필요할 때 찾기 어려울 수 있기 때문이다. 남편은 지저분한 것이 눈에 띄는 게 거슬려 일단 어딘가에 집어넣는다. 아내 생각에는 남편이 깔끔하게 치우는 것은 좋지만 중요한 물건을 못 찾게 되고 생활이 불편해지는 게 못마땅하다. 남편은 잘 쓰던 집 안 소품도 자리를 차지한다고 버리자고 하는데 아내가 보기엔 나중에 쓸데가 있어 보인다. 아닌 게 아니라 남편이 고집을 부려 버리고 나서 후에 그 물건이 필요해 다시 사는 일이 벌어졌다. 남편은 다 쓸데가 있다고 버리지 않는 아내가 비합리적이라고 생각하고, 아내는 남편이 한 치 앞을 내다보지 못하고 지금 현재가 전부라고 생각하는 것 같아 답답하다.

남편은 내향적 감각형이라 눈에 보이는 것이 전부다. 아내는 외향적 직관형이라 미래 지향적이며 세세한 것은 신경 쓰지 않는다. 누구 말도 듣지 않는 남편이 집을 나가 이혼 소송을 제기했으나 기각되었고, 아내는 승소 후 이혼할 생각이었으나 남편을 따르는 아이를 보고 그냥 살게 되었다. 남편은 여전히 자신의 잘못은 없다고 생각하나 그간 있었던 갈등에 대해 아무 일 없었다는 듯이 신경 쓰지 않고 신혼 때처럼 아내를 대한다. 사고와 감정 기능이 열등하여 가치 판단을 잘 못해서 무엇이 문제인지 모르기 때문이다. 아내는 그런 남편을 이해할 수 없으나 아이를 봐서 남편에 대한 기대를 접고 참고 산다. 남편이 가치 판단은 못하나 도구적 기능이 발달해서 같이 사는 데 편리한 점도 있다.

MBTI와 융의 성격 유형

임상에서 '미네소타 다면적 인성 검사MMPI(Minnesota Multiphasic Personality Inventory)'가 성격 검사로 가장 널리 사용되고 있다. 그러나 MMPI는 편집적 성향이나 우울증 등 병적인 부분을 발견하는 데는 도움이 될 수 있으나 정상인의 성격 유형을 평가하는 데는 한계가 있다.

성격의 5요인 모델은 240문항의 NEO 성격 검사(NEO-PI-R: NEO Personality Inventory)를 사용한다. 검사 결과는 5개 요인 각각의 T 점수[135]로 제시되는데, 5개 요인 차원에서 연속적인 성격 특성을 파악할 수 있다. 검사 결과 성격이 5개 요인 중 하나의 특정 유형으로 분류되는 것은 아니다. NEO 성격 검사는 문항 수가 많은 것이 단점이다. 그래서 고슬링의 '10개 항목 성격 검사TIPI(Ten Item Personality Inventory) 한국어판'[136]과 같이 10개의 문항으로 구성된 간단한 자기 보고식 검사도 필요에 따라 간편하게 사용하기도 한다.

융의 성격 유형 검사 도구로는 그레이 휠라이트Gray Wheelwright 검사와 싱어 루미스Singer Loomis 검사 등이 있으나 '마이어스 브릭스 유형 지표MBTI(Myers-Briggs Type Indicator)'가 가장 널리 사용되고 있다.

MBTI는 1944년 캐서린 브리그스Katharine Briggs와 브리그스 마이어스 Briggs Myers 모녀가 융의 성격 유형론을 토대로 제작한 자기 보고식 질문지이다. 현재 93개 문항으로 구성된 질문지가 사용되며 융의 성격 유형에 인식형과 판단형이 더해져 총 16개 성격 유형으로 결과가 제시된다. MBTI는 여러 나라의 언어로 번안되어 학교나 기업 등에서 세계적으로 널리 사용되고 있다. 국내에서도 한국심리검사 연구소의 김정택과 심혜숙에 의해 표준화(1991)되어 학교, 기업, 교육 및 상담 분야 등에서 직업 적성, 대인 관계 및 소통 방식, 리더십 평가 등을 위해 널리 사용되고 있다.

MBTI에 대해서는 몇 가지 비판이 제기되고 있다. 우선 검사 재검사 신뢰도에 의문이 제기되고 있다. 즉 다시 검사하면 처음 할 때와 다른 성격 유형으로 나오는 경우가 생각보다 적지 않다는 것이다.

일부 문항들이 융의 성격 유형론을 제대로 반영하지 못한다는 비판도 있다. 판단형과 인식형 구분도 융의 유형론과 일치하는지 의문이다. 성격의 무의식적 보상 측면을 반영하지 못하는 점은 의식적 문항 반응에 기초한 설문 검사 방법에 내재한 한계점이다. 즉, 내향적인 사람이 무의식적 보상으로 외향적 삶을 살 수 있듯이 검사 결과가 실제 성격과 반대로 나올 수 있다. 또한 자기 보고식 검사라 객관적으로 관찰되는 면과 다르게 평가될 수 있는 점도 문제다.

문항에 대한 반응을 긍정 또는 부정인 이분법적으로 나누어 응답하게 한 점도 연속적인 성격 특성에 비추어 볼 때 적절치 않다는 지적도 있다. 또한 널리 사용되는 데 반해 실제 교육이나 사회적 적응과 성공을 예측하는 데 그리 도움이 되지 않는다는 비판도 제기

된다.

MBTI는 문항 수가 적지 않은 점과 결과 해석에 전문가의 도움이 필요한 점도 아쉬운 점 중 하나다.

MBTI 검사에 문제가 있다고 해서 융의 성격 유형론의 타당성이 문제되는 것은 아니다. 융의 성격 유형론은 타당성이 통계적 방법으로 입증된 것은 아니나 오랜 세월에 걸쳐 수많은 사람의 사용 경험이 그 가치를 말해 주고 있다. 다만 직관적 이해가 부족한 사람에게 융의 성격 유형론은 실제 적용하기에 어려움이 따를 수 있다. 가까운 시일 내에 MBTI의 단점을 보완하여 좀 더 간결하고 쉽게 해석할 수 있는 타당한 검사 도구가 개발되기를 희망한다.

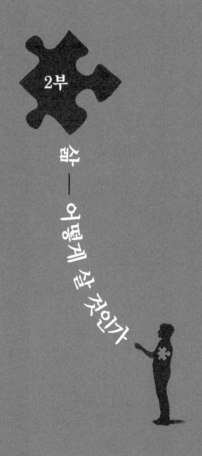

2부

삶 — 어떻게 살 것인가

1장

삶의 현장에
뛰어들기

"개성화보다 집단 규범에 대한 적응이 먼저다."[1]
"젊은이는 생활 속으로 뛰어드는 것을 두려워하기 때문에 노이로제가 생기고 중년 이후에는 죽음을 외면하는 데서 병이 생긴다."[2]

페르소나 갖추기

샐린저의 《호밀밭의 파수꾼》은 17세 소년의 현실 적응과 자신이 바라는 삶 사이의 갈등을 잘 묘사하고 있다. 내향적 성격의 고등학생 홀든 콜필드는 네 과목에서 낙제하고 퇴학을 당할 처지가 되자 부모님에게 이를 알리지 못하고 사흘간 뉴욕시를 방황한다. 홀든 콜필드는 학교 선생님과 주변 사람들의 겉과 속이 다른 가식적 삶에 거부감을 느낀다. 사회적으로 성공한 삶이 아니라 자신이 진정으로 원하는 삶을 살고자 그는 가출을 결심하지만 정신과 치료를 받게 되면서 다시 현실을 받아들인다.

삶은 적응의 연속이다. 젊은이는 삶에 대한 회의에 앞서 세상에 뛰어드는 것이 필요하다.[3] 삶의 의미를 묻기 전에 지금 여기에 발을 딛기 위해 삶의 근거를 마련하는 일부터 시작해야 한다. 그러기 위해서는 삶의 궁극적 지혜를 깨닫기에 앞서 살아가는 데 필요한 도구적 지식과 기술을 습득하고 생산적 활동을 할 수 있어야 한다. 현실에 적응할 수 있을 때 성취감뿐 아니라 삶의 의미도 찾을 수 있으며, 외부 세계에 적응해야 내면세계의 조화도 이룰 수 있다.

현실 적응을 배우는 것은 본래적 자신을 찾기에 앞서 사회적 기대에 부응하기 위해 적당한 가면, 즉 페르소나를 갖춘다는 의미다. 융의 분석 심리학에서 페르소나는 타인에게 보여 주는 외적 인격을 뜻한다. BTS의 〈페르소나〉 가사처럼 '사람들이 아는 나', '사람들이 원하는 나'다.

외부 현실과 적절한 관계를 맺기 위해서는 자신의 페르소나에 해당하는 본분과 주어진 역할에 충실해야 한다. 학생은 학생답고 교사는 교사다워야 한다. 주부는 주부로서, 가장은 가장으로의 역할을 해야 한다. 때와 장소에 따라 적절하게 격식이나 예의 같은 페르소나를 갖출 줄도 알아야 한다. 격식이나 예의를 무시하면 관계가 불편해지기 때문이다. 체면치레나 상황에 따라 적당히 '척'하는 것이 필요할 때도 있다. 겉과 속이 달라야 한다는 말이 불편하게 들릴 수도 있지만, 사실 예란 사회적으로 적절한 가면을 쓰는 것과 다를 바 없다.

《호밀밭의 파수꾼》의 주인공 홀든 콜필드는 사회생활을 위해서는 반갑지 않아도 반가운 척해야 한다는 것을 알고 있다. 그러나 그는 사람들의 겉과 속이 다른 행동을 엉터리라 부르며 거부감을 느낀다. 또한 변호사와 같이 사람들이 선호하는 삶에 대해서도 탐탁지 않게 생각한다. 홀든 콜필드는 사회적 성공이나 페르소나에 얽매인 삶이 공허하다고 느낀다. 17세 고교생인 그에게 당장 필요한 것은 적절한 페르소나를 갖추는 일이다. 이런 점에서, 방황하며 자신을 찾아온 홀든에게 다시 학교로 돌아가 학업에 충실할 것을 강조하는 앤톨리니 선생의 말은 진부한 듯하나 가장 적절한 조언이다. 홀든 콜필드를 치료하는 정신과 의사도 학교 공부를 열심히 할 의향이 있는지를 반복해서 묻는데, 홀든은 어리석은 질문이라고 깎아내리면서도 열심히 공부할 의향이 있음을 밝힌다. 정신과 의사가 상식적 수준의 질문을 되풀이하는 것은 고루하거나 어리석어서이기보다 삶의 근원적 문제를 다루기에 앞서 학교 적응이 우선되어야 함을 강조하고자 하는 의도로 읽힌다.

적절한 페르소나는 현실 적응을 위해 필요하나, 세상 사람들의 의견이나 남들에게 보이는 모습에 너무 얽매이는 것은 바람직하지 않다. 진정한 자신으로부터 소외되어 무력감이나 공허한 느낌과 같은 신경증적 증상을 일으킬 수 있기 때문이다. 페르소나는 어디까지나 가면일 뿐 진정한 자신의 모습과는 거리가 있다. 체면이나 평판 또는 사회적으로 인정받는 삶을 중시하는 것과 같이 페르소나에 얽매인 생각은 진정한 나 자신이 아닌 내가 속한 무리의 지배적 생각일 때가 많다. 내 생각이 진정한 나의 생각인지 구분할 줄 아는 지혜가 필요하다.

현실 적응은 성격 유형에 따라서도 차이를 보일 수 있다. 현실에 적응하는 데는 내향형이 외향형보다 불리하다. 외부 세계에 대한 적응은 내향적 기능보다 외향적 기능을 필요로 하기 때문이다. 작가 샐린저의 분신인 홀든 콜필드 역시 전형적인 내향적 성격으로 청소년기에 외적 환경에 적응하는 데 어려움을 겪을 수 있다. 내향적 성격은 내면적 우월감을 은근히 내보이고 싶지만 외향적 기능이 열등하여 정작 외부 현실 세계에서는 상처를 받고 열등감을 느끼기 쉽다.

외향적인 사람은 쉽게 외부 환경에 적응할 수 있지만 내향적인 사람은 의식적인 노력을 기울여야 한다. 적응하는 데 좀 더 힘이 들 수 있다는 얘기다. 내향적인 사람은 외부 환경 적응에 어려움을 겪게 되면 내면세계로 도피해서 권력(우월감) 환상에 빠질 수 있다. 이럴 때는 외향적 기능을 의식적으로 최대한 살리는 게 적절한 해결책이다. 처음에는 외향적인 사람보다 적응이 느리고 힘이 들겠지만 시간이 지나면 나름 훌륭하게 적응할 수 있다. 거기에 훗날 내향적 성향 특유의 깊이까지 더해지면 현실 적응에 창의성을 발휘하기도 한다.

20대 초반의 내향적인 P는 대학 진학에 연이어 실패하고 실의에 빠졌다. 한동안 만나던 여자 친구는 대학에 진학하면서 멀어졌다. 아버지처럼 초라하게 살고 싶지는 않았는데 열심히 해 봐야 아버지만도 못할 거 같다. 아무 대학에나 들어가든지 아니면 집에서 노느니 아르바이트라도 알아보라는 어머니의 성화에 자존심 상하고 화가 난다. 자신의 존재 가치에 회의적인 생각이 든다. 인간은 왜, 무엇을 위해 사는 것인가 하는 물음이 머릿속을 떠나지 않는다. 종일 컴퓨터 게임만 하다 어머니 성화에 상담 차 내원했다.

삶의 의미에 대한 실존적 고민을 현실 적응 문제로 환원해서 보는 시각이 항상 옳은 것은 아니다. 순조롭게 적응하는 경우에도 성性과 관련된 문제나 열등감 등과 같은 내적 고민이 있을 수 있다. 그러나 사실 삶에 대한 회의는 대부분 현실에 적응하지 못하는 문제와 밀접한 관련이 있다. 삶이 순탄할 때는 인생의 의미에 관해 깊이 생각할 겨를이 없다가 시련에 부딪혀 비로소 의문을 제기하는 경우를 많이 본다.[4]

삶에서 현실 적응을 잘 못하면서 실존적 고민을 호소하는 경우는 대개 청소년기에 많이 나타난다. 이때에는 철학적 고민을 깊이 다루기보다는 현실 적응을 도와주는 데 초점을 맞추는 것이 바람직한 치료 방향이다. P는 치료 초반에는 현실 적응 문제에 초점을 맞추고, 치료 후반부에는 삶의 근원적 고민과 관련한 철학적 상담을 병행한 것이 도움이 되었다. P는 바로 다음 해에 원하던 대학을 진학했다. 새로운 여자 친구도 사귀고 부모와의 갈등도 그리 신경 쓰지 않아 언제 실존적 고민을 했냐는 듯이 밝아졌다.

다자이 오사무의 《인간 실격》도 사회성이 부족한 내향적 청소년의 페르소나 문제를 잘 보여 준다. "부끄러움 많은 생애를 보냈습니다"라고 말하는 부잣집 아들 요조는 "저는 인간의 삶이라는 것을 도무지 이해할 수 없습니다"라고 고민한다. 그는 사람들과 어울리지 못하고 세상에 뛰어들지도 못하면서 술, 담배, 여자 사이에서 겉돌고 방황하다 자살을 시도한다.[5] 정신적 방황과 부끄러움은 존재 조건에 대한 이해에 앞서 나이와 상황에 걸맞은 페르소나를 갖추지 못한 데서 비롯된다. '인간 실격'은 사실 '페르소나 실격'인 셈이다.

재능 살리기

《데미안》의 작가 헤르만 헤세Hermann Hesse는 어려서 매우 명석했으나 청소년기에 방황하면서 요양원에 수용될 정도로 정서적으로 매우 불안정했다. 부모는 헤세가 신학을 공부해서 성직자가 되길 바랐다. 하지만 김나지움을 중퇴한 헤세는 대학에 진학하지 못하고 시계 부품 견습공을 거쳐 서점 점원이 된다. 부모의 기대에 부응하지 못한 그는 틈틈이 글을 쓰면서 마음의 안정을 찾고, 자신의 재능을 살려 《데미안》의 작가로 이름을 알리게 된다. 그리고 훗날 《유리알유희》로 노벨 문학상까지 받는다.

작가 서머싯 몸Somerset Maugham은 어려서 부모를 여의고 목사인 작은아버지 밑에서 자랐다. 작은아버지는 성직자가 되길 바랐으나 몸은 공인 회계사로 수습 생활을 잠깐 하다 의대에 들어간다. 의학 공부에는 그다지 관심이 없어 간신히 의대를 졸업하고 의사가 된 몸은 타고난 재능을 살려 글 쓰는 일에 몰두하며 작가로 활동한다. 마흔 무렵 몸은 젊어서부터 지니고 있던 생각과 느낌을 글로 담은 자전적 소설 《인간의 굴레》를 발표한다.

헤르만 헤세와 서머싯 몸은 모두 부모나 사회의 기대에 부응해서 살았다기보다 자신의 타고난 재능을 살려 나름 성공적 삶을 산 예라 할 수 있다. 평소 좋아하고 잘하는 일에서 타고난 재능을 스스로 발견하고 이를 살린 것이다. 어쩌면 태어나서 해야 할 일, 즉 작가가 될 소명을 실현한 것일 수 있다.

아리스토텔레스는 자신의 내면에 있는 다이몬을 따르는 것이 행복한 삶이라고 했다. 신적인 존재인 다이몬은 소명, 즉 자신이 마땅히 되어야 할 바 또는 내재한 가능성을 뜻한다. 따라서 자신의 소명을 인식하고 내재한 가능성(타고난 재능)을 살리는 삶이 행복한 삶이라고 말할 수 있다. 자신의 내재한 가능성을 살리는 것은 그 자체가 즐겁고 의미 있는 일이다. 무슨 의미가 있는지 물어볼 필요도 없다. 그 자체가 보람 있는 일이기 때문이다. 영국 철학자 버트런드 러셀 Bertrand Russell이 행복한 사람의 공통적 특성이라고 말한 '그 자체로 즐거운 활동'이기도 하다.[6]

바이올린 연주자가 끝없이 연습하고 화가가 작품에 몰입하는 것은 누가 알아주길 바라서 하는 일이 아니다. 내면의 소리를 따를 뿐이다. 그래야 할 것 같아서 하고 그냥 좋아서 한다. 내면의 가능성을 드러내는 일이기 때문이다. 나무가 꽃을 피우고 열매를 맺는 일과 같다.

타고난 재능은 사람마다 다르다. 재능은 평소 자신이 자발적으로 즐겨 반복하는 일에서 찾을 수 있다. 별도의 의식적 노력 없이 쉽게 잘하는 일이기도 하다. 〈죠스〉, 〈ET〉, 〈쥬라기 공원〉, 〈인디아나 존스〉, 〈쉰들러 리스트〉 등으로 널리 알려진 천재 영화감독 스티븐 스필버그는 13세에 이미 영화를 제작했다. 고교 졸업 후 대학은 다니는 둥 마는 둥 하고 할리우드 유니버설 스튜디오를 기웃거리다가 무급 인턴으로 일을 시작했다. 좋아하고 잘하는 일을 직업으로 만들어 성공한 셈이다.[7]

융의 성격 유형을 알면 재능을 파악하는 데 큰 도움이 된다. 감각적 유형의 사람은 현실적이고 사실 관계를 빨리 파악한다. 직관형은 본질을 꿰뚫고 가능성을 직감한다. 사고형이 논리적 분석을 잘 한다면 감정형은 공감 능력이 뛰어나고 관계 지향적이다.

공부를 잘하는 것만이 재능은 아니다. 물건을 파는 일도 재주고 지루한 장부 정리를 꼼꼼하게 하는 것도 능력이다. 예술적 기교나 감각만 재능이 아니다. 실생활에 도움이 되는 재능은 따로 있다. 남들이 보지 못하는 것을 보고 독창적 관점을 제시하는 직관적 능력도 재능이다. 사람들과 조화롭게 어울리는 능력도 눈여겨볼 재능이다. 특별한 재주가 없어 보이나 단순한 일을 성실하게 하는 재능도 칭찬받을 덕목이다. 선량한 사람과 사악한 사람을 구분할 줄 알고 옳고 그른 것을 섬세하게 분별하는 능력도 높이 사야 할 미덕이다.

열등한 기능이 과잉 보상되어 우월한 기능으로 잘못 알고 있는 경우도 적지 않다. 열등한 기능이 과잉 보상되면 우월한 기능과 구별하기 어려울 수 있기 때문이다. 과잉 보상된 열등 기능은 자연스럽고 자발적인 우월한 기능과 달리 본인에게는 노력이 필요하고, 다른 사람이 보기에는 어딘가 어색하고 부자연스러운 데다가 강박적인 모습을 보이는 경우가 많다.

우월한 기능 대신 열등한 기능을 주 기능으로 사용하면 경쟁력이 없다. 오른손잡이가 왼손을 사용하는 것과 같다. 왼손은 연습해서 익숙해져도 오른손만은 못한 법이다. 익숙해진 듯해도 힘이 더 들고 서툰 것이 열등한 기능의 특징이다. 열등한 기능으로 살아가는 삶은 본성에 반하여 쉽게 지치고 피곤해져 건강에도 좋지 않다.

아들러는 우월성 추구를 강조한다. 우월성이 아리스토텔레스가 얘기한 탁월함 또는 내재한 가능성이라면 맞는 말이다. 그런데 아들러의 우월성 추구는 타고난 우월한 기능을 살리라는 뜻인지 열등한 부분도 노력해서 우월성으로 추구하라는 의미인지 모호해 오해의 소지가 있다. 만일 우월성 추구가 열등감에 대한 보상을 의미한다면 이는 바람직한 삶이 아닐 수 있다. 열등감을 극복하기 위해 열등한 부분을 적당히 보상할 필요는 있으나, 열등한 부분을 노력해서 우월하게 전환시키는 것은 자연스럽지 않고 무리가 따르기 때문이다. 아들러는 열등감 보상과 우월성 추구를 주장하나 개인의 어떤 부분이 우월한 기능이고 열등한 부분인지에 관해 언급하지 않아 융의 성격 유형론과 비교해 아쉬운 부분이다.

자신의 재능을 살린다 해서 혹은 우월성을 추구한다 해서 남과 비교해 우월한 사람이 되어야 한다는 말은 아니다. 고유한 재능을 살린다 해서 아웃라이어outlier가 되어야 하는 것은 아니다. 재능이 평균보다 못해도 상관없다. 모두 고유한 역할이 있고 나름대로 사회에 공헌할 수 있기 때문이다. 남과 비교해서가 아니라 자신의 기능 중 우월한 기능이 타고난 재능이고 이것을 살리는 것이 의미 있는 일이다.

보석도 갈고 닦아야 빛이 나는 법이다. 타고난 재능이 있어도 이를 잘 살리기 위해서는 충분한 시간과 노력을 들여야 한다. 또한 재능을 살리기 위해서는 참고 견뎌야 한다. 환경적 요인으로 실패와 좌절을 겪을 수도 있기 때문이다. 할 수 있는 데까지 해 보겠다는 의지가 필요하다. 이는 집착과는 다르다. 결과에 연연하지 않기 때문이다.

누구나 마음먹고 노력만 하면 무엇이든 할 수 있다고 얘기하는 경우를 많이 본다. 전통적 교육이 그래 왔고 자기 계발서도 그렇게 쓰고 있다. 실패를 본인의 미약한 의지와 부족한 노력 때문으로 보고 있어 좌절감을 느끼게 한다. 그러나 재능 없이 의지만으로 성공할 수 없다. 능력이 부족한데 노력만 한다고 다 잘되는 것은 아니다. 자신의 우월한 기능과 열등한 부분을 알아야 한다. 오른손잡이가 왼손으로 경쟁하는 것은 당연히 힘든 일이다.

《인간의 굴레》에서 프라이스의 비극적 삶은 안타까움을 느끼게 한다. 화가가 되고 싶었으나 예술가적 재능이 없는 그녀는 결국 자살이라는 극단적 선택을 하기 때문이다. 반면 주인공 필립은 자신의 재능이 평범한 수준이라는 교수의 평을 듣고 화가가 되길 포기하는 현명한 판단을 한다.

재능을 살리기 위해 인격의 다른 부분을 희생하는 것은 바람직하지 않다. 인격의 다른 부분이 재능을 받쳐 주지 않으면 재능이 빛을 발휘하기 어려워진다. 재능을 살리라 해서 우월한 부분의 재능만 살리고 열등한 기능은 무시해도 된다는 뜻은 아니다. 열등한 기능이 재능을 발휘하는 데 걸림돌이 될 수 있기 때문이다. 인격의 다른 부분이 받쳐 주지 않으면 재능을 살리기 어려워진다. 정서적으로 불안정하거나 인간관계에 문제가 있는 경우 또는 도덕적 결함이 있는 경우 재능을 발휘하지 못하거나 재능의 가치를 인정받기 어렵다. 게다가 세상을 살아가는 데는 재능만으로는 충분치 않고 열등한 기능을 요구하는 경우가 적지 않은 것이 현실이다. 뛰어난 예술가도 어느 정도의 경제적 개념은 필요하다. 아무리 신경 쓰기 싫어도 말이다.

재능을 뒷받침하기 위해서는 평소 열등한 기능도 어느 정도는 관심을 가지고 살릴 필요가 있다. 열등한 부분을 살리는 일은 자신감을 갖게 하고 의외로 삶에 재미를 더해 주기도 한다. 열등한 부분을 인정하고 의식적으로 살리는 일은 온전한 자신을 만드는 데 필수적이다. 그러나 열등한 기능을 살려서 우월한 기능을 대신하고자 하는 것은 삶의 여정에서 일부러 어려운 길을 택하는 것과 같다. 성공한다 하더라도 다른 부분의 희생을 감내해야 하는 경우가 많다. 타고난 재능을 살리는 일은 그 자체로 즐겁고 의미 있는 일이다. 남과 비교해서가 아니라 마땅히 되어야 할 바가 되는 일이고 자기실현에 기여하기 때문이다.

2장

콤플렉스
마주하기

"열등감이 나쁜 것은 아니다. 어떻게 대하는가가 문제다."[8]
"열등한 기능을 발달시켜야 당신 자신을 즐길 수 있다."[9]

콤플렉스에서 헤어나지 못할 때

우월한 기능인 재능을 살리는 일 못지않게 중요한 일이 열등한 기능을 보완하고 열등감 또는 콤플렉스를 해결하는 것이다. 사람은 누구나 열등한 부분이 있고, 열등감을 느낄 수 있다. 마음이 여리고 죄책감에 시달린 헤르만 헤세와 싱클레어가 그랬고 말을 심하게 더듬었던 서머싯 몸과 절름발이 필립이 그랬다. 영혼의 치유자 융도 50대 중반의 나이에도 심각한 열등감을 발작적으로 겪는다고 고백한 적이 있다.[10]

사실 열등한 기능과 열등감 자체는 병적인 현상이 아니다. 지극히 자연스러운 현상이다. 열등한 부분이 있다고 반드시 열등감을 느끼는 것은 아니나, 어느 정도 열등감을 느끼는 것은 자연스러운 반응이다.

자신에 대한 열등감은 개인적으로 부정적인 삶의 체험에서 비롯한 것일 수 있다. 어린 시절 부모로부터 보살핌을 제대로 받지 못하고 자라면 자존감이 떨어지고 열등감에 사로잡힐 수 있다. 부모 자식 관계에서 주파수가 서로 잘 맞지 않을 때도 부정적 자기 이미지가 생길 수 있다. 자기 이미지는 부모에게 비친 모습을 통해 형성되기 때문이다. 출생 및 성장과 관련하여 사회경제적 배경에 대한 열등감도 있을 수 있다. 흙수저 또는 금수저 콤플렉스인 셈이다. 학교 또는 학력 콤플렉스도 흔하다. 지나치게 성취 지향적이고 경쟁적인 교육이나 획일적인 집단 문화에 적응하면서 남보다 못하다거나 평균에서 모자란다는 열등감이 더해질 수도 있다.

열등감은 생각하고 싶지 않으나 신경을 건드리는 부분이다. 대개 내가 알지 못하는 마음 한구석에 숨어 있다가 불쑥 의식 위로 올라온다. 그럴 때마다 아픈 데를 건드리기라도 한 것처럼 기분이 나쁘다. 마치 내 안의 또 다른 인격처럼 내 의식과 무관하게 행동하면서 신경을 거슬린다. 이처럼 마음 한구석 잘 보이지 않는 어딘가에 남아 있다가 감정적으로 예민한 반응을 일으키는 부분 인격을 콤플렉스라 한다.

마음속 콤플렉스는 무수히 많고 복잡한데, 개인적 콤플렉스는 대개 열등감과 관련된 경우가 많다. 예를 들면 집안 콤플렉스, 외모 콤플렉스, 돈 콤플렉스, 학력 콤플렉스, 권력 또는 사회적 지위 콤플렉스 등이 그러하다. 열등감은 의식 바로 뒤에 모습을 감추고 자신이 인정하고 싶지 않은 어두운 인격(그림자)으로 감춰져 있다. 열등감 콤플렉스 역시 누구나 가지고 있고 콤플렉스 자체는 문제가 되지 않는다. 콤플렉스에 사로잡혀 있다는 것을 모를 때와 콤플렉스에 휘둘릴 때 문제가 되는 것이다. 사람들은 자신이 콤플렉스를 가지고 있다는 것은 알지만 콤플렉스가 자신을 가지고 있다는 사실은 모른다고 융은 말한다.[11]

르네 클레망 감독의 〈태양은 가득히〉(1960)에서 톰 리플리가 콤플렉스에 사로잡혀 범죄로까지 이어진 경우다. 가난한 집안 출신 톰 리플리는 미모의 마르쥬를 연인으로 둔 부잣집 아들이자 친구인 필립을 살해하고 그의 행세를 하며 살아가다 파멸에 이른다.

엘리아 카잔 감독에 의해 영화로도 만들어진 존 스타인벡의 소설《에덴의 동쪽》은 뻔뻔하면서 현실 감각이 뛰어나고 약삭빠른 동생 칼이, 한눈팔지 않고, 자기 길을 정해 놓고 가는 모범생 형 아론과 비교되며 도덕적이고 완고한 아버지 애덤에게 인정받지 못하는데 대한 콤플렉스를 잘 보여 준다. 칼은 장래를 내다보고 사둔 콩이 전쟁으로 가격이 폭등하자 되팔아 큰돈을 벌어 상추 사업의 실패로 큰 손해를 보고 상심한 아버지에게 선물한다. 하지만 아버지는 사기 친 농부에게 돌려주라며 무시하고 전쟁의 참상을 이용해 번 돈을 받을 수 없다며 오히려 나무란다. 아무리 깨끗한 돈이라도 '형이 갖고 있는 자질', '하는 일에 대한 자부심', '일이 진척되었을 때의 기쁨'처럼 열심히 사는 모습을 보여 주는 것에 비할 바가 못 된다고 훈계한다.[12] 아버지가 아들 칼에게 과민 반응을 보이며 그를 나무란 것은 아버지가 의식하지 못하는 내면의 콤플렉스(그림자)에 대한 반응으로 볼 수 있다. 칼의 약삭빠른 행동에 대한 거부감은 아버지 스스로 인정하고 싶지 않은 인격인 그림자를 건드리기 때문이다. 어딘가 비밀스럽고 불량해 보이는 칼의 행동은 냉혹하고 목적을 위해서는 수단과 방법을 가리지 않으며 제멋대로 사는 그의 어머니 캐시의 피가 흐르는 것으로 볼 수 있으나, 아들이 엄격한 아버지의 그림자 삶을 사는 경우로 설명할 수도 있다. 칼은 아버지의 사랑을 독차지한 형 아론을 질투하는데, 그런 아론의 순박하고 성실한 모습 또한 칼이 살아 보지 못한 그의 그림자를 나타낸다.

리더의 열등한 콤플렉스가 비합리적인 고집으로 표출되어 조직을 와해하는 경우도 있다. 비합리적인 고집은 열등한 콤플렉스에 사로잡혀 있을 때 나타나는 현상이다. 40대 회사원인 K 팀장은 윗사람의 눈치를 보고 개인적 이익을 챙기면서 힘들고 귀찮은 일을 피해 가는 데는 타의 추종을 불허한다. 이해관계에서 약삭빠른 면과 달리 팀장으로서 문제의 본질을 파악하고 적절하게 대처하는 능력은 매우 뒤떨어진다. 팀원들의 비판적 의견과 조언을 권위에 대한 도전으로 받아들이고 비합리적인 자기 의견만 고집한다. 자신의 오류 가능성은 인정하지 않는다. 결국 조직 내 심각한 갈등을 유발하고 팀장에게 아부하는 팀원과 비판적 의견을 가진 팀원으로 조직이 분열된다. K 팀장은 문제의 본질을 파악하는 능력이 열등하다는 사실을 자신이 모른다는 게 문제다. 열등한 부분이라 건드리면 예민하게 반응하며 고집을 부린다. 주위의 조언을 받아들이지 못하는 이유다. 열등한 콤플렉스에 사로잡혀 본인과 조직에 피해를 주는 사례다.

열등감 또는 콤플렉스는 다양한 형태로 나타난다. 우월하게 보이고 싶은 욕구와 열등감은 동전의 양면과 같다. 사실 탁월한 재능을 가진 사람은 애써 자랑하지 않는다. 자연스럽게 드러날 뿐이다. 실제보다 더 잘나고 유능한 사람처럼 보이려는 행동은 열등감에서 비롯된다. 자신은 다른 사람과 다르다고 생각하며 특별한 사람이 되고 싶은 마음도 마찬가지다. 본인은 열등감을 인정하지 않지만 다른 사람이 보기에는 과장되어 보이고 부자연스럽다.

오만하고 남을 무시하는 태도, 똑똑한 척, 잘난 척, 강한 척, 부자인 척하는 경우 모두 열등감의 또 다른 얼굴이다. 지나친 시기와 질투 역시 남이 가진 것을 내가 갖지 못해 생긴 열등감의 표현이다. 과다한 권력욕이나 지배욕 또는 가학적인 태도도 내재한 무력감과 열등감에 바탕을 두고 있다. 남에게 지나치게 호의를 베풀고 관여하는 것도 자신이 중요한 사람임을 확인하고 영향력을 행사하고 싶은 마음에서 나온 것으로 사실은 열등감의 다른 표현일 수 있다. 지나치게 의존적이거나 순종적인 또는 피학적인 태도를 보이는 경우도 낮은 자존감 또는 열등감의 변형된 형태다. 비합리적인 고집불통 역시 우월감을 과시하고 싶은 마음에서 비롯하며 열등감 콤플렉스의 작용으로 볼 수 있다.

열등감은 성격 유형에 따른 열등한 기능과도 관련이 있다. 내향적인 사람은 언제나 자신의 최고의 모습을 보여 주지 못한다. 자신의 약점을 감추거나 포장할 줄 모르고 그대로 드러내는 데 특별한 재주가 있다. 지나치게 망설이다 엉뚱한 말을 하곤 한다. 내향적인 사람은 외향적 기능이 열등하기 때문이다. 그러나 무의식에서는 보상 작용으로 권력 환상 같은 외향적 태도를 보일 수 있다. 이러한 외향적 태도에 매료되면 우월한 느낌에 사로잡혀 실제 권력 지향적인 면을 보일 수 있다. 매우 수줍어하고 나서기를 꺼리던 내향적인 사람이 목소리를 높이며 정치 일선에 나가기도 하는 것이다.

반대로 외향적인 사람은 외향적 기능에 치우치다 보면 자기 소외 현상이 일어난다. 무의식에서는 열등한 내향적 태도의 과잉 보상으로 평소 사교적인 사람이 갑자기 지나치게 자기중심적이고 제멋대로 독단적인 행동을 보일 수 있다. 히스테리가 그런 경우다.

감각형은 직관적 기능이 열등하여 나무는 보고 숲은 보지 못할 수 있다. 내향적 감각형은 사고나 감정 기능이 열악할 경우 가치 판단을 잘 못하고 기회주의적 태도를 보이거나 주위 사람에게 이용당할 수 있다. 직관형은 본질을 앞세우다 눈에 보이는 구체적 사실 관계를 소홀히 다룰 수 있다. 사고형은 감정 기능이 미숙하여 파격적이거나 감정적으로 욱하는 경향이 있고, 감정형은 감정에 휘둘리지 않고 상황에 적절하게 반응하나 상식 수준을 벗어나는 논쟁이 벌어질 때 논리적 추론에는 약하다.

특출한 재능을 발휘하는 사람도 열등감에 시달릴 수 있다. 남다른 성취는 다른 기능의 희생을 바탕으로 발휘되는 경우가 많기 때문이다. 사회적으로 성공한 외향적 감각형의 경우 외면하고 살아온 열등한 도덕적 기능이 발목을 잡을 수 있다. 문제의 본질을 꿰뚫는 직관력과 사고력이 뛰어난 내향적 철학자는 뛰어난 지성과 달리 현실 생활에 적응하는 데 어려움을 겪으며 열등감에 시달릴 수 있다. 깔끔한 일 처리를 자랑하는 감각형은 리더가 되면 눈앞의 이해관계는 빠르게 파악하나 앞을 내다보지 못하고 나아갈 방향을 정하지 못한다. 그러다 보니 조직 구성원의 신뢰를 얻지 못해 리더십에 대한 열등감에 사로잡힐 수 있다.

의외로 즐거운 열등한 기능 살리기

그렇다면 열등감을 어떻게 마주해야 할까. 구로사와 아키라 감독의 〈7인의 사무라이〉(1954)는 보잘것없고 가난한 산골 마을 사람들이 수확 때마다 약탈을 일삼는 도적 떼를 사무라이를 고용해서 물리치는 영화다. 마을 사람들은 비굴하지만 도적 떼에게 굴복해서 목숨을 구걸할지, 도적 떼가 약탈하고 사라진 후에나 올 것 같은 영주에게 도움을 청할지, 죽창을 들고 맞서 싸울지 고민한다. 자칫 사무라이를 상전으로 모시게 되는 건 아닐까 하는 우려도 없지 않았으나 고민 끝에 회의에서 사무라이를 고용하기로 결정한다. 그리고 모두 힘을 합쳐 마침내 도적을 물리친다.

열등한 산골 마을 사람들이 현실을 직면하고 도적 떼의 위협에 지혜롭게 대처하는 이야기다. 열등한 부분을 스스로 인정하고 용기를 내서 우월한 기능의 도움을 받아 콤플렉스를 극복하는 것이다. 마을 사람들은 자신들의 열등한 부분을 건드리는 사무라이에 양가적 감정을 지니고 있으나 그럼에도 자신들을 지휘하는 사무라이에 협조한다. 어렵고 힘들게, 그러나 기대 이상으로 선전하며 도적을 물리치고 승리를 축하한다. 그리고 이때 비로소 그간 숨겨 놓은 술과 음식을 내놓는다. 마지막 장면에서 "전쟁을 이긴 것은 자신들이

아니라 마을 사람들이다"라는 사무라이의 대사가 인상적이다. 구로
사와 감독이 의도했거나 의식한 것은 아닐 수 있으나, 보잘것없고
어리숙한 듯하지만 현실을 직면하고 실속을 챙기는 산골 마을 사람
들의 모습은 열등한 부분이 삶의 현장에서 싸움의 승자임을 보여
준다.

열등감 콤플렉스는 누구나 열등감이 있을 수 있다는 사실을 받
아들이고, 부적절한 행동이나 과민 반응이 열등감에 바탕을 두고 있
다는 점을 인정하는 것이 해결의 첫걸음이다. 그리고 남보다 우월
하거나 특별한 사람이 되고자 하는 욕심을 접고 부족한 대로 자신
의 모습을 있는 그대로 받아들여야 한다. 하지만 자신의 민낯을 보
는 일은 말처럼 쉽지 않다. 열등감이 문제라고 조심스럽게 지적해도
발끈 화를 내고 부인하며 고집스럽게 거부감을 드러내는 경우가 대
부분이다. 콤플렉스에 사로잡혀 비합리적인 고집을 부리며 조직을
분열시킨 K 팀장의 경우가 그랬다. 가까운 사이라 할지라도 열등감
얘기는 말을 꺼내기조차 쉽지 않다. 전문가의 도움을 받기 전까지는
어떤 계기가 있어 스스로 깨닫기를 기다리는 수밖에 없는 경우가
적지 않다.

콤플렉스를 극복하기 위해서는 열등한 부분에 대해서 타인의 도
움을 받을 줄 아는 지혜와 용기가 필요하다. 그런데 이것 역시 말처
럼 쉽지 않다. 타인의 우월한 부분이 자신의 열등한 부분을 건드리
고 상처를 줄까 봐 걱정되어 받아들이기 어렵기 때문이다. 영화 〈7
인의 사무라이〉에서 사무라이를 고용하는 산골 마을 사람들의 지혜
와 용기를 높이 평가하는 이유이기도 하다.

콤플렉스가 불우했던 과거와 연관된 경우라면 과거로부터 헤어나려는 의식적 노력이 필요하다. 30대 초반의 4세 딸을 둔 전문직 여성 L은 자신이 힘들고 괴로운 게 모두 엄마 탓이라고 생각한다. 어려서 사소한 일로 엄마에게 야단맞고 혼자 울 때가 많았다. 고교 1학년 때 아버지가 갑자기 일을 그만두게 되면서 부모 사이에 이혼 얘기가 오가며 갈등이 심해져 중간에서 힘들었다. 아르바이트로 집에 생활비를 보태면서 어렵게 대학을 졸업했다. 결혼한 후에도 엄마는 딸에게 때마다 돈을 보내라고 한다. 여태껏 해 준 것도 없으면서 당연한 듯 요구하고, 어쩌다 돈을 못 보내면 어떻게 키웠는데 그 정도도 못하냐며 윽박지르고 화낸다. 늘 불평불만에 아버지를 욕하더니 이제는 툭하면 딸 앞에서 사위를 흉보는 게 듣기 싫고 화가 난다. 남편과는 아직 속 깊은 대화를 해 보지 못했다.

L은 어머니로부터 심리적 독립이 필요하다. 전통적 모성상과 현실의 어머니 사이에 괴리가 있는데 이를 받아들이기 어려운 것이 문제다. 어머니는 자기중심적이고 일방적이면서 요구 사항을 들어주지 않으면 죄책감을 유발하는데 쉽게 달라질 것 같지 않다. 상처받고 자란 30대 초반 L이 엄마를 있는 그대로 받아들이기에는 무리가 있을 것 같다. 좀 더 나이가 들면 그리고 사는 데 여유가 생기면 어머니를 자기중심적 경향이 있고 남편과 갈등이 있던 한 여자로 볼 수 있을 때가 올 것이다. 당장은 그러려니 하면서 약간의 거리를 두고 지켜보는 것이 최선일 듯싶다.

상처받은 존재임을 애써 되새기고 과거에 얽매이는 것은 바람직하지 않다. 상처가 쉽게 아물지 않더라도 지금 해야 할 일에 집중하고 세월을 두고 지켜봐야 한다. 현실에 적응하지 못할수록 상처는 더욱 쓰라리게 느껴진다. 마땅히 할 일을 하고 성취감을 느끼게 되면 세상과 자신을 긍정적으로 생각하게 되고 자연스럽게 과거에 덜 연연하게 될 것이다.

청소년기 이후에는 부모의 부정적 영향에서 벗어나는 것이 중요한 심리적 과제이다. 청소년기 부모로부터의 독립은 심리적 독립을 말한다. 현실적으로 의존할 수밖에 없어도 도움을 거부하라는 뜻이 아니다. 사회적 상황이 옛날과는 많이 달라져 나이가 들어도 경제적 독립이 어려울 수 있다는 현실도 받아들여야 한다. 또 부모가 간섭한다고 무조건 대들고 저항하라는 뜻도 아니다. 진정으로 심리적 독립을 한 사람은 부모로부터 부정적 영향을 받지 않는다. 필요할 땐 기꺼이 부모로부터 도움을 받고 지나친 간섭이나 잔소리는 그러려니 하며 가볍게 한쪽 귀로 듣고 다른 한 귀로 흘릴 줄 아는 사람이다.

열등한 기능은 우월한 기능에 비해 덜 분화한 기능이다. 열등한 기능은 의식적으로 관심을 가지고 적당히 살리는 것이 바람직하다. 살다 보면 열등한 기능을 필요로 하는 일도 있기 때문이다. 목수가 아닌데 목공일을 해야 할 때도 있는 법이다. 부득이 열등한 기능을 개발해 우월한 기능처럼 사용해야 하는 때도 있다. 현실적 이유로 맞지 않는 직업을 선택한 때가 그렇다.

열등한 기능에 관심을 기울여야 할 또 다른 이유는 우월한 기능을 발휘하는 데 덜 분화한 열등한 부분이 걸림돌이 될 수 있기 때문이기도 하다. 평소 도덕적이고 원칙주의자인 사고형의 학자가 감정 기능이 미숙해 성적 스캔들에 휘말리는 경우가 열등한 부분이 잘

나가는 주 기능의 발목을 잡는 예가 될 수 있다. 현실 감각이 열등해서 창의적인 생각을 성과로 연결하지 못하는 경우도 있다. 우수한 상품을 개발하고도 재원을 조달하지 못하거나 홍보와 영업을 못해 제대로 팔지 못하는 경우, 그리고 의미 있는 연구 결과를 얻고도 논문 작성과 발표 능력이 부족해 인정받지 못하는 경우도 열등한 기능이 걸림돌이 되는 예다. 열등한 기능을 보완하지 않으면 아쉽게도 갈고 닦은 구슬을 꿰지 못해 가치를 인정받지 못하는 사태가 발생할 수 있는 것이다.

열등한 기능을 살리는 일은 온전한 자기실현을 위해서도 필요하다. 열등한 기능에 관한 관심은 삶에 활력을 불어넣고 재미를 더할 수 있다. 내향적 직관형인 니체가 디오니소스적인 삶에 매료된 것도 이런 맥락에서 이해할 수 있다. 내향적이고 직관적인 사람이 평소 보이는 모습과 달리 춤처럼 사교적이고 감각적인 취미에 빠져드는 경우도 그러하다. 열등한 기능을 취미로 살리면 잘은 못해도 특별한 느낌이 들고 매력적일 수 있다. 물론 열등한 기능을 가지고 프로가 되라는 말은 아니다.

열등한 기능을 살리기 위해서는 주 기능이나 우월 기능을 잠시 내려놓는 게 바람직하다. 그렇지 않으면 자신도 모르게 우월 기능이 열등 기능을 대신하는 경향이 있기 때문이다. 외향적 사고형의 역사학자가 취미로 음악 감상을 즐기다가 어느 순간 자신도 모르게 전공과 무관한 음악과 관련한 정보를 수집하고 꼼꼼하게 정리하면서 음악사를 연구하는 경우가 그러한 예가 된다. 왼손 사용을 훈련하는 오른손잡이가 자신도 모르게 익숙한 오른손을 쓰고 있는 것과 같은 이치다. 왼손 연습을 위해서는 오른손을 의식적으로 쓰지 않는 게 바람직하다.

내 마음속에 있는 열등감 또는 열등감 콤플렉스의 존재를 모르고 사로잡히면 문제가 된다. 이럴 땐 인정하고 싶지 않지만 직면하고 자기 인격의 일부로 수용하는 것이 최선책이다. 현실적 이유뿐만 아니라 온전한 자신이 되기 위해서도 덜 분화한 열등 기능을 살려야 한다. 열등한 기능을 살려 우월한 기능을 만들자는 것은 아니다. 행복의 비결은 즐겁게 사는 사람이 되는 것이고 그 방법은 열등한 기능을 살리는 것이라고 융은 말한다. "진정한 즐거움은 기본적으로 소박하고 순박하다. 진정한 즐거움은 자연히 열등한 기능에서 나온다. 그런 기능들이 생명력을 담고 있기 때문이다."[13] 열등한 기능에 관한 관심은 의외로 삶에 재미를 더한다.

3장

적절한
인간관계

"내면의 고민처럼 보여도 모두 대인 관계에서 비롯된 것이다."[14]

진정성 있는 인간관계의 소중함

프로이트가 성적 욕구를 중시한 데 반해 아들러를 포함한 프로이트 이후 많은 심리학자는 살아가는 데 인간관계가 핵심적 역할을 한다고 보았다. 융이 말한 개성화, 즉 진정한 자기 자신이 되는 것도 사람들 사이에서 이루어지는 일이다. 융은 "에베레스트산 위에 있다면 개성화는 이루어질 수 없다"라고 말한다.[15]

사람들과 관계를 맺는 방식은 인격의 많은 부분을 말해 준다. 자신이 미처 보지 못한 내면의 모습도 엿볼 수 있다. 자신이 인정하고 싶지 않은 내면의 그림자는 인간관계를 통해 다른 사람에게 투사될 때 비로소 알게 된다. 즉, 타인은 나의 내면을 비춰 보는 거울이다.

인간관계는 한 사람이 정신적으로 건강한지 그리고 잘살고 있는지를 보여 주는 창이라고 말할 수 있다.

갈등을 일으키기도 하지만 더불어 사는 즐거움을 주는 것도 인간관계다. 적절한 인간관계를 위해서는 무엇보다 사람 보는 눈이 필요하다. 사람 보는 눈은 본능적 직관에 맡기는 것이 맞을 수 있다. 상대가 진정성이 있는지, 겉으로 보이는 모습과 전혀 다른 사람은 아닌지부터 눈여겨보고 신뢰할 수 있는 사람인지도 가늠해 본다. 인간관계는 신뢰를 전제로 하기 때문이다.

상대가 어떤 사람인지와 상황에 따라 적합한 관계 설정을 할 수 있어야 한다. 진지하게 진정성을 가지고 대할지, 목적을 가지고 대할지, 그냥 피상적 수준의 관계가 적절할지 상황에 따라 결정한다. 사업이나 정치 또는 외교적 관계처럼 목적을 가지고 대할 때는 상황에 걸맞게 전략적 접근이 필요하다. 사회적 상황이나 사람에 따라서는 적당히 거리를 두는 피상적 관계가 적절할 수도 있다. 교활하고 사악한 사람을 순수하게 대하면 이용하려 든다. 이해관계를 따지는 사업적 관계에서 솔직한 인간적 관계를 기대하는 것은 적절하지 않다. 그러나 대부분의 일상적인 관계에서는, 특별히 의심할 만한 이유가 없다면 선한 사람이라는 전제하에 대하는 것이 올바른 태도다.

상호적 관계인가

심리학자에게는 환자의 진실한 인격을 사랑하고 진실하지 못한 면을 공공연하게 싫어하는 것이 가장 중요합니다. 이렇게 하는 것이 그 사람의 진정한 모습 혹은 자연스럽게 그렇게 되어야만 하는 모습을 보여 주는 것입니다. 그것이 타인을 치유하고 그 사람 전체로 만들어 주는 진정한 사랑입니다. 이것은 감상적인 것, 달콤한 것, 예의 바른 것과는 상관없는 것입니다.[16]

융의 제자 폰 프란츠의 말이다. 폰 프란츠는 인간관계에서 진정성을 강조했다. 진정성 있는 관계는 타인을 고유한 존재로 존중하고 받아들이면서, 다른 사람으로 보이려고 시도하지 않고 진정한 자기 모습을 드러내는 것이다.

진정성 있는 관계는 상호적 관계다. 자기중심적 관계가 아니고 상대를 존중하고 배려하는 관계다. '존중respect'은 라틴어 '레스피케레respicere(바라보다)'에서 유래한 말로 "두려움이나 경외가 아니다. (…) 존중은 인간을 있는 그대로 보는 능력이며, 인간의 개성과 독자성을 인식하는 능력을 뜻한다."[17] 상대를 존중한다는 말은 있는 그대로 보고 수용한다는 의미다. 있는 그대로 보기 위해서는 내 관점이 아니라 상대의 관점에서 바라볼 수 있어야 한다. 상대방의 느낌과 체험을 공감할 줄 아는 사람이 되어야 한다는 말이기도 하다.

상대를 존중하는 사람은 상대를 내 뜻대로 조정하려 들지 않고 자신의 욕구를 충족시키기 위한 수단으로 대하지 않는다. 섣불리 설득하려 들지 않고 요청하지 않은 조언을 하거나 가르치려 하지 않는다. 내가 싫어하는 것을 요구하지도 않는다. 지배적 관계와 권위에 무조건 순종하는 관계는 진정성 있는 상호 관계가 아니다.

D는 능력보다 욕심이 많고 출세 지향적이다. 일 자체보다는 이름을 알리고 업적을 과시하는 데 관심이 있다. 주위 후배들에게 호의를 베풀고 자신을 따르라고 한다. 속내는 드러내지 않고 무표정하나 인사권자인 상사에게는 깍듯하다. 하지만 기대했던 승진이 좌절되자, 피해자 행세를 하고 상사에게 가만히 있지 않겠다며 근거 없는 비리를 그럴듯하게 날조해서 음해하고 다닌다. 상사와 조직의 고위층 사이 틈새를 이용해서 분열을 조장한다. 자신을 부풀려 포장해서 보이고 거짓말을 그럴듯하게 하는 재주가 있다. 이해관계를 같이하거나 필요한 사람에게 먼저 다가가 호의를 베풀고 세勢를 규합하고 다닌다. 고위 권력자에겐 비굴할 정도로 순종적이다.

D와 같이 지배적 또는 권위적인 사람은 권력 지향적이고 사람들을 자기 뜻대로 조종하고 영향력을 행사하는 데서 만족을 구한다. 지배욕은 드러나지 않고 다른 사람에 대한 관심이나 호의적 행동에 숨겨져 있을 수 있다. 영향력을 행사하는 데서 만족하지 않고 베푼만큼 자신의 뜻에 따르기를 요구하며 죄책감을 조장하기도 한다. 또는 피해자 행세를 하며 주변 사람에게서 동정을 구하고 자기의 입장에 동조해 주길 요구한다. 지배적 관계를 통해 타인에 대한 우월감을 과시하고 싶어 하나 그 이면에는 열등감과 무기력감이 숨겨져 있다. 지배할 상대가 없으면 공허해하면서 의외로 약한 모습을 보이기도 한다. 강한 척하고 권위적이지만 더 센 권위 앞에서는 행여 눈밖에 날까 납작 엎드린다.

권위에 무조건 복종하는 사람은 권위에 기대어 마음의 위안을 얻는다. 권위적 존재의 일부가 되어 스스로 무능하고 하찮은 사람이라는 열등감에서 벗어나고자 한다. 스스로 판단하고 책임지는 진정한 존재가 되길 포기하는 것이다. 에리히 프롬이 말하는 자유로부터 도피한 존재다.[18]

권위적인 사람과 권위에 무조건 복종하는 사람은 서로 심리적 만족과 위안을 얻으면서 공생적 관계를 유지한다. 자기중심적이고 서로 이용하고 의존하는 사이는 건강한 관계가 아니다. 많은 경우 인간관계에서 사랑의 소중함을 모를 때, 권력이 그 자리를 대신하게 된다.

누구를 위한 희생인가

남에게 너무 잘하는 것도 지배 욕구의 표현이다. 자신은 돌보지 않고 오직 다른 사람만을 위해서 살면서 그런 자신에게 자부심을 느끼는 사람이 있다. 그런데 정작 본인은 즐겁지 않고 잘해 준 사람들과의 관계도 만족스럽지 않은 게 문제다. 사실 겉보기에 희생적인 사람처럼 보이나 이면에는 자기중심적 태도가 숨겨져 있기 때문이다. 조건 없이 희생적으로 베푸는 것 같지만 은연중에 상대에게 기대하며 부담을 느끼게 한다. 베푸는 사람의 뜻을 따르라는 것이다. 혜택받은 사람은 베푸는 사람의 기대에 못 미치면 죄책감을 느끼게 된다. 과보호하고 희생적인 부모와 자녀의 관계가 그렇다. 부모의 마음은 부담스럽게 느끼는 자녀의 감정을 이해하지 못하고 감사할 줄 모른다며 서운한 감정뿐이다. 희생적이거나 과도하게 남에게 잘하는 관계는 상대를 위한 것이 아니고 자신을 위한 것이라 문제가 된다. 진정한 관계는 상대방이 눈치 보지 않고 자유롭게 의사 결정을 할 수 있도록 존중하고 배려하는 것이다.

N은 오직 고등학교에 입학한 아들 하나만 바라보고 산다. 돈은 잘 벌어 오나 자신보다 학력이 낮고 세련되지 못한 남편에 대한 기대는 접었다. 아들을 야단치는 남편에게 대들다 다툰 적도 여러 번이다. 남편은 아내가 아들을 과보호해서 망치고 있다고 화를 낸다. 내원한 이유는 언제부터인가 아들이 자신에게 대든다는 것이다. 게임만 하고 방과 후 학원도 가지 않고 말을 듣지 않는다. 자식을 야단치는 남편과 다투는데 아들은 오히려 참견하고 나서는 엄마가 문제라고 화를 낸다.

N은 엄마인 자신의 마음이 곧 아들 마음이라고 생각한다. 아들의 마음을 다 안다고 생각한다. 항상 아들의 눈치를 살피며 기분을 맞춰 주었고 누구보다도 아들을 사랑한 만큼 아들도 그 마음을 알아줄 거라 생각한다. 그러나 아들의 입장은 다르다. 엄마 때문에 질식할 거 같다고 말한다. 그냥 알아서 하게 내버려 두면 좋겠다고 한다. 아버지와의 관계도 부자간에 해결할 문제인데 엄마가 편들고 나설 이유가 없다고 덧붙인다. 매번 아버지가 더 화를 내고 부부 싸움으로 번지는 것이 싫기 때문이다. 남편에게 실망한 아내가 아들에게 기대가 큰 만큼 부담을 주는 것도 사실이다. 아들은 엄마가 자신을 있는 그대로 수용해 줄지도 확신이 서지 않는다. 엄마가 알고 있는 자신의 모습은 실제 자신의 모습과 다르기 때문이다. 엄마가 진정으로 자신을 위하는지도 의문이다. 모든 것이 엄마 자신을 위한 것이 아닌가 하는 생각도 든다고 말한다. 엄마와 아들 사이가 너무 가깝고 경계가 모호한 것도 문제다.

서로 존중하는 상호적 관계를 위해서는 사람들과 적당히 거리를 유지할 필요가 있다. 쇼펜하우어가 얘기한 고슴도치의 지혜다.[19] 너무 떨어지면 외롭고, 가까이 가면 서로 상처를 줄 수 있다. 가까운 사이일수록 서로 불편하지 않게 약간의 거리를 유지하는 게 바람직하다. 때로는 복잡하게 얽힌 가족 관계를 해결하는 유일한 방법일 수도 있다. 4남매 맏이인 40대 초반 K 사장은 회사를 물려준 70대 부친에게 점수 따는 유일한 방법이 적당히 떨어져 있는 것이라고 말한다. 어려서부터 부친에게 지나치게 야단맞으며 받은 상처도 크지만, 어른이 된 지금도 가까이 다가가면 야단치고 눈에 안 띄면 서운해하시기 때문이다.

주기만 하고 받지 못할 때는 상대의 진정성에 대해 생각해 볼 필요가 있다. 주기만 하고 받지 못하는 일방적 관계는 마음의 병을 낳을 수 있다. 서영은의 단편 소설 〈먼 그대〉[20]에 나오는 문자 이야기다. 나이 마흔을 바라보는 문자는 처자식이 있는 한수에게 헌신적이다. 아무 때나 불쑥 찾아오는 한수는 주기만 하고 요구할 줄 모르는 문자를 제 실속도 못 챙기는 어리석은 여자로 생각한다. 문자는 한수와의 사이에 낳은 아이도 본처에게 빼앗겼으나 아이의 미래를 위해 참는다. 하지만 한수 내외는 제 아이도 지키지 못하는 어리석고 무능한 여자라고 무시한다. 돈도 한수가 주는 것보다 가져가는 게 더 많을 뿐만 아니라 이따금 목돈을 요구하면 문자는 빌려서라도 해결해 준다. 한수는 돈다발을 주머니에 넣고 다니고, 진주 넥타이핀에 명품 구두를 신고 다니면서도 문자에게 베푸는 데는 인색하다. 문자는 출판사에서 교정 일을 하는 최고참이다. 단칸방에 세간

살이도 보잘것없다. 치장하는 데도 관심이 없고 자신을 위해서는 돈을 쓸 줄 모르는 여자다. 그래도 사랑하는 남자를 생각하면 못살아도 사는 게 신이 난다. 물건 값을 깎다가도 멈추고 사람들과 다투다 화가 나도 참는 여자다. 자신에게 멀어져 가는 이기적인 한수를 보면 속에서 눈물이 나나 신이 내린 시련이라 생각하고 낙타의 삶을 이어 간다.

문자는 자존감이 낮아서 또는 동정을 받기 위해 무조건 참기만 하는 피학적 여성은 아니다. 문자는 한수가 아니라 한수를 통해 본 자기 내면의 남성을 사랑한 것이다. 문자가 진정성 있는 그녀의 가치를 깨닫지 못한 한수에게 실망했으나 인내하며 사랑으로 대하는 것은 그녀가 보통 사람이 아니라는 것을 말해 준다. 그러나 그녀를 착하지만 바보 같은 여자로 보는 한수의 마음에 어느 정도 진정성이 있는지 생각해 볼 일이다.

내향적 성격의 문자는 자신이 상대에게 어떻게 비치는지에 대한 인식이 부족해 보인다. 다른 사람이 어떻게 생각하든 신경 쓰지 않는다. 헌신적이고 사려 깊고 인내심이 강한 자신을 착하지만 제 실속도 챙기지 못하는 어리석은 여자로 본다는 사실을 알고도 외면하는 것인지 의문이다. 좋은 조건의 다른 남자를 만나 보라고 조언하는 문자의 이모 말대로 그녀는 길을 가다 진흙탕을 만나도 비켜 갈 생각을 않고 발이 빠져도 그냥 가는 고집쟁이일지 모르겠다. 문자는 현실을 냉정하게 바라볼 수 있는 외향적 감각이 필요하다. 자신을 가꾸고 실속도 차리면서 주는 만큼 사랑도 받을 수 있는 사람이 되었으면 한다. 한수에 대한 기대를 접고 사막을 건너는 낙타의 마음으로 삶의 짐을 지고 간다고 하나 초인이 되기 전에는 우울한 기분을 떨쳐 버리기가 쉽지 않아 보인다.

진정성, 세상을 향한 태도

융은 살아가면서 태도를 일부러 꾸민 사람은 자신을 못 견디게 만든다고 한다.[21] 진정성은 그러나 단지 가식적이지 않은 것만을 의미하는 것은 아니다. 진정성은 진정한 자기 자신(하이데거가 말하는 본래적 실존)을 드러내는 태도를 말한다. 자신의 존재를 드러내는 사람은 무엇이 소중한지를 깨닫고, 자신의 소중한 가치를 실천하고자 노력하는 사람이다. 아무 생각 없이 집단에 동조하거나 타인의 시선에 얽매여 모호한 태도를 보이는, 좋은 게 좋은 거다 생각하는 사람이 아니다. 또한 필요하다고 생각하면 부당한 일에 솔직하게 말할 수 있는 용기를 지닌 사람이다.

뛰어난 행정 능력으로 잘 나가는 50대 초반 고위 공무원 B는 늘 바쁘다. 여기저기 인맥을 쌓아야 하기 때문이다. 늘 주변 상황에 안테나를 세우고 살지만 쓸데없이 남의 일에 끼어드는 법은 없다. 매사 업무를 깔끔하고 공정하게 처리해 온 터라 승진 물망에 오를 때마다 기대가 크다. 문제는 항상 지배 세력에 동조한다는 점이다. 권력자의 눈을 거슬리는 법이 없다. 그러나 탁월한 업무 능력과 달리 문제의 본질을 보는 능력은 부족하다. 비판적 의견은 수용하지 못한다. 해 보지도 않고 어떻게 아냐며 묵살한다. 어떨 때는 문제의 심각성을 알고도 애써 모른 척한다. 인사권자의 의중을 헤아려야 하기 때문이다. 깔끔한 업무 처리와 달리 모호하기 그지없는 태도다. 상황에 따라 말의 뉘앙스가 달라 오해를 불러일으키기도 한다. 본인은 가장 현명하게 처신한다고 자부한다. 매끄러워 흠잡을 데 없어 보이나 인간미가 없다는 게 주위 사람들의 평이다.

공무원 B는 적응 능력은 뛰어나나 인간관계의 진정성이 의심된다. 사회적으로 영향력이 없는 사람을 무시하는 경향이 있다. 옳고 그른 것에 대한 가치 판단을 제대로 못 하고, 또 알아도 기회주의적 처신을 하는 것이 문제다. B처럼 자발적으로 자신의 진정한 느낌과 생각을 드러내지 못하고 자신이 아닌 다른 사람의 모습으로 살게 되면 진정한 자신에게서 멀어지고 사람들과 관계도 피상적 수준에 머물게 된다. B를 아는 사람 역시 필요에 따라 적당히 거리를 두고 대한다. B는 현실에서 좌절을 겪게 되면 공허하고 무기력한 느낌에서 헤어나기 어렵다.

B가 인간관계의 진정성이 의심되는 사례라면 P의 경우는 자기 자신에 대한 진정성을 오해하고 있다. 내향적이고 소심한 성격의 P는 원래 나서지 않고 자신에게 주어진 일만 해 오던 사람이다. 조직 내 상사들 간에 갈등이 있자 P는 평소 관계가 좋았던 A 편을 들었다. A가 인품이 훌륭하고 합리적일 뿐만 아니라 A가 옳다고 생각하기 때문이다. 조직을 위해서는 진정성이 없고 무능한 B가 득세하는 것은 바람직하지 않다고 생각한다. 그러나 현실은 개인적 욕심이 많고, 사람들에게 듣기 좋은 얘기만 하며 높은 사람들에게 아부를 잘하는 B 측이 우세하다. 조직의 권력자도 B 편이다. 그러자 P는 그간 A의 편을 든 것이 자신에게 솔직하지 않은 행동이었다고 생각하며, 더는 A의 편을 들지 않고 조용히 지내기로 작정한다. P는 사실 B가

득세할 때 보복이 두려웠으나 아닌 척한다. 그리고 정의로운 사람처럼 처신한 것은 원래의 자기 모습이 아니라고 생각한다. 권력자가 B의 편을 들자 그에게 B도 나쁘지 않다고 말한다.

P는 자신의 불안한 마음을 인정하고 심리적 안정을 얻기 위해 권위에 복종하는 태도가 자신에게 솔직한 것이라고 잘못 이해하고 있다. 자신에게 솔직하다는 말은 본능적 욕구에 얽매이거나 권력의 눈치를 보는 것이 아니라 진정한 자신 또는 양심을 따른다는 의미이다. 진정한 자신(양심)을 따르는 것이 진정성 있는 태도다. 진정성 있는 태도는 진정으로 자신이 옳다고 생각하는 바를 드러내는 것이다. P가 생각하는 솔직한 자신은 현실의 권력에 순응하고, 타인의 시선에 얽매여 진정한 자신이 되기를 포기한 존재다. 더 이상 자유로운 존재가 아니다. 조용히 지내기로 작정한 P는 B의 보복에 대한 두려움에서 벗어날지는 모르나 A에 대한 죄책감에서 자유로워지지 못한다. P와 A의 관계도 더는 진정성 있는 관계가 아니다. P는 조용히 지내면서도 왠지 마음이 편치 않은데 이는 진정한 자신에게서 멀어지기 때문이다.

진정성이 있는 사람은 자신의 부족한 점을 알고 다른 사람처럼 보이려 하지 않는다. 자신을 있는 그대로 드러낸다. 30대 초반의 결혼 1년 차 J는 의사가 아닌 사실이 들통나 결혼 파탄 직전에 부모에 이끌려 마지못해 내원했다. 의사인 부친의 기대에 따라 의사가 되길 희망했으나 의과 대학 진학에 실패해 일반 대학에 진학했고 부모에게 솔직하게 말할 용기가 나지 않아 이를 숨겼다. 아내가 된 여자 친구를 처음 만났을 때도 자신도 모르게 의과 대학을 다닌다고 속인

뒤 그 후 계속 의사 행세를 하게 되었다고 했다. 평생 올곧게 살아온 부모도 아들에게 속은 사실을 알고 충격을 받았다고 한다. 다행히 아내가 J의 있는 그대로의 모습을 수용해 주어 지금은 조그만 사업을 함께하며 잘살고 있다.

스티븐 스필버그 감독의 〈캐치 미 이프 유 캔〉(2002)에서 프랭크는 항공기 조종사와 명문대 출신 변호사를 사칭하면서 미국 전역을 돌아다닌다. 위조 수표를 사용하지만 단순히 금전적 이득을 위한 사기 행각만으로 보기에는 이해하기 어려운 점이 있다. 실제 자신의 모습과 달리 본인이 바라는 인격으로 행세하는 점이 특이하다. 또한 행동하는 데 주저하지 않고 죄책감을 느끼지 못한다. 영화는 아버지의 사업 실패와 부모의 이혼을 계기로 보여 주지만 그것만으로는 설명하기 어렵다. 점잖아 보이는 아버지도 도덕성에 문제가 있어 보인다. 프랭크는 결국 그의 뒤를 추적하는 FBI 요원에게 체포되고 만다.

우리 주변에는 의사 행세를 하는 J나 〈캐치 미 이프 유 캔〉의 프랭크 정도는 아니나 자신의 실제 모습과 다른 사람처럼 말하고 행동하는 사람이 적지 않다. 덕德을 해칠 수 있다는 이유로 공자가 싫어한다고 말한 '사이비似而非'가 그런 사람들이다. 사이비는 겉은 그럴듯하지만 속은 보잘것없는 사람이다. 처세에 능해 흠잡을 데 없어 보이고 시류에 영합하여 사람들도 많이 따른다. 주위 사람은 물론 본인 스스로도 옳다고 믿고 있어 그 실체를 파악하기 어려운 경우가 많다. 공자는 누구에게나 평판이 좋은 사람이 좋은 사람이 아니라 선한 사람이 좋아하고 선하지 않은 사람은 싫어하는 사람이 좋은 사람이라고 말했다.[22] 사이비는 자신과 달리 삶의 원칙을 내세우는 훌륭한 사람을 비현실적인 사람으로 매도하고 혼자 잘난 척하며 까다롭게 구는 사람으로 폄하하는 경향이 있다.

내 인격의 그림자 받아들이기

자신이 누구인지 아는 사람은 자신이 다른 사람과 다르다고 생각하지 않는다. 도덕적 우월감을 내세우거나 혼자만 옳다고 고집하지 않는다. 인간의 자연스러운 본성을 이해하고 우리 모두 어리석은 존재라는 사실을 인정하기에 자신을 낮추고 인간적인 약점을 용서할 줄 안다. 적절한 인간관계를 위해서는 자신의 진정한 모습을 알아야 한다. 자신이 인정하고 싶지 않은 모습이 자신의 그림자라는 사실부터 받아들여야 한다.

그림자는 의식의 뒷면, 마음 한구석에 숨겨져 있는 인격의 어두운 부분이다. 열등하고 부도덕한 부분으로, 머리에 떠올리고 싶지 않은 내용이 대부분이다. 누군가를 대할 때 괜히 싫고 거부감을 느끼게 되는 부분, 자신은 아니라고 생각하는 부정적 인격이 자신의 그림자다.

헤르만 헤세의 《데미안》에서 인생 선배 피스토리우스가 싱클레어에게 한 말이 그림자를 잘 설명해 주는 좋은 예다.

우리가 어떤 사람을 미워한다면, 우리는 그의 모습 속에, 바로 우리들 자신 속에 들어앉아 있는 그 무엇인가를 보고 미워하는 것이지. 우리들

자신 속에 있지 않은 것, 그건 우리를 자극하지 않아.[23]

실제 그림자는 타인에 대한 투사를 통해 거부감을 느끼면서 비로소 알게 되는 경우가 많다. 눈치 빠르고 발 빠르게 움직이는 얌체나 매우 계산적이고 이기적인 사람, 기회주의자 또는 목에 힘주고 잘난 척하는 사람을 유난히 싫어하면서 과민하게 반응할 경우 자신의 그림자에 대한 반응일 수 있다. 그림자는 집단 전체의 과민한 반응으로 나타날 수도 있다. 유명인의 비리 또는 연예인의 사생활에 과도한 관심을 보이거나 비난하는 것 역시 집단 전체의 그림자를 투사하는 것으로 볼 수 있다.

남들은 아는데 정작 자신은 자신의 그림자를 모르거나 인정하지 않을 수 있다. 자신은 남을 배려하며 겸손하고 소박한 사람이라고 생각하나 남들에게는 욕심 많고 화려한 삶을 지향하는 사람으로 보일 수 있다. 자신의 숨겨진 그림자가 다른 사람의 눈에 관찰된 경우다. 다른 사람의 그림자를 인식하는 것 또한 내 안에 그림자가 있으므로 가능한 것이다.

그림자는 꿈에서 생각지 않은 모습으로 나타나기도 한다. 부적절한 성관계에 대해 부도덕하다면서 과민 반응을 보이는 교수가 꿈에서는 성적으로 일탈하기도 한다. 오로지 자신의 승진만을 바라며 권력의 눈치를 보고 아래 사람을 닦달하는 상사를 무척 싫어하지만, 꿈에서는 자신이 그 상사의 비위를 맞추며 잘 보이려 노력한다. 성적 욕구나 지배적이고 권력욕에 사로잡힌 모습이 자신의 그림자였던 것이다. 평소 자신의 모습은 아니라고 생각했기에 꿈에 나타나는 것이다. 때론 이런 그림자가 현실로 드러나 난처한 상황에 빠지기도 한다.

하지만 그림자가 부정적인 것만은 아니다. 현실적 삶을 가능하게 하고 활기를 불어넣는 부분이기도 하다. 성적인 욕망이나 권력 욕구 또는 이기심이 도덕적 문제를 일으키지만 현실적 삶의 원동력이 되기도 한다. 그림자가 없는 삶은 재미가 없고 그림자가 없는 사람은 산 사람이 아니다.

삶에 권태를 느끼며 자살을 생각하는 학자 파우스트를 향락의 세계로 이끄는 악마 메피스토펠레스는 파우스트의 그림자라 할 수 있다. 융은 메피스토펠레스가 말라비틀어진 학자의 진정한 생의 혼을 대변한다고 말한다.[24]

원초적 욕망을 나타내는 그림자는 불편한 느낌을 주는 한편 호기심을 자아내고 마음을 끌어들이는 부분이기도 하다. 싱클레어가 자신을 못되게 괴롭힌 프란츠 크로머를 처음에 가까이하게 된 것도 그림자에 이끌려서일 수 있다. 선량하고 순박한 사람이 못된 사람이나 악역에게 묘한 매력을 느끼는 이유는 자신이 살아 보지 못한 그림자를 느끼기 때문이다. 이문열의 소설《우리들의 일그러진 영웅》에서는 아이들을 휘어잡고 그 위에 군림하는 엄석대가 모범생 한병태의 그림자이기도 하다.

성숙한 사람이 되기 위해서는 자신의 그림자를 이해해야 한다. 자신의 그림자를 자신의 일부로 받아들일 때 내 안의 문제로 남을 탓하지 않게 된다. 내 안의 그림자와 조화로운 관계를 유지해야 남과 좋은 관계를 맺을 수 있다. 그리고 내 안의 그림자를 통해 상대의 못된 부분(그림자)도 볼 수 있다. 자기 인격의 어두운 부분인 그림자를 이해하고 받아들이는 것은 온전한 자기 자신이 되기 위한 첫걸음이기도 하다. 파우스트의 깨달음의 여정은 그림자의 삶을 체험하는 것부터 시작한다.

내 안의 여성성과 남성성 이해하기

"아니무스와 아니마가 만나면,
아니무스는 권력의 칼을 뽑고 아니마는 착각과 유혹의 독을 뿜는다."[25]

"아니마와 아니무스를 보지 않는 사람들은
아니마와 아니무스의 손아귀에 잡혀 있다."[26]

세련되고 부드러운 인간관계를 원한다면 내면에 감춰진 원초적 여성상(아니마) 또는 남성상(아니무스)을 이해할 필요가 있다. 어떤 사람을 진정으로 사랑하기 위해서는 아니마 또는 아니무스 투사를 거두고 상대를 있는 그대로 보고 수용할 수 있어야 한다. 아니마는 남성의 내면에 있는 여성적 요소, 아니무스는 여성의 내면에 있는 남성적 요소를 일컫는다. 아니마는 본능적이고 생물학적인 에덴동산의 이브나 트로이 전쟁의 불씨가 된 낭만적 절세 미녀 헬레네, 동정녀 마리아, 지혜의 여신 소피아와 같이 다양한 모습으로 나타난다.[27]

남성이 첫눈에 사랑에 빠져드는 것은 내면의 여신을 사랑하는 것이다. 현실의 대상이 아니라 마음속의 여성상, 아니마에 사로잡힌

것이다. 이문열의 소설 《추락하는 것은 날개가 있다》에서 윤주에게
모든 것을 건 형빈의 사랑이 그러했다. 윤주는 형빈의 꿈속에서 고
귀한 천사, 천박한 탕부 또는 지루한 일상을 같이하는 아내의 모습
으로 나타나는데 형빈의 꿈속에 나타난 윤주는 아니마의 다양한 모
습을 보여 준다.

　《데미안》에서 싱클레어가 에바 부인에 대해 갖고 있는 이미지도
아니마의 모습이다. 에바 부인은 싱클레어의 꿈속의 여인이자 어머
니, 연인 또는 여신의 상像으로 나타나는데 아니마의 다양한 모습을
나타내는 예라 할 수 있다. 《파우스트》에 나오는 청순한 그레트헨과
절세 미녀 트로이의 헬레네는 모두 남성들의 여성에 대한 원초적이
고 보편적 아니마를 나타낸다. 서머싯 몸의 《인간의 굴레》에서 필립
이 진정성이 없고 제멋대로이면서 허영심이 강하고 천박한 인상의
카페 여종업원 밀드레드에게 빠진 것도 아니마에 사로잡힌 것으로
설명할 수 있다.

　남성의 아니마는 삶에 활력을 불어넣고 창조적인 면을 일깨워
준다. 《데미안》에서 일탈로 퇴학당할 위기에 처한 싱클레어는 아름
답고 영리하고 고결한 느낌의 베아트리체를 짝사랑하면서 삶에 대
한 태도가 하루아침에 달라진다. 술집 출입과 밤늦게 돌아다니던 행
동을 더는 하지 않고 모든 일에 정결함과 고귀함을 부여한다.[28] 말
한번 건네 보지 못한 마음속의 이상적 여인으로 나타난 아니마의
긍정적인 면을 보여 주는 예라 할 수 있다. 《추락하는 것은 날개가
있다》의 형빈도 찾아 헤매던 윤주를 미국 땅에서 다시 만나면서 세
상을 사랑하게 되고 어느 때보다 의욕적으로 일하게 된다. 아니마란

그런 것이다.

김승옥의 소설 〈무진기행〉은 낯선 곳에서 만난 여인과 사랑에 빠지는 일탈을 그린 단순한 통속 소설이 아니다. 페르소나에 얽매인 삶에서 무의식의 아니마로 향하는 여행이다. 처가 덕에 제약 회사 전무 승진을 앞둔 윤희중은 긴장을 풀 겸 시골 여행을 다녀오라는 아내의 권유로 어머니의 산소가 있는 무진을 찾는다. 무진은 안개로 유명한 곳이다.[29] 무진의 안개는 "이승에 한이 있어 매일 밤 찾아오는 여귀女鬼가 뿜어내놓은 입김" 같고 손으로 잡을 수 없으면서도 뚜렷이 존재하는 그런 안개다(아니마가 그렇다). 윤희중은 실패로부터 도망가거나 새 출발이 필요할 때 무진을 찾곤 했다. 그는 이곳에서 젊은 시절의 자신을 떠올리게 하는 음악 교사 하인숙을 만나 사랑에 빠진다.[30]

부정적 아니마에 사로잡힌 남자는 비합리적 감정을 보이는 게 특징이다. 괜히 의기소침하고 짜증 내며 토라지거나 비아냥거린다. 그리고 자신 또는 상대를 은근히 깎아내리는 경향이 있다. 술로 마음을 달래기도 한다. 의기소침해진 아니마 남성을 대할 때는 논리적으로 따지지 말고 기분을 존중해 줘야 한다. 엄마가 아들을 달래듯이 마음 상한 이유를 알아보는 게 도움이 된다.

대기업의 부장인 S는 거의 매일 술이다. 집에서도 매일 술을 마신다. 그렇지 않으면 잠들기 어렵다. 교사인 아내와 서먹서먹해진 지는 오래다. 남편의 건강을 걱정하던 아내는 더 이상 술을 마시지 말라고 말을 꺼내지 못한다. 듣기 싫은 소리를 하면 남편이 너무 신경질을 내기 때문이다. 남편은 아내가 눈치 없고 살림을 깔끔하게 하지 못하는 게 불만이라고 말한다. 아내는 특별히 미인은 아니나 착하고 달리 흠잡을 데가 없다. 다만 까다로운 남편의 기분을 어떻게 맞춰야 할지 모를 뿐이다. 아내는 남편이 자신에게 무관심하고 차갑게 대하는 것 같은데 이유를 알 수 없다며 눈물을 흘린다. 달리 여자가 있는 것 같지는 않은데 남편이 원하면 이혼을 해 주는 게 맞는지 내원하여 물었다.

S는 현실의 아내가 자신의 마음속 여성상과 일치하지 않아 괴로운 것이다. 술이 곧 마음에 드는 여성, 즉 아니마의 상징인 셈이다. 아름답고 로맨틱한 헬레네나 헤타이라 유형의 아내였더라면 결혼 생활이 즐거웠을지도 모르겠다. 그러나 뭇 남성들에게 매력적인 여자가 S의 곁을 항상 지켜 줄지는 의문이다. 심리적 이유가 어떻든 술부터 끊는 게 치료의 시작이다. 수면 장애도 습관적 음주 때문이다. 내 마음에 드는 아내는 자신의 마음속에서 찾을 일이고, 현실의 착한 아내에게 미안해하고 감사하는 마음을 가져야 한다.

여성의 아니무스는 여성에게 이성적이고 합리적인 판단으로 표현되거나 영웅적인 모습으로 나타난다. 남성미를 자랑하는 스포츠 스타, 성공한 사업가, 지적인 교수나 목사, 지혜로운 성인聖人에 이르기까지 분화 정도에 따라 다양한 모습으로 나타난다. D. H. 로렌스의《아들과 연인》에서 남편과 갈등을 겪는 로렐 부인은 아니무스가 무엇인지 잘 설명해 준다.

이제 그녀는 그의 사랑을 얻기 위해 애태우지 않았다. 그는 그녀에게 이방인이 되었다. 이렇게 하는 편이 삶을 훨씬 더 참고 견딜 만하게 해 주었다.

그럼에도 불구하고 그녀는 여전히 그와 계속 다투었다. 그녀는 여러 세대에 걸친 청교도 조상으로부터 유산으로 물려받은 지고한 도덕의식을 여전히 지니고 있었다. 그것은 이제 종교적 본능이었다. 그리고 그녀는 그에 대하여 거의 광적이었는데 그 이유는 자신이 그를 사랑하기 때문, 아니 사랑했었기 때문이었다. 그가 죄를 지으면 그녀는 그를 고문했다. 그가 술을 마시거나 거짓말을 하거나 또는 종종 그러하듯이 겁쟁이가 되거나 이따금 그러하듯이 무뢰한의 역할을 하면 그녀는 무자비하게 매를 휘둘렀다.

유감스러운 일은 그녀가 그와 너무도 정반대되는 위치에 있다는 점이다. 그녀는 그가 이룰 수 있는 조그만 성취에 만족할 수 없었고, 그가 마땅히 이루어야 하는 대단한 인물이 되기를 기대했다. 그래서 그가 실제로 될 수 있는 것 이상으로 그를 고상하게 만들려고 노력하다가 그녀는 그를 파멸시키고 말았다.[31]

거트루드 로렐은 차분하고 우아하면서도 세련되고 지적인 여성이다. 교육받은 남자들과 더불어 종교나 철학, 정치에 대하여 논쟁을 벌이는 것을 무척 좋아한다. 고결한 성격을 지니고 신학 서적을 즐겨 읽는 엄격한 청교도인 아버지를 모든 남자의 표준으로 알고 자랐으며 본인 또한 도덕적 의식이 강하다. 크리스마스 파티에서 청년 월터 로렐은 우아한 거트루드에게 첫눈에 반한다. 거트루드는 아버지와는 전혀 다른 부류이나 건장한 로렐에 이끌리고, 어려서부터 광부로 일한 그가 고귀한 일을 하고 있고 애처롭다고 느낀다. 둘은 결혼하고 얼마간은 행복했다. 그러나 빠듯한 살림을 꾸려나가느라 힘든 아내와 달리 남편은 늦게까지 술 마시고 들어와 화내고 소리 지르고, 이런 남편을 아내가 나무라면서 둘은 계속 다투게 된다. 남편이 자신이 생각하는, 마땅히 남자라면 어떠해야 한다고 생각하는 아니무스와는 너무나 달라 실망하고 심각한 갈등을 겪게 된다. 교수나 목사같이 지적이고 존경받는 남편상을 기대했으나 세련되지 못한 현실의 남편에 실망해서 따지고 나무라는 로렐 부인의 아니무스는 남편의 아니마를 건드리고 기분을 상하게 하여 술로 마음을 달래게 한다.

아들 폴의 연인인 시골 처녀 미리엄도 아니무스를 잘 보여 주는 여성이다. 소녀의 아름다움을 지니고 있었지만 외면적인 아름다움은 그녀에게 아무 의미가 없어 보인다. 단순히 집안일을 하기보다는 중요한 일을 하고 싶어 한다. 남들에게 평범한 사람으로 취급되어서는 안 된다고 생각하고 그러기 위해서는 공부를 해야 한다고 믿는다. 오빠와 남동생을 시골뜨기라고 무시하고, 아버지를 존경하지 않는데 그 이유는 마음속에 신비한 이상을 전혀 지니고 있지 않기 때문이다. 미리엄은 어머니를 빼닮아 천박한 것을 괴로워하고 언니가 세속적이라고 반목한다. 미리엄은 대체로 남성을 경멸한다. 그런 그녀가 아는 것이 많고 고상해 보이는 폴을 새로운 남성의 표본으로 바라보며 하늘같이 존경한다.

폴은 어머니 로렐 부인에게 "어머니도 남자가 되고 싶었어요?"라고 묻는다. 로렐 부인은 "무슨 일을 하든 대부분의 남자들보다 그 일을 훨씬 더 잘할 수 있다고 생각했거든…이것은 별로 놀랄 만한

일이 아니야"라고 답하며 이따금은 그랬으나 그건 어리석은 일이라
고 말한다. 그러자 "저는 여자가 되고 싶지 않아요"라고 말하는 폴
에게, "어떤 때는 여자가 남자보다 더 잘할 수 있다는 느낌을 여자들
이 느끼기도 한다"라고 설명하며, "어떤 여자가 남자가 되기를 몹시
원한다면 그것은 자신의 삶을 뒷걸음질 치게 하는 것이고 그런 여
자라면 여자로서도 그다지 좋은 사람이 아니란다", "그런 것을 원한
다는 건 그 여자가 여자로서의 자존심이 매우 낮다는 사실을 보여
주는 거야"라고 덧붙인다. 폴은 "여자가 남자가 되고 싶어 하는 것
자체가 싫어요"라고 말하며, 언제나 어머니에게로 돌아와 어머니를
여성의 표준으로 여겼다. 어머니가 그에게 아니마인 셈이다. 폴은
미리엄과 그녀를 싫어하는 어머니 사이에서 어머니를 택한다.[32]

30대 중반의 네 살짜리 딸을 둔 A는 괜히 남편에게 사소한 일로
화를 내곤 한다. 혹시 자신에게 문제가 있는 것은 아닌가 해서 내원
했다. 회사원인 세 살 연하의 남편이 착하고 성실한 사람이라는 생
각이 들어 교제 3개월 만에 특별한 애정 없이 그냥 결혼했다고 한
다. 남편은 묵묵히 자기 일만 하는 사람이다. 함께 여행을 해도 좋고
싫은 감정의 표현이 거의 없다. 남편은 무뚝뚝하나 가정적인 편이고
아내가 간섭만 하지 않으면 큰 불만은 없는 것 같다.

A는 마음속에 그리는 이상적 남성상과 남편이 다르다는 게 문제
였다. 당장은 잘생기고 로맨틱한 남자에 대한 환상에서 벗어나기 어
려워 보인다. 결혼이 반드시 마음에 드는 남자와 맺어지는 것은 아
니라는 사실을 받아들이는 데는 좀 더 삶의 체험과 시간이 필요해
보인다. 영웅적 남성상(아니무스)을 바라는 여성이 소심한 남편에게

히스테리컬한 반응을 보이며 불만을 갖는 경우도 마찬가지다.

융의 제자 토니 볼프Tony Wolff[33]는 여성의 유형을 '어머니', '헤타이라'[34], '아마존 여전사'[35], '영매'로 구분했다. 헤타이라 유형의 여자는 남자들과의 관계에서 자신의 정체성과 만족을 구한다. 본능적으로 남자에게 에로스[36]를 이끌어낸다. 남자들이 아내보다 자신을 더 잘 이해해 준다는 착각을 하게 하는 여성이다. 그러나 현실의 우여곡절을 견디고 지속적 관계를 유지하는 데는 어려움이 있다.[37]

이문열의《추락하는 것은 날개가 있다》에서 윤주가 헤타이라 유형이다. 기회의 땅 미국에서 신데렐라가 되길 꿈꿨던 윤주는 형빈과 열렬한 사랑을 나누지만, 형빈이 회사를 그만두게 되자 지루하고 힘든 일상을 견디지 못하고 그의 곁을 떠난다.

아마존 여전사는 지적이고 활동적인 여성을 말한다. 아마존 여전사는 아이 양육이나 가정주부 역할만으로는 만족하지 못한다. 사회적으로 성공한 유명인의 아내로도 만족할 수 없다. 본인의 사회적 활동에서 정체성을 확인하고 만족을 구하는 여성이다. 지나치게 남성적이 되면 여성성의 긍정적인 면에서 멀어질 우려가 있다.

의사 남편을 둔 40대 초반 C는 결혼 때문에 중단된 박사 학위 과정을 마치겠다고 나섰다. 고등학생 아들이 마음에 걸리지만 자신의 삶을 살아야겠다는 생각을 떨칠 수 없다. 남편 따라 의사 부인으로 불리는 것도 자존심 상한다. 나 자신의 고유한 정체성을 찾고 싶기 때문이다. 학위 후 사회 활동을 할 계획이다. 남편은 자신은 그렇다 쳐도 대학 진학을 앞둔 아들의 입시 문제보다 자신의 대학원 진학에 더 신경 쓰는 아내가 못마땅하나 말릴 도리가 없다.

C처럼 여성이 40대가 되면 자신의 정체성을 새삼 되돌아보게 된다. 40대는 여성의 남성적인 면, 즉 아니무스가 드러나는 시기이다.[38] 여전사 유형의 여성은 아니무스가 억압되면 삶의 의미를 찾지 못하고 만족하지 못할 수 있다. 현실적으로 불편한 점은 있겠으나 남편의 이해가 필요하다.

영매 유형의 여성은 집단 무의식을 감지해서 이를 다른 사람에게 전달하는 역할을 한다. 아마존 여전사 유형과 달리 스스로 무엇을 하기보다는 중개자 역할에 그치는 경우가 많다. 인격의 성숙이 충분치 않아 개인적인 무의식과 집단 무의식을 구분하지 못하게 되면 본인은 물론 주위 사람을 혼란스럽게 만들 수 있고, 집단 무의식에 사로잡히면 현실과 멀어질 우려가 있다. 무당, 심령술사 또는 예언자 같은 여성이 영매 유형에 속하며 현대 사회에서의 역할은 제한적이다. 프랑스를 구한 잔 다르크 같은 여성이 영매 유형이다.

부정적 아니무스는 섣불리 단정하거나 논쟁적이고 가르치려는 태도, 비판적 의견 또는 비난으로 나타난다. 50대 후반의 한 부부가 내원했다. 교수인 남편은 도무지 아내와는 말이 안 통한다 하고, 결혼 전 교사였던 아내 M은 남편이 자신의 의견을 무시해서 답답하다며 내원 이유를 설명한다. 남편은 별일도 아닌데 화를 잘 내서 대화가 어렵고, 대화하다가 갑자기 화를 내며 밖으로 나가 버리는 경우도 많다고 한다. 부부 동반 모임에서 한 친구가 이야기하는 도중에 눈치 없이 틀린 부분을 지적하려 해서 아내가 남편의 발을 툭 치자 혼자 삐쳐서 사라진 적도 있었다. 저축한 목돈을 활용해 돈을 불릴 수도 있는데 얘기해도 듣지를 않는다. 자신이 재산을 불려서 지금 사는 집도 장만했고 아이 결혼도 시켰다. 교수 월급만으로는 어림도 없는 일인데 남편은 고마운 줄도 모른다. 교수가 최고인 줄 안다. "교수라고 다 아는 게 아니지 않냐"며 답답하다고 한다. 아내에게는 퉁명스러운데 다른 사람들에게는 엄청 잘하는 것도 속상한 점이다. 부부 동반 모임에서 다른 부인들에게는 그렇게 점잖고 부드러울 수 없다. 반면에 교수인 남편은 도무지 아내와는 말이 통하지 않아 속상하다. 돈의 가치를 무시하는 것은 아니다. 하지만 아내가 운동도 하고 음악도 듣고 교양 있는 여가 생활을 했으면 좋겠는데 너무 돈, 돈 하며 재테크에만 관심을 두는 게 못마땅하다. 아내가 자기 주장만 내세우고 가르치려 들고 무슨 얘기를 하면 듣지를 않는다고 남편이 말하자 부인은 "그게 아니고, 내가 언제 그랬냐"며 면담 도중에 말을 가로챈다.

사례의 M처럼 아니무스에 사로잡히면 고집스럽게 따지고 주장이 강해 합리적 대화가 어려울 수 있다. 결과적으로 남편과 멀어지고 사랑받지 못한다는 느낌이 들면서 관계가 파탄에 이를 수 있다. 이런 아내를 대할 때 남편은 일단 의견을 경청하고 존중해 줘야 한다. 남편이 자신의 얘기를 들으려 하지 않고 무시한다는 게 아내의 가장 큰 불만이다. 그러나 자신이 비난하고 가르치려 해서 남편이 거부감을 느낀다는 것은 알지 못한다. 아닌 게 아니라 남편은 비합리적인 아내의 얘기를 참고 들을 수 없어 화를 내고 자리를 피하곤 한다. 여성의 아니무스를 대할 때는 말이 안 되는 얘기 같아도 차근차근 들으면서 사실 관계를 설명하고 오해를 풀어 줄 수밖에 없다. 고집스럽게 따지는 의견 이면에는 여성으로서 사랑받지 못하거나 무시당한 개인적 감정이 숨겨져 있다. M은 나도 여자인데 남편이 여자로 대하지 않는 것 같아 상처를 받았다고 말한다. 따라서 같이 화내지 않고 온화한 태도로 대할 필요가 있다. 아버지가 사랑하는 딸을 대하듯 하는 것이 도움이 될 수 있으나 남편이 아내에게 실제 그렇게 하기가 말처럼 쉽지 않다.

아니무스에 사로잡힌 여성의 자녀 또한 모성애를 못 느끼고, 단정적이고 비판적 태도로 상처받고 자랄 수 있다. M의 경우 결혼한 아들과의 관계도 원만하지 않다. 본인 생각으로는 아들에게 그 이상 더 잘할 수 없었다고 생각하는데 매번 엄마에게 짜증을 내는 아들을 이해하기 어렵다. 아들 내외에게 이래라저래라 참견하고 가르치려 하며 매사에 야단만 치는 어머니를 아들이 불편해한다는 사실을 모르기 때문이다. 다행히 여성스러운 며느리가 아들을 잘 다독거리며 챙기고 시어머니도 거스르지 않아 큰 문제는 없다. 부정적 아니무스는 비합리적 의견에 사로잡혀 여성적 매력을 잃게 하여 결국 피해 보는 것은 여성 자신이다.

아니마가 아내가 아닌 다른 여성에게 투사되면 가정불화의 원인이 된다. 40대 중반의 미모와 재력을 겸비한 전문직 여성 J는 남편의 외도로 자존심이 상해 내원했다. 자신보다 세 살 위인 고위직 공무원 남편과는 각방을 쓴 지 오래다. 남편은 주말이면 혼자 취미 생활을 하면서 지내는 것으로 알고 있었는데 최근에 우연히 남편의 외도 사실을 알게 되었다.

남편은 평소 아내가 밖에서는 존경받는 자신을 별 볼 일 없는 남자로 취급하는 게 불만이라고 한다. 아내는 남편에게는 존경할 만한 부분이 전혀 없으며, 그렇게 잘난 척하는 것이 마음에 안 드는 이유라고 말한다. 권위적이고 어울리지 않게 미초 행세하는 점도 너무 싫다. 자신보다 똑똑하고 존경할 수 있는 남자를 기대했는데 그냥 사회적 지위만 내세우고 여자를 무시하는 남자라 실망스러웠다. 남편이 만나는 상대 여성은 남편보다 세 살 연상의 이혼녀인데 수준도 낮은 것 같아서 아내는 자존심이 상한다. 남편은 그 여자는 잘난 척하지 않고 남자를 떠받들고 편안하게 해 준다며 아내와 다르다는 점을 강조한다.

이 사례 역시 M과 교수 부부처럼 아니마와 아니무스의 갈등으로 보인다. 남편은 자신의 기분을 잘 맞춰 줄 수 있는 여성스럽고 모성적인 아내를 원한다. 여자가 자신을 받들고 따르기만 하면 책임지고 돌봐 줄 마음의 준비가 되어 있다. 그런데 현실의 아내는 도도하고 지극히 독립적이다. 남편에게 숙이는 법이 없고 오히려 잘못을 지적하고 야단치고 가르치려 든다. 아쉬울 게 없는 아내 역시 권위적이면서 어린애 같은 남편이 마음에 들지 않는다. 아내는 자신을 칭찬해 주고 격려해 주면서 함께 대화할 수 있는 남편을 기대한다. 지혜롭고 존경할 수 있는 남자면서 매너 좋고 멋을 아는 남자이길 바란다. 그렇다고 남편을 항상 무시한 것은 아니다. 권위적이고 툭하면 삐치고 불같이 화를 내는 남편에게 화해의 손을 내밀 때도 있었는데 눈치 없는 남편은 한 번도 이를 받아들인 적이 없다. 여자의 마음을 몰라도 너무 모른다. 두 부부 사이는 남편의 외도로 더욱 복잡해졌다. 자존심이 무척 상한 아내가 그래도 참고 남편에게 다가가려 하나 바람핀 남편은 오히려 당당하다. 이혼을 요구하는 아버지가 심하다고 느낀 대학생 딸이 엄마 편을 들고 나선다.

아니마에 사로잡힌 남자는 어느 순간 마음속에 그리던 바로 그 여자라고 느끼면 사랑에 모든 것을 건다. 《추락하는 것은 날개가 있다》에서 형빈이 윤주를 대할 때 그러했다. 아내보다 자신을 더 잘 이해한다고 착각한다. 그러나 많은 경우 객관적으로 볼 때 아내보다 나을 게 없다. 남이 볼 때는 비합리적이고 어리석은 행동일 뿐이다. 사실 아니마는 남성이 바라는 여성의 모습으로 자신을 보여 주기만 할 뿐이다. 조강지처와 달리 어려울 때 함께할 사람은 아니다. 아니마는 마음속에 머물러 있어야 하며 외부 현실에서 찾을 일이 아니다. 옷을 되찾은 선녀는 어느 순간 하늘로 올라가 버리고 나무꾼에게 남는 것은 허탈한 마음뿐이다.

아니마와 아니무스는 긍정적인 기능은 살리되 부정적 영향에서는 헤어나야 한다. 이는 전적으로 각자 자신의 내면의 문제이고 스스로 해결해야 할 과제다. 내 마음에 안 드는 상대를 탓할 일이 아니다. 아니마와 아니무스는 마음속의 문제지 외부에서 해결할 일이 아니다.

못된 면도 볼 줄 알아야

"세상은 잡초가 무성한 정원이다."[39]

동기가 주어지고 외부의 힘이 저지하지 않는다면 끊임없이 부당한 일을 할 용의가 있는 사람을 우리는 악하다고 말한다.[40] 베니스의 전쟁 영웅 오셀로는 피부색이 검은 무어인이지만 원로원의 딸인 아름다운 백인 데스데모나와 결혼한다. 부하 이아고는 이런 오셀로를 시기하고 무시하나, 자신의 잇속을 챙기기 위해 겉으로는 충성하는 척한다. 승진을 위해 애써 온 이아고는 오셀로가 자신이 아닌 캐시오를 부관으로 선임하자 분노와 질투심에 복수를 다짐하고 교활한 음모를 꾸민다.

이아고는 캐시오에게 술을 권하고 술에 취한 캐시오를 실수하게 하여 보직 해임을 당하게 한다. 그런 다음 캐시오를 위로하며 데스데모나에게 복직을 청탁해 보라고 조언해 준다. 캐시오가 복직을 부탁하기 위해 데스데모나를 만나자 이아고는 그 장면을 오셀로가 목격하게 한다. 오셀로가 나타나자 자리를 비키는 캐시오에 대해 죄지은 사람처럼 달아난다는 말을 흘리는 이아고는 오셀로가 아내와 캐시오의 관계를 의심하게 만든다. 아내의 부정한 증거를 대 보라는 오셀로에게 이아고는 캐시오가 "사랑스러운 데스데모나, 경계를 늦추지 말고 우리 사랑을 비밀로 간직해요", "그대를 무어 녀석에게 내주다니 저주받은 운명이로구나"라고 정사를 나눈듯한 잠꼬대를 했다고 거짓말한다. 이아고의 거짓말은 오셀로의 콤플렉스를 건드리며 분노의 감정을 부추긴다. 그리고 오셀로가 데스데모나에게 준 손수건(어머니의 유품)을 캐시오가 사용하는 것을 보았다고 하면서 결정적인 불륜의 증거를 알고 있는 것처럼 말한다. 사실 손수건은 이아고의 아내이자 데스데모나의 하녀이기도한 에밀리아가 바닥에 떨어진 것을 우연히 주워 이아고에게 가져다준 것이었다. 그리고 이아고는 이 손수건을 캐시오의 방에 몰래 넣어 두었다.

이아고는 계속해서 오셀로에게 "홀딱 벗고 침대에 한두 시간 함께 있었다고 나쁜 짓을 저질렀다고 할 수는 없지 않습니까?", "잤거나 올라탔거나 내키는 대로 생각하십쇼" 하며 원색적인 말로 부정한 생각을 떨칠 수 없게 한다. 이미 질투심에 사로잡힌 오셀로에게 이아고는 자신이 캐시오를 만나 데스데모나와의 관계에 대해 얘기해 볼 테니 숨어서 몰래 대화를 들어 보라고 한다. 이아고는 캐시오를 만나 창녀 비앙카와의 관계에 대해 얘기하도록 유도하여, 아내에 관한 이야기라고 생각하고 엿듣는 오셀로가 데스데모나를 창녀 같은 여자로 의심하게 만든다. 그러면서 "마님의 불륜보다 마님이 좋으시면 계속 부정한 일을 저지르도록 내버려 두세요. 장군님만 괜찮으면 다른 사람도 개의치 않을 것입니다"라고 덧붙이며 오셀로의 질투심에 불을 붙인다. 이아고를 자신을 염려해 주는 충직한 부하로 생각하고, 데스데모나를 캐시오와 불륜을 저지르는 음탕한 여자로 의심하게 된 오셀로는 결국 사랑하는 아내 데스데모나를 살해한다.[41]

사람은 누구에게나 어느 정도 못된 구석(그림자)이 있다. 욕심부리고, 다른 사람 위에 서려고 하고, 자기 이익을 추구하는 그런 못된 구석 말이다. 이런 못된 면 덕분에 경쟁에서 살아남고, 적당히 감추면서 성공적인 사회생활을 하기도 한다. 그러나 못된 면의 정도가 심하면 사람들에게 심각한 피해를 줄 수 있다. 사람을 대할 땐 좋은 점뿐만 아니라 못된 면도 볼 줄 알아야 한다.

셰익스피어의 비극 《오셀로》에 나오는 '이아고'는 못된 면을 두루 갖춘 사람이다. 진정성이 없고, 겉으로는 상대의 비위를 맞추면서 속내를 감추고, 사람을 조정하면서 의심하게 하고, 교활하게 못된 음모를 꾸미는 사람이다. 다른 사람을 자신의 욕구 충족의 수단으로만 생각하고 목적을 위해서는 수단과 방법을 가리지 않는다. 상대의 심리적 약점(오셀로의 콤플렉스)을 파악하는 데 재주가 뛰어나다. 겉으로는 공감하는 척하며 다른 사람의 비위를 맞추는 재주가 있으나 뒤돌아서면 다른 모습을 보이고 매우 냉정하다. 거짓말로 남에게 피해를 주고도 죄책감을 느끼지 못하고, 다 그런 거 아니냐며 냉소적이다. 거짓말이나 의심받을 행위에 대해서는 그럴듯하게 둘러댄다. 평소 스스로 아부하고 굽실거리면서 마치 비굴한 역할을 마지못해 한 것처럼 속으로는 분개한다. 자신의 욕구가 좌절되었다는 이유로 피해자 행세를 하면서 자신의 적개심을 정당화하며 기회가 되면 앙갚음을 하려 든다. 이아고의 사악한 행동 이면에는 순박한 사람들은 상상하기 어려운 못된 시기심이 숨어 있다.

이아고가 악인의 표본임은 누구나 아는 사실이지만 내 옆에 있는 사람이 바로 이아고라는 사실을 알지 못하는 경우가 많다. 실제 겪어 본 사람이 못된 사람이라고 얘기해도 믿기 어렵다는 반응을 보이는 경우가 더 많을 정도다. 이아고가 그랬듯이 겉으로는 워낙 자신의 음흉한 속내를 드러내지 않고 그럴듯하게 행동하고 사람들에게 호의적이어서 평판도 나쁘지 않기 때문이다. 실제 캐시오와 오셀로는 이아고가 자신들에게 호의적이고 정직한 사람이라고 생각하고 못된 음모를 꾸밀 거라고는 상상조차 하지 못했다.

《우리들의 일그러진 영웅》 속 반장 엄석대는 우리 주변에서 흔히 볼 수 있는 못된 유형이다. 지배 욕구가 강하고 협박과 회유로 상대를 예속시키며 목적을 위해 수단과 방법을 가리지 않는 친구다. 친구들이 가지고 있는 물건 중 갖고 싶은 게 있으면 빌리고 갚지 않거나 자발적으로 증여한 것으로 한다. 아이들이 자신을 무서워하며 알아서 기게 한다. 그러나 자신에게 굴종을 약속하면 더 이상 괴롭히지 않는다. 시험지 바꿔치기로 시험에서 항상 일등이다. 엄석대는 선생님 마음에 드는 듬직한 학생이다. 눈치가 빠른 데다 선생님이 원하는 모습을 연출하는 능력이 뛰어나기 때문이다. 엄석대가 반장을 하면서 반은 질서가 잡히고 조용해진다. 엄석대는 통솔력이 뛰어날 뿐만 아니라 학급 일 처리도 잘한다. 게다가 시험도 일등이다. 따라서 엄석대의 비리를 고발해도 담임이 인정하지 않는 게 이상한 일이 아닌 것이다. 한병태는 반장 엄석대의 비리를 담임에게 고발했다가 오히려 문제 학생으로 의심을 받고 동료들에게 따돌림을 받으며 궁지에 처하게 된다.

존 스타인벡의 《에덴의 동쪽》에서 칼과 아론의 어머니 캐시는 예쁘고 순진한 용모로 사람들의 눈길을 끌고 마음을 설레게 하지만 가까이하기에는 너무나 위험한 여성이다. 행동은 순진한 데가 전혀 없다. 의도적으로 거짓말을 하고 적당히 사실을 섞어 그럴듯하게 얘기한다. 가출했다가 아버지에게 야단맞을 때도 빤히 쳐다보고 눈물을 흘리지 않는다. 인간관계에 진정성은 전혀 없고 사람을 자신의 욕구 충족과 목적 달성을 위한 수단 정도로 여긴다. 성욕이나 이기심 같은 인간의 본능적 욕구와 허점을 꿰뚫어 보고 사람을 조종하여 이익을 취하는 데 뛰어나다. 닳고 닳은 매춘업자 에드워즈를 속이고 그의 정부가 되어 그를 꼼짝 못 하게 하며 이용해 먹을 정도다.

제멋대로이고 자신의 욕망대로 하기 위해 수단과 방법을 가리지 않는다. 모든 것이 계획적이고, 서두르는 법이 없고, 주도면밀하다. 장애물은 제거하기 위해 방화와 살인도 서슴지 않는다. 집에 불을 지르고 가출하여 부모가 화재로 사망한다. 에드워즈에게 심한 구타를 당하고 버려져 오갈 데가 없자 자신을 돌봐 주었고 돈과 은신처를 제공해 줄 수 있는 애덤과 결혼을 하게 되는데, 자신을 믿지 못해 결혼을 반대하는 이복 시동생 찰스와 관계를 갖는다.

선량한 남편 애덤은 결혼하여 한없이 즐거워하지만 원치 않는 임신을 한 캐시는 목수들이 줄을 그을 때 사용하는 초크 덩어리를 가루로 빻아 먹는가 하면 뜨개바늘로 찔러 유산을 시도한다. 쌍둥이를 낳고 몸을 추스른 지 얼마 안 되어 갓난애를 버리고 떠나려 하자 자신을 말리는 남편을 향해 총을 쏘고 집을 나가 매춘업에 뛰어든다. 남자들에게 인기가 있을 뿐만 아니라 다른 여자들과도 잘 지내고 호의를 베풀며 인정 많은 사람처럼 처신한다. 게다가 궂은일도 마다하지 않고 살림도 거드는데 흠잡을 데가 없다. 포주 페이의 눈에 들어 유산 상속을 약속받게 되자 본색을 드러내고 딸처럼 대해 준 페이를 독살한다. 수완이 좋아 매춘업으로 성공하고 이름을 날린다. 눈치 빠르고 영악한데 도덕적 판단은 백지상태라 할 정도로 무지하다. 못된 짓을 하고도 죄책감을 느끼지 않는다. 평소 웃음을 흘리고 미소를 머금은 모습과 달리 냉혹하다. 매우 감각적이라 상황 판단과 손익 계산이 빠르고 도구적 기능은 뛰어나나 공감을 토대로 한 가치 판단 능력이 거의 분화되지 않은 여성이다. 양심이 결여되어 있다. 캐시는 소설에서만 나오는 인물이 아니다. 매춘, 살인, 방화와 같은 범죄를 저지르지 않았으나 그녀와 비슷한 성향을 지닌 사람이 적지 않다. 살면서 캐시와 같은 사람을 감당할 수 있을 것이라는 착각에서 벗어나야 하고, 만나지 않은 것을 다행으로 생각해야 한다.

천사같이 해맑은 얼굴에 아무 생각 없이 조직에 피해를 주는 L 같은 사람도 있다. 겸손하고 선량한 사람처럼 보이나 사리 판단을 못하고 기회주의자로 처신한다. 무능하지만 눈치가 빠르고 인간관계도 나쁘지 않아 긍정적 인상을 준다. 그러나 옳고 그른 것을 스스로 판단하지 못하고 계산된 행동을 하면서 자신의 판단이 옳다고 고집하는 사람이다. 현명한 사람의 지시에 따라 행동할 때는 큰 문제는 없으나 스스로 판단하고 의사 결정을 하는 위치에 올라가면 예상치 못한 문제의 심각성이 드러난다. L은 중요한 일에서 비판적 의견이 제시되면 해맑은 얼굴이 벌게지면서 고집을 부려 조직 구성원 모두를 난감하게 만든다. 겸손해 보이는 모습과 달리 매우 권위적이고 합리적인 대화가 이뤄지지 않는다. 상황에 따라 말하는 내용이 상반되기도 한다. 그때그때 상대가 듣고 싶은 얘기를 하기 때문이다. 누군가가 자신을 부추기면서 조종하는데 자신을 지지해 주는 사람으로 착각하고 조직을 분열시킨다. 소통의 잘못이 자신에게 있다는 것조차 인식하지 못한다. 구성원들이 불신임을 선언하면 자신을 반대하는 다수의 횡포라고 주장한다. 그러나 권력자 앞에서는 고개를 숙이고 충성을 맹세해 자리를 보존한다. 조직의 이해관계보다는 본인 체면을 중요하게 생각하며 의외로 매우 뻔뻔하다.

선량해 보여도 리더가 무능하여 사리 판단을 제대로 못 하면서 본인 체면만 생각하고 고집을 부리면 조직에 심각한 피해를 일으킬 수 있다. 무능한 데다 자기 잘못을 인정하지 않고, 다른 사람의 도움을 받을 줄도 모르고, 자신이 옳다고 고집부려 여러 사람에게 피해를 준다면 그 사람은 못된 사람으로 보는 것이 타당하다.

사람들의 못된 면은 정도의 차이가 있고 다양한 형태로 드러나는데, 그중에 특히 주의를 필요로 하는 경우에는 몇 가지 공통점이 있다.

첫째, 매우 자기중심적이고 이기적이다. '인간은 다 그런 거 아니냐'면서 자신의 이기적 행동에 미안해하는 마음이 없고 뻔뻔하다. 겉으로는 남을 배려하고 호의적인 것처럼 행동하기도 하나, 속마음은 타인에게 연민의 감정을 느끼지 못하고 냉정하다. 이런 비인간적인 면을 사람들은 눈치채지 못한다. 다른 사람을 자신의 욕구 충족을 위한 도구나 수단으로 대한다. 따라서 필요할 때는 호의적이지만 마음대로 되지 않으면 안면을 바꾼다. 약속을 지키지 않고 제멋대로고 무책임하다.

둘째, 진정성이 없다. 겉과 속이 너무 다르다. 특별하거나 유능한 사람인 것처럼 부풀리고 다니나 실제로는 별 볼 일 없거나 무능하다. 동정심을 유발하면서 주위 사람의 도움을 받거나, 힘 있는 사람에게 빌붙고 잘 나가는 사람에게 기생하면서 버티는 능력이 있다. 자신의 잘못에 대해 모호하게 얼버무리거나 적당히 둘러대는 재주가 있다. 자신에게 불리한 부분은 쏙 빼고 얘기하거나 그럴듯하게 왜곡한다. 그러면서도 거짓말을 하는 데 죄책감을 느끼지 못한다. 도덕적 원칙을 얘기하면 속으로 순진하다고 생각하며 냉소적 태도를 보인다. 잘못을 지적하면 발끈하며 대들고, 상대를 걸고넘어진다. 속으로는 사람을 믿지 않고 자신을 속이거나 무시하는 것은 아닌가 항상 촉각을 곤두세운다. 겉으로는 예의를 갖추고 겸손한 태도를 보이나 속은 음흉하다. 목적을 위해서는 수단과 방법을 가리지 않는다. 겉으로 드러내지 않지만 시기심이 강하다. 자신과 의견을 달리하는 사람에게 내색하지는 않지만 속으로 모멸감을 느끼고 뒤통수를 치거나 앙갚음을 한다.

셋째, 남에게 피해를 준다. 멋있고 유능한 것처럼 보이는 겉모습에 속아 가까이 지내다가 제멋대로고 무책임한 행동에 마음고생을 할 수 있다. 무능한 사람이 권력에 빌붙어 아부하면서 높은 자리에 올라 사람들을 힘들게 하고 조직에 피해를 줄 수 있다. 자신의 욕구대로 되지 않으면 분노 또는 적개심을 표출하면서 주위 사람을 겁주고 조종한다. 자신의 자존심을 건드리면 뒤통수를 치거나 보복을 한다. 자신의 잘못은 인정하지 않고 책임을 전가하면서 죄책감을 유발한다. 상대가 분노를 표출하면 자신을 모욕했다며 상대를 가해자로 몰아 공격한다. 그리고 자신의 적개심을 정당화하고 문제의 초점을 흐린다. 소통이 잘 안 되는 데 대해서도 남 탓만 하고 자신의 잘못은 전혀 인정하지 않는다. 적반하장에 능하고 본능적으로 공격이 최상의 방어라는 것을 알고 있다. 선동에 능하다. 상대가 강하면 피해자 행세하며 동정심을 유발하고 동조자를 구하고 세를 구축하며 편을 가른다. 다툼이 벌어지면 도저히 말로 해결하기 어려운 경우가 많고 원초적인 감정이 표출되어 격이 떨어진다는 느낌을 지울 수 없다. 이런 사람이 말로 제시하는 타협안은 믿을 수가 없다. 구체적 내용으로 들어가거나 시간이 지나면 딴소리를 하는 경우가 많다.

넷째, 가까이 지내는 사람이 아니면 실상을 알기 어렵다. 오랜 기간 가까이 지낸 사람도 모를 수 있다. 평소에는 본색을 드러내지 않다가 동기가 주어지고 외적 환경(상대가 힘이 빠졌거나 권력자가 자신의 편을 들어줄 경우, 권력자가 상대를 적대시할 경우 등)이 조성될 때 비로소 드러나기 때문이다. 문제점을 얘기해도 믿지 않거나, 문제를 제기한 사람의 문제 또는 두 사람의 갈등으로 보기가 쉽다. 순진하거나 통찰력이 부족한 사람은 됨됨이를 얘기해 줘도 이해하지 못하거나 헷갈리고 이용당하는 경우가 많다.

이와 같은 특성을 보이는 못된 사람이라면 각별히 주의해서 대할 필요가 있다. 우선 보통 사람들과는 다른 못된 행동의 특성과 패턴을 이해할 필요가 있다. 원래 본성은 착한데 약간 못된 면이 있는 사람이 아니라 원래 본성이 못된 사람이라고 보고 접근하는 것이 현명하다. 선량하고 겸손해 보이는 모습 또는 유능해 보이거나 해맑은 겉모습에 현혹되지 않아야 한다. 필요해서 접근할 때와 일이 틀어져 뒤돌아설 때 표정과 태도를 바꾸는 것을 유의해서 봐야 한다.

우선 사람이 달라질 것이라는 기대는 접는 게 좋다. 못된 사람은 자신이 달라져야 한다는 생각을 하지 않는다. 자신에게 문제가 있다고 생각하지 않고 자신의 모습에 불편한 게 없기 때문이다. 문제 행동에 대한 어설픈 이해나 설명은 상대의 핑곗거리만 만들어 준다. 인내심을 가지고 진정성 있게 대하면 달라질 것이라는 환상에서 벗어나야 한다. 진정성을 의심하거나 순진한 사람으로 보고 속이고 이용하려 들 수 있기 때문이다. 상호적 관계는 처음부터 기대하지 않는 게 좋다. 내 잘못도 있으니 먼저 사과하거나 너그럽게 대하면 달라질 것이라는 생각도 순진한 생각이다. 오히려 상대가 핑계를 대거나 공격할 빌미를 제공할 뿐이다. 내가 잘 대해 줬는데 설마 그렇게까지 할까 하는 생각도 혼자만의 생각일 뿐이다. 자신을 좋게 생각하는 것을 알면 선한 사람 행세를 하고 한 번 더 속인다. 반대로 자신을 나쁘게 보면 피해자 행세하면서 분개하고 본색을 드러낸다.

제멋대로인 사람이 매우 호의적으로 대하고 매력을 발산할 때 유혹에 넘어가지 않아야 한다. 순박한 여성이 바람둥이나 조폭의 보스 같은 사람에게 빠져드는 경우가 좋은 예가 된다. 실제보다 자신을 부풀리고 상대의 비위를 맞추며 떠받들어 특별한 사람이라는 느낌이 들게 대해 주는 재주가 있기 때문이다. 못된 사람이 개과천선해서 자신과 로맨틱한 관계를 유지할 수 있을 것이라는 환상에서 벗어나는 데는 그리 오랜 시간이 걸리지 않을 수 있다. 자신이 원하는 것을 들어주지 않으면 매우 일방적이고 이기적인 진면목을 볼 수 있게 된다.

시기심에 사로잡힌 사람은 다른 사람의 인간적인 약점(그림자)을 파악하고 자신의 수준으로 깎아내리는 재주가 있다. 인품이 훌륭한 사람의 그림자에 반응하며 뒤에서 비아냥거리고 험담하며 냉소적 반응을 보인다. 앞에서는 굽실거리나 뒤돌아서면 경멸하는 태도로 얼굴을 바꾼다. 자신이 무시당했다고 느끼는 순간 적개심을 드러내거나 보복하려 든다. 속은 음흉하고 이기적 욕심이 많은 사람으로 주의할 인물이다. 숨겨진 시기심을 감지하는 것이 중요하지만 말처럼 쉽지 않다.

조선시대 사화士禍에서 보듯이 죄를 뒤집어씌우고 충신을 역적
으로 무고하는 사람도 있다. 계략과 모사에 능한 유자광柳子光 같은
인물이 대표적 예다. 유자광은 남이南怡가 모반을 꾀했다고 고발하
여 옥사를 일으킨다.[42] 유자광은 혜성이 나타나자 새로운 왕조가 나
타날 징조라고 남이가 말했다고 하면서 역모를 꾀한 것으로 몰고
간다. 권력 실세 한명회韓明澮를 등에 업은 유자광은 자신보다 집안
이 좋고 출세가 빠른 남이(외조모가 공주, 장인이 좌의정)를 시기했을 가능
성이 크다. 여기에 세조의 총애를 받은 남이를 향한 예종의 시기까
지 더해져 1468년(예종 원년)에 역모 혐의로 처형된다.

연산군이 들어서자 훈구파 유자광은 다시 한번 사림파를 제거하
려 한다. 사림파 거두 김종직金宗直은 남이를 무고한 유자광을 멸시
했다. 함양 군수 시절 유자광이 경상도 관찰사로 있으면서 직접 시
를 적어 함양 학사루學士樓의 현판으로 걸어 놓았는데, 이를 김종직
이 조롱하며 내리게 했다. 이 일로 유자광은 원한을 품지만 성종이
김종직을 신임하자 속내를 드러내지 못한다. 그러다 사림파의 왕권
견제에 불만이 많았던 연산군이 왕위에 오르자 기회를 잡는다. 훈
구파의 거두이자 사관인 이극돈李克墩이 정희왕후 국상 중에 기생
과 어울린 자신의 비리를 김일손金馹孫이 사초史草에 적나라하게 올
렸다며 유자광에게 상의해 온 것이다. 이에 유자광은 김일손이 그의
스승 김종직의 〈조의제문〉을 사초에 실은 것을 문제 삼아 보복한다.
〈조의제문〉이란 김종직이 세조의 왕위 찬탈을 항우가 초나라 회왕
인 의제를 죽인 고사에 빗대어 쓴 글로 이것이 1498년(연산군 4) 무오
사화의 단초가 된다. 무오사화로 김종직이 부관참시를 당하고, 김일

손을 비롯한 그의 제자들은 참변을 겪게 된다.[43]

능력 있고 잘 나가는 사람은 자신을 향한 시기심을 눈치채지 못하는 경우가 많다. 남을 시기해 본 적이 없기 때문이다. 또한 자신이 훌륭하다는 생각에 상대가 자신을 시기하고 깎아내릴 거라는 생각을 하지 못한다. 시기심은 평소 대하는 표정이나 태도에서 감지할 수 있으나 어느 정도 드러나기 전까지는 알기 어려운 경우가 많다. 쇼펜하우어는 재능 있는 사람이 할 일은 평범하게 보이는 일이라고 말한다.[44] 남이 갖지 못한 재능이나 혜택을 받은 사람은 시기의 대상이 될 수 있다는 생각을 하고 겸손하게 처신할 필요가 있다. 시기심이 많은 사람을 대할 때는 자신의 속내를 드러내지 말고 거리를 두고 대하는 것이 최선이다.

지배욕(시기심도 지배 또는 권력 욕구의 표현으로 볼 수 있다)이 강한 사람은 상대의 마음을 읽고 겁을 주면서 조종하려 들 때가 많다. 거리를 유지하되 어느 선을 넘으면 법과 규정에 따라 대응할 수밖에 없음을 명확히 알리는 것이 좋다. 또한 계속 괴롭히면 원치 않지만 부득이 상대의 비리를 고발할 수밖에 없다고 맞서는 용기가 필요하다. 못된 친구는 상대를 괴롭히는 것이 자신에게 득보다 실이 많을 수 있다는 것을 알 때 비로소 물러나게 된다.

의도적으로 지배적 영향력을 행사하며 마음을 조종하거나 상황을 조작하여 피해자가 스스로의 생각과 느낌을 의심하게 하고 가해자의 말을 곧이곧대로 믿고 따르게 하는 경우도 있다. 이때 피해자는 자신의 체험과 가해자의 설명이 달라 정신적 혼란을 겪고 현실 판단력의 장애를 보일 수도 있다. 가스라이팅gaslighting이라고 부르는 경우다. 가스라이팅이란 용어는 영화 〈가스등Gaslight〉(1944)에서 유래한다. 아내 폴라가 가스등이 희미해지고 집에서 발자국 소리가 난다며 불안해하자 남편 그레고리는 착각이라며 정신 이상으로 몰아간다. 폴라는 점차 자기 확신감을 잃고 정신적 혼란을 겪으면서 남편에게 의존하게 된다. 폴라가 상속받은 집의 주인(폴라의 이모)을 살해한 그레고리가 그 집에 숨겨 놓은 보석을 찾기 위해 계획적으로 그녀에게 접근해서 결혼한 뒤 아내 몰래 다락방을 뒤지느라 가스등이 어두워지고 발자국 소리가 났던 것이었다.

우월한 지위를 이용하거나 호의를 베풀어 상대가 자신에게 호감을 갖게 한 다음 상대를 자신의 욕구 충족의 수단으로 삼는 경우도 있다. 그루밍grooming 성폭력 같은 경우가 그러한 예다. 심리 상담가 행세를 하며 자신에게 호감을 갖거나 심리적으로 의존하고 있는 여성에게 돈을 받고 데이트 상담을 하며 성관계를 갖는 경우도 일종의 그루밍(길들이기)으로 볼 수 있다. 대학을 졸업한 똑똑해 보이는 한 20대 여성이 자신에게 정말 정신적 문제가 있는지 알고 싶다고 내원했다. 심리 검사 결과 당장 입원해야 할 정도로 문제가 심각하다는 심리 상담가의 말을 듣고 혼란스러워하며 온 것이다. 지적 수준에 비해 자기 확신감이 부족하고 기분이 다소 불안정한 시기가 있었으나 우려할 정도의 심각한 정신적 문제는 발견되지 않았다. 일종의 그루밍 피해 사례로 판단되었다.

속이 음흉하고 교활한 사람이 자신의 의견에 동조해야만 할 것 같은 분위기로 몰고 가며, 죄책감을 유발하고 자신의 의견을 강요할 때 '그건 당신 생각이고 내 생각은 다르다'라고 명확히 선을 긋는 것이 바람직하다. 교묘한 논리로 합리화하면서 조종하려 들 때 복잡한 생각을 접고 그냥 거절하는 것이 교활한 상대를 좌절시키는 방법이 될 수도 있다.

겉보기와 달리 리더가 무능하거나 아무 생각이 없어 문제를 일으키는 경우는 문제를 공개하고 자리에서 내려오게 하는 것이 가장 합리적이다. 어리석은 리더의 고집에 사악한 동조자가 붙으면 상황이 복잡해지기도 한다. 리더가 겉보기에 특별히 사악한 인상을 주지 않아 조직에 끼치는 문제의 심각성이 간과되는 것이 문제다. 원칙에 따른 적극적인 문제 해결이 최선의 방법이다.

더 이상 모른척하지 않고 상대의 문제를 지적해야 할 때가 있다. 잘못을 지적할 때는 상대의 자존심을 보호하기 위해 우회적으로 접근하는 것이 바람직하나, 못된 사람을 대할 때는 단호하고 명확하게 설명해 주어야 한다. 사실과 다른 부분을 지적하고 믿기 어렵다는 반응을 보이며 상대의 의도를 알고 있음을 전달할 필요가 있다. 잘못에 대해서는 규정과 법에 따라 엄격하게 대처하는 게 좋다. 문제를 지적할 때는 공허한 원칙과 명분보다는 손익(보상과 처벌) 관점에서 상대에게 득과 실이 무엇인지 설명해 주는 것이 설득력이 있다.

못된 사람이 본색을 드러낼 때 품위를 잃지 않기 위해 감정을 자제하고 예의를 차리다 보면 마땅히 대처하기가 어려울 수도 있다. 상대가 터무니없는 주장을 하거나 위협적인 태도로 나올 때는 상대의 수준으로 내려가 싸울 각오를 해야 할 때도 있다. 화를 심하게 내지 않고는 말이 통하지 않기 때문이기도 하다. 그러나 원초적 분노를 표출하면 가해자로 몰고 피해자 행세하면서 문제의 본질을 흐릴 가능성이 있어 주의할 필요가 있다. 도를 넘어선 말과 행동(심한 비난, 욕, 협박)은 무슨 뜻인지 되묻거나, 녹음이나 녹화를 하겠다고 말하는 것도 못된 행동을 제지하거나 대처하는 방법이 될 수 있다. 못된 사람에게 적절하게 대응하지 못하고, 당했거나 싸움에서 졌다고 너무 속상해하거나 스스로를 탓할 일은 아니다. 못된 사람은 원래 다른 사람의 감정은 아랑곳하지 않고 뻔뻔한 데다가 사고방식이 달라 보통 사람들이 감당하기 쉽지 않기 때문이다.

못된 사람에 대한 어설픈 이해나 설명은 핑곗거리를 만들어 주는 변호사가 되길 자처하는 태도다. 시기심은 애정 결핍에서 비롯된 것이니 사랑으로 감싸야 한다는 생각은 대개 도움이 되지 않는다. 애정 결핍에서 시기심이 비롯될 수 있으나 그렇다고 해서 사랑으로 감싸는 것은 상황을 더 악화시킬 가능성이 크다. 못된 면이 우리의 그림자이니 이해하고 받아들여야 한다는 생각 또한 적절하지 않다. 그림자라는 말은 남을 비난하기에 앞서 성찰할 필요가 있고 지나친 반응을 자제하라는 뜻이지, 그림자이니 도덕적 판단을 유보하라는 뜻은 아니기 때문이다. 못된 사람에 대해 판단을 유보하고 중립적 태도를 지키는 것은 사실상 동조자가 되는 것과 다름이 없다.

4장

가족이기
때문에

아서 밀러의 《세일즈맨의 죽음》은 가족을 위해 헌신적으로 일해 온 세일즈맨과 아버지로부터 심리적으로 독립해 나가는 아들 사이의 갈등을 잘 보여 주는 작품이다. 예순이 넘은 윌리 로먼은 30년 넘게 세일즈맨으로 가족을 부양해 왔다. 집도 장만하고 자동차도 사고 정말 열심히 살았다. 두 아들에 대한 자부심과 기대도 컸다. 특히 큰아들 비프에 대한 기대는 남달랐다. 가족들은 평범한 세일즈맨이지만 누구나 알아주는 대단한 사람인 것처럼 말하는 가장인 윌리를 사랑하고 존경한다. 윌리는 매사 긍정적이고 유쾌하다. 그는 아들이 자신의 뜻을 이어 사회적으로 성공할 것이라고 믿는다. 그리고 사소하지만 부도덕한 아들의 행동도 대수롭지 않게 여기며 방관해 버린다. 매우 현실적인 둘째 아들 해피는 여자들과 즐기며 요령껏 산다.

고교 졸업을 앞두고 수학 시험에 낙제한 장남 비프는 존경하는 아버지에게 도움을 받기 위해 찾아갔다가 부친의 외도를 목격한다. 이 충격으로 비프는 대학 진학을 포기하고 방황하게 된다. 도벽으로 처벌받기도 한다. 서른네 살이 되기까지 번듯한 일자리도 못 구하고 결혼도 못 한 비프에게 윌리는 퉁명스럽게 대하면서도 특별한 사람이 될 거라는 믿음은 버리지 않는다. 아버지의 기대에 못 미쳐 괴로워하는 비프는 부친이 바라는 삶이 자신이 원하는 삶이 아니라는 사실을 깨닫게 되자, 아버지와 자신 모두 돈도 못 벌고 아무것도 아니라는 사실을 받아들여야 한다고 외친다. 30년도 넘게 일해 온 직장에서 해고당한 윌리는 차 사고로 죽음을 맞이하며 가족에게 보험금을 남겨 준다. 장례식에서 둘째 해피는 아버지의 뜻을 이어 최고가 되겠다고 말한다.

가족 관계는 대인 관계의 시작이다. 가족 관계를 통해 사랑을 체험하고, 무엇이 소중한지를 알게 되고, 소통하는 법을 배운다. 가족 관계는 대인 관계에 많은 영향을 준다. 가족 관계는 정서적 안전기지 역할을 하게 될 뿐만 아니라 사회적 활동의 기반이 된다. 건강한 가족 관계는 행복한 삶의 조건이기도 하다. 그러나 가족 관계가 원만하지 않은 경우도 적지 않다. 가족이라 기대가 큰 만큼 실망도 크고, 가까이 지내는 만큼 상처받기도 쉽다. 가족이어서 위로받기도 하지만 가족 관계가 숙명적 굴레가 되는 경우도 적지 않다.

다른 집안은 모두 화목한데 자신의 가족만 문제가 있다고 생각하는 사람이 많다. 사회적으로 성공한 사람은 집안도 좋을 것만 같다. 그러나 유명인이거나 성공한 사람이라고 해서 가족 관계가 다 좋은 것은 아니다. 철학자 쇼펜하우어는 어머니와 갈등이 심해 나중에는 서로 보지 않을 정도였다. 어릴 때는 사교적 활동으로 바쁜 어머니의 보살핌을 제대로 받지 못했고, 커서는 작가로 명성을 얻은 어머니와 사사건건 부딪쳤다. 아버지보다 스무 살 연하인 어머니가 아버지를 제대로 돌보지 않아 돌아가셨다는 생각에 갈등이 더 심해진다. 게다가 어머니가 연하의 젊은 남자를 만나면서 서로 연락을 끊고 지내게 된다.[45]

미국 전 대통령 빌 클린턴Bill Clinton은 출생 전에 생부가 사망하여 마트를 운영하는 외조부 밑에서 자랐다. 어머니 버지니아가 간호 학교에 다녀야 했기 때문이다. 클린턴이 다섯 살 되던 해에 어머니가 재혼하며 자동차 딜러였던 계부와 살게 되는데, 계부는 알코올 중독에 도박을 일삼는 폭력적인 사람이었다.

인지 행동 치료를 창시한 심리학자 앨버트 엘리스Albert Ellis도 어려서 부모의 보살핌을 제대로 받지 못하고 자랐다. 사업상 출장이 잦은 아버지는 아이들에게 애정이 별로 없었고, 감정의 기복이 심하고 자기중심적이었던 어머니도 아이를 돌보는 데 관심이 없었다. 엘리스는 병치레가 잦아 입원을 반복했는데, 부모는 간호는커녕 면회도 자주 오지 않았다고 회상한다. 학교에 갈 때 자고 있던 엄마는 집으로 돌아오면 없었다. 부모가 이혼하자 어머니와 살게 된 12세의 엘리스는 동생들을 돌봐야 했다. 자기 돈으로 자명종을 사서 동생들을 깨우고 옷을 챙겨 주곤 했다.

가족 관계를 볼 때 필자는 다섯 가지 관점에서 바라본다. ① 가족 구성원의 성격과 역할 수행, ② 위계 및 경계, ③ 소통, ④ 정서적

지지와 ⑤ 가족의 가치관으로 가족 관계의 건강 정도를 파악한다.

가족 중 한 사람의 성격에 심각한 문제가 있는 경우 가족 내 갈등이 고조됨은 따로 설명할 필요가 없다. 가족 중 누군가가 지배적이고 자기애적 성향이 강하면 소통과 의사 결정이 일방적으로 이루어져 나머지 가족들은 좌절감을 느끼게 된다. 편집적이어서 계속 시비를 거는 경우도 힘들기는 마찬가지다. 지나치게 꼼꼼하거나 간섭이 심한 경우도 그렇다. 가족 중에 한 사람이 정서적으로 매우 불안정해도 집안의 긴장 수준이 올라간다.

〈변신〉, 〈심판〉 등의 작가 프란츠 카프카Franz Kafka의 부친은 자수성가한 사업가로 매우 독단적이었다. 자신의 생각에 동의하지 않으면 화를 내 아들을 두려움에 떨게 했다. 자신의 자존감을 유지하기 위해 다른 사람을 깎아내리는 유형의 사람이었다. 카프카는 그의 부친이 독재자의 특성을 지니고 있다고 말한다. 부친이 요구하는 강인함이나 재능 등을 지니지 못했다고 생각하는 카프카는 "아버지와 관련해서는 자신감을 잃고 대신 무한한 죄책감을 얻었습니다"라고 말한다.[46] 그의 부친과의 관계는 아들에게 악마 같은 인간이라면서 익사형을 선고하는 소설 〈선고〉에 잘 나타나 있다.

카프카의 대표작 〈변신〉에서 가족을 부양해 오던 그레고르 잠자는 어느 날 갑자기 벌레로 변신하면서 가족에게 쓸모없고 부끄러운 존재로 소외되고, 부친이 던진 사과에 맞아 결국 죽게 된다. 카프카의 작품을 관통하는 쓸모없고 하찮은 존재로 여겨지는 데 대한 불안과 피해 의식, 죄책감은 인간의 근원적 불안을 반영하나 성장 과정의 가족 관계와도 무관하지 않아 보인다.

러시아 작가 안톤 체호프Anton Chekhov도 특이한 성격의 아버지로 인해 마음 고생하면서 자랐다. 술주정뱅이인 아버지에게 언제 매를 맞을지 몰라 늘 긴장된 분위기 속에서 살아야 했는데, 매 맞는 이유를 도무지 이해할 수 없었다고 한다. 아버지는 사랑하기 때문이라면서 또는 겸손을 주입하기 위한 하나님의 뜻이라며 매질을 했다. 아버지가 술에 취한 날이면 어린 나이에 참기 어려울 만큼 추운 겨울에 벌벌 떨며 식료품 가게를 지켜야만 했다. 성가대 지휘자인 아버지는 일요일이면 새벽 네다섯 시부터 깨워 성가대 연습을 시키고 집에 오면 성당에서 했던 의식을 반복하게 하여 지쳐서 놀고 싶은 마음이 사라질 정도였다.[47]

역할 수행은 가족 구성원 각자가 기대되는 역할을 잘하고 있는지에 관한 것이다. 가장의 역할, 집안일을 하는 사람의 역할, 부모의 역할, 자녀의 역할 등을 말한다. 맞벌이 부부라면 설거지나 육아 등이 갈등 요인이 될 수 있다. 과거 전통적 가족 역할과 달리 가장의 역할을 아내가 하고 살림을 남편이 할 수도 있다. 가족 내 역할에 서로 불만이 없으면 문제될 것이 없다. 그러나 한 사람이 두 가지 이상의 역할을 해야 하는 상황이 되면 불만이 싹틀 수 있다.

어른이 어른 역할을 못 하고, 아이가 어른 역할을 하는 경우도 문제가 된다. 무능하고 무책임한 남편에 실망한 아내가 똑똑한 아들에게 심리적으로 의존하게 되면 발생하는 문제다. 아들이 또래와 달리 어른스러워질 수 있는데 바람직한 현상은 아니다. 현실적으로 어린 나이에 집안의 생계를 유지하는 가장 역할을 하는 일도 있다. 이 때 아이는 의존 욕구가 충족되지 않아 신경증적 증상을 보이거나 어른 행세를 하느라 또래들과 자연스럽게 어울리지 못할 수 있다.

《세일즈맨의 죽음》에서 장남 비프가 나이 서른이 넘도록 제대로 자리를 잡지 못한 점도 가족 구성원의 역할 수행 면에서는 아쉬운 부분이다. 앨버트 엘리스의 경우 아이가 어른 역할을 하게 된 점이 문제라고 볼 수 있다. 부모가 자녀를 제대로 돌보지 않아 생긴 결과다. 또한 이혼 가정에서 자녀가 배우자 역할을 대신하게 되는 경우도 문제가 된다. 빌 클린턴의 경우 어머니가 공부하느라 아이를 제대로 돌볼 여유가 없었으나, 외조부가 부모 역할을 대신하는 동안은 별문제는 없을 수 있다. 부모가 아이를 돌보지 못하더라도 누군가가 그 역할을 대신 잘해 준다면 그다지 문제가 되지 않을 수 있다.

부모가 부모 역할을 제대로 못 할 경우, 부모들 간의 갈등이 심할 경우, 부녀 관계 또는 모자 관계의 갈등이 심할 경우 부성 콤플렉스 또는 모성 콤플렉스가 자극받아 부정적인 남성상이나 여성상이 형성될 수 있다. 이는 훗날 자녀들의 배우자 선택이나 결혼 생활에 영향을 준다.

또래 남성을 이성으로 사귀는 데 어려움을 겪는 B의 경우, 여성적인 것을 열등하다고 느끼고 매사 남성에게 지기 싫어하는 성향이 있다. B는 어려서 딴 살림을 차려 나간 아버지를 증오하고, 그런 아버지에게 미련을 못 버리는 어머니를 바보 같다고 생각하며 자랐다. 똑똑하다고 칭찬받고 자란 B는 어머니가 다 큰 딸인 자신에게 사사건건 참견하고 모질게 대한다고 불만인데, 어머니 말로는 딸이 나이든 유부남과 사귄 적이 있기 때문이라고 한다.

위계란 가족 구성원 사이의 서열을 말하고, 경계는 심리적 거리를 뜻한다. 부부 관계는 대등하고, 부모 자식 관계는 부모가 위가 되고 자식이 아래가 되는 관계가 일반적이다. 그러나 현실은 그렇지 않은 경우가 적지 않다. 앞에서 본 앨버트 엘리스의 경우 엘리스가 어른 역할을 하며 어머니와 대등한 관계가 되고 동생들이 엘리스와 어머니의 아래가 되는 가족 구성이 된다. 부부간에 한쪽이 지배적인 성격일 때 대등한 관계가 유지되지 못한다. 한쪽이 지나치게 지배적이면 당하는 배우자는 불만이 쌓여 우울해질 수 있다. 또 조부모가 지배적이면 조부모가 부모를 애들 취급하면서 부모가 자식과 동격이 되는 집안도 있다. 이런 경우는 자식이 부모의 권위를 존중하지 않고 말을 잘 듣지 않을 수 있다.

가족 간의 심리적 거리는 적절하게 유지하는 것이 좋다. 너무 멀고 무관심하면 소원한 느낌이 들고 남남과 다를 바 없어진다. 앨버트 엘리스의 경우 이혼 전 부모의 부부 관계는 물론 부모와 자녀의 관계도 거리가 멀게 느껴진다. 반면 지나친 기대와 간섭은 심리적 거리가 너무 가깝다는 것을 의미한다.

《세일즈맨의 죽음》에서 아버지와 장남의 관계가 매우 밀착된 관계라고 말할 수 있다. 거리가 가까운 만큼 실망도 크고 갈등도 깊어진다. 아버지의 아들에 대한 기대가 문제가 되는 것은 기대는 곧 부모의 욕심이고 집착이기 때문이다. 아버지의 기대를 한몸에 받고 자란 장남 또한 아버지의 기대와 감정으로부터 좀 더 일찍 자유로워졌어야 했다. 아버지 또한 아들을 통해 자신의 꿈을 실현하려 하기보다, 아들로부터 심리적으로 독립해야 했다. 자식은 부모에게서 독립할 필요가 있고 부모도 자식으로부터 심리적으로 독립해야 한다.

《세일즈맨의 죽음》에서 비프는 번듯한 일자리를 구하지 못하나 비프의 친구 버나드는 법관이 되어 나타난다. 버나드의 부친인 이웃집 찰리는, 버나드를 어떻게 키웠는지 묻는 윌리에게 간섭하지 않고 알아서 하게 내버려 둔 덕택이라고 말한다.

소설《피아노 치는 여자》에서 에리카와 그녀의 어머니는 병적으로 밀착된 모녀 관계를 보여 주는 좋은 예다. 어머니는 오직 에리카만을 바라보며 떠받들고, 딸의 일상을 모두 챙기고 간섭하며 자신의 기대에 어긋나지 않게 최고의 피아니스트가 되어야 함을 주지시킨다. 오로지 딸을 위해 모든 것을 희생하는 듯이 말하면서, 자신이 모든 것을 도와줘야 한다고 불평을 늘어놓으며 죄책감을 유발한다. 그러면서 정작 필요한 스타킹이나 속옷을 살 돈은 주지 않아 과보호하는 행동과는 다른 모습을 보여 혼란스럽게 한다. 에리카는 음악원 교수가 되어 사회적으로는 성공하나, 자기중심적이고 지배적인 모친의 그늘에서 헤어나지 못하고 신경증적 증상을 경험하며 불행한 삶을 살게 된다.

문정왕후와 아들 명종의 관계도 지나치게 밀착된 모자 관계를 보여 준다. 명종이 열두 살에 왕위에 오르자 문정왕후는 8년간 수렴청정을 했다. 그런 문정왕후는 명종이 자신의 요구 사항을 들어주지 않으면 누구 덕에 임금이 된 것인데 그럴 수 있냐면서 무섭게 꾸짖고 다그치며 호통을 쳤다. 그러면 명종은 눈물을 흘리며 울기까지 했고 스트레스를 받아 심열증(화병)을 얻을 정도였다.[48]

D. H. 로렌스의《아들과 연인》에서 모렐 부인이 남편에게는 등을 돌리고 아들에게 관심을 쏟으면서 모자 관계는 매우 밀착된다. 남편

은 소외감을 느끼며 화를 내곤 하나 그럴수록 가족들로부터 멀어지고 이방인이 되고 만다. 아들 폴은 연인 미리엄을 좋아하고 정신적 교감을 나누지만 온전한 사랑을 하지 못하고 헤어진다. 자신이 여성의 표준으로 생각하는 어머니가 미리엄을 싫어하는 것이 헤어진 이유다.

가족 간에 말이 안 통해 답답해하는 경우를 많이 본다. 남이라면 안 보면 그만이지만 가족이라 그럴 수도 없다. 현실적 문제로 의견을 모아야 하면 문제가 심각해질 수 있다. 소통이 안 될 때는 가족 간에 서로 생각이 다를 수 있음을 인정하지 못하는 것은 아닌지 확인해 볼 필요가 있다. 가까운 사이라고 해서 의견이 같아야 한다는 법은 없다. 부모 자식 사이라도 서로 독립된 개체임을 인정하고 의견이 다르더라도 존중해 주는 태도가 중요하다.

소통하는 방식도 문제가 될 수 있다. 《세일즈맨의 죽음》에서 아버지와 장남은 소통이 잘되지 않는다. 아버지는 아들의 마음이 자신과 같을 것으로 생각하고, 아들은 아버지를 실망시킬까 두려운 마음에 서로 솔직하게 대화하지 못한다. 자신을 있는 그대로 드러내지 못하는 점이 문제다. 부모와 자식 간에 단정적으로 말하거나 명령 또는 지시하는 투의 표현이 소통의 걸림돌이 될 수 있다. 칭찬은 인색하고 비난만 하는 경우도 마찬가지다. 또 가족 간에 상처 주고 사과할 줄 모르고, 잘해 주어도 감사할 줄 모르는 경우도 많이 본다. 가족 간에 소통을 평가할 때 물어보는 말이 있다. 미안하다는 말을 하는지, 고맙다는 말을 하는지 그리고 칭찬을 할 줄 아는지다.

가족이 남과 다른 점은 무엇보다 서로에 관한 관심과 애정이다.

가족 간에 친밀감을 못 느끼고 정서적 지지가 없다면 너 이상 가족이라고 말하기 어렵다. 정서적 유대 관계를 바탕으로 한 가정은 사회적 활동의 안전 기지 역할을 하게 된다. 부모에게 인정받지 못하면 밖에 나가서도 기를 펴지 못한다. 밖에서 치이고 속이 상할 때, 함께 속상해하고 위로해 주는 게 가족이다. 공부를 못해도 내 자식, 돈을 못 벌어도 내 남편이라고 격려해 주는 사람이다. 가족에 대한 애착이 없어지면 삶이 공허해지고 더 이상 살아야 할 이유를 찾기가 어려워질 수 있다.

부모의 가치관도 가족 관계에 많은 영향을 준다.《세일즈맨의 죽음》에서 윌리 로먼은 사회적 성취와 세간의 평판에 자존심을 건다. 페르소나에 사로잡혀 있다고 말할 수 있다. 그러나 도덕적으로 일탈한 아들의 행동에는 관대하다. 도덕적 문제에 대해 대수롭지 않게 생각하며 성장한 장남은 도벽을 갖게 되고, 둘째는 여자들과 어울리느라 정신이 없다. 아버지의 기대에 부응하지 못한 비프는 결국 자신의 삶을 실패로 규정한다. 아버지의 장례식에서 장남은 아버지로부터 심리적 독립을 선언하나 둘째는 아버지의 뜻을 받들겠다고 말한다. 가치관이 부자간에 유전되는 것을 보여 준다. 사실 세일즈맨 윌리의 죽음은 가족들에게 보험금을 물려주기 위한 것처럼 보여지나 페르소나에 얽매인 삶의 귀결일 수 있다.

부모의 가치관이 지나치게 도덕적인 면을 강조하면 자식은 그 반대의 삶을 사는 경우도 적지 않다. 부모 대신 자녀가 그림자의 삶을 살게 되는 것이다. 그것은 부모가 살아 보지 못한 삶이다. 부모가 지나치게 페르소나를 강요할 때 자녀는 그림자의 유혹에 빠져드는 경우를 적지 않게 볼 수 있다. 사회적으로 성공한 부모에게 도덕적 문제가 있을 때 자녀가 강박적으로 부모의 도덕적 빚을 떠안고 사는 일도 있다. 돈과 명예를 중시하는 세속적인 부모와 달리 윤리적 삶을 강조하며 사회 정의를 부르짖는데 현실의 삶은 부모에 의존하며 갈등을 겪기도 한다.

건강한 가족 관계는 부모로부터 심리적 독립이 이루어질 때 가능하다. 프로이트가 신경증의 원인이라고 일컫은 오이디푸스 콤플렉스도 부모로부터의 독립과 관련된다. 부모로부터의 심리적 독립은 인격 발달의 중요한 과제다. 주로 청소년기 과제라고 하나 사실 평생 과제다. 자라면서 부모에게서 받은 상처는 쉽게 아물지 않는다. 평생 지속되기도 한다. 부모로부터의 심리적 독립은 간섭하지 말라고 목소리를 높이는 것이 아니다. 과거 부모에게 받은 영향에서 벗어나는 것이다. 불행했던 과거를 회상하면서 더 이상 상처받지 않고 어렴풋한 옛일로 떠올릴 수 있을 때 심리적 독립이 이루어졌다고 말할 수 있다. 현실의 부모가 인간적 결함을 가진 평범한 사람이라는 사실을 받아들이고 머릿속에 그리는 이상적인 아버지나 어머니가 아닐 수 있다는 점을 깨달을 때 과거의 상처로부터 자유로워질 수 있다. 아버지에게 이유를 알 수 없는 매를 맞고 자랐으나 훗날 어려움을 딛고 의사와 작가가 된 안톤 체호프는 아버지가 대단한 독재자가 아니라 그저 다소 무력한 늙은이였다고 회상하며 용서하고 아버지로부터 자유로워진다.[49]

5장

생각 없이
사는 것도 죄

"행복한 인생은 놀랄 정도로 선한 인생과 닮았다."[50] 버트런드 러셀이《행복의 정복》에서 한 말이다. 선한 인생은 그 자체가 보상이고 가치 있는 삶이다. 선하게 살기 위해서는 무엇이 옳고 그른지, 또는 바람직한지 아닌지에 대한 가치 판단을 할 수 있어야 한다. 적절한 가치 판단을 위해서는 잘 분화한 감정 기능(애덤 스미스가 말하는 도덕 감정, 공감 능력)과 합리적 사고를 할 수 있는 능력이 필요하다. 스스로 이런 능력을 갖추고 있지 못할 때는 신뢰할 만한 사람의 도움을 받을 줄 알아야 한다.

융의 성격 유형론에 따르면 가치 판단은 주어진 상황에서 그것이 용인 가능한지, 적절한지 또는 소중한지 판단하는 것인데, 감정 반응이나 원칙에 기초한 사고를 토대로 이루어진다. 성격 유형에 따라서 가치 판단 능력에 차이를 보일 수 있다. 예를 들어 감각적 유형의 경우 가치 판단 능력이 열등하여 다른 사람의 의견에 휘둘리거나 엉뚱한 고집을 부릴 수 있다. 융은 선악의 판단이 인간의 능력을 벗어날 때도 있으나, 각자 마음속에 내재된 보편적인 도덕적 원형을 토대로 공감이나 합리적인 가치 판단을 할 수 있다고 보았다.[51]

선하게 살기

선한 행동을 어떻게 구별할 수 있을까? 선한 행동이 누구를 위한 것인지, 얼마나 자기중심적인 데서 벗어나 있는지 혹은 보상을 바라는지 등을 생각해 보면 알 수 있다. 칸트는 인간 행동에 원래부터 존재하는 도덕률을 발견해 이를 '정언 명령'이라 불렀다. 칸트에 따르면 정언 명령은 조건에 따른 가언 명령과 달리 그 자체로 옳고 조건 없이 지켜야 하는 명령을 말한다. 남을 자신의 욕구 충족을 위한 수단으로 대하지 말라는 것은 정언 명령에 속한다. 선한 행동은 보상과 무관하게 그 자체로 좋은 것이다. 그러나 굳이 정언 명령과 같은 칸트의 어려운 철학이나 공자의 《논어》를 인용하지 않더라도 '남을 자신의 욕구 충족을 위한 수단으로 대하는 것'과 '내가 싫어하는 것을 남에게 요구하는 것'이 옳지 않다는 것을 알고 실천하는 사람이 선한 사람임을 우리는 쉽게 알 수 있다.

정의만 부르짖고 선善만 고집하는 사람은 선악에 대해서 진지하게 고민하는 사람이라 볼 수 없다. 선한 사람은 인간의 본성이 탐욕과 이기심에서 비롯된 악의 가능성에서 벗어날 수 없고 선과 악의 경계가 모호하다는 것을 이해하기에 자신을 돌아볼 줄 알고 남을 쉽게 비난하지 않는다. 융은 '도덕적moral'이라는 단어가 관습을 의미하는 '모레스mores'라는 라틴어에서 유래한 말이라고 하며, 도덕적이라는 단어를 선악의 관념과 연결하지만 이 단어가 상대적 의미를 지닌다는 점을 잊지 말아야 한다고 말한다. 거짓말이 스위스에서는 부도덕한 행위지만 이탈리아에서는 인간미 넘치는 관습이 될 수 있다.[52] 하지만 이러한 선악의 모호성을 이용해서는 안 된다. 진정성이 있고 선한 사람은 선악의 경계가 모호하다는 이유로 모호한 태도를 보이며 책임을 회피하거나, 선악을 초월한 듯한 행동을 하지 않는다.

융은 스스로 선과 악을 초월했다고 생각하는 사람들이 인류 최악의 고문자라고 말한다. 융은 인간 존재의 내면에 도사리고 있는 악의 위험을 간과해서는 안 된다고 했다. 악의 위험이 지나치게 현실적이기 때문이다. 그러므로 심리학이 악의 현실성을 주장해야 한다고 말한다.[53] 악이 현실적으로 존재하고 위험하다는 사실을 인식해 '악의 평범성'에 동조하지 말아야 한다.

'악의 평범성'은 독일 태생 유대인이자 하이데거의 제자였던 한나 아렌트Hannah Arendt의 개념이다. 나치의 박해를 피해 미국으로 망명하여 프린스턴 대학의 철학 교수가 된 그녀는 나치 유대인 학살의 주범 아이히만에 대한 재판을 지켜보고 《예루살렘의 아이히만: 악의 평범성에 대한 보고서》를 출판한다. 아렌트는 이 책에서 아이히만이 괴물이나 이상한 사람이 아니고 가정적인 지극히 평범한 사람이라며 '악의 평범성banality of evil'이란 용어를 사용한다. '악의 평범성'은 겉보기에 악해 보이지 않는 평범한 사람이 집단에 동조해 아무 생각 없이 사악한 행동을 할 수 있다는 것이다. 악의 평범성은 악행을 저지르고도 자신은 그냥 시키는 대로 또는 남들을 따라 했을 뿐이라고 무비판적으로 생각하는, 즉 스스로 가치 판단을 하지 않고 생각 없이 살면서 책임을 피하는 사람을 가리킨다. 아렌트는 최종적으로 악의 근원이 사유思惟하지 않는 데 있다고 설명한다.

선한 삶을 지향하는 사람은 옳지 않다고 생각하는 일에 다들 모른 척할 때 외면하지 않고 나설 줄 아는 용기가 있는 사람이기도 하다. 때로는 좋지 않은 기미를 미리 알아차리기 때문에 까다롭거나 예민한 사람으로 비칠 수도 있다. 쓸데없이 나서서 손해 보는 어리석은 사람으로 보일 수도 있다. 사소한 일에 옳고 그름을 따지고 집착하는 고지식한 사람으로 오해받기도 한다. 그러나 적절한 것이 무엇인지 알고 다들 모른 척하기에 나서는 것이다. 현실은 선이 지배하는 세상이 아닐 수 있으나 선을 지향하는 삶이 바람직하다고 생각한다. 융은 선과 악 중에 어느 것이 이 세상을 지배하는지 솔직히 잘 모른다고 하면서 선이 더 적절해 보이기 때문에 선이 지배해 줬으면 하고 바랄 뿐이라고 말한다.[54]

심각한 문제가 불 보듯 뻔하다는 전문가들의 우려에도 고위직 공무원 J는 개정된 법안의 시행을 고집한다. 개정안은 본인이 만든 것이 아니므로 본인은 결과에 책임질 일이 없다고 생각하기 때문이다. 본인의 역할은 개정안에 의견을 내는 것이 아니라 이미 통과된 개정안을 시행하는 것뿐이라고 스스로를 합리화한다. 결국 개정안 시행으로 사회에 심각한 문제가 발생하고 전문가들이 경고한 문제점이 원인으로 지적되나 아무도 책임지는 사람은 없다.

J의 경우가 악의 평범성의 한 예가 될 수 있다. J는 아무 생각 없

이 늘 하던 대로 행동한 것뿐이다. 실제 문제가 발생해도 적당히 땜질하고 드러나게 하지 않으면 된다고 생각한다. 근본 문제를 해결하는 일은 너무 번거롭고 복잡한 일이라 골치 아프게 자처할 이유가 없다. J의 말 대로 본인이 혼자 어떻게 할 수 없는 일이었다 하더라도 진실을 파악하고 알릴 의무는 있다. 젊은 시절 미셸 푸코에 심취해 철학을 공부하고 사회 정의를 외쳤다고 자랑하는 J의 말이 공허하게 들린다.

겸손하고 온화한 사람으로 알려져 있던 S는 원만한 인간관계를 바탕으로 기업체의 장長이 되었다. 조직을 운영하는 데 옳고 그름의 원칙이나 규정보다는 사람들과의 관계를 중요하게 생각한다. 다수 의견이 중요하고, 좋은 게 좋은 것으로 생각한다. 문제는 다수 의견이 자신의 마음에 드는 사람으로 구성된 위원회 의견이라는 점이다. 결국 다수 의견이 아니라 자신의 마음에 드는지 안 드는지가 판단의 기준인 셈이다. 객관적인 것처럼 보이나 매우 자의적이다. 그러면서 상대방이 원칙이나 규정을 따지면, 잘난 척하며 도덕적 우월감을 내세우는 사람이라고 비난하며 멀리한다. 조직에서는 무능해도 무조건 S의 비위를 잘 맞추는 사람이 득세한다. 그간 겸손한 S의 인품을 높이 평가하고 따르던 사람들이 하나둘 멀어지지만 본인은 전혀 눈치채지 못한다.

S의 사례와 같이 권력을 쥐게 되면 숨겨진 문제(그림자, 열등한 부분)를 드러내는 경우가 적지 않다. S의 겸손하고 온화한 이면에는 열등감 또는 부적합한 느낌이 숨겨져 있다. 어쩌다 장이 되었으나 스스로도 자신이 그 자리에 적합한 사람인지 의구심을 가지고 있다. 그

러나 S는 오히려 확신에 찬 사람처럼 행동하며 조언을 하거나 비판적 의견을 내세우며 자신의 의구심을 건드리는 사람을 견디지 못한다. 높은 자리에 오르자 위원회를 방패막이로 삼아 더 이상 겸손한 모습을 보이지 않는다. 더 큰 문제는 자신의 사회적 이해관계에 사로잡혀 무엇이 소중한지 가치 판단을 제대로 하지 못한다는 점이다. 겸손한 모습으로 자신의 무능을 감추고, 가치 판단을 제대로 못 하는 리더는 결국 조직에 피해를 주게 된다. 조직 구성원에게 원칙이 없는 인사 문제는 작은 일 같지만 누적되면 큰일이 될 수 있다. 문제는 리더가 되기 전에는 그의 무능이 드러나지 않는 데 있다. 겉보기에 겸손하고 온화한 사람의 무능은 권력을 쥐면 악이 될 수 있다.

집단에 매몰되지 않아야

살아가는 데 개인과 개인 사이의 관계뿐 아니라 개인과 집단과의 관계가 문제될 수 있다. 개인은 직장, 단체, 사회 또는 국가와 같은 조직에서 벗어날 수 없는 것이 현실이다. 개인과 집단과의 관계를 바라보는 시각은 개인의 성격이나 가치관에 따라 다를 수 있다. 심리학자는 개인에 초점을 맞추고, 사회학자는 사회적 관점에서 개인을 바라보는 경향이 있다. 집단을 단순히 개인적 특성의 합으로 보는 관점이 있고, 집단은 개개인으로 환원될 수 없는 고유한 특성과 기능이 있다고 보는 시각도 있다. 조직을 우선시하는 사람도 있고, 조직보다 개인을 중시하는 사람도 있다.

문제는 개인과 집단 간에 적절한 조화가 필요하나, 현실은 개인과 집단의 성격에 따라 그것이 쉽지 않다는 데 있다. 개인은 집단으로부터 자유롭지 못하고 다수를 따르는 경향이 있다. 다수 의견이 자신의 견해인 것처럼 생각하게 된다. 다수가 더 옳을 것 같다고 생각하고, 소수보다는 다수에 속하는 게 안전하며 지배 세력의 한 사람이 된 것 같은 느낌이 들기 때문이다. 이런 사람은 소신껏 행동한다고 믿고 있으나, 사실 남의 생각을 따르는 어리석은 대중의 한 사람일 뿐이다. 집단 의견을 따르는 대중 100명의 의견이 현명한 개인 한 사람의 비판적 의견보다 낫다고 말할 수 있을지 생각해 볼 일이다.[55]

아무 생각 없이 집단에 매몰될 때 개인의 정체성은 사라지고 도구적 존재로 전락하면서 자기실현 또는 개성화와는 거리가 멀어지게 된다. 더 이상 스스로 진정한 자신의 원칙에 따라 자유롭게 행동하는 사람이라고 볼 수 없다. 집단에 무조건 동조하기보다는 개개인이 올바른 판단을 하고 개인의 고유한 가능성을 살릴 수 있을 때, 자기실현뿐만 아니라 사회 발전도 이룰 수 있다. 개별 의견을 가진 현명한 사람 100명이 집단에 동화되어 어리석은 한 사람이 되는 일을 경계해야 한다. 융은 집단에 매몰되지 않기 위해서는 내면의 소리(영혼의 소리, 다이몬, 소명)에 귀를 기울일 줄 알아야 하며, 그것이 인격자가 되기 위한 전제 조건이라고 말한다.[56]

집단이 사회 정의와 같은 거창한 '선'을 표방하고 개인의 순응을 요구할 때 '선'을 가장한 전체주의적 발상은 아닌가 생각해 볼 필요가 있다. 전체주의의 문제는 전체를 위해 개인의 개별적 특성이 존중되지 않는다는 데 있다. 모두가 잘 살기 위한 것이라는 전체주의의 구호와 달리 개인의 행복은 보장되기 어렵다. 삶의 의미를 찾고 행복하다고 느끼는 것은 지극히 개인적 체험이다. 진정한 '선'인지 아닌지는 앞에서 언급한 것처럼 궁극적으로 누구를 위한 것인지, 얼마나 자기중심적인 데서 벗어나 있는지 그리고 그 방법이 적절한지 등을 생각해 보면 알 수 있다.

"공공복지나 평생 안전 보장, 국가들 사이의 평화 같은, 악마를 일컫는 멋진 이름들 아래에 악마가 숨어 있다고 누가 의심하겠는가? 악마는 이상주의 아래에 숨고, 일반적으로 '이즘' 아래에 숨는다."[57] 제2차 세계 대전, 나치즘, 파시즘, 러시아 혁명 그리고 공산주의와 자본주의의 냉전 시대를 겪은 융의 《아이온》이란 책에서 나온 말이다. 사람들은 '악은 단순한 해결책을 내건다'는 사실을 깨닫지 못한다.[58]

융은 인간을 보편적으로 설명할 수 있는 객관적 정신이 존재한다 하더라도 개별 존재를 통하지 않으면 표현될 길이 없다고 주장하며, 그 정신이 개인의 의식에 동화되지 않고 무의식적으로 작용하면서 집단을 사로잡을 경우 재앙을 초래할 수 있다고 경고한다.[59]

6장

의사소통의 걸림돌
이해하기

더불어 살며 적절한 대인 관계를 유지하기 위해서는 의사소통을 제대로 할 수 있어야 한다. 적절한 의사소통 방법은 어떤 관계인지에 따라 그리고 소통의 목적과 상황에 따라 달라질 수 있다.

소통은 특별한 목적을 가지고 전략적 접근을 하는 경우가 아니라면 진정성과 신뢰를 전제로 한다. 진정성은 자신을 실제와 다른 사람으로 보이려 하지 않고 상대를 자신의 목적이나 욕구 달성을 위한 수단으로 보지 않는 태도다. 거짓말하지 않고 상대방을 자신이 원하는 대로 설득하고 조종하려 들지 않아야 함을 말한다. 진정한 관계를 위해서는 선입견이나 편견을 배제하고, 자신의 오류 가능성을 인정하는 태도가 필요하다. 칼 포퍼Karl Popper[60]가 말한 합리적 사고방식이다. 선입견이나 편견은 사실 자신도 알지 못하는 경우가 많다. 상대를 있는 그대로 보고자 노력하며 자신이 잘못 보았을 수 있다는 가능성을 염두에 두어야 한다. 직관적인 사람은 사실 관계에 좀 더 신경 쓸 필요가 있고 감각적인 사람은 보이는 것이 다가 아니라는 생각을 할 필요가 있다.

동료 직원이 왜 일을 그렇게 처리했냐고 흥분해서 추궁한다. 그렇게 일을 처리한 사실이 없는데 그렇다는 전제하에 왜 그렇게 했냐고 이유를 묻는다. 황당해서 대답하기 난처하다. 대화에서 질문의 전제가 잘못된 경우다. 상대가 선입견을 품고 있기 때문이다. 직관적 판단에 의존하는 경우 사실 관계를 때때로 잘못 파악할 수 있다.

고등학생 E는 아버지에게 "네가 그랬지"라는 말과 함께 다짜고짜 야단부터 맞았다. 방바닥이 젖어 있는데, E가 물을 흘리고 닦지 않았다는 이유였다. 알고 보니 동생의 실수였는데 무조건 E가 한 것으로 단정하고 나무라는 아버지에게 설명할 겨를도 없이 야단맞은 게 너무 억울하고 화가 난다.

선입견을 가지고 야단치거나 단정하기 전에 먼저 어떻게 된 건지 물어봤어야 했다. 또한 판단하기에 앞서 상대가 말할 기회를 주어야 한다. 진정한 소통은 자기중심적, 권위적 또는 상하 관계가 아니라 상호적이고 대등한 관계를 바탕으로 이루어진다. 가르치려 들고 설득하거나 지시하는 태도는 상하 관계에서 볼 수 있는 대화 방식이라 옳은 말을 해도 상대가 거부감을 느끼고 저항할 수 있어 소통에 어려움이 생길 수 있다.

시어머니가 손주에게 과자를 주려 하자 며느리가 "어머니, 과자 주지 마세요. 몸에 해로워요"라고 말한다. 그러자 시어머니는 "누군애 안 키워 봤냐? 저 혼자 잘났다"라고 화를 낸다. 며느리는 "아니, 어머니, 몸에 해로워서 주지 말라는데 왜 화내세요" 하며 억울해한다.

시어머니와 며느리 사이에서 종종 벌어지는 상황이다. 시어머니 처지에서는 며느리가 지시하며 가르치려 드는 게 거슬렸던 것이다. 과자를 주고 안 주고의 문제가 아니다. 며느리는 며느리대로 시어머니의 태도가 비합리적이란 생각에 화가 나고 비난하는 말투가 거슬릴 수밖에 없다. "어머니, 과자가 해롭다는데 너무 많이 먹는 거 같아 걱정이에요" 정도로 말했더라면 어땠을까 싶다. 같은 말도 어떻게 하느냐에 따라 효과는 다르다.

50대 후반의 여성 L은 자신이 항상 옳다고 주장하고 다른 사람을 야단치는 것이 특기다. 대화는 늘 자기 자랑 아니면 남을 비난하거나 흉보는 얘기뿐이다. 본인 말만 하기에 바빠 다른 사람의 얘기를 경청하는 법도 없다. 주위 사람들에게 원치 않은 호의를 베풀고 본인의 요구를 들어주지 않으면 잘해 줘도 소용없다는 말을 하기 일쑤다. 다른 사람의 비판적 태도에 민감하나 본인의 말과 태도가 다른 사람에게 상처를 준다는 사실은 모른다. 또한 사실 관계가 맞지 않는데도 자신이 옳다고 확신한다. 직관적 성격의 단점일 수 있다.

L의 소통 방식이 자기중심적이라는 것은 짐작하기 어렵지 않다. 문제는 당사자인 본인은 "내가 언제 그랬냐"며 아무런 문제가 없다고 생각하고 오히려 남을 탓한다는 점이다. 사실 L의 주관적 관점에서 보면 잘못한 것이 아니다. 자신을 높이려 했을 뿐 상대를 일부러 비하할 의도는 없었기 때문이다. 하지만 타인이 볼 때는 분명 누군가를 흉보고 상처를 준 것이 사실이다.

L처럼 자신의 의견에 동조하지 않거나 요구를 거부한다고 상대방을 비난하면 설득을 넘어 사실상 강요가 될 수 있다. 거부한다고 죄책감을 느끼게 하는 경우도 마찬가지다. 상대방이 자유롭게 의사결정을 할 수 있게 하는 것이 상대를 존중하는 상호적 관계다. 자신의 말과 태도가 다른 사람에게 상처를 준 사실을 인식하고 사과하는 법부터 배워야 한다. 흉보거나 비난하지 않고 칭찬하고 고맙다는 말을 할 수 있도록 노력해야 한다.

70대 노부부가 겪는 소통의 문제도 있다. 내원한 아내는 남편이 화를 잘 내고 고지식해서 말이 안 통한다고 불평한다. 아내는 매우 현실적이고 젊어서는 사업으로 돈을 많이 벌었다. 은퇴한 고위 공직자인 남편은 언제부터인가 아내가 자신을 무시하고 구박한다며 자신이 피해자임을 강조한다. 과거 자신이 바람피운 적이 있어서 괴롭히는 것 같다고 말한다. 아내는 이런 내용을 부인했다. 단정적이고 명령조인 남편의 말투와 가부장적 태도가 달라지지 않는 것이 문제라고 설명을 해도 인정하지 않아 답답하다고 한다. 남편은 착하고 성실한 사람이지만 아직 아내가 뭘 좋아하고 싫어하는지, 여자의 마음을 너무 모르는 것도 속상하다. 속으로는 어떨지 몰라도 남편에게 고맙다는 말이나 멋있다는 말을 들어 본 기억이 없다고 한다. 남편은 아내와 같은 매력적인 여인과 사는 것을 자랑스럽게 생각하고 누구보다 사랑한다고 생각하고 있다. 다만 이런 생각을 입 밖에 내지 않았을 뿐이다.

노부부의 경우는 기본적 신뢰와 애정에는 문제가 없다. 아내로서는 소소한 일들이나 취향, 의견을 무시하는 남편의 태도와 권위적인 말투가 늘 거슬렸다. 이제까지 참아 온 아내가 노년에 접어들면서 불만을 표시하며 대꾸하고 듣기 싫은 소리를 하자, 남편은 자신을 무시한다고 느끼고 계속 다툼으로 이어진 것이다. 내향적 성격의 남편이 아내의 말을 액면 그대로 받아들이지 않고 주관적 의도를 헤아리면서 오해가 발생한 것이다. 또 아내를 사랑하는 자신의 속마음을 아내가 당연히 알고 있으리라고 생각해 왔다. 전형적인 외향적 성격의 아내는 남편의 속마음을 헤아리기보다는 드러난 행동으로 상대를 평가한다. 두 부부의 서로 다른 성격에서 비롯된 소통 방식의 차이를 이해하고, 남편이 아내의 의견을 존중하면서 권위적 말투를 고치고 아내 역시 남편의 속마음을 이해하고 깎아내리기보다 좋은 점을 칭찬해 주면서 부부 관계는 좋아졌다.

온종일 게임만 하는 고등학교 1학년 아들을 보통 엄마들은 이렇게 나무란다. "너 이런 식으로 하면 대학은 어림도 없다. 고등학교만 나와서 뭐 할래. 내가 누구 때문에 식당 일하는 줄 아냐." 그러면 아들은 문을 쾅 닫고 나가 버린다. 엄마가 속이 상해 야단친 것까지는 이해할 수 있지만 "내가 누구 때문에 식당 일하는 줄 아냐"라는 발언은 적절하지 않다. 아들에게 부담을 주고 죄책감을 유발하는 발언이기 때문이다. "너 이런 식으로 하면 대학은 어림도 없다" 대신 "엄마는 네가 이러다가 대학도 못 갈까 걱정이다" 정도로 말했어도 좋았을 것이다. 아들을 단정적인 말로 비난하지 않으면서 하고 싶은 말을 전달할 수 있다.

옳고 그름, 잘잘못을 얘기하는 비판적 태도는 판단하는 사람이 우월한 것 같은 느낌이 들어 거부감을 일으킬 수 있다. 비난뿐만이 아니다. 칭찬 역시 판단하는 태도라 때에 따라서는 거부감을 느끼게 할 수 있다. 비판적 얘기를 할 때는 '나'를 주어로 시작해서 내 생각이나 느낌이 어떻다고 표현하는 게 거부감을 줄일 수 있다. 상대가 자신의 생각에 동의하지 않을 수 있다는 여지를 남겨 놓고 비난하지 않으면서 본인의 의견만 전달하는 방식이다. 지시나 명령조의 말을 할 때도 '나'를 주어로 시작해서 제안하거나 부탁하는 식으로 말하는 게 바람직하다.

예를 들면 "그게 말이 되냐" 대신 "그 생각을 이해하기 어려운 것 같다" 또는 "그 생각에 동의하기 어려운 것 같아"라고 말하는 것이 좋다. "네가 그럴 수 있어"라고 비난하는 대신 "그렇게 돼서 섭섭해"라고 내 느낌을 전달한다. 즉 상대와 다른 의견을 말하면서 상대의 생각이 내 생각과 다를 수 있다는 여지를 남겨 놓는 것이다. 또 "그 일을 해" 하고 지시하는 대신 "그 일을 하면 어떨까" 하고 제안하거나, "그 일을 해 줄 수 있는지" 물으며 부탁하는 것이다. 상대가 시켜서 할 때의 기분과 제안이나 부탁을 받고 스스로 결정해서 할 때의 기분에는 큰 차이가 있다. 상대방이 스스로 결정하도록 하면서 상대의 생각을 존중해 주는 태도가 말하는 방식의 차이로 나타난다.

소통의 비결은 공감

대답하지 않거나 대화를 회피하는 것도 상대를 무시하는 태도로 보일 수 있어 분노를 유발할 수 있다. 40대 개업의 G는 아내가 자신을 무시하는 것을 참기 어렵다. 서로 의견이 다른데 아내를 논리적으로 설득하다 보면 아내가 자리를 피하기 때문이다. 남편이 쫓아가서 계속 대화하자면 아내는 자신을 집요하게 괴롭히는 사람으로 간주한다. 남편의 분노가 폭발하자 경찰을 불렀다. 아내는 남편이 분노 조절 장애 환자 같다고 말한다. 평소 남편은 아내에게 시시콜콜 따지고 확인하는 경향이 있긴 했다. 아내는 남편이 본인 생각만 고집하고 아내 의견은 무시해서 우울하다고 하소연한다. 남편은 아내가 자기 생각을 따르지 않으면 같은 얘기를 반복하고 야단치며 화를 내곤 했다. 아이들도 훈계하는 아빠보다 엄마 편이다.

G는 논리적 사고를 자랑하고 다른 사람을 설득하고 가르치려는 경향이 있다. 상대가 반박을 못 하면 자신이 옳기 때문이고 설득된 것으로 생각한다. 설득하고 가르치려 들면 상대가 싫어할 수 있다는 것은 모르고 있다. 아내가 왜 대화를 거부하는지 그리고 기분이 어떨지는 생각해 본 적이 없다. 그저 자신을 무시하는 아내의 미숙한 사고와 비합리적 행동을 비판할 뿐이다. 나름 매우 합리적이라고 생각하는 자신은 마땅히 존중받아야 하는데 그런 자신을 이해하지 못하는 아내가 문제인 것이다. 누구보다 아내와 가족을 사랑하고 위하는데 억울하다는 입장이다. 책임감 강하고 성실한 G는 논리적 사고와 직관적 능력에 비해 감정 기능이 둔하고 공감 능력은 부족한 것이 문제다. 비합리적이라고 생각되더라도 상대의 기분을 존중해 주고 너무 설득하거나 가르치려 들기보다는 수용하는 태도가 필요하다.

다른 사람의 의견과 자율적 판단을 존중하고, 참견하는 것을 줄일 줄 알아야 한다. 또한 평소 인색했던 긍정적 감정 표현, "미안해", "고마워", "잘했어"라는 표현을 할 수 있으면 좋겠다. 아내도 대화를 회피하지 말고 남편의 기분이 상하지 않게 자기 생각과 감정을 표현하는 방법을 배울 필요가 있다. 대화를 피하고 말을 거는데 반응하지 않는 것은 상대를 무시하는 느낌을 주고 분노를 자극할 수 있다는 사실도 인정해야 한다. 남편이 가만히 있는 아내를 괴롭힌 것만은 아닐 것이다. 감각형 성격의 아내가 드러난 현상만 보고 남편의 속마음을 잘 이해하지 못하는 점도 아쉽다.

적절한 의사소통을 위해서는 공감적 태도가 중요하다. 공감적 태도는 상대의 관점에서 생각하고 이해하고자 노력하는 마음가짐이다. B는 오래 알고 지내 온 친구에게 개인적 서운함을 털어놓다가 짜증을 내고 자리에서 일어섰다. 말끝마다 "그렇지만" 하고 동의하지 않는 것까지는 참았으나, "그건 네 생각이고"라는 말을 듣자 더 이상 얘기해 봐야 소용없겠다고 생각한 것이다. 자리에서 일어나는 순간 "뭐 그렇게 화낼 것까지 있냐"라는 친구의 마지막 한마디는 기분을 더 나쁘게 했다. B가 화난 까닭은 친구의 공감을 받지 못했기 때문이다. 대화에 "그렇지만"이란 단어를 많이 사용하면 짜증이 날 수 있다. "그건 네 생각이고"이란 말은 공감을 부인하는 표현이다. 화날 때 "뭐 그런 거 가지고 화내냐"라는 말처럼 기분 나쁜 말은 없다. 화내는 게 이상하다는 말로 들리기 때문이다.

사실 관계나 원칙보다 상대의 감정에 초점을 맞추는 것이 공감적 대화를 위해 바람직하다. F는 갑자기 간암으로 입원하게 되었는데, 이 소식을 들은 친구가 전화해 왔다. 첫 마디가 어쩌다 간암에 걸리게 되었는지 그리고 언제 발견했는지를 물었다. 별로 대답하고 싶은 기분이 아니었다. 사실 관계를 물어볼 수도 있으나 이에 앞서 환자의 심정을 헤아릴 필요가 있다. 최근 어려운 일을 겪었다고 말할 때 자초지종을 꼬치꼬치 묻기에 앞서 "어떠냐", "괜찮냐"라고 하면서 사건에 수반된 기분을 이해하는 일이 우선되어야 한다.

Q는 아내가 툭하면 누굴 만나 뭘 했는지 꼬치꼬치 물어봐서 힘들다고 내원했다. 아내가 의부증은 아닌지 의심했다. 남편은 실제 바람핀 과거가 있었다. 아내의 반복되는 질문에 남편은 이미 설명하지 않았냐면서 몇 번을 얘기해야 알아듣냐고 화를 낸다.

아내의 질문에 누구를 언제, 어디서 만났는지 사실 관계를 밝혀 의심을 풀어 준다고 해결되지는 않는다. 남편은 자신을 의심할 수밖에 없는 아내의 기분도 이해하려 노력해야 한다. 지난 일이지만 잘못을 다시 사과하고 자신에 대한 서운한 감정이 있는지 물어보는 게 우선이다. 남편을 의심하는 이면에는 남편에게 사랑받지 못해 상처받은 여자의 마음이 숨겨져 있다. 숨겨진 감정에 초점을 맞추는 것이 치료적 대화다. 사고형은 기분보다 논리나 원칙을 따지고, 감각형은 사실 관계에 초점을 맞추는 경향이 있을 수 있다. 친밀한 관계 형성을 위해서라면 상대의 기분을 이해하려고 노력하는 태도가 필요하다.

이번 달에도 생활비가 모자란다고 아내가 얘기한다. 그러자 남편은 "월급 다 갖다 줬는데 날 보고 어떻게 하란 말이야" 하며 신경질을 낸다. 아내 얘기는 없는 돈을 내놓으라는 말이라기보다 살림을 꾸려 나가기 힘들어서 한 말이다. 남편이 아내의 마음을 이해하고 "그래, 힘들지. 어렵게 살림하는 거 알아. 미안하네"라고 했더라면 서로 상처받진 않았을 것 같다. 물론 아내도 속상한 남편의 마음을 모르는 바는 아닐 것이다. "내 말 때문에 화났으면 미안해. 당신 탓하려는 거 아니었어. 회사에서 고생하는 거 알아. 월급 다 맡기는 것도 고맙고." 현실적으로 돈이 문제일지라도 서로 따뜻한 위로와 격려가 필요한 순간이다.

밤늦게 귀가하는 아내에게 남편이 "도대체 뭐 하길래 이렇게 늦게 다녀, 좀 일찍 오면 안 돼?"라고 하자 아내가 "자긴 맨날 술 먹고 밤늦게 오면서 나만 가지고 뭐라 그래" 하며 받아친다. 아내가 고가의 핸드백을 산 것을 우연히 알게 된 남편이 "언제 샀냐"라고 한마디 한다. 그러자 아내는 "자기는 나 몰래 골프채 샀으면서 나만 뭐라 그래"라며 언성을 높인다. 미안하면 사과하고 양해를 구하고 넘어갈 일을 상대를 걸고넘어지는 경우다. 상대의 잘못으로 자신의 허물을 덮는 태도는 합리적이지 않다. 상대방의 기분에는 아랑곳하지 않는 자기중심적 태도다.

심리 분석 또는 '무엇에 불과하다'는 식의 환원적인 대응은 공감받지 못한다는 느낌을 줄 수 있다. 심리학을 전공한 P에게 아내가 자신을 무시하는 거 같아 불쾌하다고 하자, 남편 P는 그건 낮은 자존감 때문이라고 심리 분석을 해 준다. 여기에 어린 시절 친정 부모에게 사랑받지 못해 생긴 결과라는 부연 설명까지 덧붙인다. 이 말을 들은 아내는 그 말이야말로 사람을 무시하는 말이라며 심리학을 공부한 게 맞냐며 화를 낸다.

심리 분석은 사람 또는 상황을 있는 그대로 보기보다 심리 이론에 꿰맞추는 인상을 주어 거부감을 느끼게 할 수 있으므로 주의를 요한다. 아내가 몹시 화를 낸 이유는 남편이 자신에 대한 아내의 감정적 반응을 수용하지 못하고 부모 사랑이 부족해서 생긴 아내의 심리적 문제로 단정했기 때문이었다. 복잡한 심리적 반응을 단순하게 환원해서 설명할 경우 거부감을 일으킬 수 있다. "그렇게 된 데는 다 이유가 있어", "그건 네 문제야"라는 식의 어설픈 해석과 섣불리 넘겨짚는 태도는 상대를 기분 나쁘게 한다.

공감을 표현하는 것은 좋지만 지나치거나 상대 기분을 다 아는 듯 말하면 적절하지 않을 수 있다. 누구도 다른 사람의 기분을 다 알 수는 없다. 또 다 아는 것처럼 얘기하면 잘 알지 못하면서도 공감해 주는 것 같아 거북해진다. 누군가를 위로할 때 근거 없이 섣불리 위로하거나 상투적인 말만 늘어놓는다면 안 하느니만 못할 수 있다. 막연하게 "너무 걱정하지 마. 어떻게 잘되겠지" 하는 말은 상황의 심각성을 잘 알지 못하면서 그냥 의례적으로 하는 말로 들려 그다지 도움이 되지 않는다. 오히려 이해받지 못한다는 생각만 더해질 수도 있어 주의해야 한다.

소통을 잘하려면 말을 잘하는 것 못지않게 경청하는 태도도 중요하다. 경청하는 태도는 시선, 자세, 몸짓, 표정, 목소리 등과 같은 비언어적인 부분을 포함한다. 들으면서 눈을 적당히 마주치거나 고개를 끄덕이고, 알아듣는 표정을 지으며 잘 듣고 있음을 전달하는 것이 좋다. 대화 도중에 들은 내용을 말하고 제대로 이해했는지 묻거나 확인하면서 적절한 피드백을 주는 것이 소통에 도움이 된다. 대화 도중에 말을 가로채거나 막지 않는 것이 기본 예의다. 가능한 말을 많이 하는 것보다 잘 들어주는 것이 관계 형성에 도움이 된다.

적절한 의사소통이 이루어지지 않으면 대인 관계와 사회생활에 어려움을 겪게 된다. 진정한 관계에서 의사소통은 신뢰와 상호 존중, 배려를 바탕으로 한다. 진정한 의사소통을 위해서는 선입견이나 편견을 배제하고 있는 그대로 보고 이해하고자 하는 마음가짐과 경청하는 자세, 공감적 태도가 중요하다. 내가 항상 옳다는 식의 권위적, 단정적, 지시적, 명령적인 태도나 말투는 상대를 존중하지 않는 느낌이 들게 해 거부감을 일으킬 수 있다. 말꼬리를 잡고 따지고 비난하는 태도도 마찬가지다. 불필요한 칭찬, 부추김, 마음에 없는 빈말 역시 공감과는 거리가 멀다. 상대를 조종하려는 태도라 듣기 거북할 수 있다. 너무 방어적이거나 속내를 드러내지 않고 모호한 태도를 보이면 진정성 있는 관계 형성은 기대하기 어렵다. 감정은 어느 정도 드러내는 것이 자연스럽고 바람직하다. 대화의 초점을 흐리고 다른 이야기를 하는 행위도 소통을 방해한다. "미안해"라고 사과하고, "고마워"라고 감사하고, "잘했어"라고 칭찬하는 세 가지 표현에 익숙해지면 삶이 부드러워진다.

7장

슬기롭게
화내기

"네가 괴로운 것은 네 눈앞에 있는 것 때문이 아니다.
그것에 대한 너의 판단 때문이다."[61]

"당연히 화낼 일로 당연히 화내야 할 사람들에게, 적당한 방법으로,
적당한 만큼, 적당한 때에, 적당한 기간 동안 분노하는 사람은 칭찬받는다.
그런 사람은 온유한 사람일 것이다."[62]

화는 불교에서 세 가지 독이라고 말하는 탐진치貪瞋痴(욕심과 화, 어리석음) 중 하나로 깨달음을 얻기 위해 해결해야 할 과제이기도 하다. 화는 지나쳐도 안 되지만 무조건 참아도 병이 된다. 화를 참되 적절하게 화낼 줄 알아야 건강한 사람이라고 말할 수 있다.

화는 왜 날까? 화는 무언가 마음대로 되지 않을 때 그리고 이를 받아들이기 어려울 때 나타나는 감정 반응이다. 자신이 소중하게 생각하는 가치가 훼손될 때도 화가 날 수 있다. 화에는 좌절감과 함께 억울한 느낌 또는 무시당한 느낌이 동반된다. 마땅히 이뤄져야 할 일이 이뤄지지 않을 때, 부당한 대우를 받거나 존중받지 못할 때 또는 말이 안 통할 때 화가 난다.

화가 날 때 가장 먼저 해야 할 일은 이런 복잡한 감정을 느끼고

있다는 사실을 인식하는 것이다. 누구나 부당한 대우를 받고 받아들이기 어려울 때 화를 내는 것은 자연스러운 반응이다. 그러나 같은 일이라도 바라보는 시각에 따라 화는 덜 날 수도 있다. 스토아학파 철학자 에픽테토스Epictetos의 말처럼 어떤 사실 때문이 아니라 사실을 바라보는 관점 때문에 화를 내는 것일 수 있다.[63]

화는 내야 하나 참아야 하나

공자는 《논어》에서 "남이 자신을 알아주지 않아도 화를 내지 않으면 어찌 군자가 아니겠느냐人不知而不慍 不亦君子乎"라고 했다. 인격 수양이 깊어지면 화낼 일, 화가 올라오는 일 자체가 줄어들 것이다. 그러나 화는 자신도 모르는 사이에 일어나는 순간적 반응이라 의식적으로 조절하기가 쉽지 않다. 융도 그의 비서에게 호통을 치며 욕을 하는 투덜거림이 있더라도 절대 불쾌해하지 않아야 한다는 말을 했고, 화를 참지 못해 분노를 터뜨리고 미안해할 때가 있었다.[64]

화를 느끼는 것은 이미 화가 난 다음이다. 화를 참으라는 말은 마음속으로도 화를 내지 말라는 뜻은 아니다. 화를 느끼되 밖으로 표현하기를 자제하라는 뜻이다. 화를 내는 게 이상한 일은 아니다. 적절하게 내는 게 어려울 뿐이다. 화를 낼 때와 참을 때를 구별하고 내더라도 적절하게 표현하는 게 필요하다. 화는 드러내야만 정당성이 인정되는 것은 아니다. 화나는 순간이 자신 또는 상대방의 콤플렉스를 이해하는 좋은 기회가 되기도 한다. 화는 화를 내는 사람의 속마음을 여실히 드러내 준다.

화가 날 때 어떻게 해야 할까? 우선 화가 날 때 제일 먼저 할 일은 자신이 화가 났다는 사실과 화에 수반된 감정을 인식하는 것이다. 그러나 이것이 말처럼 쉽지 않다. 언성을 높이고 흥분해 있으면서 본인은 정작 화가 난 게 아니라면서 자신이 언제 화를 냈느냐고 말하는 경우가 적지 않다. 사람에 따라서는 내향적 사고형처럼 자신의 감정 상태에 둔해서 뒤늦게 화가 난 사실을 깨닫는 경우도 많다.

화가 났다는 사실과 자신의 감정 상태를 인지한 다음에는 화난 감정이 정당화될 수 있는지 생각해 본다. 우선 화가 난 게 내 문제는 아닌지, 나만의 어떤 부분(콤플렉스, 그림자)을 건드려서 과민 반응을 보이는 것은 아닌지, 같은 상황에서 남들도 나만큼 화를 낼지 생각해 본다.

좌절이 반복되면 사소한 좌절에도 과민해질 수 있다. 어려서 보살핌을 제대로 받지 못했거나 모성 콤플렉스가 있으면 사소한 욕구 좌절에도 민감해진다. 상대에게 무조건적 수용을 바라는 만큼 현실적으로 좌절을 겪게 되면서 화를 내게 된다. 아물지 않은 마음의 상처를 건드려도 아프기 마련이다. 열등감을 건드리면 발끈할 수 있다. 상대가 무시하거나 가르치려 들 때 불쾌한 이유기도 하다.

만일 내가 과민하게 반응하는 것이라면 일단 화를 참아야 한다. 반대로 내가 무리한 요구를 하거나 상대를 자극하는 것은 아닌지, 평소 자신의 말투가 다른 사람에게 거슬리는 것은 아닌지 점검해 보는 것이 좋다. 또 상대의 기분을 무시하고 너무 옳고 그른 것을 따지는 경향이 있지는 않은지도 생각해 본다. 옳은 말을 하는 아내에게 화내는 남편의 마음을 헤아릴 때 체크 사항이기도 하다.

말이 안 통해도 화가 날 수 있다. 평소 너무 참기만 하고 감정 표현이 미숙한 경우도 화가 폭발할 수 있다. 참다가 더 이상 못 참고 어쩌다 감정이 폭발했는데 분노 조절 장애 환자 취급을 받는 일만 큼 속상한 일도 없다. 30대 초반 신혼부부 M이 그런 경우다. 남편이 아내와 상의 없이 간식거리 몇 가지를 장바구니에 담았다. 뒤늦게 이 사실을 알게 된 아내가 평소와 다를 바 없는 말투로 남편을 야단 친다. 그 정도도 자신 맘대로 못하냐며 남편이 화를 내자 뭐 그런 거 가지고 화내냐며 다툼이 벌어진다. 아내는 때때로 폭발하는 남편이 분노 조절 장애가 아닌지 알고 싶다고 했다. 남편은 평소 온순하다. 아내가 하자는 대로 따른다. 남편도 주도적이고 활동적인 아내가 싫 지 않다. 대부분은 속상해도 참는 편인데 어쩔 때는 아내가 무서워 눈치를 보다 자리를 피할 때도 있다. 아내는 온순하고 말 잘 듣는 남 편이 좋다. 로맨틱한 관계를 원할 때 남편이 피하거나 화를 내면 자 신이 나쁜 여자가 되는 것 같아 화난다고 한다.

신혼부부 M처럼 부부 싸움을 하다 분노 조절 장애가 아닌가 해 서 내원하는 경우가 적지 않다. 아내는 남편 마음이 내 마음이란 생 각에 마음대로 좌지우지하는데 어쩌다 남편이 독립적인 행동을 하 면 수용하기 어렵다. 로맨틱한 관계를 원한다면 남편 의견을 물어 보고 존중하는 노력이 필요하다. 아내는 '남편의 사랑'과 '내 마음대 로 하기' 중 하나를 택하는 것이 바람직하다. 둘 다 가질 수 없는 노 릇이다. 남편 또한 아내에게 의존적이고 평소 의사 표현을 하지 않 는 점도 개선할 필요가 있다. 분노 조절 장애라기보다 너무 참는 게 문제다. 너무 참다가 소통 기술이 부족해 순간 폭발하듯 화를 내는 경우라면 말로 적절하게 감정 표현하는 방법을 배우는 것이 도움이 된다.

화는 정당화될 수 있는지에 따라 증폭되기도 하고 누그러지기도 한다. 화날 때 상대가 충분히 화낼 만하다고 공감해 주면 화는 정당화되어 누그러질 수 있다. 문제는 그 반대일 때다. M 부부의 사례에서처럼 화를 낼 때 뭐 그런 거 가지고 화내냐 또는 왜 화를 내느냐고 따지는 것처럼 화나는 일은 없다. 화가 정당화되지 않아 자신이 이상한 사람이 된 것 같은 느낌이 들기 때문이다. 그러나 화난다고 화내는 것이 당연하다는 사실을 다른 사람의 공감을 통해 확인받아야 하는 것은 아니다. 화를 정당화하는 작업을 이해심이 부족한 상대의 반응에 의존하지 않고 스스로 할 수 있다면 그것으로 일단 화를 누그러뜨릴 수 있다.

화가 정당화되더라도 화를 표현할지 말지는 상대와 상황을 보고 결정해야 한다. 말해 봐야 소용이 없고 내 감정을 수용해 줄 것 같지 않으면 일단 참는 게 바람직하다. 말도 안 되는 일로 나무라는 시어머니를 대할 때가 그런 경우다. 얘기해 봐야 화만 더 나고 상황만 더 악화될 수 있기 때문이다. 말이 안 통하는 상사를 대할 때도 일단 참고 볼 일이다. 계속 불쾌한 말을 하며 정작 본인은 상대를 화나게 하고 있다는 사실을 인식하지 못하는 경우 듣기 불편하다고 한마디 하거나, 상대의 말이 어떻게 받아들여질지 생각해 보라고 말하고 무시하는 게 최선일 수 있다.

말이 안 통할 것 같지만 그래도 꼭 말하고 싶을 때가 있다. 이때는 '나'를 주어로 얘기하는 방법을 사용할 수 있다. 상대를 비난하거나 명령하는 식이 아니라 부탁하는 식으로 말하는 게 좋다. "어떻게 그럴 수 있냐", "잘못된 거 아니냐", "그렇게 하면 안 되지"라고 말하는 것은 주어가 '나'가 아닌 '당신'이 생략된 말이다. 내가 우월한 위치에서 상대를 판단하고 비난하는 말이기도 하다. 또한 부탁이 아니라 가르치거나 당연한 일로 지시하는 말투다. 판단하는 말이나 명령 또는 가르치는 말은 옳은 말이라 해도 거부감을 일으킬 수 있다. 비난이나 명령식의 말은 피하고 상대의 말과 행동이 내게 어떻게 느껴지는지, 어떤 점이 이해하기 어려운지, 내 생각은 어떠한지 그리고 어떻게 해 주길 바라는지 얘기하는 것이 좋다.

화가 나서 말할 때는 자신의 목소리에 귀를 기울여 보자. 언성을 높이지 않는 게 바람직하다. 차분하게 말하되 목소리는 낮게 깔수록 더 설득력이 있는 법이다. 화를 참기 어려운 경우에는 호흡을 가다듬는 것도 도움이 된다. 하나부터 열까지 세며 숨을 크게 들이쉬었다 내쉰다. 들이쉴 때보다 길게 내쉬면서 긴장을 풀고 화를 내보낸다고 생각한다. 필요하면 이를 서너 번 반복할 수 있다.

또는 좋아하는 글귀를 속으로 되뇌는 것도 도움이 될 수 있다. 불교 신자라면 만트라(진언 혹은 주문)나 《반야심경》과 같은 불경의 한 구절도 좋고, 기독교인이라면 기도문 또는 성경의 한 구절을 외우는 것도 좋다. 이는 화날 때뿐만 아니라 살면서 어려운 순간에 마음을 가다듬는 데도 도움이 된다. 가능하다면 상황에서 벗어나 시간을 두고 생각해 볼 수도 있다. 산책하거나 샤워를 하는 것도 도움이 된다. 한숨 자고 일어나도 화가 좀 누그러지기도 한다.

생각해 보면 그렇게까지 화낼 일이 아닐 수 있다. 사람은 달라진 것이 없고 원래 그런 사람인데 그 사실을 몰랐던 것뿐이다. 사람을 있는 그대로 받아들이지 못하는 자신의 문제일 수 있다. 막상 화를 내고 나면 화를 내는 자신의 모습이 더 우습게 보이는 경우가 적지 않다. 더욱이 화난 상태에서 상대를 가르치려 들면 효과는 기대하기 어렵다. 화날 수 있는 상황이라도 정도가 지나치거나 방법이 적절하지 않으면 도움이 되지 않는다. 상대가 화를 받아들이지 않으면 상황은 오히려 악화할 수 있다. 상대를 봐 가면서 화를 낼지 말지 결정해야 한다. 화를 내면 대개 얻는 것 보다 잃는 것이 많다. 화를 냈다는 사실이 더 자존심 상하기도 한다. 화를 내도 상대는 달라지지 않고 관계만 나빠지는 경우가 대부분이다. 상대가 자신의 잘못을 깨닫고 달라질지 말지는 전적으로 상대에게 달린 일이다. 화를 내면서 가르칠 생각은 접는 게 바람직하다.

그렇다면 상대방이 화를 내고 있다면 어떻게 해야 할까? 우선 상대가 화난 상태라는 걸 인정하고 그 기분을 존중해 줄 필요가 있다. 기분을 존중하라는 말은 가능한 논리적으로 따지는 걸 피하라는 말이다. 화내는 사람에게 왜 화를 내느냐고 따지는 것처럼 화나게 하는 일은 없다. 화가 난 사람은 자신의 화가 정당화되지 않을까 불안해한다. 차분하게 얘기를 들어 주면서 화난 이유를 공감해 주면 대개 화는 누그러진다.

화를 내며 위협하거나 마음대로 조정하려 들 때 상대의 말 또는 행동을 이해하기 어렵다고 솔직하게 말하는 게 필요할 수 있다. 상대를 직접 비난하기보다는 상대의 말과 행동이 다른 사람에게 어떻게 비칠지 생각해 보라는 말을 덧붙인다. 상대가 말이 전혀 통하지 않고 막무가내이거나 진정성이 없는 경우라면, 내 생각은 다르다고 명확하게 말하면서 비합리적 반응에 대한 감정적 반응을 자제하고 거리를 두고 대하는 게 좋다.

조증이나 우울증일 때도 평소와 달리 지나치게 화를 낼 수 있다. 화낼 일이 아닌데도 말이다. 이럴 경우는 정신과 의사의 도움을 받는 것이 좋다. 약물 치료가 결정적인 역할을 할 수 있다. 화가 지나친 경우 단순히 성격 문제가 아닐 수 있다. 감정 조절을 못해 경계선 인격 장애로 진단받고 내원한 사람 대부분이 기분 장애를 앓고 있는 경우였고 적당한 약물 치료로 호전될 수 있었다. 알코올 중독자도 감정 조절에 어려움을 겪을 수 있다. 이때는 술을 끊는 것부터 시작해야 한다.

화를 줄이기 위한 지혜

"우리는 자기 자신에 대해 터무니없을 만큼 심하게 착각하면서 다른 사람들이 우리를 진지하게 받아들이고 있다고 생각한다. (⋯) 그것은 사람들이 우리가 매우 도덕적이고 존경받을 만한 존재라는 식으로 믿어주길 바라는 것만큼이나 터무니없는 일이다."[65]

화를 낼지 말지 고민하기에 앞서 마음속에 화를 누그러뜨리거나 줄일 방법은 없을까? 화는 뜻대로 안 될 때 그리고 어떻게 할 수 없을 때 난다. 세상일이 반드시 합리적으로 돌아가는 것은 아니다. 현실은 마땅히 되어야 하는 대로 되지 않는다. 당위와 현실은 차이가 있음을 받아들일 필요가 있다. 뜻대로 안 되는 것과 삶의 비합리적인 면 그리고 어떻게 할 수 없는 현실을 겸허하게 수용할 수 있다면 화를 줄일 수 있게 된다.

사람에 대한 기대를 낮추는 것도 화를 줄이는 데 도움이 된다. 사람의 가면 뒤 모습은 생각보다 훌륭하지 않은 경우가 대부분이다. 생각하지 못한 부도덕한 면이 숨겨져 있을 수 있다. 믿었던 사람에게서 예상과 다른 행동을 보았다면, 그 사람의 평소 보지 못했던 면을 보았을 뿐 그리 실망하고 분노할 일이 아니다.

자신이 특별한 존재라는 생각도 접어야 한다. 자신이 스스로 생각하는 자신만큼 훌륭하지 않을 수 있다. 남달리 정의로운 사람처럼 행세하고 남들도 그렇게 보아 주리라 믿고 있다가 부도덕한 사람으로 간주되면 분노가 폭발할 수 있다. 자신 내면의 어두운 인격인 그림자를 인식하고 받아들이면 화낼 일은 줄어들게 된다. 인간이 어리석은 존재라는 사실을, 이기적인 면과 본능적 욕구에 사로잡힐 때가 있음을 인정하면 자신과 타인에게 좀 더 너그러워질 수 있다. 누구나 미숙한 면이 있고 실수도 할 수 있고 남이 알까 두렵고 부끄러운 부분이 있기 마련이다. 도덕적 우월감과 죄책감은 동전의 양면과 같다. 어느 순간 분노 표출로 이어질 수 있다.

사람들에게 인정받지 못하거나 부정적인 평가를 받을 때 화가 난다. 자신에 대한 타인의 평가를 그대로 받아들이기 때문이다. 화나는 이유가 타인의 평가 때문이 아니라 그것을 받아들이는 자신의 생각 때문임을 이해해야 한다. 타인의 무시로 인해 자신이 별 볼 일 없는 사람이 되는 것은 아니다. 스스로에 대한 믿음을 가지고 타인의 평가나 시선에 너무 얽매이지 말아야 한다. 다른 사람의 평가가 옳다면 인정하고 싶지 않지만 그냥 받아들이면 될 일이다.

열등한 부분이나 콤플렉스를 건드리면 발끈하게 된다. 화를 줄이는 방법은 열등감과 콤플렉스의 존재를 인정하고 받아들이는 것이다. 콤플렉스를 건드리면 당혹스럽거나 아픈 것은 어쩔 도리가 없다. 그러나 자신에게 콤플렉스가 있음을 알면 당황하고 불편할 수는 있으나 과민한 반응은 줄일 수 있게 된다. 학벌에 대한 콤플렉스가 있으면 학교 얘기만 나오면 자신을 무시한다고 오해하고 화를 낼 수 있다. 학력에 대한 열등감을 인정하고 받아들이면 학교 얘기에 불편할 수는 있으나 그렇게까지 화나지 않을 수 있다.

말이 안 통할 때 사고방식의 차이를 이해하면 화를 줄이는 데 도움이 된다. 성격 유형에 따라 보는 관점과 사고방식이 다른 점을 이해할 필요가 있다. 눈에 보이는 것을 중시하는 감각적 성격의 사람은 직관적인 사람이 모호하고 비현실적이라고 비판한다. 직관적인 사람은 감각적인 사람이 겉에 보이는 것에 사로잡혀 본질을 보지 못한다고 답답해하며 결국 대화는 평행선을 달리다 화가 폭발할 수 있다. 함께 기숙사 생활을 하며 치약을 밑에서부터 짜서 쓰지 않고 중간에서 눌러 짠다고 룸메이트에게 화를 내자 뭐 그런 걸 가지고 야단이냐고 하면서 크게 다툼이 벌어지는 때도 있다. 깔끔하게 정리 정돈하는 사람과 늘어놓고 일하는 사람 사이의 갈등도 성격 유형의 차이에 기인한다.

상대가 마음에 들지 않는다고 가르치려 들거나 변화를 기대하는 것은 갈등만 증폭시킬 뿐이다. 사람은 쉽게 달라지지 않는다. 달라질 사람은 때가 되면 스스로 알아서 달라진다. 그때까지 기다려 볼 수는 있다. 그러나 당장 설득해서 달라질 가능성은 매우 낮다. 설득이라는 명분하에 내 감정을 발산한다는 이상의 의미는 없다. 상대가 받아들일 마음의 준비가 안 되어 있으면 설득은 화만 돋운다. 화를 돋우는 사람과는 가능하면 적당한 거리를 유지하는 것이 바람직하다. 지나치게 무례하고 모욕적 언사를 일삼는 사람, 혼자만 옳다고 주장하고 남의 말을 듣지 않는 사람, 매사 자기 뜻대로만 하려 들고 지배하려 드는 사람, 사사건건 간섭하며 내 영역을 침범해 오는 사람, 진정성 없이 상대를 자신의 욕구 충족의 수단으로 대하는 사람들과는 적당한 거리를 유지하는 것이 화를 줄이는 최고의 방법일 수 있다.

가치 있는 일에 몰두하면 삶에 보람을 느끼면서 사소한 일에 상처받거나 화낼 일이 줄어든다. 화나게 하는 일보다 더 소중한 일이 있고 그것이 삶의 의미를 부여하고 자존감을 보호해 주기 때문이다. 또한 일일이 반응하고 화를 내기에는 시간이 아깝다는 생각에 웬만한 일은 신경 쓰지 않고 넘어간다. 누군가를 사랑하고 사랑받고 있는 사람은 마음이 너그럽고 화를 덜 내게 된다. 사랑은 화나게 하는 일에도 화를 덜 나게 하는 묘약이다.

복수하려는 마음을 버리고 용서하고자 노력하는 것도 화를 가라앉히는 데 도움이 된다. 말처럼 쉽지 않지만 상대를 용서한다는 것은 곧 자신의 잘못을 용서하는 일이기도 하다. 누군가를 용서할 수 있을 때 자신도 용서받을 수 있다. 유대인의 삶의 지혜를 담고 있는 《탈무드》에서는 자신의 잘못을 인정하면 용서해 주라고 한다. 용서하기 힘들더라도 복수하려는 마음은 참는 것이 바람직하다. 복수나 응징은 하늘(신)이 알아서 할 일이지 어느 한 개인(자연인)이 할 수 있거나 해야 할 일은 아니다. 선善은 그 자체가 보상이고, 악惡은 그 자체가 벌을 받는 것이라고 보면 악한 행동은 그 자체가 처벌일 수 있다는 철학적 생각이 위안이 될 수 있다.

평소 신체적 건강을 유지하고 여가 생활을 적당히 즐길 줄 아는 것도 화를 덜 내는 데 도움이 된다. 몸이 불편하거나 삶을 즐길 줄 모르는 사람은 평소 긴장 수준이 높아 사소한 일에도 화를 내고 과민하게 반응할 가능성이 크다.

인생은 가까이서 보면 비극이지만 멀리서 보면 희극이라는 영국 희극 배우 찰리 채플린의 말처럼 지금 화나고 억울한 일도 세월이 흐른 뒤 되돌아보면 유치한 코미디처럼 느껴질 수 있다. 세상은 정말 바보들의 무대일지도 모른다.[66] 실상을 제대로 보고, "마땅히 머무는 바 없이 마음을 내라應無所住 而生其心"[67]라는 불경의 한 구절을 음미하며 집착을 줄이는 마음가짐이 화가 올라오는 일을 줄이는 근본적 해결책이 될 수 있다.

8장

삶의
의미 찾기

"자연은 친절과 인내를 발휘하면서 대부분의 사람들에게
삶의 의미에 대한 질문을 스스로에게 던지도록 강요하지 않는다.
그리고 질문이 없는 곳에는 대답도 없는 법이다."[68]

인간은 의미 없이는 살아갈 수 없다. 삶의 의미에 대해 회의적 생
각이 들면 공허하고 무력한 느낌을 떨칠 수 없다. 빅터 프랭클Viktor
Frankl[69]이 말한 '누제닉 신경증noogenic neurosis(존재 인성 신경증)'이다. 빅터
프랭클은 "가치와 의미의 요구를 받는 것이 인간 존재의 본질적인
특성"이라고 보았다.[70] 융 또한 사람은 의미 없는 삶은 견딜 수 없다
고 말한다.[71] 아들러 역시 인간은 의미를 떠나서는 살아갈 수 없다고
말한다. 그러나 삶의 의미를 묻는 것은 무언가에 절망감을 느꼈거
나 어려운 문제에 부딪혔을 때뿐이라고 하며, 인생에 부여하는 의미
는 암묵적일 수도 있고 사람마다 다르며 누구도 절대적 의미를 알
고 있거나 단언할 수 있는 사람은 없다고 말하면서 명쾌한 답을 주
지는 않는다.[72]

프로이트는 삶의 의미를 묻는 철학적 질문은 답이 없는 문제에 답을 구하는 것과 같다고 생각했다.[73] 나폴레옹의 조카의 손녀인 마리 보나파르트Marie Bonaparte에게 보내는 편지에서 "삶의 의미와 가치를 묻는 순간 사람은 병든 것이다"라는 말을 하기도 했다.[74] 인간의 본성을 연구한 프로이트는 막상 삶의 철학에 대해서는 명쾌한 답을 제시하지 않았다. 삶의 의미가 무엇인지는 그것을 연구하는 학문이 철학이건만 막상 철학책을 뒤져도 와닿는 답을 구하기는 쉽지 않다.

삶의 의미를 어떻게 찾을 수 있을까? 삶의 현실은 문제 해결과 적응의 연속이다. 그러나 삶의 의미를 단순히 당면한 문제 해결과 현실 적응만으로 보는 것은 어딘가 미흡하다. 현실적 삶이 안정된 후에도 마음 한구석 삶에 대한 허무한 느낌을 지울 수 없기 때문이다.

서머싯 몸의 《인간의 굴레》에서 주인공 필립과 시인이자 인생 선배이기도 한 크론쇼가 삶의 의미에 관해 대화하는 대목이 있다. 인생의 의미가 무엇인지 크론쇼가 묻자 필립은 자신의 능력을 발휘하고 남에게 피해 주지 않는 것이라며 모범 답안을 말한다. 이에 크론쇼는 냉소적 반응을 보이면서 진정한 행복이란 없고 삶은 쾌락을 추구하는 것이고 쾌락이 곧 행복이라고 주장한다. 또한 인간은 자유로운 행위자처럼 행동하지만 인간에게 자유의지란 없으며 자신의 의지가 자유롭다는 환상을 믿고 있을 뿐이라고 역설하고, 인간이 이기적이란 사실을 인정해야 한다고 냉소적이고 허무주의적 얘기를 덧붙인다. 크론쇼는 자신의 생각에 선뜻 동의하지 않고 회의적 태도를 보이는 필립에게 삶의 의미를 알고 싶으면 박물관에 가서 페르

시아 카펫을 보라고 말한다.[75]

고전적 명화 반열에 오른 구로사와 아키라 감독의 〈살다生きる〉 (1952)는 제목 그대로 삶의 의미를 생각게 하는 대표적 영화다. 볼품없고 초라해 보이는 노년의 시청 공무원인 만년 과장 와타나베는 어느 날 위암 선고를 받고 시한부 인생을 살게 된다. 30년 세월을 직장에서 아무 생각 없이 서류에 도장만 찍으면서 자리를 지키고 살아왔다. 누가 봐도 재미없고 무의미한 삶이었다. 살았으나 산 게 아니다. 오죽하면 별명이 미라일까. 지나온 삶이 허무하고 바보같이 살았다는 자괴감이 든다. 아내를 일찍 여의고 그저 아들 하나 바라보고 열심히 돈만 저축했을 뿐, 어울리며 놀거나 자신을 위해 돈 한 번 쓸 줄 몰랐다. 어느 날 평생 모았을 목돈을 찾아 자신을 위해 써 보기로 마음먹고 무작정 집을 나선다. 선술집에서 우연히 만난 삼류 소설가에게 돈쓰는 법을 가르쳐 달라고 부탁한다. 삼류 소설가는 "위암이 당신 인생에 눈을 뜨게 해 줄겁니다"라면서 인생의 주인이 되라고 말한다. 그리고 복잡하게 생각할 것 없이 인생은 즐기는 것이 미덕이라며, 함께 술에 취해 접대부와 어울리고 유흥가를 전전한다. 그러나 와타나베의 공허한 마음은 그대로다.

일하고 재능을 살리는 데서

〈살다〉의 주인공 와타나베처럼 노년의 삶을 회의적으로 생각하는 것은 깨달음의 계기가 될 수 있다. 그러나 젊어서 삶의 의미에 너무 매달리면 현실 적용에 어려움을 겪고 정작 삶의 의미를 찾지 못하게 된다. 삶의 의미는 능력을 살리고 다른 사람에게 피해를 주지 않는 데 있다는 필립의 대답은 나이에 걸맞은 건강한 생각이다. 우선 현실에 적응부터 하고 재능을 살리는 것이 옳다. 좋아하고 잘하는 일을 하면서 잠재적 재능을 살리는 일은 그 자체로 의미가 있다. 《행복의 정복》의 저자 버트런드 러셀은 행복한 사람들의 공통된 특징으로 '그 자체로 즐거운 활동'을 한다는 점을 꼽는다.[76] 에리히 프롬Erich Fromm[77]은 행복이란 인간이 존재 조건에 대한 해답을 찾아냈을 때 갖게 되는 느낌이며, 단순한 욕구 충족이나 긴장 해소가 아니라 자신의 내재된 잠재력을 생산적으로 실현할 때 느낄 수 있다고 말한다.[78]

《인간의 굴레》에서 필립의 생각은 우월성을 추구하며 일을 하고 사회에 공헌하라는 아들러의 생각과 생산적 활동을 강조한 에리히 프롬의 생각 그리고 《행복의 정복》에서 외부 세계에 대한 관심과 활동을 강조한 버트런드 러셀의 생각과 다르지 않다.

의미 치료로 널리 알려진 빅터 프랭클은 삶의 의미를 '창조적 가치', '경험적 가치', '태도적 가치' 세 가지에서 찾을 수 있다고 설명한다. 창조적 가치는 활동을 통해 실현되는 것이고, 경험적 가치는 사랑을 체험하고 예술 또는 자연을 관조하면서 실현되는 가치이고, 태도적 가치는 변경할 수 없는 운명에 대한 태도와 관련된다.[79] 이 중 '창조적 가치'가 잠재적 재능을 살리고 생산적 활동을 하는 것이라고 말할 수 있다. 생산적 활동 또는 잠재적 재능을 살리는 관점에서 볼 때 〈살다〉에서 와타나베의 지나온 삶은 의미를 찾기 어렵다. 살아도 산 게 아니다. 그저 기계적으로 도장만 찍으며 자리만 지켜온 것이다. 잠깐 업무를 효율적으로 개선하는 안案을 만들어 본 일은 있으나, 쓸데없이 귀찮고 번거로운 일은 만들 이유가 없었다. 골치 아픈 민원도 신경 쓸 필요 없이 해당 부서로 넘기면 되는 것이었다.

삶의 의미를 찾기 위해서는 현실 적응과 재능을 살리는 것만으로는 뭔가 흡족하지 않다. 현실 적응과 재능 발휘도 마음먹은 대로 잘되지 않을 수 있기 때문이다. 현실에 좌절감을 느끼고 삶의 의미에 회의적인 생각이 들 수 있다. 현실적 좌절과는 별개로, 어차피 죽기 마련인데 재능을 살리는 것이 무슨 의미가 있을까? 실존적 의문은 계속 남는다.

삶의 의미는 쾌락 추구에서?

필립과 달리 크론쇼는 쾌락을 추구하는 데 삶의 의미가 있다고 말한다. 〈살다〉의 삼류 소설가도 《파우스트》의 메피스토펠레스[80] 역할을 자처하며 와타나베에게 삶의 의미는 쾌락 추구에 있는 것처럼 말한다. 에피쿠로스학파의 창시자인 에피쿠로스Epicuros는 쾌락주의를 제창하지만, 그가 말하는 쾌락은 다른 의미의 쾌락이다. 단순한 향락 추구는 진정한 즐거움이 아니라는 것이 에피쿠로스의 생각이다. 에피쿠로스는 삶에서 자연스럽지도 반드시 필요하지도 않은 부와 명예 또는 권력에 대한 욕망은 자제해야 하고, 우정을 나누거나 음악을 듣고 예술 작품을 감상하며 철학을 하는 것처럼 고통을 줄이고 마음을 평온하게 하는 것이 행복이고 적절한 쾌락 추구라고 말한다.[81] 스토아학파의 에픽테토스는 삶의 무상함을 얘기하며 욕망을 자제해야 한다고 가르친다. 그의 삶에 대한 태도는 탐욕을 고통

의 원인으로 보는 불교의 가르침과 비슷하다.[82]

삶의 맹목적 의지[83]에서 벗어나야 한다는 쇼펜하우어의 주장도 무분별한 쾌락 추구를 경계한 에픽테토스의 생각과 다르지 않다. 쇼펜하우어는 쾌락은 얻기도 어렵지만 지속되지도 않는다고 말하며 삶의 맹목적 의지를 부정하라고 가르친다. 삶의 의지를 부정한다는 말은 맹목적 의지의 표상인 삶의 덧없음을 인식하고 부질없는 욕망과 집착에서 벗어나는 것을 의미한다. '이것이냐 저것이냐' 어떻게 살아야 할지 진지하게 고민하는 키르케고르 역시 쾌락을 추구하는 심미적 태도로는 진정한 자신을 찾지 못하고 절망에서 벗어나지 못한다고 말한다.

욕망을 자제한다는 말은 욕구 자체를 부인하는 것은 아니고 지나친 욕심과 이에 대한 집착을 경계하라는 뜻이다. 돈 욕심, 명예 또는 권력욕, 이기심도 어느 정도는 인간의 본성의 일부로 받아들이는 게 적절하다. 지나치거나 집착하지 않는다면 욕구 자체는 문제가 아닐 수 있다. 욕심이 지나친지는 누구를 또는 무엇을 위한 것인지, 꼭 필요한 것인지 생각해 보면 알 수 있다.

쾌락은 인간의 본능적 욕구와 관련된 부분이고 이는 삶의 활기를 불어넣는 것이기도 하다. 쾌락을 부인하는 것은 자신의 그림자를 부인하는 것과 같다. 그림자가 없는 삶은 재미가 없어 살아야 할 이유가 없는 삶처럼 느껴질 수 있다. 사실 와타나베가 삼류 소설가의 도움으로 그간 살아 보지 못한 삶을 체험하는 것이 반드시 무의미한 일만은 아닐 수 있다. 삶의 진정한 의미를 찾기 위한 여정에서 한 번은 거쳐야 할 과정일 수 있기 때문이다. 그러나 와타나베가 느껐듯이 쾌락이 삶의 한 부분일지라도 궁극적 즐거움을 주지는 않는다.

인생은 짧아요. 사랑을 해요

에피쿠로스는 여러 사람과 우정을 나누는 것을 중시했다. 사람들과 더불어 사는 즐거움, 누군가에게 사랑받고 누군가를 사랑하면서 느끼는 즐거움은 그 자체가 행복이고 삶의 의미가 아닐까.《인간의 굴레》에서 필립은 한때 천박하고 자기중심적인 히스테리한 성격의 밀드레드에 빠졌으나 그다지 행복하지는 못했다. 밀드레드의 관심은 다른 데 있었고 필립을 진정으로 사랑하지는 않았기 때문이기도 하다. 그러나 훗날 밀드레드와 달리 소박하지만 사랑스럽고 사려 깊은 샐리에게 사랑받고 사랑하면서 행복감을 느끼게 된다.

〈살다〉의 와타나베는 사람들과 어울릴 줄도 모르고, 아내를 여읜 뒤에는 아들만 바라보며 고지식하게 살아왔다. 그는 길거리에서 우연히 젊고 발랄한 부하 여직원을 만난다. 보기만 해도 따뜻한 마음이 느껴지는 사랑스러운 아가씨와 데이트하며 그간 체험하지 못한 사랑의 소중함과 삶의 즐거움을 느낀다. 적어도 젊고 사랑스러운 아가씨와 함께 있는 동안은 그렇다. 와타나베는 홀로 그네에 앉아 구슬프게 〈곤돌라 노래ゴンドラの唄〉를 읊조린다.

인생은 짧아요.
사랑을 해요, 아가씨
붉은 입술이 희미해지기 전에

심장의 뜨거운 피가 식기 전에

내일이라 불리는 날은 없어요.

(…)

　일생 네 번씩이나 결혼한 버트런드 러셀은 지성과 함께 애정을 인생에서 가장 중요한 것으로 생각했다. 그는 자서전에서 세 가지 열정, 즉 사랑에 대한 갈망, 지식 탐구 그리고 인류의 고통에 대한 참을 수 없는 연민이 자신의 생애를 지배해 왔다고 말했다. 세 가지 열정 중 사랑을 첫 번째로 언급하며 사랑과 지식 모두 필요하지만 사랑이 더 근본적이라고 말한다. "훌륭한 삶이란 사랑으로 힘을 얻고 지식으로 길잡이를 삼는 삶이다"라고 말하며 사랑의 순수한 자비심을 강조했다.[84]

　100세를 바라보는 철학자 김형석은 저서 《백년을 살아보니》에서 인생이란 무엇인가에 대해 "나는 사랑한다. 그러므로 내가 있다는 명제가 가장 적절한 대답이다"라고 말했다. 그리고 "무엇을 남길 것인가"라고 물었을 때 "사랑을 나누어 주는 삶"이라고 답했다.[85]

　인본주의·실존주의 심리학자 롤로 메이Rollo May는 "사랑이란 다른 사람과 같이 있을 때 기쁨을 느끼고 그의 가치와 발전을 자기 자신의 경우 못지않게 인정해 주면서 기원해 주는 것을 말한다"[86]라고 사랑을 정의한다. 롤로 메이는 사랑을 하려면 공감할 수 있어야 하고 타인의 잠재적 능력을 평가하고 인정해 주어야 하므로 자기 통찰과 자유를 전제로 한다고 말한다. 진정한 사랑은 자기중심적인 데서 벗어나게 하고, 인간의 고유한 가능성과 가치를 깨닫게 한다. 사

랑은 다른 사람을 하나의 세계로 체험하면서 자신의 세계를 넓히게 한다.[87]

진정한 사랑은 남녀 관계, 가족 관계에서뿐만 아니라 친구, 직장 동료, 이웃들과의 사이에서도 느낄 수 있으며 세상에서 혼자라는 생각에서 벗어나게 한다. 제임스 브룩스 감독의 〈이보다 더 좋을 순 없다〉(1998)를 보면 강박증이 있는 멜빈 유달이 사랑의 감정을 느끼면서 자기중심적인 데서 벗어나는 것을 볼 수 있다. 사랑의 감정은 관계에 대한 욕구이고 이는 에로스를 뜻하는 아니마의 표현이기도 하다. 강박증 환자 멜빈 유달은 온전한 자신을 찾아가는 삶의 여정에서 내면의 여성적 요소인 아니마의 역할이 중요함을 보여 준다.

와타나베와 젊은 여성의 만남은 삶의 활력을 불어넣는 아니마를 체험하는 것이기도 하다. 젊고 발랄한 아가씨는 와타나베에게 친절하게 대하지만, 사실 나이 든 그에 대한 감정은 지극히 현실적이고 그녀에 대한 와타나베의 감정과는 차이가 있다. 그녀에 대한 와타나베의 느낌은 아니마 투사임을 말해 준다. 젊은 아가씨는 투사의 대상이 되었을 뿐, 와타나베가 사랑에 빠진 대상은 사실 와타나베 내면의 여성인 것이다. 그림자 체험에 이어 아니마를 체험하는 것 역시 자기실현을 위한 삶의 여정에서 거쳐야 할 과정일 수 있다.

사랑하는 사람에게 무엇인가를 해 줄 수 있고, 상대가 좋아하는 모습을 보면 그 자체가 현실적 어려움을 참고 살아갈 충분한 이유가 된다. 자식에 대한 부모의 사랑이 그렇고 연인 간의 사랑이 그렇다. 그저 잘해 주고 싶은 마음이다. 더 이상 설명이 필요 없다. 경험해 본 사람은 알 수 있다. 사랑하거나 사랑받는 느낌이 들 때 존재의 소중함을 느끼고 공허감과 무력감에서 헤어날 수 있다. 마음속 누군가를 사랑하고 사랑받는 것만으로도 열심히 살아야 할 이유가 있다고 느껴진다. 살면서 베풀 수 있는 삶이라면 더 바랄 나위가 없을 것이다. 이것은 기독교적 사랑이고 불교에서 말하는 보시다. 바라는 것 없이 베푼다면 더 좋겠다.

예술과 삶

에피쿠로스는 음악 또는 예술 작품을 감상하는 일도 삶의 즐거움을 더할 수 있다고 했다. 러셀은 예술 감상과 같이 순수하게 관조하는 즐거움을 그가 강조하는 사랑에 포함하고 있다.[88] 쇼펜하우어는 예술 작품은 영원한 관념(플라톤의 '이데아'와 비슷한 개념)의 표현이고, 삶의 고뇌에 대한 최종적 해결이 되지는 못하나 일시적 해탈은 얻을 수 있다고 보았다. 예술 작품을 관조하다 보면 시간이 자신을 위해 멈춰 마음의 동요가 사라지고 잠시나마 휴식을 얻을 수 있다고 말한다.[89] 특히 음악은 의지의 직접적 모사로서 삶의 본질을 나타내며 특별히 격렬하고 감동적이라고 말한다.[90]

음악을 무척 사랑한 니체 역시 삶의 본질을 디오니소스적인[91] 것으로 보았다.[92] 니체는 디오니소스적인 삶과 함께 예술이 주는 삶의 즐거움을 강조한다. 니체 철학을 소개하는 박찬국 교수는 인생을 예술로 만들라고 하면서 다음과 같이 말한다.

디오니소스적인 인간은 모든 사물들이 느끼고 있는 감정을 예민하게 알아차리면서 그것과 하나가 되고, 그것을 보다 높은 상태로 표현합니다. (…) 니체에 따르면 우리는 예술 작품을 창조하는 예술가까지는 아니더라도 삶의 예술가는 될 수 있습니다. 삶의 예술가란 매 순간 도취라는 고양된 기분 속에서 삶과 세계를 아름답고 충만한 것으로 경험할 수 있는 사람입니다.[93]

예술은 마음속 깊이 내재한 삶의 본질을 드러낸다. 마르틴 하이데거Martin Heidegger는 감춰진 존재의 본질을 드러내는 것을 '알레테이아aletheia'라고 말한다. 알레테이아는 원래 고대 그리스어로 망각 또는 감춰진 것을 의미하는 '레테lethe'의 부정어다. 이승에서 저승으로 넘어갈 때 '레테'강을 건너면서 모든 것을 잊어버리게 된다고 한다.[94] 본래적 실존, 즉 진정한 자신이 되는 것도 베일을 벗고 감춰진 자신의 진정한 모습을 드러내는 알레테이아라 할 수 있다. 알레테이아는 현존재 분석(실존적 정신 치료)의 목표이기도 하다.[95] 하이데거는 그런 알레테이아를 예술 작품을 통해 느낄 수 있다면서, 예술은 작품 자체가 아니라 작품 이면에 있는, 작품을 통해 나타내고자 하는 작가의 마음이라고 말한다. 철학이 사유를 통해 진리를 깨닫고 기쁨을 얻는 것이라면 예술은 공감을 통해 삶에 의미를 부여한다고 볼 수 있다. 의미 치료를 주장한 빅터 프랭클도 음악이나 예술 작품을 통해 감동적 체험을 하면서 삶의 의미를 찾을 수 있다고 한다. 그가 얘기한 경험적 가치다. 사랑이 그렇듯이, 감동을 주는 예술 역시 그 자체로서 본질적 가치가 있다.

종교적 마음가짐

에피쿠로스는 철학하는 즐거움을 자랑한다. "젊은이는 철학함을 망설여서는 안 되고, 늙은이는 철학함에 지쳐서는 안 된다. 왜냐하면 어느 누구에게도 영혼의 건강을 돌보기에는 너무 이르지도 너무 늦지도 않기 때문이다."[96] 철학함은 필로소피philosophy란 단어의 뜻 그대로 '지혜를 사랑하는 것'이고, 철학 이론을 뜻하는 테오리아theoria는 신적인 것theion을 관조orao한다는 의미다.[97] 신적인 것은 기독교적인 유일신의 의미가 아니라 존재의 본질적인 모습(이데아) 또는 자연의 섭리(로고스)일 수 있다. 스토아학파의 에픽테토스는 운명적인 것을 의연하게 받아들이고 모든 존재에 내재한 신적인 원리(다이몬, 로고스)에 따라 자연 또는 자신의 본성과 일치되게 사는 것이 지혜로운 삶이라고 생각했다. 여기서 신적인 것을 자기 원형으로 대체하면 융의 자기실현 또는 개성화와 크게 다르지 않아 보인다.

독일의 실존주의 철학자 칼 야스퍼스Karl Jaspers는 철학이란 우리 자신에 대한 근심이고, 철학하는 사람은 자기 존재에 대해서 얘기한다고 했다.[98] 야스퍼스는 자신의 사유를 실존 철학이라고 부른다. 인간이 자기 자신이 될 수 있는 사유다.[99] 야스퍼스에 따르면 철학함은 자신을 성찰하며 삶의 여정에서 가야 할 바를 진지하게 고민하는 태도다.

삶의 의미는 삶에 대한 진지한 태도에서 찾아볼 수 있다. 재능을 살리는 일이 즐겁고, 음악을 듣고 감동하고, 사랑받고 사랑하는 일이 삶을 충만하게 하나, 죽음을 앞둔 존재로서의 불안은 여전히 사라지지 않는다. 모든 것이 언젠가는 사라지고, 사랑하는 사람과도 헤어져야 한다.

《인간의 굴레》의 필립은 친구 헤이워드의 죽음을 계기로 인생은 아무런 의미나 목적이 없다고 느낀다. 성공과 실패도 무의미하다고 생각한다. 그 순간 인간의 삶이란 크론쇼가 언급한 페르시아 카펫의 한 조각 무늬를 만드는 데 지나지 않는다는 생각이 든다. 행복은 무늬에 복잡성을 더하는 모티프 하나가 덧붙여지는 것일 뿐이라고 생각한다. 필립은 존재의 무의미를 깨닫고 행복해지려는 소망을 저버린 순간, 완전한 자유와 함께 희열과 행복감을 느낀다. 여태껏 경험하지 못했던 느낌이다.[100]

영화 〈살다〉에서 와타나베의 아들 내외는 아버지가 젊은 여자를 만나자 재산을 탕진할까 걱정한다. 와타나베는 아들 내외와 함께 살면서도 서운한 마음에 자신이 시한부 인생이라는 얘기를 꺼내지도 못한다. 결국 아들도 멀게 느껴지고 소용없다는 생각을 지울 수 없다. 와타나베와 계속되는 만남에 부담을 느끼는 아가씨에게 어떻게 하면 잘 지낼 수 있는지를 묻자 "그냥 일하고 먹고 이렇게 (토끼 인형) 만들 뿐이에요. 이렇게 만들어도 재미있어요", "과장님도 뭘 만들어 보세요"라고 말한다.

그 말에 와타나베는 문득 깨달음을 얻는다. 지금도 늦지 않았고 자신도 의미 있는 일을 할 수 있다고 생각한다. 그간 여러 부서에서 기피해 온 민원을 해결해 주기로 마음먹고 발 벗고 나선다. 동네 아주머니들의 숙원인 더러운 웅덩이를 매립하고 그 자리에 어린이 공원을 세우는 일을 추진한다. 일을 진행하는 도중에 관련 공무원들에게 심하게 자존심이 상해도 그에겐 누굴 원망할 겨를이 없다. 어느 날 와타나베는 저녁노을을 바라보며 "정말 아름답군. 30년간 완전히 잊고 지냈군" 하며 자연의 아름다움에 경탄한다. 몇 개월 후 매립지에 만들어진 어린이 공원에서 즐겁게 노는 아이들을 바라보며 그네에 앉아 애처롭게 그러나 홀가분한 표정으로 "인생은 짧아요. 사랑을 해요" 노래를 부르며 홀로 죽음을 맞이한다.

죽음에 대해 에피쿠로스는 살아 있는 동안에는 죽음을 경험할 수 없고 죽고 난 후에는 더 이상 존재하지 않을 테니 걱정할 필요가 없다고 말한다. 그러나 필립처럼 타인의 죽음을 통해서도 죽음이 먼 훗날, 남의 일만이 아니라는 체험을 하며 삶이 허망하다는 생각을 할 수 있다. 사실 대부분의 사람은 죽음에 대한 불안으로부터 자유롭지 않다. 죽음을 앞둔 인간 존재의 불안을 극복하기 위해서는 죽음을 직면하고 받아들여야 한다. 이는 동양 철학이나 불교의 가르침이기도 하고 에픽테토스부터 키르케고르, 야스퍼스, 하이데거에 이르기까지 많은 철학자의 공통된 생각이기도 하다.

관념적 문제에 매달렸던 이전의 철학자들과 달리 삶의 생생한 실존적 문제를 고민한 하이데거는 죽음을 진지하게 받아들일 때 체념하고 허무감에 빠지는 것이 아니라 오히려 경이로운 체험을 하게 된다고 말한다. 필립이 존재의 무의미를 깨닫고 느낀 자유, 희열, 행복감도 하이데거의 '근본 기분' 또는 '경이로운' 체험과 유사하다. 〈살다〉에서 죽음을 앞둔 와타나베가 나름대로 의미 있는 일을 시작하면서 30년 만에 처음으로 노을의 아름다움을 느낀다. 일종의 경이로운 체험이다. 하이데거식으로 말하면 죽음을 앞두고 본래적 실존이 되면서 자연의 아름다움을 관조할 수 있게 된 것이다.

경이는 우리가 일상적으로 가장 자명하다고 생각하기 때문에 보통 아무런 관심도 갖지 않는 것을 신비롭게 체험하는 것입니다. 그것은 모든 존재자가 드러내는 고유한 존재를 신비롭게 생각하면서 그 앞에 매료되어 있는 상태입니다. 그것은 시인을 비롯한 예술가들이 자연의 아름다움을 노래할 때 그들이 사로잡혀 있는 기분입니다.[101]

아리스토텔레스는 철학은 '타우마제인thaumazein(경이)'로부터 시작한다며 경이로운 체험을 중시했다. 하이데거는 경이로운 체험을 하게 되면 퇴락한 존재가 아닌 본래적 실존이 된다고 말한다. 본래적 실존은 "세간의 가치와 의미를 자명한 것으로 받아들이지 않고",[102] 자신의 본래적 가치와 의미를 깨닫고, 더 이상 다른 사람으로 보이려고 시도하지 않는다. 또한 타인의 고유한 가능성을 존중하고 새로운 세계로 체험한다.[103] 본래적 실존은 세상에 얽매이지 않는 자유롭고 독립된 존재다.[104] 생각 없이 집단에 동조하지 않고 자신이 행동하는 이유를 아는 사람을 말한다. 아무 생각 없이 빈말하고, 쓸데없는 호기심을 보이며, 모호한 태도를 보이는 존재가 아니다.[105] 돈이나 명성처럼 부질없는 욕망에 집착하지 않고, 소소하고 일상적인 것들을 감사하고 새롭게 느낀다.[106] 또한 자기중심적인 데서 벗어나 주위 사람들을 배려하고 애틋한 마음을 갖게 된다. 후설과 하이데거의 영향을 받은 유대계 철학자 에마뉘엘 레비나스Emmanuel Levinas는 자기중심적인 의미 부여에서 벗어나 타자에게 선한 행위를 할 때 죽음에 대한 불안과 삶의 무의미함에서 벗어날 수 있다고 한다.[107]

경이로운 체험은 누미노스 체험numinous experience과 비슷하다. 신학자 루돌프 오토Rudolf Otto는 매혹과 경외감을 일으키는 종교적 체험을 누미노스 체험이라고 불렀다. 융은 누미노제numinose 체험을 주의 깊고 성실하게 관조하는 태도로 설명한다.[108] 융은 이러한 종교적 태도의 상실이 노이로제(신경증)와 관련 된다고 보았다.[109] 융에 따르면 "신경증이 심혼의 종교적 요구를 더 이상 지각하지 못하고 있는 데서 기인한다는 것은 사실이다."[110]

《인간의 굴레》의 필립은 역설적으로 행복해지려는 소망을 버리면서 그간 느끼지 못했던 행복감을 느낀다. 행복해지기 위해서는 쾌락 추구만이 아니라 오히려 삶이 고통스럽고 마음대로 되지 않는 부분이 있음을 받아들일 줄 알아야 함을 말해 주는 대목이다. 인생은 '참고 견디는 것이다'라는 생각은 스토아학파의 에픽테토스부터 쇼펜하우어, 야스퍼스에 이르기까지 모두 다르지 않다.

쇼펜하우어는 삶은 고뇌의 연속이라고 말하며 삶에 대한 맹목적 의지를 부정할 때 비로소 고뇌에서 벗어날 수 있다고 말한다. 개별적 삶의 모습이 맹목적 의지의 표상이라는 것(쇼펜하우어는 이를 '개체화의 원리'라고 부른다)을 이해하면, (마야의 베일이 걷히듯이) 자기중심적인 생각에서 벗어나 타인에 대해 연민(동정심)을 느끼게 되고, 삶의 본질이 무無라는 인식에 도달하게 된다.[111] 이러한 인식은 불교의 해탈과 비슷한 경지다. 남이 볼 때는 부족하고 초라하게 보일 수 있으나 내적으로는 삶의 고뇌에서 벗어나 평온한 마음을 가질 수 있다고 말한다. 이는 참고 견디는 세상을 의미하는 '사바娑婆' 세계에서 인생이 '고苦'임을 깨닫는 것이 불교적 가르침의 근본이라는 생각과 같다.

《별들의 고향》의 작가 최인호가 침샘암으로 고통을 겪으며 보여 준 기도에 대한 통찰은 고통에 대한 종교적 마음가짐을 이해할 수 있는 좋은 예다. 독실한 가톨릭 신자였던 최인호는 병을 낫게 해 달라고 기도했으나 마음의 평화를 얻지 못해 실망한다. 그러다 문득 기도가 잘못되었음을 깨닫는다. 그리고 엿가락인 자신의 몸을 주님께 완전히 맡기겠사오니, 엿장수이신 주님의 뜻대로 하시라는 '엿가락 기도'로 바꿔 기도한다. 진정한 기도는 내 마음대로 되길 바라는 것이 아니고 뜻대로 안 되는 것을 받아들이고 신의 뜻에 맡기는 것임을 말해 준다.[112]

삶의 어쩔 수 없는 부분과 마음대로 되지 않는 부분, 비합리적인 부분을 겸허하게 받아들이고 커다란 흐름에 자신을 맡기는 태도가 종교적 마음가짐이다. 예수의 뜻으로 받아들이면 기독교 신자이고 부처의 가르침으로 받아들이면 불자다. 천명天命(하늘의 뜻)으로 기꺼이 수용하면 근심할 것이 없다樂天知命 故不憂는 것이 《주역》의 근본 사상이기도 하다.[113] 이는 불안한 세상에서 어찌 편하게 살고자 하냐는 중국 당나라 시인 백거이白居易(자는 낙천樂天)의 〈자회시自誨詩〉에 드러난 마음가짐이기도 하다.

낙천아! 낙천아!	樂天樂天
오너라. 내 너에게 이르겠다!	來與汝言
낙천아! 낙천아! 불쌍하구나!	樂天樂天 可不大哀
이제부터는 배고프면 먹고, 목마르면 마시고,	
	而今而後 汝宜 飢而食 渴而飮
낮에는 일어나고 밤에는 잠자라!	晝而興 夜而寢

함부로 기뻐하지도 말고, 또 걱정하지도 말아라!

無浪喜 無妄憂

병들면 눕고, 죽으면 쉬도록 해라.　　　病則臥 死則休

그렇게 하는 경지가 바로 너의 집이자, 너의 본고향이라!

此中是汝家 此中是汝鄕

왜 그것을 버리고 불안한 세상을 택하고자 하느냐?

汝何捨此而去 自取其遑遑

들뜨고 불안한 속에서 어찌 편안히 살고자 하느냐?

遑遑兮欲安住哉

낙천아! 본고장으로 돌아오너라!　　　樂天樂天歸去來[114]

　천명을 기꺼이 받아들인다는 생각은 운명을 의연하게 받아들이고 신 또는 내면의 소리에 귀를 기울이라는 에픽테토스의 생각과도 다르지 않다. 니체가 주장한 '아모르 파티Amor Fati', 즉 운명을 사랑하라는 말도 같은 맥락에서 이해할 수 있다. 운명을 사랑하라는 말은 체념하거나 절망하는 것이 아니라 현실의 허무함과 뜻대로 되지 않음을 받아들이고 견딜 줄 아는 사람이 되라는 의미다. 니체는 고귀한 인간의 전형인 '초인'이 되어야 한다고 말하는데, 초인은 자신의 운명을 사랑하며 신을 통한 구원에 대한 환상을 버리고 자신의 잠재력을 믿고 스스로 삶의 가치를 정립해 가는, 권력 의지를 지닌 사람을 의미한다.[115]

　야스퍼스도 죽음이나 운명과 같이 어찌할 수 없는 한계 상황은 견디고 받아들이는 도리밖에 없다고 가르친다. 한계 상황을 겪으며 세계 또는 자신에게서 오는 것이 아닌 어떤 도움을 만나게 되는데, 그러한 만남을 그는 초월이라고 불렀다. 초월에 대한 근본 경험을 통해 철학적 믿음을 갖고 우리 자신(실존)이 된다고 말한다.[116]

실존주의 철학의 선구자 키르케고르는 삶의 근원적 불안과 절망에서 벗어나기 위해서는 개별적 존재로서 진정한 자신이 되어야 한다고 말한다. 그리고 감각적 쾌락을 추구하는 심미적 단계와 도덕적으로 올바르게 살고자 하는 윤리적 단계를 넘어서 궁극적으로 자신을 신에게 내맡기는 종교적 실존에 이르러야 한다며 유신론적 견해를 밝힌다.

삶의 의미를 찾지 못해 자살을 생각했던 레프 톨스토이Lev N. Tolstoy도 자신의 고백록에서 최선의 삶은 작은 배를 타고 풍랑에 떠밀려 갈 때 배가 가는 대로 가는 것임을 깨닫는 것이라고 말하며 신의 뜻에 따르는 신앙적 태도를 강조한다. 톨스토이는 "모든 신앙의 본질은 죽음으로 없어지지 않는 의미를 삶에 부여하는 데 있다"[117]라고 생각했다. 그는 자기중심적인 데서 벗어나 삶의 고통과 역경을 감수하며 사람들을 사랑하는 데서 삶의 의미를 찾을 수 있다고 보았다.[118]

융 역시 삶의 어쩔 수 없는 부분은 받아들여야 한다고 말한다. 그렇지 못한 태도를 신경증의 원인으로 보았다. 그리고 치료 목적은 "환자를 행복하게 이끄는 것이 아니라, 고통을 참는 철학적 인내와 꿋꿋함을 갖도록 도와주는 것"이라고 말한다.[119] 또한 만년의 융은 친구 화이트 신부에게 보내는 편지에서 "고통은 극복해야 하는 것이며 극복하는 유일한 방법은 그것을 견뎌 내는 것"이라고 했다.[120]

융 분석가인 힐데가르트 키르쉬Hildegard Kirsch는 융의 회고록에서 융이 자신에게 준 가장 큰 선물은 고통을 필연으로 받아들이라고 깨닫게 한 것이라고 말한다.[121]

빅터 프랭클의 생각도 융과 다르지 않다. 유대인 수용소의 참혹한 상황을 참고 견뎌 낸 그는 바꿀 수 없는 것, 운명적인 것을 감수할 때 '태도적 가치'를 실현할 수 있다고 보았다.[122] 즉 삶의 의미는 어떻게 할 수 없는 것을 바라보는 관점과 받아들이는 태도에서 찾을 수 있다. 그리고 그러한 태도는 개인이 선택할 수 있는 문제라고 보았다. 빅터 프랭클의 운명에 대한 수용적 태도는 하이데거의 죽음을 선구하라는 발상과 그리 다르지 않다.

하버드 의대 정신과 교수 조지 베일런트George E. Vaillant의 성인 성장 발달에 관한 실증적 연구 결과도 표현의 차이만 있을 뿐 삶의 통제하기 어려운 부분과 고통을 수용하고, 자기중심적인 데서 벗어나라는 위의 철학적 생각들과 별반 다르지 않다. 베일런트는 하버드 대학 졸업생을 대상으로 70년 이상 추적 관찰한 연구에서 행복의 조건으로 성숙한 방어 기제(이타주의, 승화, 억제, 너무 심각하게 생각하지 않는 유머 감각을 포함)를 강조했다.[123]

《죄와 벌》의 작가 표도르 도스토옙스키Fyodor M. Dostoevskii는 실제로 죽음의 공포와 마주한 이후 깨달음을 얻는다. 반정부 단체에 가입하여 금지된 문서를 읽었다는 죄로 사형을 선고받았다가 사형 집행 직전에 감형되어 8년간 시베리아 유형 생활을 하게 된다. 도스토옙스키는 이때 죽음을 목전에서 체험하고 삶의 의미를 되새긴 것이다. 그는 시베리아 유형지에서 죄수들과 함께 견디기 어려운 혹독한 상황을 겪으면서도 고통을 수용하며 삶에 대한 긍정적 태도와 믿음을 잃지 않는다. 실제로 당시 도스토옙스키가 감옥에서 형에게 보낸 편지들을 통해 확인할 수 있는데, 사형 집행 직전의 그의 체험과 수형 생활 중 그의 삶에 대한 태도를 읽을 수 있다.[124] 《죽음의 집의 기록》과 《카라마조프 가의 형제들》이 수형 생활을 하며 보고 듣고 느낀 것을 토대로 쓴 작품이다. 도스토옙스키의 삶은 그 자체가 파란만장한 한 편의 소설이었다.

프로이트는 인간의 행복은 신의 계획에 포함되어 있지 않다고 하면서, 삶의 불확실성을 통제하려는 소망을 접고 운명을 받아들이는 것이 성숙한 태도라고 말한다. 프로이트는 무신론자를 자처했으나 삶에 대한 태도는 지극히 종교적이었다. 프로이트는 종교를 위협적인 세상에서 보호받기를 원하는 유아적 소망이 만들어 낸 허구 또는 강박 신경증으로 보았다.[125] 프로이트의 종교에 대한 생각은 인간이 자신의 행복을 위해 신을 창조했다고 말하는 루트비히 포이어바흐Ludwig Feuerbach의 생각과 비슷하다. 포이어바흐는 "신은 독립적인 실재의 존재로 직관된 인간 본질의 이상으로 자기 자신이 외화된 것"이라고 말한다.[126]

진정한 자신이 되어야

하이데거나 야스퍼스에 따르면 어떻게 할 수 없는 부분, 즉 실존적 한계를 받아들이는 태도는 근본 경험 또는 경이로운 체험을 통해 자신의 고유한 가능성을 드러내는 자기실현으로 이어진다. 융이 말한 개성화 과정이기도 하다. 삶의 궁극적 의미는 자기실현 또는 개성화 과정에 있다고 볼 수 있다. 자기실현은 어쩌면 《인간의 굴레》에서 필립의 생각처럼 정교한 페르시아 양탄자의 한 조각 무늬를 짜며 모티프를 더하는 일일 수 있다. 〈살다〉의 와타나베가 죽음을 앞두고 어린이 놀이터를 세운 일도 삶의 여정에서 한 조각 모티브를 더하는 일이었다. 자기중심적인 데서 벗어나 누군가에게 도움이 되고, 마땅히 해야 할 일을 하는 것이다. 그간 민원이 들어와도 거들떠보지 않았던 와타나베가 관련 부서마다 찾아가 머리를 조아리며 협조를 구한다. 매립지에 유흥업소를 세우려는 야쿠자의 압력에도 굴하지 않는다. 죽어 있는 미라가 아닌 본래적 자신의 모습을 드러내는 순간이다. 죽음을 앞둔 그의 삶이 더 이상 무의미하지 않다.

자기실현 또는 개성화는 진정한 자기가 되는 과정이며 자신의 내면세계를 이해하고, 내재해 있는 고유한 가능성을 살리는 일이다. 진정한 자신이 된다는 뜻은 자신이 어떤 사람인지 깨닫고 마땅히 되어야 할 바가 되는 것이다. 이는 집단의 기대나 규범을 따르지 않고 내재한 전체 인격의 본성을 따른다는 뜻이다. 마땅히 되어야 할 바는 모든 사람의 바탕이 되는 보편적 부분과 개별적으로 고유한 부분 모두를 포함한다.

개성화는 무의식의 많은 부분을 의식화하는 일이라고 말한다. 페르소나에 얽매이지 않고 그림자부터 아니마·아니무스와 콤플렉스를 포함하는 내적 인격을 깨닫고 자기 원형을 인식하는 과정이다. 자신을 실제와 다른 사람으로 보이려 하지 않고, 자신의 고유한 가능성을 살리고, 자신의 부족한 점도 알고, 자기중심적인 데서 벗어나 사랑하고, 더불어 조화롭게 사는 것의 소중함을 깨달아 가는 과정이다.

무의식을 의식화한다는 말은 의식과 무의식의 조화를 이룬다는 뜻이다. 이는 러셀이 《행복의 정복》에서 불행은 의식하는 마음과 의식하지 않는 마음 사이에 조화가 부족하여 분열이 생긴 데서 기인한다고 한 말과도 맥을 같이한다.[127]

자기실현은 사실 특별한 사람 또는 완벽한 사람이 되는 것이 아니다. 자기실현은 살아가는 동안 계속되는 과정이며 어느 정도 성취하게 될지는 가늠하기 어렵다. 자기실현에 가까운 사람은 특별하다기보다는 오히려 지극히 평범해 보이고, 완벽하기보다는 약간 어리숙하고 부족해 보이는 사람일 수 있다. 그것이 자연스럽고 온전한 모습일 것이다. 모두 똑똑하고 쓰일 데가 있는데 혼자만 미련하고 어리석은 사람이라고 말한 노자의 모습이기도 하다.

(…)

사람들은 모두 더불어 살아가는데	衆人皆有餘
나만 홀로 남겨진 것 같네.	而我獨若遺
나는 어리석은 사람의 마음을 지녔는지	我愚人之心也哉
우둔하고 우매하네.	沌沌兮
사람들은 다 세상일에 환한데	俗人昭昭
나만 홀로 어둡고 희미하네.	我獨昏昏
사람들은 재빠르고 분명하지만	俗人察察
나만 홀로 흐리멍덩하네.	我獨悶悶

(하지만 나는) 고요하네, 마치 잔잔한 바다처럼	澹兮其若海
부는 바람과도 같네, 어디에도 머물지 (매이지) 않으니	飂兮若無止
사람들은 모두 할 일이 있고 유능한데	衆人皆有以
나만 홀로 완고하고 무능한 것 같네.	而我獨頑似鄙
(그렇지만) 나만 홀로 남들과 다르게	我獨異於人
나를 먹여 주시는 어머니(도)를 귀하게 받든다.	而貴食母[128]

융은 모든 사람이 분명한데 혼자만 우매하다고 말한 노자의 감정이 고령이 된 자신의 느낌과 같은 것이라고 말한다.[129] 자기실현은 세간의 틈바구니에서 이루어진다. 돈, 명예, 권력과 같은 세속적 욕구를 부인하지 않고, 필요하고 그리고 적절하다고 생각하면 마다하지 않는다. 하지만 그것이 자신에게 어울리는지 아닌지를 알고 거기에 집착하거나 얽매이지 않는다.

자기실현을 하고자 하는 사람은 지혜로운 사람이다. 사는 데 정말 소중한 것이 무엇인지 안다. 그리고 무엇이 때에 맞고 적절한지를 안다. 공자가 말하는 '시중時中' 또는 '중용中庸' 개념을 이해하고 있다는 뜻이다. 때를 안다 함은 기미를 알아차리고 적절하게 대처한다는 뜻이다. 산술적 평균치나 중간이 아니라 적절한 것이 중용이다. 그것이 이치에 맞고 자연스러운 것이다.[130]

종교학자 배철현은 《신의 위대한 질문》에서 종교의 본질은 신념 체계가 아니라 자신의 소중한 것을 찾아가는 과정이며, 믿는다는 의미는 삶에서 자신의 소중한 것을 찾아 우선순위를 매기고 그것을 충실하게 지키는 것이라고 한다.[131] 종교의 본질을 자기실현의 과정으로 보는 것으로 이해된다. 자기실현은 종교적 마음가짐을 요구한다. 삶의 고통과 불확실성 그리고 어쩔 수 없고 비합리적인 부분을 겸허하게 받아들이고 커다란 흐름에 자신을 내맡길 줄 아는 마음가짐이다. 이는 하늘의 뜻을 살피고 매사에 어려워하며 조심하고 삼가는 태도이며 공자뿐만 아니라 퇴계 이황退溪 李滉과 남명 조식南冥 曺植이 자기 수양의 근본으로 삼은 경敬이기도 하다.[132]

《데미안》에서 데미안이 싱클레어에게 "우리들 속에는 모든 것을 알고, 모든 것을 하고자 하고, 모든 것을 우리들 자신보다 더 잘 해내는 어떤 사람이 있다"라고 말한다.[133] 여기서 우리 내부의 사람은 곧 융이 말하는 자기 원형이라 할 수 있다. 자기 원형은 의식과 무의식을 포괄하는 전체 인격의 중심이다. 말로 설명하기 어렵고 체험을 통해 깨닫기 전에는 알 듯 말 듯 한 개념이 자기 원형이다. 자기 원형은 원초적으로 모든 사람이 되어야 할 바와 개개인이 개별적으로 되어야 할 바를 담고 있다. 다만 무의식에 가려져 있어 자기 성찰과 삶의 체험을 통해 깨달음을 얻기 전에는 어렴풋하거나 잘 모를 수 있다.

누군가를 보고 바로 그 누군가가 자신이 되고자 하는 모습이라고 깊이 느꼈다면 그 누군가의 모습이 자신의 마음속에 내재하여 있기 때문이다. 평소 느끼지 못하거나 어렴풋하게 느끼던 것을 외부의 누군가가 건드려 자신의 내면의 것을 인식하게 된다. 내 안에 없는 것은 깊은 감동을 불러일으키지 않는다. 내 마음속에 내재한 진정한 나의 모습이 자기 원형이다. 다만 평소 느끼지 못하던 것을 외부의 누군가에 의해 인식하게 되었을 뿐이다.

자기 원형은 불교에서 말하는 불성과도 비슷한 개념으로 설명할 수 있다. 또한 하이데거의 본래적 실존, 노자의 도道 개념, 소크라테스의 다이몬, 스콜라학파의 신적인 존재도 자아 원형의 다른 표현일 수 있다. 초월적 존재로 체험하면 외부의 신적 존재로 체험할 수 있다. 자기 원형상은 부처, 그리스도, 신적인 존재, 노현자 등 다양한 모습으로 나타난다.

9장

쉴 줄
아는가

40대 초반 회사원 A는 늘 머리가 아프고 소화도 안 되고 속이 더부룩하다. 때로는 잠을 설치기도 한다. 병원에서 혈액 검사, 내시경 검사 등을 받아 보았으나 결과는 정상이다. 뇌종양을 의심해서 찍어본 뇌 MRI(자기 공명 영상) 결과도 이상이 없다. 혹시 심리적 문제일지 모르니 정신과 진료를 받아 보라는 내과 의사의 말에 마지못해 정신과 진료를 받으러 왔다. 면담해 보니 특별히 불안하거나 우울하지도 않다. 회사에서는 성실하고 유능한 사람으로 인정받고, 대인 관계도 괜찮다고 한다. 아내와의 관계도 별문제 없고 특별한 걱정도 없다고 한다. 어린 시절 부모와의 관계도 좋았다고 한다. 표정이 약간 긴장되어 보이나 성격도 점잖고 괜찮아 보인다.

    A는 늘 생각이 많고 쉴 줄 모르는 게 문제였다. 쉴 줄 모른다고

일만 한다는 뜻은 아니다. 일하지 않고 쉴 때도 앞으로 해야 할 일 등 이런저런 생각이 많은 게 문제였다. 강박적인 정도는 아니나 미래의 일을 앞당겨서 고민하는 성격이다. 그러다 보니 긴장이 풀리지 않는다. 생각을 비우고 느긋하게 쉬지 못하는 것이 두통과 때때로 나타나는 불면증의 원인이었다.

뜨거운 물에 목욕하고 나면 일단 증상은 호전될 수 있다. 규칙적으로 가벼운 운동만 해도 머리 아픈 게 나아지고 속도 편할 뿐만 아니라 밤에 잠도 쉽게 들고 깊이 잘 수 있다. 실제로 규칙적인 걷기와 스트레칭을 하면서 증상은 매우 호전되었다. 평소 적절한 취미 생활을 했더라면 증상은 훨씬 나아졌을 것이다. 즐기면서 하는 취미는 자연스럽게 긴장을 풀어 준다. 취미라고 해서 반드시 거창하거나 고상해야 하는 것은 아니다. 취미는 자연스럽게 몰입할 수 있는 것이 바람직하다. 일상적이고 소소한 활동이라도 즐길 수 있고 기분 전환이 되는 것이면 족하다.

융은 진정한 즐거움은 소박하고 순박하며, 열등한 기능을 살리는 데서 얻을 수 있다고 말한다.[134] 분화가 덜 된 기능을 통해 어린아이의 생생한 즐거움 같은 것을 경험할 수 있다고 한다. 소질 있고 잘하는 것을 즐기는 것도 뿌듯한 느낌을 주지만, 융의 말대로 평소 잘 사용하지 않거나 서툰 기능을 사용해 보는 것도 의외로 재미있다. 몸치가 춤에 빠져들고 골프에 소질이 없는 사람이 열심히 연습하며 즐기는 것도 열등한 기능에 관한 관심이 삶에 재미를 더하기 때문이다. 생각이 많은 사람은 음악이나 춤과 같은 감성적인 취미 활동을 통해 니체가 말한 디오니소스적인 삶의 매력을 느껴 보는 것이 삶에 즐거움을 더해 준다. 마땅한 취미가 없다면 그냥 걷는 것도 좋다. 그냥 아무 생각 없이 걷고, 걷다 보면 생각이 없어지기도 한다.

　좋아하는 음악을 듣는 것도 긴장을 푸는 데 매우 도움이 된다. 기분에 따라 듣고 싶은 곡은 다를 수 있으나 미리 곡을 찾아 두는 것도 좋은 방법이다. 바흐의 선율은 마음을 진정시켜 주고 모차르트의 음악은 아름답고 밝고 편안하면서도 한편으로 우수가 서려 있기도 하다. 슈베르트 곡은 우울할 때 진한 감동을 준다.

　고독에 몸을 맡기는 자,

　아! 그는 곧 홀로 되리라.

　다른 이들은 살고 사랑하면서

　그를 고통 속에 내버려두라.

　그래! 나를 번민 속에 내버려두라!

　그래서 내가 한 번이라도

　진정으로 외로울 수 있다면

　그 때는 혼자가 아니리.

　사랑하는 이가 가만히 다가와

　그가 정말 혼자 있는지 귀 기울이듯

　밤낮없이 나를 찾아온다네.

　고독의 고통이,

　고독의 번민이.

　아! 언젠가 내가

무덤 속에 혼자 남겨진다면

그제야 나를 홀로 내버려두리라.[135]

그의 가곡은 가사를 몰라도 가슴을 저민다. 베토벤은 아름다우면서 경건하고 장엄한 느낌을 전해 준다. 쇼팽은 로맨틱한 느낌에 빠져들게 한다. 재즈 연주나 보컬도 삶의 애환을 얘기해 주고 심금을 울린다. 올드 팝이나 칸초네도 좋고 트로트도 상관없다. 들어서 가슴에 와닿고 좋아하는 곡이면 된다.

음악은 공자도 무척 좋아했다. 전통 음악인 소악韶樂에 취해 한동안 고기 맛을 느끼지 못할 정도였다고 한다. 《논어》에서 인성은 '시詩'에서 시작해서 '예禮'로 서고, '악樂'으로 완성한다興於詩 立於禮 成於樂고 적을 정도로 인격을 수양하는 방법으로 '예'뿐만 아니라 음악도 중시했다.[136]

음악에 특별히 관심이 있었던 쇼펜하우어는 평소 플루트를 즐겨 연주했고, 음악에 재능이 있었던 니체 역시 직접 작곡을 할 정도로 음악에 조예가 깊어 음악 없는 삶은 잘못된 것이라고 말할 정도였다.[137] 융도 음악에 깊은 관심과 애착을 보였다.

야페는 융이 바흐, 헨델, 모차르트, 고음악 그리고 "흑인 영가에 애착"을 느끼고 있었다고 기록했다. 슈베르트 현악 4중주는 "그를 지나치게 감동시켰기 때문에" 꺼야 했고, 베토벤 후기 현악 4중주는 "그를 참을 수 없을 정도로 마구 휘저었다." 그는 친구에게 "바흐는 신과 대화를 하지. 바흐는 나를 사로잡는다네. 하지만 진부한 분위기에서 바흐를

연주하는 사람이 있다면 나는 그를 죽일 수도 있다네"라고 말했다.[138]

음악은 들리는 것 이상으로 삶에 대해 무언가를 느낄 수 있게 한
다. 쇼펜하우어는 음악은 의지의 모사이며 다른 예술과 달리 그림자
가 아닌 본질에 관해 말하고 마음 깊은 곳에 커다란 영향을 준다고
하면서 음악에 깊은 관심을 표명했다.[139] 니체는 음악이 영혼을 위로
해 주고, 음악 속에 여인이 있다고도 말한다.[140] 그는 "음악이 제멋대
로 굴면서도 싹싹하고, 겸손하면서도 우아하며 사랑스러운 여자와
같은 것이기를 바라고 있다", "쇼팽을 선택하기 위해서라면 나머지
음악 전체를 포기할 수도 있다. 아마 로시니도 없으면 안 될 것이다"
라고 말할 정도였다.[141] 니체의 음악에 대한 생각은 음악을 심혼(아니
마)의 표현이라고 한 엠마 융의 생각과도 맥을 같이한다.[142] 좋은 음
악은 삶을 풍요롭게 하고 그냥 그 자체가 들어서 좋은 삶의 근원적
체험이다.

춤을 배우는 것도 괜찮다. 모던 댄스도 좋고 라틴 댄스도 좋다.
멋있게 보여 주기보다는 기본적인 스텝을 배워 즐길 수 있으면 된
다. 물론 재능이 있고 욕심이 나면 고난도 기교와 화려한 동작을 배
워 볼 수 있다. 영화 〈쉘 위 댄스〉(1996)를 보면 다람쥐 쳇바퀴 돌 듯
이 단조로운 일상생활을 반복하던 중년의 샐러리맨이 우연히 댄스
를 배우며 삶의 활력을 되찾는다.

그림도 좋다. 처칠은 우울할 때 글을 쓰거나 그림을 그렸다. 처칠
은 나이 마흔에 그림을 취미로 시작했다.[143] 김종필 전 총리도 그림
을 그리면서 마음이 평온해지고 행복과 충만함을 느낄 수 있었다고

말한다.[144] 재능이 없어도 마음속에 떠오르는 대로 표현해 보는 것 자체가 힐링이 된다. 그림 감상도 괜찮다. 화가의 마음을 느껴 보고 마음이 통하는 작품을 찾아본다. 보면 기분 좋고 감동을 주는 작품이 있다. 보이는 것이 다가 아닌 그림 역시 삶의 본래 모습을 드러내기 때문이다. 삶의 본질을 드러내는 알레테이아가 예술의 본질이라고 한 하이데거의 말을 기억하자.

목공이나 조각을 하며 삶의 의욕을 느끼는 사람도 있다. 융은 손으로 하는 작업을 좋아했다. 아내가 세상을 떠나자 돌을 조각하며 마음을 다스렸다고 한다.[145] 볼링겐 별장의 석조탑을 직접 만들기도 했다.[146] 예술은 삶을 다채롭게 만들며 즐거움을 더해 준다.

작가가 아니어도 글을 써 보는 것도 매우 좋은 취미가 될 수 있다. 소재가 마땅치 않으면 자신 또는 자신의 삶에 관해 써 볼 수 있다. 글을 통해 자신이 무엇을 느끼고 생각하는지, 그리고 어떻게 살아왔는지 돌아볼 수 있다. 속상할 때 그냥 떠오르는 대로 써 보는 것도 관점을 달리하고 마음을 달래는 데 도움이 된다. 훗날 다시 보면 비극이 희극처럼 느껴질 수도 있다.

책을 가까이하는 것도 좋은 습관이다. 융은 다른 사람의 삶의 이야기를 들어 보는 것은 매우 유익하다고 했다.[147] 책을 통해 누군가의 삶을 들여다보면 억울한 일이나 어려움을 겪는 것이 현재 나만 겪는 일이 아니라는 사실을 알게 된다. 훌륭한 사람의 그림자라 할 수 있는 인간적 결함과 미숙한 부분을 발견하는 것도 상당히 위안이 된다. 노출증으로 상담받는 사람이 장 자크 루소의《고백》을 읽고 위안을 받기도 했다. 똑같은 생각을 하는 누군가가 있다는 사실도 커다란 즐거움이다. 이런저런 생각을 접하다 보면 마음이 좀 더 느긋해지고 너그러워질 수 있다.

적절한 취미나 건강한 생활 습관을 갖지 못하면 엉뚱한 데서 또는 부적절한 방법으로 정신적 긴장이나 본능적 욕구를 해소하려 하다 심각한 문제를 일으키기도 한다. 술, 담배, 마약, 성적 일탈 등이 그러한 예다. 하버드 대학 정신과 의사 조지 베일런트는 1920년대 출생한 268명의 하버드 대학 졸업생을 70년 이상 추적 관찰한 연구 결과 보고서를 발표했다. 이 보고서에 따르면 행복의 조건 7가지에는 성숙한 방어 기제, 교육, 안정된 결혼 생활 외에도 금연, 금주, 운동, 알맞은 체중이 포함된다. 신체적 건강 관리가 정신적 요인 못지않게 중요하다는 사실을 일깨워 준다.[148]

염세주의자로 알려진 쇼펜하우어[149]는 인생론에서 명랑한 기분이 사람을 직접적으로 행복하게 하는데, 기분은 신체적 건강의 영향을 받으며 행복의 90퍼센트는 건강에 기반을 둔다고 말했다. 또한 "생명은 운동에 있다"라고 한 아리스토텔레스의 말을 인용하며 운동의 필요성을 강조하기도 했다.[150]

적당한 운동은 심혈관 질환을 예방하고 노화 방지뿐만 아니라 우울증과 치매 예방에도 도움이 된다. 적절하게 긴장을 풀고 쉴 줄 아는지 그리고 여가를 어떻게 보내는지는 인격의 한 면을 반영하며, 정신 건강의 척도이기도 하다. 아리스토텔레스는 "행복은 여가에 있다"라고 했고, 소크라테스는 "여가는 인간이 소유하고 있는 것 중에서 가장 훌륭한 것"이라고 칭송했다.[151] 적절한 여가 활동은 잠깐 일지라도 자기만의 생각에서 벗어나게 하고 삶의 재미를 더해 준다.

삶의 의미는 재미있게 사는 데서 찾을 수 있다. 적당히 쉬면서 운동도 하고, 자연의 아름다움이나 예술을 즐길 수 있어야 건강한 삶을 살고 있다고 말할 수 있다.

3부

마음의 병

1장

정신
질환이란

간혹 자신이 정신적으로 건강하냐고 묻는 경우가 있다. 특정 정신 질환의 유무는 얘기할 수 있으나 정신적으로 건강한지 아닌지는 막상 대답하기가 쉽지 않다. 정신 건강을 정의하는 것은 인간의 본성을 논하는 것만큼이나 어려운 일이다. 사실 정상과 정신 질환의 경계도 모호한 부분이 있다. 또한 정신 질환이 없으면 모두 정신적으로 건강하다고 말할 수 있는지도 의문이다.

세계 보건 기구WHO는 정신 건강은 각자의 잠재 능력을 인식하고, 정상적인 스트레스에 대처할 수 있고, 생산적 일에 종사해서 성과를 내고 소속한 사회 집단에 공헌할 수 있는 상태라고 설명하고 있다. 아울러 정신적으로 건강하다는 것은 단순히 정신 장애가 없다는 의미는 아니라고 덧붙이고 있다.

정신적으로 건강한 사람은 현실에 어느 정도 적응하고 자신의 재능을 살리면서 생산적 활동을 할 수 있는 사람이다. 물론 일만 하는 것은 아니고 쉬면서 여가를 즐길 줄 아는 사람이다. 자신의 콤플렉스에 사로잡히지 않고 내면의 어두운 면을 포함하여 실제 자신의 모습을 수용하고 진정한 자신을 드러낼 줄 아는 사람이다.

사람들과 적절하게 어울리고 자기중심적인 데서 벗어나 공감하고 사랑할 줄 아는 사람이기도 하다. 적절하게 소통하며 감정 표현을 하고, 참을 줄도 알고, 삶이 뜻대로 되지 않고 고통스러운 부분이 있음을 겸허하게 받아들일 줄 아는 사람이다. 한마디로 종교적 심성을 지닌 사람이다.

어떤 사람이 정신적으로 건강한지는 잘 살고 있는지를 평가해 보면 알 수 있다. 이는 현실 적응력, 자신에 대한 이미지, 대인 관계, 평소 기분 및 감정 조절, 적절히 쉴 줄 아는지, 삶의 가치관 또는 종교적 태도 등으로 평가할 수 있다는 얘기다. 지금까지 기술한 내용이기도 하다.

정신 장애의 진단 기준

정신 질환을 한마디로 정의하는 것은 쉽지 않다. 정신 질환을 프로이트처럼 정상의 과장된 또는 극단적 형태로 볼지, 미국 정신의학회《정신 장애 진단 및 통계 편람》처럼 정상과 다른 별개의 범주로 볼지도 명확히 정해진 바가 없다. 정신 질환은 아직 생물학적 원인이 명확히 밝혀지지 않은 경우가 대부분이다. 사실상 진단을 확인할 수 있는 검사도 없다. 병원에서 혈액 검사나 MRI 촬영 등 여러 가지 검사를 시행하는 이유는, 환자가 보이는 증상이 뇌 질환이나 다른 신체적 질환에서 기인할 가능성을 배제하기 위한 것이지 정신 질환을 확인하기 위한 것은 아니다.

심리 검사도 사실상 환자의 주관적 보고에 의존할 뿐 경험이 많은 정신과 의사의 면담에 추가 제공해 주는 정보는 없다. 다만 그때그때 달라지는 면담이 아니라 체계적이고 표준화된 방식으로 평가한다는 장점이 있을 뿐이다.

그렇다면 정신 질환을 어떻게 정의할까? 정신 질환은 발병 기전을 모르기 때문에 부득이 드러난 현상으로 정의할 수밖에 없는데 크게 세 가지 관점에서 정의한다.

첫째는 주관적 불편함이다. 심리적 문제로 불편해하는 경우를 신경증이라고 부른다.

둘째는 기능적 장애다. 정신병의 경우처럼 현실 판단력 장애로 사회생활 적응에 어려움을 겪는 경우가 해당한다. 대표적 정신병으로는 조현병과 조울병(양극성 장애)을 들 수 있다.

셋째는 평균적 관점에서 볼 때 보통 사람과 다른 경우다. 정신병의 경우가 대표적인 예다. 인격 장애도 여기 해당한다.

정신 질환은 뇌 질환이나 신체적 질환에 따라 이차적 정신 증상을 보이는 경우를 제외하면 크게 세 개의 범주, 즉 신경증(노이로제), 정신증, 인격 장애로 나눌 수 있다.

신경증은 본인은 불편하나 기능 장애가 있다 하더라도 약간 능률이 떨어지는 정도이고 사회적으로 이상한 사람으로 보일 정도는 아니다. 주변에서 흔히 볼 수 있는 경우로 불안 장애, 공황 장애, 강박증 및 가벼운 우울증이 여기에 속한다.

정신증은 현실 판단력에 문제가 있는 경우로 사회적 또는 직업적 기능이 현저히 저하되고 평균적 관점에서 볼 때 이상한 증상을 보이는 사람이 해당된다. 대표적 증상으로 망상이나 환청을 들 수 있다.

인격 장애가 있는 사람은 신경증과 달리 본인은 불편한 점이 없는데 주위 사람을 불편하게 한다. 정신병과 달리 현저한 기능 장애는 보이지 않는다. 제삼자가 볼 때 보통 사람과는 성격이 남다른 점이 있다. 그러나 정작 본인은 자신의 성격에 별문제가 없다고 생각한다.

임상에서 정신 질환의 정의와 분류는 일반적으로 미국 정신의학회에서 발간하는《정신 장애 진단 및 통계 편람Diagnostic and Statistical Manual of Mental Disorders》(이하 DSM)을 따른다. 정신 질환은 사회, 직업, 학업 및 기타 중요한 활동 영역에서 불편을 유발하거나 임상적으로 심각한 고통이나 장애를 일으키는 경우로 정의된다. 문제는 DSM에 등재되어 있다고 모두 질환이라고 볼 수 있는 것은 아니라는 점이다. 동성애처럼 한동안 질병으로 간주했다가 DSM에서 삭제된 경우도 있다. 의상 도착증과 같이 성 정체성의 변화 없이 단순히 남성이 여성의 옷을 입는 것을 좋아한다고 해서 정신 질환으로 분류되는 것이 타당한지도 의문이다. 성인 ADHD가 실재하는지에 대해서도 논란이 많다. 성인의 경우 주의력 결핍 증상의 원인은 매우 다양하다. 학업이나 주어진 일에 대한 동기 부족, 흥미 상실, 업무 이해나 처리 능력이 부족한 경우 또는 해결되지 않은 과제로 인한 스트레스 등의 상황적 요인으로 집중이 안 될 수 있다. 주의 집중력 저하는 피로, 과음, 흡연, 카페인 과다 섭취, 불면증, 시각이나 청각 기능 저하 등의 신체적 요인에 기인하는 경우도 많다. 또한 평소 딴생각 또는 공상을 많이 하거나 호기심이 많아 산만한 경우, 일을 주어진 방식대로 하지 않거나 마무리 짓지 않고 벌이길 좋아하는 등의 성격적 요인과 관련된 예도 있다. 집중력 저하는 우울증이나 경조증에도 흔히 동반되는 현상이다. 따라서 단순히 주의력 결핍 현상을 보인다 하여 증상 체크 리스트만으로 주의력 결핍 장애라고 부를 수 있는지 의문이다. 또한 이들 대부분은 어린 시절 주의력 결핍 장애 진단을 받은 사실이 없는 경우가 많고, 소아기 주의력 결핍 장애 아동은 성장하면서 부산한 행동이 호전되는 경우가 많아 성인 주의력 결핍 장애라는 질병이 따로 존재하는지에 대한 논란이 제기되고 있다.

미국 정신의학회 DSM에서는 서로 다른 범주에 속하는 질환은 별개의 질환으로 간주한다. 하지만 개별적 질환들이 본질적으로 동일 선상에 있는 비슷한 질환이나 정도와 양상의 차이가 있을 뿐인지, 발병 기전이 다른 별개의 독립된 질환인지조차 명확하지 않고, 전문가들 사이에서도 합의가 이루어져 있지 않다. 그저 전통적으로 편의상 범주형 분류 체계를 따를 뿐이다. 다양한 형태의 정신병과 조현병 그리고 양극성 장애가 서로 다른 질환인지 별개의 질환인지 아직 명확히 밝혀지지 않았다는 얘기다. 경과나 치료 반응 등의 임상적 양상이 다르니까 관례대로 이름을 달리 부르고 있을 뿐이다. 그래서 경험이 많은 정신과 의사는 미국 정신의학회의 DSM에 따른 공식적인 세부 진단명을 그리 신경 쓰지 않는다. 임상 연구나 행정적 목적으로 진단 분류가 필요할 경우 달리 대안이 없어 참고하는 정도다. 정신 질환의 진단 범주는 크게 신경증, 정신병, 인격 장애 세 가지 정도로 기억하면 된다.

2장

✚

공황 장애,
놀라지 말자

40대 초반 건장한 체격의 활동적인 젊은 사업가 P가 응급실을 통해 내원했다. 회의 중에 갑자기 불안하고, 가슴이 답답해지고 두근거리면서 숨이 막힐 것 같았으나 신체적으로는 별 이상이 없다고 한다. 술은 자주 마시는 편이나 운동을 즐기고 건강에 문제는 없다. 사업도 별문제 없고 돈도 제법 모았다. 지역 사회 유지로 사회적 활동도 많이 한다. 사람들과 어울리는 것을 좋아하고 아내와의 관계도 괜찮다 한다. 근래 세무 조사를 받으며 스트레스를 받긴 했으나 그것 때문에 그렇게 불안한 것 같지는 않다. 아내 몰래 여자를 만나는 게 마음에 걸린다고 한다. 함께 있으면 즐거운 여자인데 계속 만나면 안 되는지 묻는다.

공황 장애는 갑자기 심한 불안, 즉 공황 발작이 나타나는 질환이

다. 갑자기 죽을 것 같은 심한 불안 증상과 함께 숨이 막히고, 가슴
이 답답하고 두근거리며, 어지러워 쓰러질 것 같고, 속이 메스껍고,
땀이 나고, 손발의 감각이 이상해지는 등 다양한 신체적 불안 증상
을 보인다. 공황 발작은 특별한 이유 없이 나타나는 경우가 많지만
여러 사람 앞에 노출될 경우, 터널이나 엘리베이터 같은 밀폐된 공
간 또는 중간에 내릴 수 없는 지하철이나 비행기 안에서처럼 특정
상황에서 나타나기도 한다.

　심장 질환이 아닌가 놀라서 응급실을 방문하게 되는데 심전도나
혈액 검사 등에서 별다른 이상은 발견되지 않는다. 응급실에 도착했
을 때는 이미 증상이 사라지는 경우가 많다. 공황 발작은 10분 이내
에 가장 심해졌다가 20~30분 사이에 저절로 사라진다. 1시간 이상
지속되는 경우는 드물다. 증상이 사라진 후에도 재발에 대한 예기豫
期 불안은 지속될 수 있다. 공황 발작 빈도는 하루에 여러 번부터 몇
개월에 한두 번 정도로 개인 차이가 크다. 대개 100명당 1~4명 정
도가 공황 장애를 경험한다. 여성이 남성보다 많고, 흔히 20~30대
젊은 연령층에서 발병한다. 영화 〈애널라이즈 디스〉(1999)를 보면
마피아 보스 폴 비티로 분한 로버트 드 니로가 공황 장애 환자로 나
온다. 공황 장애는 누구나 경험할 수 있는 증상으로 마피아 보스라
고 예외는 아닌가 보다.

　공황 장애의 원인은 정확히 알려지지 않았지만 뇌의 경보 시스
템이 너무 과민하게 작동하는 것과 관련 있을 것으로 추정하고 있
다. 가족 중에 공황 장애 질환을 가진 사람이 있으면 일반인보다 발
병률이 높아 유전적 요인도 관여할 것으로 생각한다. 공황 발작은

느닷없이 나타나는 듯 보이나 자세히 들여다보면 스트레스를 겪고 힘들 때 증상이 나타나는 경우가 많다. 심리적으로 스트레스에 민감한 사람이 공황 증상을 겪을 가능성이 크다.

P의 사례처럼 무의식적 죄책감이 공황 발작의 원인일 수도 있다. 〈애널라이즈 디스〉에서는 폴 비티가 어린 시절 부친의 암살 장면을 목격한 것이 원인인 것처럼 나온다. 마피아 보스니 아버지처럼 살해당할 수 있다는 무의식적 불안 때문에 공황 발작을 경험할 수도 있다. 그러나 공황 증상은 단순히 어린 시절 상처나 생명에 대한 위협이라기보다 마피아로서 사는 삶이 더 이상 적절하지 않다고 무의식이 의식에 보내는 경고로도 볼 수 있다.

공황 장애 진단은 유사한 증상을 보일 수 있는 신체적 질환을 배제할 수 있을 때 진단을 내리게 된다. 공황 장애에 대한 진단을 확인해 줄 수 있는 검사는 아직 없다. 내원하면 협심증이나 심근 경색, 부정맥 같은 심장 질환과 갑상샘 항진증 등을 배제하기 위해 심전도나 혈액 검사를 시행한다.

공황 발작이 자주 발생하지 않고, 생활에 영향을 줄 정도가 아니고, 특별히 우울하지 않다면 치료에 그리 신경 쓰지 않아도 된다. 공황 증상에 대한 심리 치료는 증상에 대한 교육이 주된 내용이다. 공황 증상은 사람을 매우 놀라고 당혹스럽게 하지만 대개 길어도 20~30분 이내에 저절로 사라지고 실제 잘못되는 병이 아니라는 사실을 이해하는 것이 중요하다. 증상이 나타면 마음을 가다듬고 호흡을 조절하는 것이 도움이 된다. 깊이 들이마시고 천천히 내쉬는 호흡을 하나부터 열까지 반복한다. 숨을 내쉴 때마다 몸에 힘을 빼고

팔과 다리, 몸통을 늘어뜨린다. 숨을 내쉴 때마다 불안과 긴장이 점차 사라진다고 상상하며 속으로 되뇌는 것이 도움이 된다. 기도문이나 좋아하는 구절을 암송하는 것도 한 방법이다. 증상이 누그러질 때까지 이렇게 하기를 몇 번 반복한다. 눈은 감아도 좋고, 한곳을 응시하며 해도 괜찮다. 의자에 기대앉아서 하면 좋지만 익숙해지면 서서 해도 상관없다. 증상이 사라진 다음에 자신의 삶을 되돌아보고, 스트레스에 적절하게 대처하도록 하는 것이 곧 심리 치료가 된다.

특정 상황에서 공황 장애가 생기는 경우는 상황에 실제 또는 상상으로 노출시키고 참거나 이완 훈련을 하는 행동 치료를 시도해 볼 수도 있다. 머지않아 사이버 공간에서 치료를 시행할 수도 있다. 행동 치료를 제외하면 공황 장애에 효과적인 심리 치료가 따로 있는 것은 아니다. 심리 치료는 공황 장애나 우울증이나 다를 게 없다. 증상이 아니라 사람을 치료하는 것이기 때문이다.

공황 발작의 빈도가 잦고 생활에 심각한 영향을 줄 때는 약물 치료를 받는 것이 도움이 된다. 우울증이 없더라도 항우울제가 공황 발작을 예방하는 데 도움이 된다고 알려져 있다. 항우울제 효과는 뒤늦게 나타나므로 그사이에 디아제팜이나 알프라졸람과 같은 벤조디아제핀 계열의 항불안제를 사용하는 것이 증상을 빨리 조절하는 데 도움이 된다. 다만 항불안제는 의존성이 있어 필요 이상으로 오래 사용하는 것은 바람직하지 않다.

공황 장애 환자의 40~80퍼센트는 우울증을 동반한다. 공황 증상보다 우울증이 더 심각한 경우도 많다. 이때는 우울증 치료에 초점을 맞춰야 한다. 우울증 초기에 공황 증상을 호소하는 경우 우울증을 간과하기 쉽다. 공황 장애는 치료 후 30~40퍼센트는 증상이 사라지고, 50퍼센트가량은 경한 증상은 있으나 생활에 영향을 줄 정도는 아니다. 즉 대부분은 괜찮아진다. 신경 쓰일 정도의 증상이 만성적으로 지속하는 경우는 10~20퍼센트가량이다.

3장

삶에 대한 태도와
강박증

강박 장애는 지나치다거나 비합리적임을 알면서도 잘 조절되지 않는 반복적 생각(강박 사고)이나 행동(강박 행동)을 하는 심리적 상태를 말한다. 21세 C의 가족들은 그녀와 같이 못 살겠다고 한다. 하나밖에 없는 화장실에 들어가면 손을 씻느라 나올 생각을 안 하는 데다가 샤워는 기본이 한 시간이고 어쩔 때는 두세 시간도 걸린다. 대충하라고 하면 흥분하고 화를 낸다. 자신도 그러고 싶어서 그러는 게 아니라는 것이다. C는 약속 시간에 지각하기 일쑤다. 나갈 때는 가스 불과 전기 스위치를 껐는지, 방문을 닫았는지 항상 확인해야 하고, 현관문을 나갔다가 다시 돌아와서 확인하기를 몇 번이고 반복하기 때문이다. 매번 같은 횟수만큼 확인해야 한다. 한여름에도 흰 장갑을 끼고 다닌다. 문을 열 때 손잡이를 만지다 병균에 오염될까 봐 걱정되기 때문이다.

23세 대학생 D는 중학교 때 못된 친구에게 당한 굴욕적 경험이 있다. 이후 그 일이 머릿속에서 지워지지 않아 견디기 어렵다. 좋은 생각으로 기억을 없애려다 보면 보통 두세 시간은 걸려 기운이 다 빠져 버린다. 길거리를 지나다 뾰족한 물건만 보면 피해야 한다. 다른 사람을 해칠 것 같은 생각이 들어서다. 또 지나가는 여자를 자신도 모르게 건드려서 성추행범으로 몰릴까 두렵다고 한다.

일반인들도 어느 정도의 강박 증상을 보일 수 있으나 그 정도가 지나쳐 일상생활과 사회생활에 지장을 초래할 정도이면 '강박 장애'를 의심해 볼 수 있다. 철학자 칸트도 강박적 성향이 있었다. 매일 똑같은 시간에 산책하고, 질서와 정해진 규칙에 따르기를 좋아했다. 강의 도중 한 학생의 새로 단 단추가 신경 쓰이자 옷에서 단추를 떼면 안 되느냐는 말을 한 적도 있다고 한다. 칸트는 강박적 성향이 있었던 것으로 보이나 강박 장애라고 부를 정도였는지는 확실치 않다.[1] 모차르트도 잠들기 전에 문밖에 누가 있는지 반 시간가량 확인하는 강박 증상을 보였다는 얘기도 전해진다.[2]

강박 장애의 경우 강박적 성격을 지닐 가능성이 크지만 모두가 강박적 성격의 소유자는 아니다. 강박적 성격이라고 다 강박 장애 환자도 아니다. 강박 장애는 누구나 겪을 수 있는 정신 질환인데 평생 강박 장애를 경험할 확률은 2~4퍼센트 정도다. 강박 장애는 뇌의 전두엽, 선조체, 시상을 연결하는 신경 회로의 미묘한 기능 변화 또는 세로토닌과 같은 신경 전달 물질의 이상과 관련이 있을 것으로 추정되나 아직 정확한 생물학적 원인은 밝혀져 있지 않다.

정신 분석학에서는 강박 증상을 오이디푸스 시기에서 항문기로 퇴행해서 나타나는 현상으로 해석한다. 프로이트는 '쥐 인간'(본명은 에른스트 란저Ernst Lanzer)이라고 부른 사례를 들어 강박증을 설명한다. 쥐 인간은 훗날 변호사가 된 젊은이인데 자신이 사랑하는 사람인 부친(실제로는 분석을 시작하기 몇 년 전 사망한 고인)과 연인(훗날 아내가 됨)에게 끔찍한 일이 일어나지 않을까 걱정하며 면도칼로 목을 베려 하는 등의 강박 증상을 보여 치료를 시작했다. 그가 걱정한 끔찍한 일은 군 복무 시 들었던 얘기다. 쥐가 들어 있는 단지를 사람의 엉덩이에 붙여 놓으면 그 쥐가 항문을 파고든다는 터무니없는 이야기였다. 그는 어릴 때 자위행위와 관련하여 아버지에게 야단맞은 일이 있고, 성적 욕망을 억압하고 배우자 선택도 마음대로 못하게 하는 엄격한 부친의 사망을 상상한 적도 있다. 그는 부친에게 애증의 양가감정과 죄책감을 느끼고 있었다. 프로이트는 성적 욕구 또는 지배 욕구와 같은 본능적 욕구가 금기시되거나 억압될 때 분노와 죄책감을 느끼는데, 이것이 강박 증상으로 표현된다고 보았다. 프로이트는 쥐 인간이 6개월간 치료받고 증상이 호전되었다고 보고했으나, 고전적 정신 분석은 강박 장애의 증상을 완화하는 데 그다지 도움이 되지 않는 것으로 알려져 있다. 대인 관계를 중시하는 정신 분석학자 해리 스택 설리반은 강박증은 앞으로 발생할지 모르는 모욕이나 불안을 미리 통제하려는 욕구에서 비롯한다고 보았다.[3] 쥐 인간의 강박증도 끔찍한 일이 발생할지 모른다는 불안을 줄이고 불행한 일을 예방하고자 하는 의미가 있다고 볼 수 있다.

융의 분석 심리학은 강박 증상을 미분화한 열등 기능의 표현일 수 있다고 본다. 직관형은 감각 기능이 열등하여 강박적인 건강 염려나 신체적 이상 감각에 대한 집착으로 나타날 수 있다. 감각형은 열등한 직관으로 강박적 의혹이나 예감, 미신적 내용의 강박적 사고를 보일 수 있다.[4]

살면서 겪는 스트레스도 병의 발생과 악화에 상당한 영향을 주는 것으로 알려져 있다. 어떤 사건을 계기로 강박 증상이 시작되는 경우가 적지 않다. 예를 들면, 음란한 동영상을 본 후 불결한 성관계에 대한 강박적 생각이 들고 이를 없애고자 강박적 행동을 하는 경우다. 행동주의 관점에서는 강박 증상을 나름 불안을 없애는 방법으로 학습된 것으로 설명한다.

강박 장애의 대표적인 증상은 C처럼 불결한 것에 오염되었을지 모른다는 걱정으로 손을 반복적으로 씻거나 닦는 행동과 제대로 했는지 반복해서 확인하는 행동이다. 영화 〈이보다 더 좋을 순 없다〉를 보면 주인공 잭 니콜슨이 분한 멜빈 유달이 문단속과 전기 스위치를 껐다 켰다를 반복하는 장면이 나온다. 숫자를 세면서 일정 횟수만큼 반복하는 모습이 인상적이다. 길을 걸으며 보도블록 선을 밟지 않으려 하고, 사람들이 몸에 닿을까 피하며 걷는 행동도 보여 준다. 손을 반복해서 씻고 레스토랑에서 자신이 준비한 일회용 숟가락과 포크를 사용하는 장면은 강박 장애의 전형적 모습을 보여 준다. 멜빈 유달은 긍정적 감정 표현에 인색한 독설가로 그려지는데, 이 또한 강박 장애 환자에게서 흔히 관찰할 수 있는 특성이다.

D처럼 스스로 비합리적임을 알면서도 특정 생각(또는 모습이나 충동)에 집착하면서 특정 생각을 없애려 하는 경우도 강박 증상이다.

예를 들면, 잘못된 일이 벌어질 것 같은 지나친 걱정, 원치 않는 성적인 생각, 다른 사람을 해칠지 모른다는 생각, 부끄럽고 죄책감을 유발하는 생각을 머릿속에 되새기면서 이러한 불안을 없애기 위해 어떤 행동(강박 행동)이나 생각을 반복한다. 어떤 일을 특정한 방식이나 순서로 해야만 하거나 신체 일부의 모습이나 기능이 잘못되었다고 생각하고 집착하는 것도 강박 증상에 속한다.

진단은 면담을 통해 파악한 병력과 임상 정보를 종합하여 강박 장애를 진단하게 된다. 강박 장애는 다른 정신 질환을 동반하는 경우가 적지 않다. 강박 장애 환자 중 33퍼센트 정도가 우울증을 동반하고, 이 외에도 투레트 장애(만성적으로 몸의 일부 근육이 갑자기 움직이는 틱 증상을 보이는 질환), 식이 장애, 사회 공포증, 공황 장애 등이 동반될 수 있다. 조현병 등의 정신증 초기에 강박 장애 증상이 나타날 수도 있고, 심한 강박 증상은 망상과 구분하기 어려울 때도 있다.

강박 장애의 치료는 약물 치료와 심리 치료를 병행하는 것이 가장 효과적이다. 뇌 신경 전달 물질인 세로토닌을 조절하는 항우울제가 임상 연구 결과 강박 장애에 효과적인 것으로 알려져 있다. 약물 치료 후 50~70퍼센트의 환자가 증상 호전을 보인다.

심리 치료로는 인지 행동 치료, 수용 전념 치료, 역동적 정신 치료, 실존적 치료, 의미 치료 등을 시행할 수 있다. 인지 행동 치료 중 '노출 및 반응 억제'는 두려워하는 상황이나 자극에 노출시키고 강박 행동을 억제하는 방법이다. 예를 들면, 오염에 대한 불안과 청결 강박증이 있는 경우 실생활 또는 마음속 상상에서 오염된 상황에 노출시키고 씻는 강박 행동을 하지 않고 참고 견디게 한다. D의 경우에는 굴욕적인 생각이 들 때 이를 없애기 위해 좋은 생각(중화시키려는 생각)을 하는 노력을 중단하고 불쾌한 생각을 그대로 견디게 하는 것이다. 강박 행동(또는 D의 경우 중화시키려는 생각)을 중단하면 일시적으로 불안 증상이 더 심해질 수도 있다. 강박 행동이 나름 불안을 없애 주는 역할을 하는데 이를 억제하고 있기 때문이다. 그러나 불안 증상은 강박 행동을 하지 않더라도 시간이 지나면 저절로 사라지게 된다는 믿음을 가지고 참고 견디는 것이 중요하다. 실제로 심한 불안 증상은 길게 느껴질 수 있으나 대개 20~30분 정도면 견딜 만한 수준으로 많이 완화된다.

노출 및 반응 억제 치료 기법은 공교롭게도 의미 치료의 창시자 빅터 프랭클이 제시한 역설 지향paradoxical intention과 비슷하다. 역설 지향은 환자가 피하는 것을 오히려 더해 보도록 하는 치료 기법이다.[5] 강박증 환자가 잘못되지 않을까 걱정할 때 인지 행동 치료에서는 실제 잘못될 확률이 거의 없으니 그런 생각 자체가 비합리적인 생각이라고 말하며 안심시킨다. 그러나 사실 이런 위안은 대개 강박증 환자가 스스로 해 보았으나 실패한 방법으로 그다지 도움이 되지 않는다. 오히려 잘못될 수도 있다는 생각을 받아들이게 하는 것이 치료적이다. 실제 잘못된 일이 발생할 것이라는 생각이 문제가 아니라 지구가 멸망해도 본인만은 잘못되지 않기를 바라는 마음이 자기중심적이고 잘못된 생각임을 받아들일 수 있어야 한다.

역설 지향은 단순히 치료 기법만은 아니고 어쩔 수 없는 실존적 조건을 받아들이도록 삶에 대한 태도를 변화시키는 것이다. 역설적이지 않고 삶의 부정적인 면을 수용하도록 가르치는 지극히 긍정적인 생각이다. 수용 전념 치료에서 말하는 수용 개념보다 앞설 뿐만 아니라 치료의 바탕이 되는 철학도 깊이를 달리한다. 역설 지향은 프로이트의 정신 역동적 관점에서 볼 때 강박증 환자의 억압된 본능적 욕구를 허용해 주면서 증상을 완화해 주는 의미도 있다. 성적인 생각이 강박적으로 떠오를 때 생각을 없애려 하지 말고 오히려 그 생각에 몰입하도록 하는 것은 그간 억압해 온 성적인 생각을 허용하여 무의식적 억압에서 벗어나게 하는 것이다.

영화 〈이보다 더 좋을 순 없다〉에서 독설가 멜빈 유달이 긍정적 감정을 표현하고 사랑을 체험하면서 증상이 호전되는 것을 볼 수 있는데, 강박 증상은 자신의 본능적 욕구를 자연스럽게 허용할 때 또는 자신의 본성에 충실할 때 그리고 사랑을 체험하며 자기중심적인 데서 벗어날 때 좋아질 수 있다. 프로이트 관점에서 보면 사랑을 체험하며 오이디푸스 이전 시기에서 오이디푸스 시기로 이행하며 호전되는 것으로 설명할 수 있다. 또한 빅터 프랭클이 말하는 사랑이라는 경험적 가치를 실현하면서 의미를 찾는 것으로 해석할 수도 있다. 멜빈 유달처럼 강박 증상은 있으나 그런대로 생활한다면 강박 증상에 대한 적극적 치료보다 증상을 지니고 살 생각을 하면서, 할 일을 하면서 자기중심적인 데서 벗어나고 사랑을 체험하도록 하는 것이 치료적일 수 있다.

강박 장애 환자의 불안은 궁극적으로 자신이 잘못되지 않을까 하는 실존적 불안과 관련된다. 병균이 묻어 자신이 잘못되거나 가까운 가족에게 몹쓸 병을 옮겨 잘못되지 않을까 하는 두려움과 관계있다. 또는 자신이 사랑하는 가족에게 병균을 옮기는 가해자가 된다는 데 대한 죄책감과도 상관이 있다. 이런 불안을 없애기 위해 수없이 반복해서 손을 씻는 강박 행동을 하는 것이다. 강박증 환자의 근원적 불안을 줄이는 것이 장기적 관점에서 볼 때 근본적 치료 방법이다. 삶이 불확실하고 뜻대로 되지 않을 수 있고 원치 않으나 잘못되는 일이 발생할 수도 있다는 것을 겸허하게 받아들이는 마음가짐이 강박적 불안을 없애는 데 도움이 된다. 하버드 대학의 성격 심리학자 고든 올포트는 신경증(강박증, 공포증 등)을 완고한 자기중심성으로 정의할 수 있다면서 치료자가 할 일은 환자의 가치관과 세계관의 변화를 돕는 것이라고 말한다.[6]

강박증 환자는 자신의 삶을 흘러가는 대로 내맡기지를 못한다. 기독교 신자이면서 하느님의 뜻에 맡기지 못하고 자신의 생각대로 하려는 것이나, 불교 신자가 불법에 귀의하지 못하는 것과 다를 바 없다. 종교적 믿음 또는 경이로운 체험을 하면서 강박 증상이 사라지는 것이 그리 이상한 일이 아니다.

4장

이유를 알 수 없는
우울증

50대 중반인 주부 Q는 친구를 만나 수다를 떨 때는 괜찮다가 혼자 집에 있으면 답답하고 미칠 것 같다. 애들이 어릴 때 남편의 외도로 힘들었으나 양육과 교육에 전념하며 참고 힘든 시간을 잘 견뎌 냈다. 극성스럽게 쫓아다니며 공부시킨 덕에 아들딸 모두 좋은 대학을 나와 괜찮은 직장에 다닌다. 남들은 모두 잘 키웠다고 부러워하지만 둘 다 결혼해 각자 살기에 바쁘다. 대기업 이사로 있다 퇴직한 남편을 보면 초라해 보이고 짜증이 난다. 요즈음 남편은 예전과 달리 아내의 눈치를 보고 기분을 맞춰 주려 한다. 그런데 그런 모습이 더 보기 싫다. 동창 모임에서 요즘 네 남편 뭐하냐는 질문에 자존심이 상했다. 그간 무엇을 하고 살았는지 허망한 느낌이 들고 혼자만 바보가 된 것 같다. 가슴이 답답하고 괜히 불안하고 안절부절못할 때가 있다. 입맛도 없고 모두 재미가 없다. 오래 걸으면 무릎이 아파 즐기던 골프도 계속하기 어렵다. 몸도 예전 같지 않은데 돌 지난 손주까지 보자니 너무 힘들다. 잠들기도 어렵고 자다가도 자주 깬다. 거울속에 비친 모습이 낯설기만 하다. 더 나이가 들면 어떻게 될까 걱정이 앞서고 서러운 느낌에 눈물이 난다. 남들은 잘 사는 줄 알지만 모아 둔 돈도 넉넉지 않아 걱정이다. 어디론가 훌쩍 떠나 버리고 싶은 마음이나 함께 갈 사람이 없다. 모든 것을 긍정적으로 생각하라는 심리 치료사의 말이 그리 와닿지 않는다.

금융 회사 중역인 J는 40대 중반으로 일밖에 모른다. 일에 관한 한 철두철미한 사람이다. 최근 회사 일로 검찰 조사를 받으면서 사람이 달라졌다. 불안해하고 말수도 없어지고 멍한 표정으로 허공을 응시하곤 한다. 누군가 자신을 도청하고 감시한다고 하고, 회사에 큰일이 날 것 같다고 말한다. 아내에 따르면 검찰 조사는 무혐의 처분을 받아 별문제가 아니라고 한다. 집에서도 잠을 못 자고 안절부절못하면서 괴로워한다. 자기 때문에 동료들이 피해 본다며 걱정하기도 하고 죽고 싶다고 말한다. 식사도 거의 못해 체중도 감소했다.

기분 장애는 우울증(주요 우울 장애)과 조울병(양극성 장애)으로 나눌수 있다. 우울증에 조증이 동반되면 조울증이라 부른다. 우울증은 주변에서 매우 흔히 볼 수 있다. 대략 100명 중 5~10명 정도가 우울증을 경험하고 3~5명은 치료를 해야 하는 중증 우울증으로 알려져 있다. 사회적으로 성공한 사람 중에도 우울증을 앓은 사람이 매우 많다. 남북 전쟁을 승리로 이끌고 노예 해방에 앞장선 에이브러햄 링컨이 심각한 우울증을 경험했다고 널리 알려져 있다. 피아니스트이자 작곡가인 라흐마니노프도 우울증으로 힘든 시기를 겪었다. 에릭 카멘Eric Carmen의 노래 〈올 바이 마이셀프All By Myself〉의 원곡으로도 유명한 그의 피아노 협주곡 2번은 우울증에서 회복되면서 자신을 치료해 준 정신과 의사에게 헌정한 곡으로 유명하다. 천재 물리학자 아이작 뉴턴 역시 50대에 들어서면서 정신병적 증상을 동반한 심각한 우울증을 앓은 것으로 보인다.[7]

기분이 우울해지면 의욕이 저하되고 무기력해질 뿐만 아니라 만사가 귀찮고 재미도 없어진다. 모든 것이 하찮게 느껴지고 공허한 느낌이 든다. 사람을 대하는 것도 싫어 피하게 된다. 자신감도 떨어지고 뭘 어떻게 해야 할지도 모르겠고, 자신이 보잘것없거나 쓸모없는 사람이라는 느낌이 들기도 한다. 자존감이 저하된 것이다. 불안하고 괜한 걱정이 많아지고 이를 되새기게 된다. 지나간 일 중에서도 기억하고 싶지 않은 잘못한 일만 떠오르고 머릿속에서 사라지지 않는다. 사실 크게 잘못한 것도 아닌데 죄책감에 시달린다. 앞으로도 뭔가 계속 잘못되거나 책임질 일이 생길 것 같아 불안하고 초조하다. 과민해지고 안절부절못하기도 한다.

기분이 우울하고 불안할 뿐만 아니라 인지 기능도 저하된 느낌이 든다. 일하는 데 집중이 안 되고 책을 봐도 머릿속에 입력이 되지 않는다. 주의력과 기억력이 현저히 저하된 느낌이 들고 자신이 멍청해진 것 같다. 혹시 치매가 아닌가 걱정이 될 정도다. 우울해지면 기분이나 생각뿐만 아니라 수면과 식욕 같은 생리적 현상에도 변화가 나타난다. 잠들기 어렵거나 자다 자주 깨고 깊은 잠을 자지 못한다.

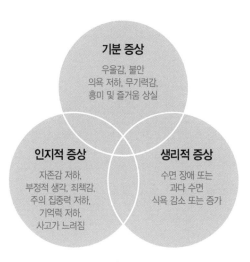

기분 증상

우울감, 불안
의욕 저하, 무기력감,
흥미 및 즐거움 상실

인지적 증상

자존감 저하,
부정적 생각, 죄책감,
주의 집중력 저하,
기억력 저하,
사고가 느려짐

생리적 증상

수면 장애 또는
과다 수면
식욕 감소 또는 증가

· 우울 증상 ·

잠이 너무 많아질 수도 있다. 아침에 일어나기 힘들어지면서 지각을 하기도 한다. 식욕도 저하되고 식사량이 줄어들면서 체중이 감소하기도 한다. 반대로 식욕이 증가하는 예도 있다.

이 세상에 혼자만 동떨어진 느낌이 들고, 사는 것이 괴롭고, 살아서 뭐하나 싶고, 가족이나 동료에게 부담만 주는 것 같고, 나만 죽으면 그만인데 죽어 버릴까 하는 생각이 든다. 우울증이 심해지면 망상이나 환청 같은 정신병적 증상도 나타날 수 있다. 자신과 상관없는 것을 자신과 연관 지어 생각하는 관계 망상, 누가 감시하거나 해코지한다는 피해망상, 잘못을 저질렀거나 죄를 지었다는 죄책 망상 또는 몹쓸 병에 걸렸다는 건강 염려 망상이 우울증에 동반될 수 있다. 조현병 환자처럼 환청을 체험할 수도 있다. 망상이나 환청이 동반될 경우 흔히 조현병으로 오진한다. J도 정신병적 증상이 동반된 우울증으로 볼 수 있다.

우울증인지 아닌지 진단하는 데는 특별한 검사가 필요하지 않다. 본인의 얘기를 듣고 판단한다. 심리 검사를 시행해 봐야 알 수 있는 것은 아니다. 간혹 숨겨진 우울증이 심리 검사에서 드러나기도 하나 경험이 풍부한 치료자라면 심층 면담에서 충분히 파악할 수 있는 내용이다. 우울증이 의심될 경우 의학적 검사를 시행할 수 있다. 이는 우울증이 신체적 질환 때문에 발생하는 경우가 있어 이를 배제하기 위해서다. 만성 신체적 질환이나 갑상샘 기능 이상 시에도 우울증을 경험할 수 있다. 젊은 여성의 경우 면역학적 질환에 우울증이 동반될 수 있어 주의를 필요로 한다. 노년기에는 파킨슨병 같은 신경학적 질환 초기에도 우울증이 동반될 수 있다. 중년 이후에는 췌장암을 비롯한 암 발병 초기에도 암을 발견하기 전에 우울증을 호소하는 경우가 적지 않다는 사실도 유념해야 한다.

우울증은 단순히 마음이 여리고 의지가 약해서 생기는 병이 아니다. 세로토닌이나 노르에피네프린 같은 뇌의 신경 전달 물질이 우울증과 관련된 것으로 알려져 있다. 신경 전달 물질은 체내 호르몬이나 면역 기능의 미묘한 변화와도 밀접한 관계가 있다. 우울증 치료제는 이러한 신경 전달 물질의 균형을 잡아 주는 역할을 한다. 뇌의 신경 전달 물질은 타고난 체질적 요인과 환경적 스트레스의 영향을 받는다. 즉 우울증은 생물학적 소인이 있는 사람이 심리적 스트레스를 받으면서 발병하는 것으로 이해된다. 비슷한 상황에서 누구는 우울증에 걸리고 누구는 괜찮고 하는 것은 생물학적 소인, 즉 체질 차이다.

심각한 우울증은 심리적 요인만으로 설명하기 어려운 경우가 많다. 외적 스트레스와 무관하게 발병하는 경우를 내인성endogenous 우울증이라고 부른다.

슬픔이나 근심을 지니고 있는 사람은 어째서 자기가 슬프며 자기가 무엇을 근심하고 있는지를 알고 있다. 만약 우울에 사로잡힌 인간에게 우울의 원인이 무엇이며 무엇이 그를 그렇게 무겁게 짓누르고 있는가를 묻는다면, 그는 '나도 모른다. 나는 그것을 설명할 수가 없다'고 대답할 것이다.[8]

키르케고르의 《이것이냐/저것이냐》에서 인용한 이 글은 병적(내인성) 우울증의 심리적 원인을 설명하는 데 대한 어려움을 잘 묘사하고 있다. 키르케고르 자신이 내인성 우울증을 체험했을 가능성이 높아 본인의 체험을 바탕으로 쓴 글로 생각된다.

앞에서 본 J의 사례는 검찰 조사가 계기인 것 같지만 이것만으로 발병을 설명하기는 어려워 보인다. 살면서 겪는 모든 종류의 스트레스는 우울증의 일차적 원인은 아닐지라도 우울증을 유발하거나 악화시키는 요인이 될 수 있다. 스트레스에 대처하는 방식도 우울증 발병에 영향을 줄 수 있다. 상실과 좌절을 받아들이지 못할 경우, 지나치게 성취 지향적인 삶을 사는 경우, 모든 것이 뜻대로 되어야 한다고 생각하는 경우, 특별한 사람 또는 남보다 우월한 사람이 되어야 한다고 생각하는 경우, 지나치게 의존적인 경우 모두 우울해지기 쉽다.

정신 분석학에서는 상실에 대한 심리적 반응으로 보는데, 대상에 대한 사랑과 미움의 양가감정을 해결하지 못하고 분노가 자기 내면으로 향할 때 우울해진다고 설명한다. 어린 시절 부모와의 관계에서 상처받고 불안정해진 자존감이 우울증의 원인이 된다고 해석하기도 한다. 자존심에 상처받는 것이 심리적 원인이 될 수 있으나 우울해져서 그 결과 자존심이 저하된 느낌이 들 수도 있다. 우울한 상태에서는 스트레스에 대한 대처 능력이 떨어지고 상처를 쉽게 받을 수 있다.

우울증 인지 치료를 개발한 정신과 의사 아론 벡Aaron T. Beck(1921)은 자신과 세상 그리고 미래를 너무 부정적으로 보는 것이 우울증의 심리적 원인이라고 생각했다. 그러나 부정적 생각은 우울증을 악화시키는 요인이 될 수는 있으나, 사실 우울증의 결과로 나타나는 현상일 가능성이 크다. 우울증이 좋아지면 생각도 자연스럽게 긍정적으로 바뀌는 경우를 흔히 관찰할 수 있다.

빅터 프랭클은 우울증 환자의 심리를 존재와 당위 사이의 긴장 또는 이상과 현실 사이의 거리로 설명한다. 우울증은 자신에게 주어진 과제, 즉 당위에 부응하지 못하면서 죄책감을 느끼고 자신과 삶에 대해 가치와 의미를 찾지 못하고 무기력해지는 것이라고 말한다.[9] 인본주의 치료자 칼 로저스의 생각도 비슷하다. 이상적인 자신, 현실 속의 자신 그리고 실제 삶의 체험(다른 사람 또는 세상이 자신을 바라보고 대하는 방식)이 일치하지 않을 때 우울(또는 불안) 증상을 겪는다고 보았다. 주위 사람 또는 사회적 기대에 못 미친다는 이유로 스스로 보잘것없는 사람으로 생각하거나, 자신의 생각과 달리 형편없는 사람으로 취급받게 될 경우 우울증을 겪을 수 있다. 칼 로저스는 기대에 부응할 때만 가치를 부여하는 조건부 가치 부여가 문제라고 보고 주위 사람 또는 치료자의 공감과 무조건적 수용을 강조한다.

융은 우울증을 삶이 한쪽으로 치우쳤을 때 의식에서 쓸 수 있는 정신적 에너지가 고갈되어 그간 해 왔던 활동에 흥미와 의미를 잃게 되는 것으로 보았다. 이때 그간 소홀했던 무의식의 내면세계가 한쪽으로 치우친 자아의식을 보상하고자 한다. 즉 우울증은 자신의 내면세계를 돌아보게 하는 의미가 있다. 그러나 우울증 환자는 이런 의미를 인식하지 못하고 증상에 사로잡혀 괴로움을 겪게 된다.

노벨상 수상 작가 페터 한트케의 《소망 없는 불행》은 말 상대가 되지 못하는 남편과 매우 곤궁하게 살면서 우울증을 앓다 자살로 생을 마감한 한 여성을 그리고 있다. 원래 영리하다는 소리를 듣고, 배우고 싶어 하고, 재기발랄했던 그녀는 전쟁 중에 은행원이었던 유부남 장교를 사랑했으나 임신을 하고 헤어지게 되고, 오랫동안 그녀를 따라다니면서 다른 남자의 아이를 낳아도 상관없다는 독일군 하사와 마음에도 없는 결혼을 한다. "그녀는 성性이 없는 존재가 되어 버렸고, 일상의 사소함 속에 자신을 묻어버렸다. 그녀는 외롭지는 않았으나 스스로를 기껏해야 반쪽일 뿐이라고 느꼈다. 그러나 나머지 반쪽을 채워줄 사람은 아무도 없었다."[10] 그녀의 우울증은 궁핍한 일상과 애정 없는 삶 속에서 잃어버린 자신의 반쪽과 관련이 있다. 자신의 반쪽은 그녀의 아니무스다. 책 읽기를 좋아하는 그녀가 지적이고 창의적인 면을 살릴 수 있었더라면 삶의 의욕을 찾지 않았을까 하는 안타까운 마음이다.

주부 Q의 경우는 지나치게 외향적 삶을 살아온 결과 갱년기에 접어들면서 우울해진 것으로 볼 수 있다. Q처럼 경미한 우울증은 저절로 회복되는 경우가 대부분이다. 그러나 생활에 심각한 영향을 주거나 고통스러운 경우는 치료를 받는 것이 좋다.

항우울제 사용이 많은 경우에 상당히 효과적이다. Q의 경우도 항우울제가 도움이 될 수 있다. 항우울제는 뇌의 세로토닌이나 노르에피네프린의 균형을 잡아 주는 역할을 하며 우려할 만한 부작용이 별로 없다. 효과는 2~3주부터 나타나기 시작해서 4~6주 후에 치료 반응을 관찰할 수 있다. 대개 60~70퍼센트의 환자가 상당히 호전되는 치료적 반응을 보인다. 자신의 걱정이 해결되기 전에는 기분이 나아지지 않을 것이라고 믿었던 J의 경우 약물 치료 후 한 달 만에 발병하기 전 모습으로 돌아가 다시 회사에 출근할 수 있었다. 좋아지고 나니 자신의 지나친 걱정에 대해 왜 그렇게 생각했는지 모르겠다고 말한다. 왜 그런지 설명하기 어려운 것이 병적 우울증이다.

최근 사용되는 약제들은 치료 초기에 식욕이 약간 감소하는 정도 외에는 문제가 발견되지 않는다. 졸리지도 않고, 수면제와 달리 습관적으로 의존하게 되는 약도 아니다. 모든 환자에 효과적인 것은 아니다. 효과가 미흡한 경우도 있으나, 약을 사용해 보기도 전에 항우울제를 마다할 이유는 없다. 플루옥세틴(프로작), 설트랄린(졸로프트), 에스시탈로프람(렉사프로), 파록세틴(팍실), 벤라팍신(이펙서), 부프로피온(웰부트린) 등이 대표적인 항우울제다.

임상 연구 결과 위약placebo 효과가 크고 항우울제 효과가 위약과 다를 바 없어 약물 치료의 효과는 심리적 기대 효과라는 주장도 있다. 그러나 이는 주부 Q처럼 경미한 우울증 환자가 연구 대상에 많이 포함되어 저절로 좋아진 경우가 많아서 나타난 결과일 가능성이 크다. J와 같은 중증 우울증 환자를 대상으로 분석할 경우 항우울제는 위약보다 더 효과적이고, 통계적으로뿐만 아니라 임상적으로도 의미 있는 차이를 보여 준다.

우울증이 극심하면 식음을 전폐하고, 꼼짝 않고, 허공만 쳐다보고, 누워만 있고, 자살을 시도하는 경우도 있다. 망상이나 환청이 동반될 수도 있다. 이럴 때는 전기 충격 요법이 가장 효과적이다. 서너 번 치료받고 눈에 띄게 좋아진 모습을 보면 치료 효과를 믿기 어려울 정도다. 전기 충격 요법은 머리에 전류를 흘리는 것인데, 마취 후 시행하기 때문에 본인이 불편하게 느끼는 점은 없다. 일시적으로 기억력 저하가 있을 수 있으나 한 달 이내에 돌아오고 그 외 별다른 부작용이 없는 안전한 치료다.

약물 치료 외에 심리 치료도 병행하는 것이 바람직하다. 인지 행동 치료는 우울하게 만드는 부정적 생각을 돌아보고 바로잡는다. 부정적 생각에는 다양한 논리적 추론의 오류와 비합리적 믿음(역기능적 믿음)이 포함된다. 예를 들면, 자신과 무관한 말을 자신과 연관 지어 생각하거나 부분적인 사실을 전부로 받아들이고, 합리적 근거 없이 단정적으로 생각하는 것 등이 논리적 추론의 오류다. 특별한 사람 또는 남보다 우월한 사람이 되어야 한다는 생각과 주위 사람이나 자신의 기대에 못 미치면 자신을 보잘것없다 여기는 생각 등이 비합리적 믿음의 예가 된다. 이러한 생각을 찾아서 좀 더 합리적 생각으로 바꾸는 것이 인지 치료다. 주부 Q의 경우 '요즘 네 남편 뭐

하냐'는 친구의 별생각 없는 질문의 의도를 오해한 인지적 오류 때문에 과민해졌을 가능성이 있다고 해석하는 것이다. 또 남편에 대한 비현실적 기대도 비합리적 생각으로 보고 현실적 대안을 찾고 남편의 긍정적인 면을 보도록 한다. 주부 Q는 상담을 통해서 도움을 받았다는 생각은 그다지 들지 않았다고 한다. 긍정적으로 생각하라는 조언이 맞는 말일 수 있으나 그다지 와닿지 않고 자신의 우울한 기분을 이해받지 못한 느낌이 들었다고 한다.

비논리적이거나 비합리적 생각이 무의식 속에 있는 어린 시절의 상처나 부모와의 관계에서 비롯되었다고 보고 접근하면 프로이트식의 정신 분석적 치료가 된다. Q의 경우 어린 시절 딸에게 소홀했던 부모에게 인정받고 싶은 욕구가 성취 지향적 삶을 살면서 자녀 교육과 남편에게 헌신하게 했고, 딸의 마음을 몰라준 친정 부모에 대한 양가적 감정이 우울증의 원인이라고 해석하는 식이다.

최근 제3세대 인지 행동 치료로 각광 받는 스티븐 헤이즈Steven Hayes의 수용 전념 치료는 우울증을 야기하는 부정적 체험 중 어쩔 수 없는 문제에 대해서는 인지 행동 치료와 달리 생각을 바꾸기보다 그대로 받아들이고 할 수 있는 일에 전념하라고 조언한다. 수용 전념 치료에서 수용 개념은 실용주의 철학을 바탕에 둔 것처럼 주장하나 실은 스토아학파의 에픽테토스나 쇼펜하우어, 니체, 하이데거와 같은 여러 철학자들의 생각과 다를 바 없다.

빅터 프랭클은 "태도적 가치는 바꿀 수 없는 것, 운명적인 것을 그 자체로 감수해야 할 때 실현된다"[11]면서 고통을 수용하는 태도에서 삶의 의미를 찾을 수 있다고 말한다.[12] 융 역시 신경증의 치료는 행복으로 이끄는 것이 아니라 어쩔 수 없는 삶의 고통을 수용하게 하는 것이라고 말한 바 있다.

최근 인지 행동 치료가 널리 소개되고 있으나 다른 심리 치료보다 이론 및 기법과 치료 효과가 특별한 것은 아니다. 우울증 치료에 인지 행동 치료가 유용할 수는 있으나 다른 심리적 치료보다 낫다는 근거는 찾아보기 어렵다.[13] 또한 J처럼 중증 우울증인 경우 증상이 어느 정도 호전되기 전에는 인지 행동 치료를 적용하기조차 어려울 수 있다. 무슨 얘기를 해도 와닿지 않고 생각할 기력조차 없기 때문이다. 중증 우울증에 인지 행동 치료를 병행할 수 있으나 항우울제 대신 인지 행동 치료만을 고집하는 것은 현명한 선택이 아니다.

융의 분석 심리학적 치료는 딱히 정해진 이론이나 방식이 없다. 정해진 한 가지 이론에 꿰맞추기보다는 개개인의 특성과 상황에 따라 개별적 접근을 하기 때문이다. 우울증에 고유한 치료 방법이 있는 것도 아니다. 치료는 질병이 아니라 질병이 있는 사람을 대상으로 하므로 우울증이나 강박증이나 치료 방법이 다를 게 없다. 또한 기법보다는 치료자의 진정성과 사람을 대하는 마음가짐, 세계관을 중시한다. 무의식이란 용어를 빼면 철학적 치료와 크게 다르지 않다. 융은 고통은 극복해야 하며 극복하는 유일한 방법은 그것을 견디는 것이라고 한다.[14] 어린 시절의 경험이 증상 발현에 영향을 줄 수 있다고 보나, 프로이트의 정신 분석과 달리 과거에 얽매여 당장 중요한 일에 소홀하지 않도록 한다. 의식뿐만 아니라 무의식을 들여다보며 치료 방향을 결정한다는 점이 다른 치료와 구분되는 점이다.

젊은 사람이 세상에 적응하지 못하고 성취를 이루지 못해 우울해진 경우는 삶의 의지를 강조하고 교육적 접근을 시도할 수 있다. 사회 적응과 교육을 강조하는 아들러 방식과 비슷할 수 있다. 남보다 우월해지고 싶고, 인정받기 원하고, 타인의 시선을 의식하는 행동은 주부 Q의 콤플렉스 발현일 수 있다. 인지 치료에서 역기능적 믿음이라 부르는 것이다. Q처럼 나이든 외향적인 사람은 꼭 우울증이 아니더라도 체면에 얽매이거나 성취 지향적 삶을 지양하고 그간 소홀했던 내면을 들여다보면 심신 안정에 도움이 된다. 그간 속상한 일이 있어도 내조하고 자녀를 잘 키운 일에 대해서는 자부심을 가질 만하다. 그러나 우울증은 삶의 의미를 내면적 체험에서 찾고자 하는 노력이 필요함을 말해 준다. 진정으로 자신을 위한 것이 어떤 것인지 생각해 봐야 할 때다. 그렇다고 그간 남편과 자식을 위해 살았으니 이기적으로 자기 마음대로 살라는 뜻은 아니다. 앞서 심리학자가 Q에게 남편에 대해 긍정적으로 생각하라고 한 말은 삶이 마음대로 되지 않는 부분이 있음을 받아들일 줄 알아야 한다는 뜻으로 이해하면 좋겠다.

의미 치료, 실존적 정신 치료, 철학적 상담 치료, 인본주의적 치료 모두 우울증 치료에 상당히 도움이 될 수 있다. 철학적 접근 방식에서는 정신 분석 이론과 달리 현재 당면한 문제를 과거 어린 시절의 상처로 환원해서 보지 않고, 세상을 편견 없이 있는 그대로 보고 수용하게 한다. 질병 치료나 증상 완화가 아니라 병이나 증상을 가진 사람을 대상으로 하며 자신 및 세상과의 관계, 즉 삶에 대한 태도와 살아가는 방식에 초점을 맞춘다. 삶의 유한함과 같은 실존적 한계를 수용하고, 대중적 삶이 아닌 의미 있는 삶을 살 때 또는 본래적 자신의 모습을 깨닫고 이를 자연스럽게 드러낼 수 있을 때 우울증에서 벗어날 수 있다고 본다.

철학적 치료는 치료자와의 만남을 중시한다. 치료자와의 진정한 관계를 체험하며 본래적 자신을 드러낼 수 있게 된다. 치료자 스스로가 진정성 있는 본래적 인간이 되어야 치료가 가능해진다. 인본주의적 치료도 실상을 그대로 보고자 하는 현상학적 태도를 보이며, 자신과 타인을 조건 없이 있는 그대로 존중해 달라고 요구한다. 치료 방법으로 제삼자 관점이 아닌 내담자의 주관적 관점에서 바라보며, 이해와 공감을 강조한다. 그러다 보면 우울증 환자가 스스로 자존감을 회복하게 된다고 본다. 내담자의 자기 결정과 성장 가능성을 존중하고 자신의 기능을 충분히 발휘하도록 한다.

인본주의 치료는 있는 그대로의 자신을 존중하지 못하고, 자기와 일치되지 않는 삶을 사는 데서 우울증이 비롯된다고 본다. 자신이 존중받기 위해서는 타인의 기대 또는 스스로의 기대와 같은 어떤 조건을 충족시켜야 하는 것이 아니라, 치료자와의 관계를 통해 자신에 대한 무조건적 존중을 체험하며 자신을 조건 없이 수용하게 될 때 우울증의 늪에서 벗어날 수 있다고 보는 접근 방식이다. 인본주의 치료는 어려운 철학 용어를 사용하지 않으나 실존적 치료와 근본은 같아 보인다. 개성화를 목표로 하는 융의 치료도 무의식이란 용어를 제외하면 실존적, 인본주의적 치료와 크게 다르지 않다.

우울증 치료는 스스로 우울하다는 사실을 인정하는 데서 시작한다. 스스로 보잘것없다는 생각이 들고, 늘 하던 일이 힘들고, 사는 게 버겁게 느껴진다. 이럴 때는 먼저 자신이 예전 같지 않다는 사실을 받아들여야 한다. 그리고 이런 변화가 기분이 저하되어 나타나는 현상임을 이해해야 한다. 본인이 무능하거나 잘못해서 그런 게 아니다. 자신을 탓할 일이 아니라는 것이다. 자신의 의지가 약해서 우울해진 것도 아니다. 사실 돌이켜보면 더 어려운 시절도 견디고 지나왔으니 의지의 문제로 보기는 어렵다. 그렇다고 해서 원래 의지가 강한 사람이 아니냐며 격려하는 것은 우울할 때 도움이 되지 않는다. 의지가 강한 척하고 무조건 참기보다는 일상적인 일들조차 힘들다는 사실을 인정하고 도움을 받는 태도가 바람직하다.

우울해지면 자신이 쓸모없는 사람이 된 것 같은 느낌이 들 수 있다. 이때 과거의 성공적인 성취를 떠올리며 애써 긍정적으로 생각하라는 조언은 그다지 도움이 되지 않는 경우가 많다. 이보다는 자신이 더 이상 효용 가치를 따지는 도구적 존재가 아니라는 사실을 이해할 필요가 있다. 개인의 가치는 외적 성취로 결정되지 않는다. 개인의 존재 그 자체가 다른 무엇으로도 대체할 수 없고 누구도 대신할 수 없는 고유한 가치를 지니고 있다는 실존적 깨달음을 얻을 때 무가치한 느낌에서 헤어날 수 있다. 자기중심적인 생각에서 벗어나 타인을 배려하고 소소한 일상에서 삶의 즐거움을 찾을 수 있음을 받아들일 때 우울증에서 벗어날 수 있다. 물론 이는 우울증이 심하지 않거나 어느 정도 호전되었을 때 가능한 얘기다.

우울할 때는 할 수 있는 범위에서 최소한으로 일하면서 버틴다. 힘들면 쉬고, 내키는 대로 하자. 술과 담배는 피한다. 입에 맞는 음식을 챙기고, 그냥 걷고, 스트레칭을 해 보자. 필요하면 주위 사람에게 도움을 요청하자.

앞으로 계속 힘들고 나아질 것 같지 않지만 좋아질 것이라는 믿음을 가지고 참고 견뎌야 한다. 추운 겨울이면 봄이 올 것 같지 않지만 봄은 어김없이 오는 법이다. 봄이 온다는 사실을 믿어야 한다. 봄이 오고 있음을 믿어야 한다는 가사를 담고 있는 〈유 머스트 빌리브 인 스프링You must believe in spring〉이라는 재즈 곡도 있다. 원래는 영화 〈로슈포르의 숙녀들〉(1967)에 삽입된 곡이다. 이 곡은 재즈 피아니스트 빌 에반스Bill Evans가 자살한 연인 엘렌과 우울증을 앓는 형 해리를 위해 녹음한 재즈 앨범의 동명 타이틀 곡으로도 유명하다. 에디 히긴스 트리오Eddie Higgins Trio의 연주도 괜찮고 토니 베넷Tony Bennett의 노래뿐만 아니라 리타 레이스Rita Reys 등의 여성 재즈 보컬도 들을 만하다. 매서운 추위에 살아남을 것 같지 않던 메마른 나뭇가지에 때가 되면 잎이 돋아나고 꽃이 핀다. 계속 될 것 같은 우울증도 참고 기다리면 반드시 좋아진다. 추운 겨울이 지나고 봄이 오는 것과 같은 이치다. 봄이 되면 겨울을 어떻게 지냈나 싶을 것이다. 지나고 나면 왜 그렇게까지 우울했는지 설명할 수 없을 것이다.

우울증 환자가 할 일은 하나다. 자신의 고유한 존재 가치를 인정하고 추운 겨울에 봄을 기다리는 마음으로 고통을 참고 견디며 기다리는 일이다. 적절한 치료와 도움을 받는 것이 봄이 오는 시기를 앞당길 수 있다.

5장

조울병
제대로 알기

평소 나무랄 데 없는 30대 후반의 주부 N은 몇 주 전부터 설거짓거리를 쌓아 두기 일쑤고, 아침에 일어나지 못해 학교 가는 아이들의 밥도 챙겨 주지 못한다. 출근해야 하는 남편이 아이들을 챙기고 대신 살림까지 해야 할 형편이다. 그런데 며칠 사이에 매우 활동적으로 달라졌다. 밤에 혼자 가구 위치를 옮기고 대청소를 하는가 하면, 아이들에게 공부하라고 간섭하고 방 정리가 안 되었다며 소리 지르고 야단친다. 남편은 온순한 아내가 돌변한 것 같아 당혹스럽다. 마음대로 비싼 가구와 명품 옷을 사느라 돈 씀씀이가 커졌는데, 오히려 남편에게 큰소리를 친다. 자신에게 해 준 게 뭐가 있냐며 더 이상 참고 살지 않겠다고 흥분해서 언성을 높인다. 아내는 말이 빨라지고 큰소리로 자기주장만 하고 상대가 말할 기회를 주지 않는다. 며칠 후에는 화장이 진해지고 옷차림이 화려해지더니 이혼을 요구하며 집을 나가겠다고 고집을 부린다. 남편이 못 나가게 붙잡자 경찰에 신고한다.

친정 부모의 말로는 사춘기 때 오빠만 편애하고 자신은 무시한다고 분노를 폭발해서 한동안 감당하기 어려울 때가 있었다고 한다. 그러다 괜찮아지고는 했는데 몇 년에 한 번씩 어린 시절 얘기를 꺼내면서 부모에게 대들곤 했다고 한다. 대학 졸업 후 잘 다니던 회사의 비리를 고발하겠다고 하고 상사의 잘못을 집요하게 따지다가 결국 회사의 권유로 사직하게 되었다. 다행히 결혼할 무렵에는 철이 들었는지 행동도 얌전해지고 가족 관계도 좋아졌다. 결혼하기 전까지 조울병을 의심해 본 적은 없었다 한다.

조울병은 기분 조절에 장애가 있는 대표적 정신 질환 중 하나다. 조울병은 생각보다 흔한 병이다. 대략 100명 중 1~2명이 조울병을 앓고 있는 것으로 알려져 있으나, 경미한 증상을 보이는 경우는 잘 파악되지 않을 수 있어 실제 유병률은 그보다 높을 것으로 추정한다.

조울병은 N처럼 진단과 치료가 지연되는 경우가 많다. 환자에게 생긴 변화를 단순히 성격 문제로 보고 제때 치료하지 못해 병을 키우는 일이 적지 않다. 조울병은 기본적으로 조절이 가능한 병이다. 조증과 심한 우울증 시기를 제외하면 생활에 별다른 문제가 없다. 조울병을 앓았던 사람 중에 사회적으로 성공한 사람도 많다. 영화 〈바람과 함께 사라지다〉와 〈애수〉의 여주인공 비비안 리Vivien Leigh도 조울병을 앓았다. 영국 수상을 역임한 윈스턴 처칠도 조울병으로 어려움을 겪었다. 처칠은 자신의 우울증을 '검은 개black dog'라고 불

렀다.[15] 박인환의 시 〈목마와 숙녀〉에 나오는 소설가 버지니아 울프
Virginia Woolf도 조울병을 앓았다.

> 한 잔의 술을 마시고
> 우리는 버지니아 울프의 생애와
> 목마를 타고 떠난 숙녀의 옷자락을 이야기한다
> (…)
> 모든 것이 떠나든 죽든
> 거저 가슴에 남은 희미한 의식을 붙잡고
> 우리는 버지니아 울프의 서러운 이야기를 들어야 한다
> (…)

버지니아 울프의 삶은 아닌 게 아니라 정말 '서럽다.' 버지니아
울프는 우울할 때 자신이 하찮은 존재가 된 것 같은 느낌이 든다는
말을 하곤 했다. 오랫동안 두문불출하고 침대에 누워 있기만 할 때
도 있었다. 버지니아 울프의 여동생도 30대에 유산을 한 후 한동안
우울증을 겪은 것으로 알려져 있다.

남편 레너드가 버지니아 울프의 조증일 때 모습을 묘사했는데,
쉴 새 없이 말을 하여 나중에는 말이 연결되지 않아 알아듣기 어려
울 정도였다고 한다. 정원에 있는 새가 그리스어(울프는 그리스어 전공)
로 말을 걸고, 돌아가신 어머니가 나타나 얘기를 한다고 했다. 그리
고 누군가가 거리낄 것 없이 행동하라 지시하는 환청이 들린다고
호소하기도 했다. 자신을 돌봐 주는 남편과 여동생을 적대시하고 욕

하고 폭력적 행동을 하기도 했다. 우울증을 앓던 버지니아 울프는 병이 나을 것 같지 않자 남편에게 더 이상 부담을 주고 싶지 않다는 유서를 남기고 자살로 생을 마감했다.[16]

뒤주에 갇혀 죽음을 맞이한 사도세자도 뚜렷한 우울증과 조증을 보이는 조울병을 앓은 것으로 추정된다.[17] 사도세자의 빈 혜경궁 홍씨의 《한중록閑中錄》에 따르면 사도세자는 평소에 온전하게 대리청정을 잘하다가 우울할 때면 근심 걱정뿐만 아니라 두려움이 많아지고 외모도 단정치 못해지는가 하면, 기분이 들뜨면 나팔을 불고 북을 치며 나인들을 데리고 놀고 내관을 매질하고 해하기까지 했다.

연산군의 생모 폐비 윤씨도 조울병을 앓았을 가능성이 크다. 성종의 후궁이었던 윤씨가 궁궐 생활 3년 동안 까다로운 정희왕후(세조 비)와 안순왕후(예종 비), 시어머니 소혜왕후(인수대비, 성종의 모친)의 눈밖에 나지 않고 왕비가 된 것으로 보아 평소 성품에 문제가 있었을 것 같지는 않다. 정희왕후는 윤씨를 검소하고 현숙한 사람으로 높이 평가했다. 회임 중에 중전이 된 윤씨는 3개월 후 연산군을 출산한다. 출산 4개월 후에 후궁을 저주하거나 해할 목적의 방양서(굿 하는 책)와 비상이 윤씨의 처소에서 발견되는 사건이 발생하여 폐비가 논의되었으나 빈으로 강등되어 별궁에서 거처하게 된다. 그리고 약 2년 3개월 후 윤씨의 생일날 성종은 신하들 앞에서 윤씨의 성격에 대해 하소연하기에 이른다. 성종의 말에 따르면 윤씨는 질투가 심하고 온화하지도 않은 데다 순종하지도 않았다. 또 그가 후궁의 처소에만 드는 데 불만을 품고 후궁과 함께 있는 침실에 불쑥 쳐들어오는 행동을 서슴지 않고 하면서도 정작 윤씨 자신은 잘못을 모른다는 것이다. 이와 같은 행동은 윤씨의 성격 때문이라기보다 조증 가능성을 시사한다. 그런가 하면 임금이 조회를 다녀온 후에야 잠에서 일어나는 윤씨의 모습은 조울병의 우울증을 떠올리게 한다.

후궁 때 별문제가 없던 윤씨가 후궁을 향한 병적 질투심을 행동으로 내보여 폐비 논의가 이루어지고 빈으로 강등된 시점이 첫 출산후 4개월 만이었고 폐서인이 되어 궁에서 쫓겨난 시점은 둘째 아들의 돌 지난 지 몇 개월이 채 안 돼서였다. 이렇게 출산 후 수개월 이내에 나타나는 기분 장애는 조울병일 가능성이 크다. 1476년 11월에 첫아들 연산군을 낳고 4개월 만에 별궁에 근신하게 되고, 이후 그런대로 지내다가 둘째 출산 후 증상이 점차 악화하면서 결국 윤씨는 1479년 6월에 사가로 쫓겨난 것이다. 둘째 아들(1년 6개월 정도로 추정)은 윤씨가 사가로 폐출된 후 열흘 만에 사망한다. 그리고 윤씨는 1482년 8월에 사약을 받게 된다.[18]

별궁에 거처하면서 둘째를 임신하고 성종과의 관계가 한동안 회복된 것처럼 보이는 기간이 있었던 것도 폐비 윤씨의 행동이 성격문제라기보다는 조울병의 가능성을 시사한다. 성격 장애일 경우 문제 행동을 지속해서 보이는 데 반해 조울병의 경우는 증상이 발현될 때만 문제 행동을 보이고 증상이 없을 때는 별다른 이상이 없기때문이다. 폐비 윤씨가 연산군의 생모란 점을 고려해 볼 때, 왕이 된후 무오사화(1498)가 있기 전까지 4년간은 별문제가 없었으나, 이후매일 향연을 베풀고 궁중에 기생을 불러들이고 흥청거리며 지낸 연산군 역시 조울병을 앓았을 가능성을 배제하기 어렵다.

조울병이란 기분이 들뜨면서 생각이 많아지고 자신감이 넘치는 등의 증상을 보이는 조증과 이와 반대로 무기력하고 의욕이 없고 자신감이 저하되는 우울증이 반복적으로 나타나는 기분 장애를 일컫는다. 때로는 조증과 우울증이 섞여 있는 형태(혼재형)로 나타날 수도 있다. 조울병에서 조증이 가벼운 형태인 경조증으로만 나타나는 경우(양극성 장애 2형)도 있다. 경조증은 성격 문제로 오진하는 경우가 많은데, 정신과 수련의에게 환자를 앞에 두고 필자가 설명을 해 줘도 경조증임을 인정하지 않을 정도다. 훗날 우울해지거나 확연하게 조증을 보일 때 비로소 조울증임을 인정하는 경우도 있다.

첫 증상이 우울증이면 주요 우울증인지 조울병의 우울증인지는 감별하기 쉽지 않다. 우울증 양상이 비전형적인 경우, 즉 무기력감을 호소하면서 처지고 잠이 많고 식욕이 증가하는 경우는 조울병일 가능성이 크다. 사도세자처럼 우울증이 초기 청소년기에 일찍 발병하면서 정신병적 증상을 동반하거나, 폐비 윤씨 또는 버지니아 울프의 여동생처럼 출산 후 발병한 경우 조울병의 가능성을 유념할 필요가 있다.

조증이나 우울증이 심해지면 버지니아 울프처럼 망상이나 환청 같은 정신병적 증상을 동반할 수 있다. 이 경우는 조현병과 유사해 감별이 쉽지 않다. 조울병의 우울증은 조현병의 음성 증상처럼 보일 수 있어 오진하는 경우도 적지 않다. 자녀의 증상이 조울병의 우울증이라고 설명해도 그간 치료했던 의사들은 모두 조현병으로 진단했고 그 증상이 인터넷에 나온 음성 증상과 같다고 조울병 진단을 받아들이지 않다가, 몇 년 후 전형적 조증이 발병하자 그때 비로소 조울병임을 인정하는 보호자도 있었다. 주요 우울증과 조울병 그리고 조울병과 조현병의 감별 진단은 쉽지 않고 정신과 전문의라 하더라도 상당히 많은 임상 경험을 해야 하는 부분이다.

〈로즈 가든〉(1977)은 조앤 그린버그Joanne Greenberg의 정신병적 체험을 바탕으로 쓴 자전적 소설을 영화화한 작품이다. 16세 소녀 데보라가 자살 기도와 정신병적 증상으로 장기간 입원 치료를 받고 회복되어 작가로 성장하는 삶을 보여 준다. 실제 그린버그의 주치의가 당대 정신 분석의 대가 프리다 프롬 라이히만Frieda Fromm Reichmann(에리히 프롬의 아내)이었다. 그녀의 헌신적이고 진정성 있는 태도와 환자와의 치료적 관계는 매우 감동적이다. 흔히 〈로즈 가든〉은 조현병의 예로 소개되는 작품인데 병의 경과나 예후가 좋은 점으로 보아 사실 정신병적 증상을 동반한 조울병일 가능성이 더 크다. 이 영화는 정신병의 예후가 반드시 나쁜 것만은 아니라는 사실과 조현병과 조울병의 감별이 쉽지 않음을 보여 준다.

사람의 기분은 때때로 어느 정도 들뜨거나 반대로 가라앉을 수 있어 일상적으로 나타나는 정도의 기분 변화를 조울병이라고 하지는 않는다. 집이나 직장 또는 학교에서 대인 관계에 문제를 일으키거나 자신에게 주어진 역할을 제대로 수행하지 못할 때 병적인 기분 변화로 보게 된다.

조울증에서는 기분 변동의 폭이 커서 스스로 조절할 수 있는 한계를 벗어나며, 비정상적인 기분이 적어도 여러 날 이상 지속한다. 영화 〈미스터 존스〉(1993)에서 보면 리처드 기어가 분한 존스가 조울병의 전형적 증상을 보여 준다. 기분이 너무 좋아 길을 가다 춤을 추고 말이 많아지는가 하면, 오케스트라 연주회에서 난데없이 무대

위에 올라가 지휘를 하는 엉뚱한 행동을 하기도 한다.

조증 때는 기분이 들뜨고 생각이 많아지면서 자신감이 넘친다. 기분은 반드시 즐거운 것은 아니고 평소 같으면 그냥 넘어갈 일을 참지 못하는 과민한 형태로 나타날 수 있다. 주부 N의 경우 사춘기 때 부모에게 대든 것과 결혼 전 직장에서 상사와의 갈등도 기분이 과민해진 탓이다. 또 조증 때는 자신에게 특별한 능력이 있거나 연예인이나 유명한 사람이 된 것처럼 또는 유명 인사와 특별한 관계인 것처럼 행세하기도 한다. 종교에 몰입하며 종교적으로 특별한 체험을 한 것처럼 말하기도 한다. 말수도 많아지고 자기주장이 강해진다. 평소와 달리 말을 함부로 내뱉고 시비를 걸기도 한다. 심하면 말이 너무 빠르고 횡설수설해 알아듣기 어려울 정도다. 갑자기 할 일도 많아 바빠지고 여기저기 참견하고 나서면서 사회적 활동도 증가한다. 시도 때도 없이 여기저기 전화하고, 소셜 미디어(페이스북, 트위터 등)에 글을 올리고, 평소 나가지도 않던 모임에도 참석한다. 나중에 감당하기 어려운 일을 벌이거나 부담스러운 일을 떠맡는다. 평소 같으면 주저하고 망설일 일을 서슴없이 결정한다. 씀씀이도 커지고 성적 욕구를 자제하지 못해 평소 같으면 하지 않을 후회할 행동을 하기도 한다. 조증 증상은 이유 없이 잠이 줄면서 시작되는 경우가 많다.

조울증의 우울 증상은 우울증만 나타나는 주요 우울증 때와 비슷할 수 있다. 그러나 주요 우울증 때는 기분이 슬퍼지고 잠이 줄고 식욕이 저하되는 경우가 흔한 데 비해, 조울증의 우울증에서는 무기력해지고 기분이 처지면서 잠이 많아지고 식욕도 증가하는 경우가 많다. 주요 우울증 때 감정이 메말라 반응이 없는 것과 달리 주위 상황에 적절한 감정 반응을 보인다. 예를 들면 누군가가 우스갯소리를 하면 따라 웃기도 해서 가까운 사람들조차 우울증을 눈치채지 못하는 경우가 많다. 주관적으로도 슬픈 느낌이 동반되지 않을 수 있어 우울증이라는 생각을 못 할 수도 있다.

실제 우울감을 호소하기보다는 무기력감을 호소하며 역할 수행을 제대로 못 하는 것 때문에 내원하는 경우가 많다. 잘나가는 엘리트 회사원이 느닷없이 회사를 그만두겠다고 하거나 학생이 휴학하겠다고 해서 내원했는데, 정작 본인은 자신의 기분은 우울하지 않다고 대답하는 경우를 적지 않게 볼 수 있다. 그저 아침에 일어나기 힘들고 무기력하고 멍한 느낌이 드는데, 공부가 안되거나 일을 잘못해서 스트레스를 받을 뿐이라고 말한다. 양극성 장애의 우울증은 단순히 신경증적 수준의 적응 장애 정도로 진단받는 경우가 적지 않다.

무기력하고 처지면서 피곤한 느낌이 들어 혹시 신체 질환이 아닌가 해서 내과를 전전하다 오는 일도 있다. 자신이 적응을 못 하는 게 본인 문제라고 생각하는데 차라리 우울증이면 좋겠다고 반신반의하며 말하기도 한다. 그래야 그간에 겪은 어려움이 설명되고 체면이 서기 때문이다. 우울증 초기에는 막연히 불안하고 걱정이 앞선다. 늘 해 오던 일이 어렵고 힘들게 느껴지고 어찌할 바를 모를 때도 있다. 기분이 가라앉고 의욕이 감퇴하면서 만사가 귀찮아진다. 과거에도 그랬고 앞으로도 달라질 것 같지 않다. 평소 즐기던 것도 재미없고 허무하고 공허한 느낌이 든다. 사람을 대하는 일이 부담스럽고 싫어진다. 혼자만 동떨어져 다른 세상에 있는 것 같은 느낌이 들면서 죽고 싶은 생각이 들 수 있다. 혼자 누워서 꼼짝도 하기 싫고 눈을 감거나 허공만 쳐다보고 지낸다.

우울증은 잠이 많아지고 늘어지면서 시작되는 경우가 많다. 학생의 경우 아침에 못 일어나 지각을 자주 하게 되고 수업을 빠뜨리게 된다. 수업을 들어도 집중이 안되고 기억력도 떨어진 느낌이다. 사람이 멍청해진 것처럼 보인다. 치매가 아닌가 해서 찾아오는 사람이 있을 정도다. 직장인의 경우 일이 손에 안 잡히고 미적거리면서 일 처리를 못 해 할 일이 쌓인다. 상사의 눈치를 보다 어느 순간 자신이 원래 무능한 사람이라는 생각이 들고 주위 사람에게 피해를 주는 것 같아 사직해야겠다고 생각한다. 조울증은 일반인의 눈에는 조증이 눈에 띄어 심각해 보이지만 환자 본인에게는 우울증이 더 괴롭다.

조울병의 원인은 명확히 규명되어 있지 않은데, 우울증처럼 뇌에서의 노르에피네프린, 세로토닌, 도파민 등 여러 신경 전달 물질의 화학적 불균형이나 호르몬 또는 면역 기능의 변화가 발병 기전과 관련된 것으로 추정하고 있다. 조울병은 기본적으로 생물학적 질환으로 보지만, 심리적 또는 환경적 스트레스 역시 발병 또는 증상 악화에 영향을 미치는 것으로 보고 있다.

조울병은 쌍생아 연구나 가족력 등을 볼 때 유전적 요인이 어느 정도 관여하는 것으로 보인다. 가까운 가족 중에 조울병 환자가 있으면 그렇지 않은 사람에 비해 조울병이나 우울증이 나타날 확률이 높은 것이 사실이다. 그렇다고 100퍼센트 유전이 되는 것은 아니다. 부모 중에 한 사람이 조울병일 경우 자녀에게 조울병이 발현될 가능성은 5~10퍼센트 정도이고, 부모 중 한 사람이 기분 장애일 경우

자녀에게 기분 장애가 나타날 가능성은 10~25퍼센트 정도로 알려져 있다.[19]

조울병 진단은 조증과 우울 증상의 확인을 통해 이루어진다. 그런데 문제는 조증과 우울증의 과거력을 확인하기가 말처럼 쉽지 않다는 데 있다. 과거 가벼운 조증이 있었던 경우 병이라는 인식이 없어 기분에 별문제가 없었다고 답하는 경우가 많고, 조울병의 우울증은 우울하다는 느낌보다 그냥 처지고 피곤한 느낌으로 나타나 우울한 적이 없었다고 답하는 경우가 많기 때문이다. 우울증만 경험한 경우 우울증의 양상과 가족력 등을 통해 조울병을 의심해 볼 수는 있으나 조증이 관찰될 때까지 조울병을 미리 확인할 방도는 없다.

조울병을 확인할 수 있는 진단적 검사는 없다. 심리 검사도 보조적인 참고 자료일 뿐 진단을 확인하거나 전문가의 면담을 대신하는

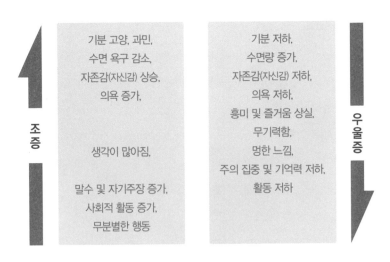

• 조증과 우울 증상 •

것은 아니다. 혈액 검사나 뇌 MRI를 찍는다고 조울병 여부를 알 수 있는 것도 아니다. 여러 가지 검사를 시행하는 것은 간혹 신체적인 질환이 조울병처럼 나타나기 때문에 이를 배제하기 위해서다. 예를 들면 갑상샘 질환이나 면역학적 질환 또는 뇌 질환 같은 경우다. 또 약물 치료를 하기 전에 혹시 있을지 모를 약 부작용을 확인하기 위해서도 혈액 검사와 심전도 검사를 하게 된다.

치료는 조증 치료, 우울증 치료 그리고 예방적 유지 치료로 나누어 볼 수 있으며 약물 치료가 가장 중요하다. 조증은 대부분 약으로 조절할 수 있다. 입원 환자도 3~4주 사이에 호전된다. 조증 시에는 기분 조절제와 항정신병 약물을 사용할 수 있다. 기분 조절제로는 리튬(리튬), 발프로에이트(데파코트), 라모트리진(라믹탈) 같은 약을 들 수 있다. 리튬은 용량이 과하면 메스껍고 토할 수 있다. 또한 장기 복용 시 갑상샘 기능이 저하될 수 있어 1년에 한두 번 혈액 검사로 갑상샘 기능을 확인할 필요가 있다. 리튬과 발프로에이트는 정기적으로 혈중 농도를 검사하면서 적정 용량을 유지해야 한다. 증상이 심할 경우는 항정신병 약물을 사용하는 것이 좋다. 항정신병 약물로는 올란자핀(자이프렉사), 쿼티아핀(세로켈), 지프라시돈(젤독스), 아리피프라졸(아빌리파이) 등이 있다. 약제별로 개개인에 따라 장단점이 있을 수 있다. 올란자핀과 쿼티아핀은 졸리고, 식욕이 증가하여 체중이 늘 수 있다. 지프라시돈이나 아리피프라졸은 체중 증가 부작용은 적은 편이다. 항정신병 약제의 효과와 부작용은 사용 용량에 따라서도 다르고 개인에 따라서도 다르다. 진료 의사와 상의해서 약을 선택하는 것이 좋다.

우울할 때는 항우울제를 사용할 수 있으나 조증으로 전환될 수 있어 경과를 잘 관찰해야 한다. 가벼운 우울증은 항우울제를 사용하지 않고 일단 지켜보는 것이 바람직하다. 저절로 또는 항우울제에 의해 조증으로 전환될 수 있기 때문이다. 조울증의 우울증은 간혹 치료 효과가 미흡하거나 더디게 나타나는 경우가 있어 힘들 때가 있다. 그러나 치료를 지속하면서 참고 기다리다 보면 결국은 좋아진다. 우울증이 극심하거나 약의 반응이 미흡하고 견디기 어려울 때는 전기 충격 요법이 도움될 수 있다.

조증과 우울증이 호전된 후에는 재발을 방지하기 위해 약을 최소한으로 조절해서 장기간 유지한다. 그러다가 재발 조짐이 있을 때는 약을 추가하거나 용량을 올릴 수 있다. 재발 방지에 가장 중요한 것은 조짐이 있을 때 재빨리 약을 추가하거나 조절하는 것이다. 그렇게 하기 위해서는 재발 증상을 잘 알고 있어야 한다. 이유 없이 며칠 동안 계속 잠이 현저하게 줄면 조증을 의심해 볼 수 있다. 잠이 줄면서 생각도 많아지고 말수도 늘어난다. 활동량도 늘어나고, 주장이 강해지고, 고집부리면서 제멋대로 행동하는 경향이 생긴다. 화장이 진해지고 옷차림이 화려해진다. 돈 씀씀이도 커지고 성적으로도 문란해질 수 있다.

문제는 본인은 조증이라는 사실을 인식하지 못하고, 주위 사람에게 환자 취급한다며 화를 내는 경우가 많다는 점이다. 조증은 대개 본인보다 주위 사람이 먼저 알게 된다. 반면에 우울증은 주위 사람보다 본인이 먼저 느끼게 된다. 주부 N처럼 잠이 많아지고 몸이 가라앉고 처지는 느낌이 든다. 만사 귀찮아지고, 설거지할 게 쌓이면서 게으른 것처럼 보인다. 걱정이 많아지고 공부나 일이 버겁게 느껴진다.

심리 치료도 함께 받으면 좋다. 조울병이 심리적 원인에서 온 질환이 아니라도 증상 발현과 악화에 심리적 요인이 영향을 줄 수 있다. 또한 조울병을 앓는 사람은 스트레스에 취약한 경우가 많다. 심리 치료는 스트레스에 대처하며 조울병과 함께 살아가는 방법을 다루는 것이다. 심리 치료에서 우선 되어야 할 부분은 조울병 증상에 대한 이해와 교육이다. 조울병 자체가 환자에게 가장 큰 스트레스다. 조울병을 잘 관리할 수 있게 도와주는 일이 심리 치료의 가장 중요한 부분이다.

환자가 우울할 때는 기능이 저하됨을 받아들이게 하고, 포기하지 않게 격려하면서 참고 견디게 해야 한다. 조증이 시작될 때는 경솔한 행동을 삼가도록 하고 빨리 약을 조절해야 한다. 우울증 또는 조증 증상이 있을 때는 중요한 결정은 유보하도록 하는 것도 유념할 일이다. 재발 방지를 위해서는 재발 조짐을 잘 숙지할 수 있게 교육하는 것이 중요하다. 조울병을 잘 관리하는 일 외에 스트레스에 대한 대처는 개별적으로 이루어진다.

지나친 열등감과 우월 욕구가 교대로 나타나는 것 자체가 콤플렉스의 발현일 수 있다. 개인적인 콤플렉스를 건드리면 증상이 악화될 수 있어 이를 적절하게 다룰 수 있도록 하는 일이 치료에 도움이 된다. 개인적 콤플렉스를 의식 수준에서 인지적 오류나 역기능적 생각이라고 부르면 인지 행동 치료가 된다. 우울할 때 좌절을 수용하고 현실적으로 할 수 있는 일을 하도록 조언하는 것은 수용 전념 치료가 될 것이다. 조울병을 가지고 살면서 조울병 자체를 좌절이라기보다 실존적 조건(운명)으로 받아들이면서 의미 있는 삶을 사는 것이 실존적 치료가 될 수 있다.

6장

조현병,
꿈과 현실 사이

조 라이트 감독의 〈솔로이스트〉(2009)는 노숙자가 된 첼리스트에 대한 실화로 조현병에서 나타나는 환청과 망상과 같은 정신병적 증상을 잘 보여 주는 영화다. LA 타임즈 기자 로페즈는 거리에서 바이올린을 연주하는 노숙자 나다니엘을 우연히 만난다. 횡설수설하는 나다니엘이 원래 첼로 연주자였고 줄리아드 음대를 중퇴한 사실을 알게 되면서 로페즈는 그에 관한 기사를 쓰고 그를 돕고자 한다. 로페즈는 한 독자로부터 첼로를 기증받아 나다니엘에게 전해 주고 숙소와 개인 레슨을 주선해 준다. 연주회를 마련했는데 여러 사람 앞에서 연주를 시작하려는 순간 환청("내 말대로 해", "여긴 네가 있을 자리가 아니야", "실패할 거야", "도망쳐")과 피해망상("죽일 것이다")에 사로잡혀 과격한 행동을 보이며 연주회장을 뛰쳐나간다. 과거 나다니엘은 줄리아드

음대 재학 중에도 정신병적 증상을 체험하면서 매우 놀라고 혼란스러웠다. 연주 연습 중 환청에 사로잡혀 집중하지 못하고 지휘자의 지시를 따르지 못했다. 사람들이 자신의 생각을 듣고 있다는 망상(사고 방송, 사고 누출)과 지시하고 명령하는 환청("내가 지켜 줄게", "생각을 그만 둬", "도망쳐", "달려", "숨어")에 사로잡혀 갑자기 뛰쳐나왔다. 집에서도 누이가 자신을 죽이려 하고 음식에 염산을 넣었다고 의심하는 피해망상에 사로잡혀 가출하게 된다.

사람들과 어울리지 않고 혼자 조용히 지내는 대학 1학년 휴학생 F는 평소 말수가 적고 표정 변화가 없다. 약 1년 전부터 멍한 표정으로 서 있다가 혼자서 말을 계속하는데 연결이 되지 않아 무슨 말인지 이해하기 어렵다. 왜 그러냐고 물어보면 누군가 자신에게 말을 걸고 창피한 행동을 하라고 시킨다고 한다. 모르는 사람들이 서로 주고받는 말소리가 들리는데 자신을 비난하는 내용인 것 같다. 주위 사람들을 피하는데 사람들이 자신의 생각을 다 알고 있기 때문이라고 말한다. 생각이 머릿속에서 빠져나가 사람들이 자신의 생각을 들을 수 있다고도 한다. 누군가 자신의 방에 도청 장치를 해서 자신을 감시하고 위층에서는 자신을 괴롭히려고 일부러 쿵쿵 소리를 낸다고 화를 내며 위층 주민과 다투기도 한다. 발병해서 휴학하기 전에도 수업 시간에 엉뚱한 질문을 하곤 했다. 나름 진지하지만 보통은 신경 쓰지 않아도 될 것을 질문한다. 다른 학생들이 독특한 생각이라고 웃는데 본인은 왜 웃는지 모른다. 눈치가 없고 분위기 파악을 못 한다.

정신병은 망상이나 환청과 같이 현실 판단력의 장애를 보이는 질환이다. 조현병調絃病은 정신병의 대표적인 질환으로 정신분열병으로 불리던 병이다. 조현병의 이름은 조율[調]이 안 된 현악기[絃]처럼 세상과 조화를 이루지 못한다는 의미를 담고 있다.

망상 또는 환청이 있다고 모두 조현병은 아니다. 우울증이나 조울병과 같은 다른 정신 질환에서도 망상이나 환청이 나타날 수 있기 때문이다. 정신병은 만성적 경과를 보이는 조현병과 달리 경과가 좋은 경우도 많다. 조현병은 100명에 1명 정도로 발병한다.

조현병의 대표적 증상으로는 양성 증상, 음성 증상, 사회적 인지 기능 장애를 들 수 있다. 양성 증상은 현실에 부합되지 않는 이상한 생각(망상)을 하거나 실제로 존재하지 않는 소리를 듣는 체험(환청)을

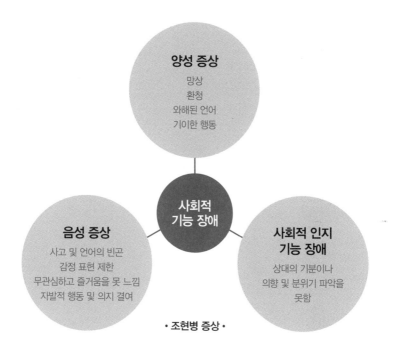

• 조현병 증상 •

말하며 횡설수설하고 기이한 행동을 보이는 경우도 포함한다. 주변에서 일어나는 일을 자신과 연관 지어 생각하는 관계 망상부터 피해망상, 과대망상, 생각이 방송되듯이 빠져나가서 사람들이 자신의 생각을 다 안다는 망상(사고 방송, 사고 누출), 머릿속에 다른 사람의 생각이 들어와 있다거나(사고 삽입) 누군가 자신의 생각을 조종한다고 생각하는 망상(조종 망상) 등 다양한 내용의 망상을 보일 수 있다. 〈솔로이스트〉에서 나다니엘은 전형적인 '사고 방송' 증상으로 괴로워한다. 조현병에서 환청은 나다니엘이나 F처럼 사람들이 대화하는 목소리 또는 자신에게 지시하거나 논평하는 내용으로 나타나는 경우가 많다.[20]

음성 증상은 말수가 적고, 무표정하고 주위에 무관심하고, 동떨어져 지내며 자발적 행동이 결여된 상태를 말한다. 자신의 외모나 위생 관리에도 소홀할 수 있다. 조울병의 우울 증상도 자발성이 결여되고, 무기력하고, 무표정한 모습으로 나타나 음성 증상과 구별하기 어려울 수 있어 주의를 요한다.

사회적 인지 기능의 장애는 사회적 상황에서 사고의 관점 변경과 맥락 파악을 잘 못하는 증상이다. 타인에 대한 공감 능력이 부족할 뿐만 아니라 눈치와 요령이 부족하고, 분위기 파악을 잘하지 못해 엉뚱하거나 어딘가 이상해 보인다는 인상을 준다. 망상은 아니나 상황에 맞지 않는 얘기를 불쑥 꺼내거나, 상대의 반응을 헤아리지 않고 부적절하게 행동하는 경우가 사회적 인지 기능 장애의 예가 된다. F의 경우 양성 증상뿐만 아니라 사회적 인지 기능 장애도 있어 보인다.

조현병은 면담을 통해 파악한 병력, 증상 및 경과를 종합하여 진단하게 된다. 망상이나 환청 같은 양성 증상이 현저하면서 1개월 이상 지속하고, 전체 증상이 6개월 이상 지속해서 나타날 때 조현병이라고 부른다. 단순히 망상만 있으면 망상 장애라고 부른다. 증상 지속 기간이 한 달 이내면 단기 정신병적 장애, 한 달 이상이나 6개월 이내일 경우는 조현 양상 장애라 부른다.

혈액 검사, CT, MRI 등의 검사는 다른 원인 질환을 배제하기 위해 시행한다. 아직 조현병을 진단적으로 확인할 수 있는 검사는 알려져 있지 않다. 간혹 자가 면역 질환[21]으로 뇌의 글루타메이트[22] 수용체인 'NMDA(N-methyl D-aspartate) 수용체 뇌염'이 생겨도 조현병과 비슷한 증상을 일으킬 수 있어 주의를 요한다. NMDA 수용체 뇌염은 수잔나 카할란Susannah Cahalan이라는 20대 기자의 실화[23]를 바탕으로 〈브레인 온 파이어〉(2016)로 영화화되기도 했다.

국내에서도 필자가 스테로이드 치료 후 호전된 20대 여성의 사례를 보고한 바 있다.[24] 갑자기 발생한 정신병적 증상으로 응급실을 내원하여 내과와 신경과 의사가 보았으나 별 이상을 발견하지 못해 정신과로 의뢰되었던 환자였다. 입원하게 된 환자는 멍한 자세로 있다가 갑자기 흥분하며 뛰쳐나가는 등 이상한 행동을 하고 의미 있는 대화가 어려울 정도였으나, 증상의 기복이 심해 통상 정신병적 증상으로 간주하고 그냥 넘어갈 수 있는 사례였다. 정신병적 증상이 심해 상세한 인지 기능 검사도 시행할 수 없는 상태였다. 당시 임상적으로 뇌 이상을 의심하게 된 유일한 단서는 면담 시 시행한 정신 상태 검사에서 정신병적 증상을 감안하더라도 미묘한 수준의 인지 기능 저하가 의심된 점이었다. 간혹 전신 홍반 루프스SLE와 같은 면역학적 질환으로 뇌 이상 소견과 함께 정신병적 증상을 보이는 경우가 있어 내과 의사와 상의 후 면역학적 질환에 대한 철저한 검사를 시행하기도 했으나 별다른 이상 소견을 발견할 수 없었다. 뇌 MRI 사진에서도 뚜렷한 이상은 발견되지 않아 뇌염이나 뇌종양 같은 뇌 질환은 배제할 수 있었다. 뇌 대사를 보는 PET(양성자 방출 단층 촬영) 검사에서는 미묘한 수준의 뇌 기능 이상을 보였으나 뚜렷하게 이상하다고 단정하기 어려운 소견이었다. 임상적으로 NMDA 수용체 뇌염 가능성을 의심했으나 안타깝게도 당시 국내에서는 혈액 검사 방법이 도입되지 않아 확인할 수 있는 방법이 없었다.

증상은 며칠 사이에도 악화하는 모습을 보이는데, 뇌 이상이 의심되나 확실한 진단을 내리지 못하자 보호자는 울면서 발만 동동 구르고 있었다. 항정신병 약물만 투여하며 이대로 지켜보다가 만일 NMDA 수용체 뇌염이라면 비가역적 뇌 손상을 일으키거나 사망에 이를 수도 있다는 생각에 임상적 결단을 내릴 수밖에 없었다. 고용량의 스테로이드와 같은 면역 억제제를 투여할 경우 부작용의 우려가 있으나 NMDA 수용체 뇌염이라면 증상이 호전될 수도 있기 때문이었다. 보호자에게 인지 기능 저하가 의심되어 통상 보이는 정신병과는 양상이 다르고, 뇌 이상이 의심되지만 검사상 뚜렷한 이상 소견은 발견되지 않았으나 NMDA 수용체 뇌염 가능성을 배제할 수는 없다고 설명했다. 그리고 내 딸이라면 지금 당장 스테로이드 투여를 시작하겠다고 하자 울기만 하며 어쩔 줄 몰라 하던 보호자도 스테로이드 투여에 동의했다.

확진이 되지 않은 상태에서 고용량의 스테로이드 투여 결정은 사실 쉬운 일이 아니었다. 잠정적으로 NMDA 수용체 뇌염으로 진단하고 스테로이드 투여를 시작하자 다행히 눈에 띄게 증상이 호전되어 발병 전의 정상적인 모습으로 퇴원할 수 있게 되었다. 당시 국내에서는 NMDA 수용체 뇌염 항체 검사를 시행하지 않아 치료 시작 전에는 진단을 확인할 수 없었다. 이후 치료 시작 전과 치료하면서 채취한 혈액을 어렵게 외국에 보냈고 퇴원 후에야 혈액 검사 결과를 받아 보고 NMDA 수용체 뇌염으로 진단을 확인할 수 있었다.

조현병은 기본적으로 뇌 질환으로 본다. 증상들은 100조 수준의 연결 부위를 가진 뇌 회로의 미세한 이상과 관련 있는 것으로 생각된다. 이러한 뇌 회로의 이상은 도파민 또는 글루타메이트와 같은 뇌의 신경 전달 물질 체계의 불균형이나 미세한 구조적 이상과 관련 있다. 뇌에 도파민 기능이 과다해지면 자신의 체험에 특별한 의미를 부여하는 현상이 발생할 수 있는데, 이것이 지나치면 정신병적 체험으로 이어진다. 예를 들면 어느 날 갑자기 고장 난 신호등이 깜박거리는데, 이것이 누군가가 자신에게 학교가 위험하니 가지 말라는 신호를 보낸 것이라고 믿는 식이다(망상 지각). 더 발전하면 주변에 일어나는 여러 가지 일을 자신과 연관된 것으로 확신하게 되고(관계망상), 다양한 내용의 망상적 체험을 할 수 있다. 망상이 고착되면 마음은 오히려 편안해질 수도 있다. 그간 체험한 이상한 일들이 망상 체계 내에서 나름 설명되기 때문이다.

필로폰과 같은 마약을 장기간 복용하고 도파민 기능이 항진되어도 비슷한 망상 체험을 할 수 있다. 펜사이클리딘PCP 같은 마약은 뇌에서 NMDA 수용체 길항제로 작용하여 글루타메이트 신경 전달의 변화를 야기하고 도파민 활성을 증가시켜 정신병적 증상을 일으킬 수 있다.

융은 조현병을 무의식의 원형적 콤플렉스에 사로잡힌 상태로 보았다. 정상적인 사람이 꿈에서 겪을 수 있는 내용을 깨어 있는 상태에서 겪는 것이 정신병이라고 본 것이다. 정신병적 체험은 무의식의 내용을 이해하면 반드시 그렇게 기괴한 것만은 아닐 수 있다. 조종 망상은 생각이 무의식의 내용에 영향을 받는데 이를 의식하지 못하다 보니 외부에서 누군가가 자신을 조종한다고 느끼는 현상일 수 있다. 실제 망상이나 환청은 자신의 내면에서 일어나는 심리적 체험을 외부에서 발생하는 사건과 구분하지 못하는 데서 비롯한다. 즉 망상은 자신의 생각을 외부 현실과 구별하지 못하는 것이고, 환청은 내면의 생각을 외부에서 들리는 소리로 지각하는 것이다. 이는 뇌 회로에서 내부 활동과 외부 활동을 구별하는 기능의 오작동에 기인하는 것으로 추정된다.

심리 사회적 요인도 발병의 일차적 원인은 아니나 발병 및 증상 악화에 영향을 줄 수 있다. 한때 가족 관계를 발병의 원인으로 본 적도 있으나 지금은 그렇게 생각하지 않는다. 그러나 환자를 좌지우지하는 지배적인 태도, 지나친 간섭, 죄책감을 유발하는 말, 원색적이고 지나친 감정 표현, 일관성 없이 대하는 태도는 증상을 악화시킬 수 있는 요인으로 알려져 있다.

발병에 유전적 요인도 관련된 것으로 보인다. 유전자를 공유하는 일란성 쌍생아에서 이란성 쌍생아보다 발병 일치율이 높고 가족력이 있는 경우 일반 인구와 비교하면 발병 확률이 높은 것으로 보고되고 있다. 그러나 아직 어떤 유전자가 관련되어 있는지와 유전되는 방식에 대해서는 밝혀지지 않았다. 가족 중 조현병 환자가 있다고 반드시 자녀에게 유전된다는 것은 아니다. 일반적으로 부모 중 한 사람이 조현병을 진단받으면 자녀가 조현병에 걸릴 확률은 5~10퍼센트 내외다. 즉 90~95퍼센트는 괜찮다는 뜻이다.

치료는 급성기 증상 완화 치료와 재발을 방지하고 사회적 기능을 회복시키는 유지 치료로 나누어 볼 수 있다. 급성기 증상을 완화하고 재발을 방지하는 데는 약물 치료가 가장 효과적이다. 증상이 좋아진 뒤에도 재발 방지를 위해 약물 치료를 유지하는 것이 중요하다. 유지 치료를 하지 않고 약물을 중단한 경우 1년 내 약 70퍼센트가 재발할 수 있다. 처음 발병한 정신병의 경우 증상이 호전된 이후에 약 1~2년간, 재발한 경우에는 약 5년 이상 약물 치료를 유지하는 것이 좋다. 재발이 잦고 증상이 심하다면 환자에 따라 평생 약물을 유지해야 할 수도 있다.

정신과 약이 독하고 부작용이 심하다는 편견이 약물 치료에 거부감을 느끼게 한다. 과거 할로페리돌 같은 전통적 항정신병 약제는 복용 시 파킨슨병처럼 동작이 둔해지는 신경학적 부작용을 일으켰다. 그러나 최근에는 신경학적 부작용이 현저히 개선된 새로운 약물이 개발되어 널리 사용되고 있다. 대표적인 새로운 항정신병 약물로는 올란자핀(자이프렉사), 쿼티아핀(세로켈), 리스페리돈(리스페달), 지프라시돈(젤독스), 아리피프라졸(아빌리파이), 클로자핀(클로자릴) 등이 있다.

약물 복용 시 흔하게 나타날 수 있는 부작용으로는 졸림, 입 마름, 변비 등이 있으며 대부분 조절할 수 있다. 또한 일부 항정신병 약물은 식욕 및 체중 증가를 일으킬 수 있어 식이 조절이 필요할 수 있다. 항정신병 약물을 장기간 사용할 때는 흔하진 않지만 몸의 일부 근육이 저절로 움직이는 신경학적 부작용(지연성 운동 장애tardive dyskinesia)이 나타날 수 있어 주의해서 관찰해야 한다. 지연성 운동 장애는 몸의 어느 부위에나 나타날 수 있으나, 혀를 내밀거나 입맛 다시고 턱이 좌우로 움직이는 등의 입이나 턱 주변의 움직임으로 나타나는 경우가 많다. 환자는 이러한 증상이 약의 부작용인 줄 모르고 의사에게 자발적으로 보고하지 않는 경우가 많아 조기 발견을 못 하고 간과하기 쉽다. 지연성 운동 장애가 발생하면 가능한 한 약의 용량을 줄이거나 부작용이 적은 약으로 교체하는 것이 바람직하다. 전체적으로 약의 치료 효과와 부작용을 저울질해 보면 치료 효과 쪽이 훨씬 크다. 약을 마다할 이유가 없다.

증상이 완화된 이후에도 재발 조짐이 보이면 조기에 내원하여 적절한 치료를 받는 것이 중요하다. 재발을 막기 위해서는 재발 조짐으로 볼 수 있는 증상들을 잘 알고 있어야 한다. 갑자기 지나치게 예민해지는 경우, 수면 시간이 줄어드는 경우, 환청이 심해지는 경우, 혼자 생각에 사로잡히는 경우, 이상한 언행을 하는 경우 재발을 의심해야 한다.

자신이나 타인을 해할 위험이 큰 경우, 증상이 급격히 악화되거나 악화가 예상되는 경우에는 환자의 안전과 치료를 위하여 입원을 고려해야 한다. 하지만 환자가 내원을 거부하면 현재로서는 마땅한 대책이 없다. 증상이 심하게 악화되어 자해나 타해 우려가 있기 전에는 경찰이 개입할 수도 없고 치료를 시작할 방법이 없다. 입원 절차도 보호자 두 명이 서명해야 하고 보호자 요건도 까다롭다. 2017년에 개정된 우리나라만의 정신 건강 복지법 때문이다. 환자와 보호자, 정신과 의사 모두가 힘든 비합리적인 제도이다.[25] 심리 치료와 사회 기술 훈련도 병에 대한 이해를 돕고 병을 가지고 살면서 사람들과 어울리고 사회생활에 적응하는 데 도움을 준다.

치료에 대한 반응은 개인 차이가 크다. 발병 시 증상이 심하다고 하여 반드시 예후가 나쁜 것은 아니다. 뒤늦게 호전되는 경우도 적지 않아 예후는 장기적인 관찰을 통해 판단해야 한다. 일부 환자들은 증상 조절이 어렵고 만성적인 경과를 보이기도 하나(20퍼센트), 대부분의 환자는 잔여 증상이 있더라도 일상생활이 가능하며(50퍼센트), 상당수 환자는 완전히 호전되어 발병 전 상태로 회복된다(30퍼센트).

가족들은 환자의 병을 인정하고 현실로 받아들여야 한다. 서서히 호전되거나 치료 효과가 뒤늦게 나타나는 경우가 있어 인내심을 갖고 기다리면서 환자가 때로는 가족의 기대에 못 미치더라도 참고 격려해 주는 태도가 필요하다.

망상과 환청을 동반한 정신병을 앓고도 회복되어 법대 교수로 활동하는 사람이 있다. 엘린 삭스Elyn Saks는 예일 대학교 법대 재학 중 정신병이 발병하여 강제 입원 치료를 받게 되었으나, 치료 후 결혼도 하고 법학 교수가 되었다. 약물 치료를 중단하고 재발을 경험하기도 했다. 엘린 삭스는 테드TED 강연과 저술 활동 등을 통해 자신의 정신병 체험을 공개하고 약물 치료의 중요성을 강조하며 정신병에 대한 편견을 없애는 데 앞장서고 있다. 특히 테드 강연에서 그녀는 "정신 질환을 앓는 사람들이 원하는 것은 모든 사람이 원하는 것이다. 지그문트 프로이트 말대로 일을 하고 사랑하는 것이다"[26]라는 말로 마무리하는데, 이 책을 읽는 독자들에게도 시사하는 바가 클 것이라고 생각한다.

7장

죽고 싶은
마음이 들 때

그러다가 그냥 죽고 싶어 죽었다.

스스로의 본능을 더 처리할 길이 없어 죽었다.

더 사랑할 상대가 없고, 더 그릴 대상이 없고

더 살아 봐야 재미가 없을 것 같아서 죽었다.[27]

중앙자살예방센터의 통계 자료에 따르면 2017년 전국 자살 사망자 수는 1만 2463명으로 인구 10만 명 당 자살자 수(자살률)는 24.3명, 하루 평균 자살 사망자 수는 34.1명으로 조사되었다. 2016년 기준으로 볼 때 경제 협력 개발 기구OECD 회원국 중 자살률 25.6명으로 1위를 차지했고, 회원국 평균치 11.6명보다 두 배 이상 높은 수치를 기록했다. 자살 시도는 대체로 자살 사망자 수의 10배를 훨씬 넘는다.

자살로 생을 마감한다는 생각을 하기는 쉽지 않다. 살면서 속상하고 힘들 때 문득 그런 생각이 스쳐 갈 수는 있으나 실행하기는 무척 어려운 일이다. 프랑스 사회학자 에밀 뒤르켐Émile Durkheim은 자살을 사회적 관점에서 바라보았다. 사회에서 소외될 때(이기적 자살, 실직), 집단 가치에 동조할 때(이타적 자살, 순국열사), 사회적 가치관의 기반이 흔들리고 혼란스러울 때(아노미적 자살, 경술국치 후 애국지사), 사회적 억압이 심할 때(숙명적 자살, 노예나 죄수) 자살할 수 있다고 보았다. 인간은 사회적 존재인 만큼 뒤르켐의 주장처럼 자살이 사회적 영향을 받을 수 있음을 부인할 수 없으나, 자살은 대부분 지극히 개인적이다. 사회적 현상을 개개인이 어떻게 받아들이냐에 따라 소외감도 느끼고, 집단에 동조도 하고, 고통의 정도도 달라지고, 아노미도 겪게 되는 것이다.

자살 시도는 대부분 우울한 상태에서 감행된다. 자꾸 죽고 싶은 생각이 든다면 우선 우울증은 아닌가 생각해 볼 필요가 있다. 정신분석학에서는 해결되지 않은 분노가 내면으로 향할 때 자살 충동을 느낄 수 있다고 보고 우울증과 같은 심리적 기전으로 설명한다. 아들러는 자살을 죽음의 책임을 누군가 다른 사람에게 떠넘기는 것이고 비난 또는 복수의 표현이라고 했다.[28] 자살 연구의 대가 에드윈 슈나이드먼Edwin Shneidman은 자살을 정신적 고통에서 벗어나기 위한 시도로 보았다. 좌절과 분노, 수치심, 모멸감, 죄책감, 쓸모없는 사람이 된 느낌, 공허감, 무기력감, 절망감 등이 자살을 생각하게 하는 심리적 요인이 될 수 있다.

너무 괴로운데 달리 해결책이 없어 스스로 죽겠다는 사람을 애써 말릴 필요가 있는지 질문받은 적이 있다. 자살을 말리는 첫째 이유가 바로 그 질문에 들어 있다. 자살은 사실 죽고 싶어서 하는 것이 아니다. 살고 싶은데 사는 게 여의치 않고 괴롭기 때문이다. 자살을 시도하는 사람은 죽음에 대해 양가적 태도를 지닌 경우가 대부분이다. 사실 자살 시도는 절망감에서 도움을 바라는 의사 표현일 수 있다. 자살을 시도하는 마지막 순간까지 망설이며 누군가에 의해 발견되어 구해지길 바라는 경우가 많다. 두 번째 이유는, 자살에 이르게 하는 생각이 적절하지 않고, 관점을 변경하거나 시간이 흘러 상황이 바뀌면 생각이 달라질 수 있다는 사실이다. 우울증의 경우 기분이 달라지면 생각도 달라진다. 세 번째 이유는, 자살 시도자의 생각과 달리 자살이 정신적 고통을 해결하는 유일한 해결책이 아닐 수 있기 때문이다. 자살을 생각하는 사람의 마음은 좌절과 분노, 수치심이나 죄책감, 해결책이 없다는 절망감에 사로잡혀 있다. 죽음 외에는 달리 대안이 없다고 믿지만 죽는다고 해결되는 것은 아니다. 자살은 단지 고통스러운 상황을 잠시 잊게 할 뿐이다. 본인은 떠나면 그만이지만, 자살은 남겨진 가족의 마음속에 말 못 할 상처로 남게 된다. 해결하지 못한 일도 고스란히 누군가의 몫으로 남는다.

좌절에 대한 분노는 죽음 외에 달리 해결할 방법이 없는 것은 아니다. 수치심이나 죄책감도 자신과 세상을 바라보는 관점에 따라 달리 생각해 볼 여지가 있다. 절망적 상황에서 해야 할 일은 일단 현실을 그대로 수용하는 것이다. 그리고 참고 기다리는 것이다. 삶의 부정적인 면을 수용하는 자세가 필요하나 그렇다고 어려운 상황이 영원히 달라지지 않을 것이라는 믿음도 옳지 않다. 모든 것은 지나간다. 궁하면 변하고, 변하면 통한다는 것이 《주역》에서 말하는 세상 돌아가는 이치다. 추운 겨울에 봄이 올 것 같지 않아도 반드시 봄은 오는 법이다. 〈유 머스트 빌리브 인 스프링〉의 가사처럼 봄이 온다는 믿음을 가져야 한다. 절망적 상황은 종교적 믿음을 가져 볼 때이기도 하다.

자살을 생각하는 사람은 자신의 존재 가치에 대해 매우 회의적이다. 자신을 쓸모없고 무능한 패배자로 느낀다. 가까운 사람들에게 부담만 되는 존재라고 생각한다. 상담가가 과거에 잘한 일들을 상기시키며 자존감을 올려 주려 하나, 소용없는 일이다. 과거 좋았을 때는 그때 어쩌다 잠깐 운이 좋아서 된 일이고 앞으로는 가망이 없다고 생각한다. 문제는 궁극적인 존재 가치가 외적 성취에 있는 것이 아니라 인간 존재 자체에 있다는 사실을 깨닫지 못한 데 있다. 조건 없이, 살아 있다는 사실 하나만으로도 가치 있는 일이라는 실존적 깨달음이 필요하다. 그냥 어려움을 참고 견디는 것이 해야 할 일이고 주위 사람을 도와주는 일인 것이다. 난치성 신경계 질환인 근위축 경화증으로 몸을 마음대로 움직이지 못하고 말조차 제대로 못하는 영국의 천재 물리학자 스티븐 호킹Stephen Hawking은 그의 60세 생일 기념 심포지엄에서 "내가 이룬 업적 중 가장 위대한 것은 살아 있는 것"이라고 말한 바 있다.[29]

필요하면 다른 사람의 도움을 받아도 된다. 다른 사람이 본인처럼 힘들어할 때 어떻게 할 것인가. 부담된다고 나 몰라라 할 것인가 생각해 보도록 한다. 기꺼이 다른 사람을 도와줄 마음이 있다면 나역시 도움을 받아도 되는 것이다. 때로는 살면서 주위 사람에게 부담을 줄 수도 있음을 받아들일 필요가 있다. 도움 없이 세상을 살 수 있다는 생각은 대단한 오만이고 착각이다. 상담가가 자살을 시도한 사람에게 부담스러운 존재가 아니라고 애써 합리화하며 설득하는 것은 와닿지 않는다.

자살을 시도하는 사람은 세상에 혼자 동떨어져 있다고 느낀다. 가까운 사람들조차 남처럼 느껴지고, 다 소용없다는 생각이 든다. 사람들의 위로가 공허하고 가식적으로 느껴진다. 자신이 죽으면 아무도 신경 쓰지 않을 것처럼 말한다. 과연 그럴까? 자신의 자살이 가까운 사람들에게 상처를 줄 가능성은 없을까? 가족들에게 애써 상처를 주면서 세상을 떠나야 하는지 다시 생각해 볼 필요가 있다. 자기중심적인 생각에서 벗어날 때 혼자라는 생각에서 헤어날 수 있다. 훗날 서운한 마음을 접고 가까운 사람들을 바라보면 안쓰럽고 애틋한 마음이 들 수 있다.

자살 가능성이 의심되는 사람을 대할 때는 우선 기분은 어떤지, 죽고 싶은 생각이 드는지 직접 물어보는 게 중요하다. 충분한 시간을 가지고 경청하면서 설득하기에 앞서, 그 사람의 관점에서 생각하고 공감하는 태도가 필요하다. 섣부른 위로는 진정성이 없어 보이고, 어설픈 철학적 논의는 공허한 느낌만 준다. 와닿지 않는 조언보다는 자살을 생각하게 되기까지의 마음을 이해하고 공감하는 것이 무엇보다 중요하다.

자살 시도 가능성이 클 때는 가까운 사람 중 누군가가 곁에 함께 있어야 한다. 그리고 최대한 빨리 전문가의 도움을 받는 것이 바람직하다. 필요하면 약물 치료도 받는 게 좋다. 적절한 처방 약은 죽고 싶은 마음을 누그러뜨릴 뿐만 아니라 살아야 할 명분을 주기도 한다. 세상에 죽고 싶어서 자살을 시도하는 사람은 없다. 안타깝게도 자살로 생을 마감한 마광수 교수의 〈반 고흐 시〉처럼 사는 게 의미가 없고, 사랑할 상대도 없고, 더 이상 할 일이 없을 뿐만 아니라 고통스럽기 때문에 죽고 싶은 생각이 드는 것이다.

자살을 생각하는 사람은 자살 시도에 앞서 자신과 인생을 바라보는 시각을 넓힐 필요가 있다. 혼자라는 자기중심적 생각에서 벗어나 사랑하며 도움을 받고, 외적 성취가 아니라 존재 자체에서 의미를 찾고, 고통을 수용하고 견디면서 할 수 있는 일을 해 나갈 때 자살 유혹에서 벗어날 수 있다. 삶의 고통을 겪고 이를 받아들일 때 예상 밖의 경이로운 체험을 할 수도 있다.

어느 날 삶이 정지되었다고 느끼면서 삶의 의미를 찾지 못하고 죽음을 생각했던 톨스토이는 고백록에서 "신앙은 인간의 삶의 의미에 대한 지식이고, 그 지식의 결과로 인간은 자살하지 않고 살아갈 수 있게 됩니다" 했다.[30] 빅터 프랭클은 자살의 동기는 대부분 복수심에서 비롯되고, 속죄의 의미에서 자살하는 경우도 "자신의 고통 가운데 성장하고 성숙하는 것을 불가능하게 하며 이미 벌어진 불행이나 부당한 행위를 없애는 대신 과거를 영속시킨다"라고 하면서 자살은 정당화될 수 없다고 주장한다. 또한 "자살하려는 것은 체스를 두다가 어려운 수가 나왔다고 체스판을 엎어 버리는 것과 같다"라고 말하며, "삶의 원칙은 무슨 수를 써서라도 이기는 것을 요구하지는 않지만 절대 포기하지 말 것을 요구한다"라는 말을 덧붙인다. 프랭클은 "살아야 할 이유를 아는 사람은 어떤 상황도 견딜 수 있다"라는 니체의 말을 인용하면서 자살 충동은 삶의 의미를 발견할 수 있을 때 극복할 수 있다고 말한다.[31] 융도 고통의 의미를 찾는다면 거의 모든 것을 견딜 수 있다고 말하며 정신 신경증은 그 의미를 찾지 못한 영혼의 고통이라고 말한다.[32] 삶의 의미는 혼자가 아니라는 것을 깨닫고 어쩔 수 없는 운명을 받아들이며 자기중심적인 데서 벗어날 때 찾을 수 있다.

삶을 맹목적 의지에 따른 고통의 현장으로 파악한 염세주의 철학자 쇼펜하우어도 자살은 반대한다. 자살은 삶이 의지(욕망)대로 되지 않은 데 따른 고통을 피하기 위한 것으로 살고자 하는 의지의 격렬한 표현이고 죽고 싶어서 죽는 것은 아니라고 본다. 자살은 개인의 문제를 덮어 버릴 뿐 삶의 근본적인 문제를 해결해 주지 못하고, 삶의 본질에 대한 깨달음을 얻을 기회를 내치는 것으로 설명한다. 즉 치료를 위해 수술을 받아야 할 환자가 고통스럽다고 그냥 병자로 남아 있겠다는 생각과 다름없다고 한다.[33] 쇼펜하우어는 삶의 고통을 수용하고 맹목적 삶의 의지를 부정할 때 자살 충동에서 헤어날 수 있다고 설명한다. 쇼펜하우어의 이러한 생각은 사실 인생이 '고苦'라는 사실과 그 무상함을 깨닫고 탐진치貪瞋痴에서 벗어나 깨달음을 얻으라는 불교의 가르침과 다르지 않다. 융은 "자살 충동은 낡은 자아의 태도가 죽고 새로운 인격으로 재생하려는 무의식의 충동으로 볼 수 있다"라고 말한다.[34] "인생은 끝까지 살아 내는 기나긴 여행이다."[35]

두 딸 고너릴과 리건에게 모든 것을 물려준 뒤 배신당하고 광야를 헤매는 리어 왕과 그를 돕겠다고 나섰다가 서자 에드먼드의 배신으로 두 눈을 잃은 글로스터 백작의 불운과 에드먼드를 둘러싼 고너릴과 리건의 불륜 등이 나오는 막장 드라마 셰익스피어의 《리어 왕》에 나오는 대사로 글로스터의 적자 에드가의 말이다.

운명의 수레바퀴 가장 낮은 곳에서 철저하게 절망한 자는 항상 희망을 품게 되며, 겁날 것이 없다. 최상의 상태에서는 떨어지는 것이 슬프지만 최악의 상태에서는 웃을 일만 있을 뿐.[36]

8장

성격이 보통 사람과 다른 사람
— 인격 장애

"남의 잘못을 고치는 일은 거의 불가능한 일이다."[37]

유독 보통 사람들과 다르고 적절한 관계를 맺고 이어 가기가 어려운 사람들이 있다. 사람을 대할 때는 장점만이 아니라 단점도 볼 수 있어야 한다. 인격 장애를 알아야 하는 이유다.

인격 장애가 있는 사람은 주위 사람을 곤란하게 하거나 피곤하게 만드는데 정작 본인은 잘못이 없다고 생각한다. 오히려 본인이 부당한 대우를 받았다고 하며 남 탓을 하는 경우가 많다. 대인 관계에 문제가 있으나, 타인의 시선에 아랑곳하지 않고 수단과 방법을 가리지 않아 사회적으로 성공적인 삶을 사는 예도 있다.

인격 장애는 지속적으로 대인 관계나 사회생활에 심각한 문제를 일으키는 경우를 말한다. 일시적이거나 누구에게나 있을 수 있는 정도의 성격적 단점은 인격 장애라 부르지 않는다.

미국 정신의학회의 DSM에 따르면 인격 장애는 크게 세 범주로 나눌 수 있다.

A군 인격 장애 — 기이한 사람들

첫 번째 범주는 어딘가 좀 이상해 보이는 사람이다. 분열성 인격 장애, 분열형 인격 장애, 편집성 인격 장애가 여기에 속한다.

분열성schizoid 인격 장애는 사회성이 부족한 것이 특징이다. 사람들과 어울리는 데 별로 관심이 없고 친밀한 관계를 불편해하면서 혼자 있길 좋아한다. 감정 표현도 별로 없어 냉담한 사람처럼 보일 수 있다. 그러나 이는 제삼자의 관점에서 볼 때 그런 것이고 알고 보면 순박하고 따뜻한 속마음을 가진 사람일 수 있다. 내향적 성격의 극단적 형태일 수도 있다. 타인에게 피해 주는 것이 없고 본인도 불편한 것이 없다면 인격 장애로 간주하는 것은 적절하지 않을 수 있다.

도스토옙스키의《지하로부터의 수기》에 나오는 주인공이 그런 경우다. 스스로 매력이 없고 심술궂은 인간이라고 표현하는 그는 나이 마흔에 하급 관리로 일하다 친지에게 약간의 재산을 물려받아 더 이상 일하지 않고 사회적 접촉을 단절하고 지낸다. 그는 자신의 볼품없는 외모와 옷차림, 가난 등에 열등감을 느끼고 벌레조차 되지 못하는 존재라고 의식하나 내적으로는 아름답고 숭고한 것을 추구하며 세상을 비웃고 지적 우월감을 느낀다. 모욕을 당하면 혼자만의 소심한 복수라도 하며 내적 우월감을 과시하려 한다. 창녀 리사에게 그는 도덕적 훈계를 하면서 동정심을 느끼게 되는데, 그를 찾아온 그녀에게 매몰차게 대하고 후회하는 모습에서 실은 그가 공감 능력이 결여되어 있거나 냉정한 사람이 아님을 알 수 있다. 겉보기에 사람들과 어울릴 줄 모르는 분열성 인격 장애처럼 보이나 속을 들여다보면 그렇게 진단하기 어려운 사례다.

다자이 오사무의 《인간 실격》도 극단적인 내향적 성격을 보여주는 비슷한 사례다. 부끄럼 많은 생애를 보냈다는 말로 시작하는 주인공 요조는 부잣집에서 태어나 부족함 없이 자랐고 학업 성적도 우수한 학생이었지만, 그의 사고방식과 행동은 이해하기 어려운 점이 많아 보인다. 그는 "생각하면 할수록 사람이란 것이 알 수가 없어졌고, 저 혼자 별난 놈인 것 같은 불안과 공포가 엄습할 뿐이었습니다. 저는 이웃 사람하고 거의 대화를 못 나눕니다. 무엇을 어떻게 말하면 좋을지 몰랐던 것입니다"라고 말한다. 자신이 가진 행복이란 개념과 세상 사람들의 행복이라는 개념이 전혀 다를지 모른다는 불안 때문에 밤마다 전전하고 신음하면서 거의 발광할 뻔한 적도 있다. "어렸을 때부터 제 가족에 대해서조차도 그들이 얼마나 힘들어하고 또 무엇을 생각하며 살고 있는지 전혀 짐작할 수 없었고, 그저 두렵고 거북해서 그 어색함을 못 이긴 나머지 일찍부터 숙달된 익살꾼이 되어 있었습니다"라고 말한다. 가족에게 꾸중 듣고 말대꾸 한 번 한 적이 없고, 아버지가 원하는 선물을 물었을 때도 좋고 싫은 것을 표현하지 못하고 아버지가 권하는 선물을 받고 싶다고 답한다. 요조는 술과 담배를 하며 창녀에게 마리아의 후광을 보았다고도 말한다. 카페에서 한 번 만난 쓰네코라는 여성과 자살 시도를 하다 혼자 살아남게 되고 학교를 그만둔다. 연상의 유부녀 시즈코를 만나 정부 노릇을 하기도 한다. 그러다 순박한 담배 가게 처녀 요시코와 결혼하는데, 그녀가 겁탈당하는 장면을 목격한 뒤 약물 중독에 빠지고 자살 시도를 하면서 정신 병원에 입원하게 된다. 훗날 요조를 기억하는 술집 마담은 "우리가 알던 요조는 아주 순수하고 눈치 빠르고…술만 마시지 않는다면, 아니 마셔도…하느님같이 착한 아이였어요."라고 회상한다.[38]

《인간 실격》의 요조와 같은 사람을 흔히 분열성 인격 장애로 보는 경우가 많다. 요조의 사고와 행동들이 객관적으로 볼 때 기이해 보이지만 그의 내면세계는 내향적 성격의 특성으로 이해할 수 있다. 외향적 기능이 부족하여 청소년기에 적합한 페르소나를 갖추지 못하고 한때 정신적으로 방황한 점은 있으나, 인격 장애로 간주하는 것은 타당해 보이지 않는다. 인간의 본질과 세상의 실체에 의문을 가진 요조의 불안은 병적이라기보다 내향적 청소년이 가질 수 있는 삶의 근원적 불안으로 이해할 수 있다. 분열성 인격 장애는 사람의 생각과 행동을 객관적 관점에서만 바라보고 만든 용어가 아닌가 생각된다.

분열형schizotypal 인격 장애는 사회성이 부족해 사람들과 어울리지 못하고 관심이 없는 점은 분열성 성격과 비슷한데, 세상을 보는 관점과 사고방식이 상식적이지 않고 기이한 경우다. 사회적 인지 능력이 부족해 눈치가 없고 분위기 파악을 못 한다. 나설 때와 나서지 말아야 할 때를 모르고 맥락과 무관하게 엉뚱한 얘기를 꺼낸다. 남이 뭘 좋아하고 싫어하는지 알지 못하고 관심도 없다. 자신이 보는 관점에 사로잡혀 다른 관점에서 생각하지 못한다. 그러나 망상이나 환청에 이를 정도는 아니라 조현병으로 보기에는 무리가 있다. 조현병을 좁혀서 엄격히 정의하기 전까지 잠재적 조현병으로 보기도 했다.

그러나 간혹 조현병으로 이행하는 경우가 없지 않아 주의를 요한다.

편집성paranoid 인격 장애는 의심이 많고 오해를 잘하는 것이 특징이다. 타인의 말을 액면 그대로 받아들이지 않고 의도를 곡해하고 집착하는 경향이 있다. 부당한 대우를 받았다거나 무시당했다고 오해하고, 억울한 피해자임을 주장하며 상대의 잘못을 집요하게 따지고, 적대감을 표출하거나 보복하는 경향이 있을 수 있다. 사고의 유연성이 부족해 농담을 잘 받아들이지 못하고 마음의 여유가 없다. 의심이 많아 속내를 잘 드러내지 않고 표정은 늘 긴장되어 보이고 심각하다. 시기, 질투가 많고 배우자의 불륜을 의심하기도 한다. 편집적인 사람을 대할 때는 무시당한다는 느낌이 들지 않게 조심스럽게 대해야 한다. 둘러대거나 빗대어 말하기보다는 솔직하게 얘기하는 게 의심을 사지 않는 방법이다. 편집적 성격의 이면에는 사랑받지 못한다는 느낌이 숨겨져 있을 수 있다. 또한 사랑 대신 권력을 추구하는 경향이 있다. 전 소비에트 연방의 최고 권력자 이오시프 스탈린Iosif Vissarionovich Stalin과 나치 독일의 아돌프 히틀러Adolf Hitler가 자기애적 성향이 강한 편집성 인격 장애일 가능성이 높다.

스탈린 휘하의 수많은 장군들은 진퇴양난에 빠졌다. 자기 생각을 말했다가는 스탈린이 끔찍한 모욕으로 받아들일 테고, 그렇다고 스탈린의 말만 고분고분 따랐다가는 그가 불같이 화를 낼 것이기 때문이었다. 스탈린은 장군들을 모아놓고 이렇게 호통을 치기도 했다. "내가 대체 말을 왜 하는 거야? 내가 무슨 말을 하든 자네들은 '예, 스탈린 동지. 물론입니다, 스탈린 동지. 현명한 결정이십니다, 스탈린 동지'

라고 하잖아." 혼자만 전쟁 준비를 하고 있다고 느낀 스탈린은 격노했고, 가장 유능하고 노련한 장군들을 파면해버렸다. 그는 이제 총검의 크기와 모양에 이르는 전쟁의 세세한 부분들까지 하나하나 모두 다 직접 챙겼다.[39]

그를 대하는 부관들의 태도를 잘 묘사하고 있는 대목이다.

얼마 지나지 않아 스탈린의 부관들에게는 스탈린의 기분과 변덕을 정확히 읽어내는 게 곧 생사와 직결된 문제가 됐다. (…) 스탈린의 눈을 똑바로 보아야만 뭔가를 숨기는 사람처럼 보이지 않는다. 하지만 너무 오래 쳐다보면, 그가 초조하면서 시선을 의식할지도 모르니, 아슬아슬한 그 비율을 잘 섞어야 한다. 그가 입을 열면 메모를 해야 하지만, 모든 말을 다 받아써서는 안 된다. 그랬다가는 수상쩍게 보일 것이다.[40]

1930년대 후반 스탈린에 의해 공산당 내 대규모 숙청이 진행되었고 수십만 명이 목숨을 잃었다.

B군 인격 장애 ― 제멋대로 감정적인 사람들

두 번째 범주는 행동이 자기중심적이고 제멋대로인 것 같은 인상을 주는 사람들이다. 연극성 인격 장애와 자기애성 인격 장애, 경계선 인격 장애, 반사회적 인격 장애가 여기에 포함된다.

연극성histrionic 인격 장애가 있는 사람은 주변 사람들의 관심을 끌며 과시적이고, 사소한 일에 과장된 반응을 보이고, 감정 표현이

지나친 인상을 준다. 과장된 행동이 연극을 하듯 꾸민 듯하여 진정성이 없고 천박한 인상을 준다. 융이 말하는 외향적 감정형의 극단적 형태로 볼 수 있다. 지나치지만 않다면 사람들에게 좋은 인상을 주기도 하고, 사랑받기를 원하는 행동이 사교적이고 애교스럽게 보일 수 있다. 그러나 막상 상대가 유혹에 넘어오고 더 이상 필요한 존재가 아니라고 생각되면 차갑게 멀어질 수 있다. 이런 행동은 상대에 대한 진정한 관심이라기보다 자신이 매력적인 존재라는 것을 타인을 통해 확인하려는 의도에서 비롯된 것이기 때문이다. 상대를 사랑받고 인정받고 싶은 욕구를 충족시켜 주는 수단으로 생각한다. 즉 대인 관계가 사교적인 것처럼 보이나 상호적이라기보다 매우 자기 중심적인 셈이다.

사소한 일로 자존심이 상하면 굉장히 억울한 일을 당한 것처럼 하소연하는데 감정적으로 얘기하느라 사실 관계는 뒷전인 경우가 많다. 사실 관계를 물어보면 설명이 모호하고 관점이 매우 주관적이다. 성적인 매력을 과시하며 유혹적이고 외모에 신경을 많이 쓴다. 자신을 매력적인 사람으로 봐 주지 않으면 속상해한다. 기분이 상하면 제멋대로 행동해서 주변 사람을 당혹스럽게 한다. 그러나 요란한 듯해도 기분만 맞춰 주면 크게 문제를 일으키지는 않는다. 연극성 인격 장애는 히스테리성 성격의 유아적 형태로 볼 수 있다. 주변에서 어렵지 않게 머리에 떠올릴 수 있는 사람 중 하나다.

자기애성narcissistic 인격 장애가 있는 사람은 자신을 남보다 우월하고 특별한 존재라고 믿는다. 타인의 입장은 안중에 없고 당연히 특별한 대우를 받을 권리가 있다고 생각한다. 다른 사람에게 요구하는 게 많으나 미안한 마음이 없고 감사할 줄 모른다. 착취한다는 느낌이 들 정도고 다른 사람의 감정 반응에 대한 공감 능력은 부족하다. 한마디로 자기밖에 모르는 사람이다. 자신의 요구가 거부되면 부당하다고 생각하고 화를 참지 못한다. 잘난 척하고 칭찬받길 좋아하고, 오만하고 남을 무시하는 태도를 보인다. 다른 사람에게 매우 까다롭고 비판적이다. 본인은 인식하지 못하나 다른 사람에게서 자기 내면의 못마땅한 점만 찾아내 그것에 반응하기 때문이다. 자신에 대한 비판적 의견은 받아들이지 못하고 분노를 표출하거나 과민한 반응을 보인다. 자신의 의견이 항상 옳고 싫은 소리는 누구 말도 듣지 않는 경향이 있다. 대인 관계 갈등의 원인이 자신에게 있다는 사실을 아무리 얘기해도 받아들이지 못한다. 누구나 어느 정도는 우월감을 과시하고, 칭찬받고 싶은 마음을 가질 수 있다. 모든 사람에게 있는 정상적인 자기애라고 볼 수 있다. 자기애성 인격 장애는 우월감의 정도가 지나쳐 보기에 거슬리고, 타인에게 피해를 준다는 점에서 그렇지 않은 정상적 자기애와 다르다. 또한 자기상이 겉보기와 달리 불안정해서 쉽게 상처받고 과민해진다는 점도 정상적 자기애와 다른 점이다.

정신 분석가 하인즈 코헛은 성장 과정에서 부모가 아이의 욕구를 적절하게 충족시키지 못해 주었을 때 병적인 자기상이 형성될 수 있다고 보았다. 자기애적인 사람과 관계를 유지하기 위해서는 존중받기를 원하는 만큼 자존심을 건드리지 않는 것이 중요하다. 관계가 일방적인 만큼 어쩔 수 없이 원하는 대로 맞춰 줘야 하는 경우도 많다. 가능하면 적당히 거리를 두는 것이 상처를 덜 받는 방법이다.

도널드 트럼프 미국 대통령이 대통령직을 수행하기에 위험하다는 지적이 있었다. 《도널드 트럼프라는 위험한 사례》에 따르면 자기애적 성향이 강한 것이 문제다. 지나치게 우월감을 과시하고, 자신에게 비판적인 사람은 멀리하고, 거짓말을 마다하지 않으며, 다른 사람에 대한 배려가 없고, 제멋대로라는 지적이다. 타인에 대한 공감 능력도 부족하다고 주장한다. 트럼프 대통령의 경우 겉으로 드러난 행동만으로 판단해 보는 체크 리스트식 기준상 자기애적으로 볼 수 있는 여지가 없지는 않다. 그러나 성격을 평가하기 위해서는 주관적 관점도 고려해야 한다. 타인에 대한 배려와 공감 능력에 관해서는 제삼자의 관점에서 보는 것만으로는 충분치 않다.

융의 관점에서 보면 도널드 트럼프 대통령은 전형적인 외향적 직관형이다. 사업가가 지녀야 할 안목과 협상가로서의 자질은 타고난 셈이다. 외향적 직관형은 주된 관심 사항에 초점을 맞추고 주변적인 것에는 소홀한 경향이 있다. 당장 다른 사람의 눈에는 잘 보이지 않는 사업의 성공 가능성만이 관심 사항이고 타인의 감정은 주변적인 것이 된다. 이런 모습이 사실 관계를 무시하고 다른 사람을 배려하지 않는 것처럼 보이게 할 수 있다. 그래서 결국 예의가 없어 보이는 것이다. 그러나 주의를 기울이지 않는다고 사실을 무시하거나 사람을 배려하지 않는다고 말하는 것은 적절하지 않다. 주의를 기울이지 않는 행동은 우월감과 특권 의식에서 다른 사람을 무시하거나 피해를 주고 고통을 공감하지 못하는 것과는 구분되어야 한다. 또한 외향적 직관형은 객관적 자료보다 자신의 직관을 따르는 경향이 강해 의사 결정 방식이 보기에 따라서는 예측하기 어렵고 비합리적으로 보이기도 한다. 외향적 직관형이 모두 자기애적 성격은 아니다. 보는 시각에 따라 겉보기에 자기애적 성격처럼 보인 것뿐이다.

경계선borderline 인격 장애의 특징은 정서적으로 매우 불안정해서 안정적 관계를 유지하기가 어렵다는 것이다. 자신에 대한 이미지가 매우 불안정하고 기분도 오르내린다. 자신이 괜찮은 사람이란 생각이 들면 기분도 좋다. 그러나 어느 순간 초라한 느낌이 들면 사는 게 모두 공허하다는 느낌에서 헤어나기 어렵다. 죽고 싶은 생각이 들 정도이며 실제 자해를 시도하기도 한다. 대인 관계가 좋다가 갑자기 분노를 폭발하고 적대적으로 돌변한다. 과거 상처받은 일을 되새기며 집요하게 원초적 수준의 분노를 보이면 도저히 감당하기 어려울 정도다. 연극성 인격 장애나 자기애성 인격 장애와 비슷한 점도 많지만, 정서적으로 매우 불안정하여 예측하기 어렵고, 지속적인 관계를 유지하지 못하고, 만성적으로 공허감을 호소하는 점 등이 다르다. 반사회적 성격과 달리, 개인적 이익을 위해서라기보다 정서적으로 불안정해 주변 사람을 괴롭힌다. 후회하고 죄책감을 느끼는 점도 반사회적 성격과는 다른 점이다.

애드리안 라인 감독의 〈위험한 정사〉(1987)에서는 독신녀 알렉스가 전형적인 경계선 인격 장애의 모습을 보여 준다. 그녀는 변호사 댄 갤러거와 하룻밤 정사를 나눈다. 이후 알렉스는 댄이 헤어질 것을 요구하나 거부하고 계속 주위를 맴돌면서 지속적인 협박과 자해로 그를 괴롭힌다. 경계선 인격 장애는 상대에게 거부당하면 원초적 수준의 적개심과 분노를 표출하거나 자해 행위를 보이곤 한다. 경계선 인격 장애는 성격 문제처럼 보이나 실제로는 기분 장애인 경우가 매우 많다는 사실을 유념할 필요가 있다.

제임스 맨골드 감독, 위노나 라이더 주연의 영화 〈처음 만나는 자유〉(1999)는 수잔나 케이슨이란 여성의 회고록을 바탕으로 만든 영화다. 자살 시도로 정신병원에 입원하게 된 18세의 주인공 수잔나 케이슨은 경계선 인격 장애라는 진단을 받는다. 하지만 영화 속 수잔나 케이슨은 삶에 대한 고민과 내적 갈등은 있으나 작가가 되길 희망하며 정체성에 대한 혼란 없이 비교적 일관되고 안정적인 대인 관계를 지속하는 점에서 경계선 인격 장애보다는 기분 장애로 보는 것이 타당하다. 정신 분석이 한창 주목받던 1960년대를 배경으로 한 영화라 우울증이나 조증이 명확하게 드러나지 않으면 현대적 개념의 기분 장애보다는 정신 분석 이론에 바탕을 둔 경계선 인격 장애 진단을 선호했을 가능성이 있다. 자살 시도뿐만 아니라 졸업식장에서 멍한 표정으로 이름을 불러도 반응하지 않는 행동은 우울증에서 흔히 보일 수 있는 증상이다. 수잔나 케이슨과 함께 정신병원을 탈출한 리사의 경우가 오히려 안하무인에 제멋대로 행동하고, 타인을 조종하며 원초적 감정 표현과 극단적인 행동을 하여 경계선 인격 장애처럼 보이나 양극성 장애일 가능성이 크다. 실제 리사는 영화에서 양극성 장애로 진단을 받는데, 수잔나와 리사 모두 경계선 인격 장애와 양극성 장애의 감별이 쉽지 않음을 보여 주는 예라고 할 수 있다.

경계선 인격 장애는 치료가 매우 까다로운 것으로 알려져 있으나, 기분 장애의 경우 적절한 약물 치료로 어렵지 않게 좋아지고 안정적 상태를 유지할 수 있다. 경계선 인격 장애를 기분 장애와 구별해야 하는 이유이기도 하다. 경험이 많고 유능한 정신과 의사의 진단과 치료가 반드시 필요하다.

사이코패스psychopath 또는 소시오패스sociopath로 불리는 반사회적 antisocial 인격 장애는 다른 사람의 권리를 침해하거나 사회 규범을 어기고도 죄책감을 느끼지 못하는 게 특징이다. 목적을 위해서는 수단과 방법을 가리지 않고 다른 사람을 자신의 욕구 충족의 수단으로 생각한다. 다른 사람을 이용하고 피해를 주면서 타인의 감정은 개의치 않는다. 사람은 원래 이기적이고 다 그런 거 아니냐고 오히려 반문한다. 사람을 대하는 데 진정성이 없고 어려워하거나 삼가는 게 없다. 이용 가치가 있다고 생각되면 먼저 다가가 호의를 베풀기도 한다. 상대의 약점을 잡고 이용하는 능력도 뛰어나다. 자신의 잘못이 드러나도 인정하지 않고 거짓말로 둘러대거나, 다른 사람의 허물로 자신의 잘못을 덮고 모두 남 탓이나 사회 탓을 한다.

반사회적 성격이라 해서 잔혹한 범죄자나 살인자를 떠올리기 쉽다. 하지만 겉보기에 문제가 없어 보이고 사회적으로 성공한 예도 많다. 이문열의 《우리들의 일그러진 영웅》에서 엄석대는 16세의 어린 나이지만 반사회적 성격의 전형을 보여 준다. 서울에서 전학 온 한병태에게 먼저 다가가 관심을 보이고, 다른 친구와 자리를 바꿔주며 요구하지도 않은 호의를 베푼다. 싸움 서열도 적당히 올려 주며 애들이 병태를 괴롭히지 못하게 보호해 준다. 엄석대가 못된 짓을 해도 꼬투리 잡기가 쉽지 않다. 이를테면 갖고 싶은 것이 있으면 빼앗는 것이 아니고 빌린 후에 돌려주지 않거나 자발적 증여를 하게 하는 것이다. 엄석대는 시험 성적도 항상 일등이고 통솔력 있는 유능한 반장으로 담임의 전폭적인 신뢰를 받는다. 한병태는 담임에게 엄석대의 비리를 고발했다가 오히려 문제 있는 학생으로 궁지에 몰리게 된다. 엄석대의 비리를 조사했으나 학생들이 모두 겁을 내 엄석대의 편을 들었기 때문이다. 이후 교활한 보복이 계속된다. 싸움 서열에서 밀리고, 따돌림당하고, 사소한 잘못까지 담임에게 알려진다. 그러나 엄석대에게 굴종을 약속하는 순간 의무와 강요로부터 면제를 받는다. 싸움 서열도 회복되고 얻는 게 잃는 것보다 많아진다. 그 후 담임이 바뀌고 답안지 이름 바꿔 쓰기 등의 비리가 드러나면서 엄석대는 스스로 학교를 그만둔다. 세월이 흘러 성인이 된 한병태는 가족 여행을 갔다가 그곳에서 엄석대가 형사들에게 체포되는 장면을 우연히 목격하게 된다.

소시오패스는 엄석대처럼 사회적 상황에서 눈치 빠르게 상대가 원하는 모습에 맞추는 능력이 뛰어난 경우가 많다. 겉으로는 점잖고 친절하게 행동하며, 상대의 가려운 데를 긁어 주는 재주가 있다. 그러나 진정한 공감 능력은 결여되어 속은 냉정하다. 직접 당해 보기 전에는 반사회적 성격인 줄 모르고 그 매력에 이끌리는 사람도 많다. 거리낌 없이 일을 처리하는 모습이 시원시원하고 유능해 보일 수 있다. 게다가 눈치도 빠르고 윗사람을 거스르는 법이 없다. 엄석대가 한병태에게 그랬듯이, 자신의 이익에 반하지 않고 자신의 영역을 건드리지 않는 한 본색을 드러내지 않고 우호적이다. 엄석대의 비리를 고발해도 담임이 알아채지 못하는 게 이상한 일이 아니다. 한병태처럼 고발한 사람이 오히려 이상하거나 못된 사람이 되는 경우도 드물지 않은 게 현실이다.

반사회적 성격의 악한 면은 선량한 사람이 살아 보지 못한 그림
자다. 반사회적 성격에 묘한 매력을 느끼고 이끌리게 되는 이유이
다. 모범생이 불량 학생에게 이끌려 일탈 행동을 하고, 성인이 되어
서도 다시 나타난 그 친구에게 사기를 당하는 경우도 적지 않다. 윗
사람이 하기 곤란한 악역을 맡아서 알아서 일을 처리해 주는 반사
회적 성격의 부하 직원을 가까이하다 훗날 저지르지도 않은 비리의
공범으로 엮이기도 한다. 매우 이지적인 여성이 주위의 만류에도 반
사회적 성격의 남성에게 이끌려 결혼했다가 파탄에 이르는 경우도
주변에서 드물지 않게 볼 수 있다.

반사회적 성격을 지닌 사람은 평소 거리를 두고 대하는 것이 바
람직하다. 반사회적 행동이 드러날 때는 규정과 법에 따라 엄격하게
대처하는 방법이 최선이다. 어설프게 이해하려 들면 핑곗거리만 만
들어 주게 된다. 잘못을 지적해도 그럴듯하게 둘러대거나 남 탓하고
자신의 행동을 정당화할 뿐 잘못을 인정하지 않는다. 진정성을 가지
고 사랑으로 대한다고 해서 달라지지 않는다. 오히려 상대의 진정성
을 의심하고 냉소적 태도를 보이며 이용하려 드는 경우가 많다. 설
득할 때는 원칙과 명분보다는 상대의 이해관계 관점에서 접근하는
것이 낫다. 옳고 그름이나 명분보다는 문제 행동이 본인에게 득보다
해가 될 수 있음을 구체적으로 얘기하는 것이 바람직하다. 문제 행
동을 하지 않기로 약속하고 이행 여부에 따라 적절히 보상해 주거
나 처벌하는 방식이 효과적이다. 구체적인 약속은 그 내용을 문서로
남길 필요가 있다. 말로는 약속해도 행동이 따라가지 않고 나중에
딴소리하는 경우가 많기 때문이다.

반사회적 성격은 자기애적 성향이 내재하여 있을 수 있으나, 실속 없이 지나치게 우월감을 과시하거나 칭찬에 연연하지 않는다. 경계선 인격 장애와는 달리 정서적으로 안정적 모습을 보이고, 다른 사람을 이용하거나 피해를 주고도 후회하거나 죄책감을 느끼지 못한다. 반사회적 성격은 제멋대로인 점에서 연극성, 자기애성 그리고 경계선 인격 장애와 동일한 범주로 분류되어 있으나 사악한 면이 있어 다른 인격 장애와는 다른 부류로 보는 것이 타당하다.

C군 인격 장애 ─ 걱정이 많은 사람들

세 번째 범주는 불안해하고 겁이 많은 사람이다. 회피성 인격 장애, 의존적 인격 장애, 강박적 인격 장애를 들 수 있다.

회피성avoidant 인격 장애는 대인 관계에서 부적절감을 느끼고 대인 관계를 회피하는 사람을 말한다. 타인의 평가와 거절에 대한 두려움으로 친밀한 사이가 아닐 경우 아예 나서지 않는 것이다. 타인의 시선에 맞추려 하지 말고 자신을 있는 그대로 수용하고 드러내는 용기가 필요하다.

의존적dependent 인격 장애는 자신이 책임지고 결정할 문제를 타인에게 의존하는 사람이다. 스스로 판단하고 결정할 일을 조언을 구하고 확인해야 안심한다. 타인에게 순응하여 책임질 일을 회피하는 것이다. 타인에게 거부당하지 않고 보살핌과 지지를 받기 위해 스스로의 권리를 포기하고 불편한 점도 감수한다. 순종적이고 굴종을 자초한다. 혼자서는 책임지는 결정을 하지 못해서 더불어 일을 하는데 어려움이 있다.

강박적obsessive 인격 장애는 완벽주의적이고 모든 일이 자기 뜻대로 되길 고집하는 것이 특징이다. 지나치게 꼼꼼하고 세부적인 데 집착한다. 모든 것이 질서 정연하고 자신의 방식대로 이루어져야 한다고 고집부린다. 칭찬이나 고마움과 같은 긍정적 감정 표현에 인색하다. 예의 바른 듯하나 자신이 항상 옳다고 생각하고 가르치려 든다. 자기애적 성향이 있어 존중받길 원하면서 권위적인 반면에 권위적인 사람 앞에서는 비굴한 태도를 보이기도 한다.

강박적 성격의 남편과 같이 사는 아내는 남편이 지배적이고 말만 하면 무시하는 경향이 있어서 우울증에 시달릴 수 있다. 강박적인 사람을 대할 때는 논리적으로 명확하게 설명해 주는 것이 좋다. 누구보다 존중받기를 원하는 만큼 자존심을 건드리지 않도록 주의해야 한다. 〈적과의 동침〉(1991)에서 줄리아 로버츠가 분한 로라의 남편 마틴은 강박적이면서 편집적이고 가학적인 성격의 소유자다. 아내를 폭행하고 괴롭히면서도 떠나간 아내를 찾아 끝까지 추적한다. 아내를 진정으로 사랑해서가 아니라 자신의 가학적인 지배욕을 충족시키기 위해 대상이 필요하기 때문이다.

인격 장애의 유형은 서로 겹치는 부분도 있고 한 유형에 딱 맞아떨어지지 않을 수 있다. 편집적 성격의 경우 강박적 성향이 함께 동반될 수 있다. 자기애적 성향은 연극적 성격과 경계선 성격뿐만 아니라 강박적 성격이나 반사회적 성격에도 공존할 수 있다. 인격 장애는 일시적 문제 행동이 아니다. 지속해서 인격 장애 특성을 보이고 그 정도가 심각할 때 한해서 진단을 내리게 된다. 성격을 평가할 때는 제삼자의 관점뿐만 아니라 본인의 주관적 관점도 고려해야 한다. 인격 장애가 있는 사람과 지낼 때는 어느 정도 거리를 두고 지내는 것이 바람직하다. 인격의 변화 가능성은 기대하지 않는 것이 상처받지 않는 방법이다.

9장

내게 맞는 심리 치료
— 치료의 근본은 하나

구스 반 산트 감독의 〈굿 윌 헌팅〉(1997)은 진정한 심리 치료가 무엇인지 잘 보여 주는 영화다. MIT 청소부 윌 헌팅은 수학계의 노벨상 수상자 램보 교수가 복도에 적어 놓은 어려운 수학 문제를 풀어 수학에 천부적 재능이 있음을 인정받는다. 윌은 패거리 싸움을 하다 경관을 다치게 한 죄로 유죄 판결을 받았으나, 램보 교수의 도움으로 심리 치료를 받는 조건으로 석방된다. 그러나 그를 면담한 정신과 의사는 윌의 치료를 포기한다. 윌이 치료와 무관한 쓸데없는 얘기만 늘어놓고 의사가 자신을 겁탈하려 한다는 황당한 말을 했기 때문이다. 새롭게 시작한 최면 치료 역시 최면에 걸린 척하며 치료자를 조롱하여 중단된다. 이렇게 총 다섯 명의 치료자가 윌에게 손을 들었다. 마지막으로 윌은 램보의 친구이자 심리학자인 숀 맥과이

어에게 치료를 받게 된다.

첫 세션부터 윌이 숀의 그림을 거론하며 아내와 사별한 숀의 아픈 데를 건드리자, 숀은 격분해 윌의 멱살을 잡는다. 치료는 다행히 계속 이어지고, 숀은 윌에게 "내 눈에는 네가 지적이고 자신감 있어 보이기보다는 오만이 가득한 겁쟁이 어린 애로 보여", "넌 사랑이 뭔지 모르고 (…) 넌 누굴 그렇게 사랑해 본 적이 없을 거야"라고 말하면서 자신이 누구인지 드러내지 못하는 것이 윌의 문제임을 지적한다. 숀은 아내를 만나 사랑하고, 병으로 고생하는 아내를 돌보다 사별하게 되기까지 자신의 삶을 얘기해 준다. 윌은 숀에게 당신처럼 말 많은 치료자는 처음 본다고 말한다. 그러나 한마디 말도 없이 끝나는 세션도 있었다. 숀이 자신의 아버지도 폭력적이었다는 얘기를 해 주자, 윌은 양부에게 가혹하게 맞고 자란 얘기를 꺼내며 드디어 그에게 마음의 문을 연다. 치료가 종결되고 윌은 거부에 대한 두려움으로 사랑을 받아들이지 못해 헤어진 연인 스카일라를 찾아 나선다.

심리 치료의 바탕이 되는 이론은 인간의 본성을 보는 관점에 따라 다양하다. 시중에 널리 알려져 있거나 책에서 소개되는 대표적 치료 방법으로는 정신 분석 및 대상관계 이론, 아들러의 개인 심리학, 융의 분석 심리학, 행동 치료, 인지 행동 치료, 수용 전념 치료, 인본주의 치료, 실존적 치료, 의미 치료, 철학 상담 등을 들 수 있다. 보조적 치료로는 음악 치료, 미술 치료, 무용 동작 치료가 있고, 개인 치료와 집단 치료로도 나눌 수 있다.

심리 치료는 다양한 이름의 이론과 기법이 소개되어 일반인은 어떤 치료를 표방하는 치료자를 선택해야 할지 혼란스럽다. 심리 치료 전문가를 자처하는 사람도 자신이 알고 있는 이론이 치료의 전부인 줄 아는 경우도 많다. 게다가 치료를 내담자 개인에 맞추는 게 아니라 자신이 알고 있는 한 가지 이론에 꿰맞추는 치료를 한다.

어떤 치료자는 묻기만 하고 답이 없다. 신상 조사만 하고 내담자가 한 얘기만 되풀이하기도 한다. 내담자가 한 얘기를 전문 용어를 사용해 바꿔 말할 뿐 도움되는 얘기가 없는 경우도 많다. 점쟁이처럼 심리 진단을 하고 예언하며 은근히 겁을 주는 자칭 대가도 있다. 대단한 치료처럼 선전하지만 설문 조사나 체크 리스트를 확인하는 정도라 실망스러운 경우도 있다.

심리 치료에서 치료자의 역할은 매우 중요하다. 적절치 못한 상담이나 심리 치료는 받지 않느니만 못하다. 먹는 약만 부작용이 있는 것이 아니다. 적절한 치료자를 선택하기 위해서는 심리 치료에 대한 이해가 필요하다. 심리 치료 이론은 사실 그리 복잡하거나 어려운 것이 아니다. 많은 사람이 삶의 체험을 통해 알고 있는 내용을 어렵게 설명하고 있을 뿐이다. 이론은 다양하나 근본은 서로 유사한 내용이 많은 것도 심리 치료의 특징이다. 다양한 치료 이론과 기법은 모두 나름대로 일리가 있고 각기 장단점이 있다. 개인의 성격이나 가치관에 따라 마음에 드는 이론이 있고 공감하기 어려운 이론도 있다. 마음에 썩 들지 않으나 때에 따라 실제 임상에서 도움이 되는 이론도 있다.

프로이트의 정신 분석

　지그문트 프로이트의 업적은 인간 행동을 설명하는 데 무의식의 개념을 도입하고 이성이 아닌 본능적(성적) 측면을 부각한 데 있다. 인간 행동의 많은 부분이 무의식의 본능적 욕구로 결정된다는 것이다. 정신 분석 이론은 무의식의 본능적 욕구(성적 욕구)를 자아가 적절히 처리하지 못할 때 신경증적 불안과 같은 심리적 증상을 일으킨다고 본다. 분석을 통해 억압된 무의식적 부분을 인식하는 순간 증상은 자연히 소실된다고 믿는다. 분석가는 분석을 받는 사람과 두 사람 사이에 생기는 전이(과거 중요한 사람에게 가졌던 생각이나 감정을 무의식적으로 치료자에게 투사하고 갖게 되는 생각과 감정)를 분석하기 위해 적당한 거리와 중립적 관계를 유지한다.

　프로이트의 관점은 자연스러운 본능적 행위를 지나치게 도덕적으로 억압하는 당시의 사회적 분위기를 고려해 볼 때 시사하는 바가 크다. 정신 분석 이론에 바탕을 둔 역동적 심리 치료는 지지적 치료와 분석적(심층, 통찰) 치료로 나누기도 한다. 지지적 치료는 치료받는 사람의 심리적 방어 기제를 건드리지 않고 지지해 주는 치료고, 분석적 치료는 심리적 방어 기제와 그 이면에 숨겨진 내적 갈등을 다룬다. 우월감을 과시하는 행동을 모른 척하고 내버려 두면 지지적 치료고, 유아기 부모와의 관계에서 비롯된 것이라고 해석해 주면 분석적 치료가 된다. 치료받는 사람이 감당할 수 있는지에 따라 방어 기제를 건드릴지 말지를 결정한다.

아들러의 개인 심리학

아들러는 권력 의지 또는 우월성 추구를 행동의 동인動因으로 보았고, 열등감을 적절하게 보상하고 우월성을 추구하며 사회에 적응하고 공헌하는 것을 강조했다. 아들러는 분석받는 사람에 대해 중립적 태도를 취한 프로이트와 달리 수용적 태도와 공감을 강조한다. 또한 유아기의 상처로 인해 증상이 형성된다고 보는 프로이트의 인과론적 관점과 달리, 사회 적응을 위해 증상이 생긴다고 보는 목적론적 입장을 취했다. 세상을 보는 방식을 변화시켜야 부적응 문제가 해결된다고 보았다. 이는 인지 치료의 원조가 되는 셈이다. 예를 들면, 몸이 마비되는 듯한 증상은 어린 시절 상처 때문이라기보다 체면이 손상되는 곤란한 상황을 회피하고자 하는 목적에서 생긴다고 보는 것이다. 치료는 마비 증상의 원인을 해석하기보다 처해 있는 상황을 바라보는 시각을 바꾸고 적절하게 대처하게 한다. 이렇게 하면 증상은 자연스럽게 좋아진다고 생각한다. 국내에서 아들러의 심리학은《미움받을 용기》를 통해 널리 알려지게 되었다. 아들러 이론은 단순해서 누구나 이해하기 쉬운 장점이 있다.

아들러는 열등감 보상과 우월성 추구를 주장한다. 융이 성격 유형에서 우월한 기능과 열등한 기능을 구분하여 설명하는 것과 달리, 한 개인의 열등한 부분과 우월한 부분을 구분하지 않고 열등감 극복과 우월성 추구를 말한다. 그러다 보니 열등감 보상과 사회 적응을 지나치게 강조한 듯한 인상을 주기도 한다. 열등한 기능도 개발이 필요하나 열등한 부분을 가지고 우월성을 추구하는 것이 적절한지는 의문이다. 우월성 추구는 열등감에 대한 보상이 아니라 타고난 우월한 기능을 살리는 것이어야 한다. 하지만 아들러 이론은 열등한 부분도 노력하기에 따라 우월한 기능으로 만들 수 있는 것으로 오해를 불러일으킬 수 있다. 열등감과 병적 우월감은 동전의 양면일 수 있으나, 열등감과 타고난 우월한 기능은 별개의 것으로 설명하는 게 바람직하다.

아들러는 무의식을 그다지 신경 쓰지 않는다.[41] 열등감과 우월감에 대한 의식과 무의식의 구분이 명확하지 않은 점도 융과 대비된다. 융의 관점에서 본다면 무의식의 우월감이 의식의 열등감과 연관될 수 있고 무의식의 열등감은 의식의 우월감과 관련될 수 있기 때문이다. 프로이트는 아들러를 탐탁지 않게 생각한 듯하다. 아들러는 1937년 스코틀랜드에서 갑자기 심장 마비로 사망했는데, 한 독일 작가가 그를 애도하자 프로이트는 빈 교외 출신의 소년이 애버딘Aberdeen에서 죽음을 맞이한 것은 전례 없는 출세라고 했다. 그리고 아들러는 정신 분석학을 반대해서 사람들에게 큰 보답을 받았다고 말하면서 애도에 공감하지 않았다.[42] 융은 아들러가 내향적 성격이라 열등한 외향적 기능에 대한 무의식의 보상 작용으로 자아의 우월성을 내세우고, 사회 적응을 강조한 것으로 보았다.[43]

융의 분석 심리학

융은 개인 무의식에 원형으로 구성된 집단 무의식의 개념을 더하고, 인격을 구성하는 콤플렉스, 페르소나, 그림자, 아니마·아니무스의 개념과 역할을 소개했다. 또한 프로이트의 인과론적 입장과 달리 무의식의 자율적이고 목적에 부합하는 보상 기능을 강조했다.

융의 분석 심리학은 의식과 무의식을 포괄하는 전체 인격의 중심을 '자기'라 일컫고, 무의식에 내재한 부분 인격(콤플렉스, 그림자, 아니마·아니무스)을 의식하고 통합해서 자기 원형에 다가가는 개성화 과정을 삶의 목표로 삼는다. 치료의 목적은 자기 자신과 조화를 이루는 본연의 모습을 찾는 것이다.[44]

융의 치료는 미리 치료 계획을 세우거나 정해진 방식을 따르는 체계적 치료가 아니다. 융은 의도적으로 그렇게 한다고 말한다. 환자보다 치료 방향을 더 잘 알 수는 없기 때문이다. 그때그때 환자의 무의식을 들여다보면서 직관적으로 개개인에게 가장 적합한 치료 방식을 택한다. 의식을 보완하기 위해 무의식을 보는 방법으로 꿈 분석을 중시하나, 젊은 사람의 경우 성적인 욕구를 중시하는 프로이트나 사회 적응을 강조하는 아들러 이론을 적용할 수도 있다고 말한다.

융은 한 가지 이론에 얽매인 치료는 성공하기 어렵다고 본다. 치료 기법보다는 치료자의 세계관과 진정성 있는 태도를 중시한다. 이와 같은 태도는 "정신 치료자는 철학자나 철학적 의사가 되어야 하고 인지하려 하지 않아도 이미 그런 사람이 되어 있다는 사실을 감출 수가 없다"[45]라는 융의 말에도 잘 드러나 있는데, 치료자는 묻기도 하지만 대답하는 사람이 되어야 하고 알게 모르게 철학자가 될 수밖에 없다는 말과 같다.

융은 종교적 심성을 강조한다. 신경증의 원인을 어쩔 수 없는 고통을 받아들이지 못하는 데 있다고 보고, 이를 감내하도록 이끄는 것이 치료라고 말한다. 최근 유행하는 제3세대 인지 행동 치료라 일

컨는 수용 전념 치료의 원조인 셈이다. 의식이 어느 한쪽으로 치우
칠 때 자기 원형으로부터 멀어지고 무의식과 조화롭지 못한 상태에
이르게 되면 신경증적 또는 정신병적 증상을 일으킨다고 보았다. 조
현병 같은 정신병은 원형적 콤플렉스에 사로잡힌 것으로 보았다.

대상관계 이론 및 자기 심리학

멜라니 클라인, 로널드 페어베언 등의 대상관계 이론은 프로이
트에 뿌리를 둔다. 프로이트가 이드의 성적 욕구를 중시했다면 대상
관계 이론에서는 자아의 기능 중 대상(대인)관계에 주목한다. 사람은
본능적으로 대상관계를 추구한다고 보며 어린 시절 부모와의 관계
가 훗날 대인 관계에 영향을 주게 된다고 본다.

하인즈 코헛은 성장 과정에서 부모가 아이의 모습을 적절하게
반영해 주지 못할 때 자기상이 불안정해져서 자기애적 성격이 된다
고 보며, 공감적 이해와 거울처럼 적절하게 반영해 주는 것이 치료
에 중요하다고 보았다. 공감적 이해를 강조한 점은 치료자의 중립적
자세를 중시한 프로이트의 가르침과 대비되며, 프로이트의 제자였
던 오토 랭크와 산도르 페렌치, 알프레드 아들러 및 인본주의 치료
자 칼 로저스의 생각과 맥을 같이한다.

인본주의적 치료

인간의 행동이 자신도 모르는 무의식에 의해 결정된다고 보는
정신 분석학과 환경적 조건에 의해 결정된다고 보는 행동주의에 반
해 에이브러햄 매슬로, 칼 로저스, 롤로 메이의 인본주의적 치료는

인간을 스스로 결정하는, 잠재적으로 성장 가능한 존재로 본다. 세상과 내담자를 대하는 태도는 현상학적이다. 선입견을 배제하고 있는 그대로 본질을 직관하고자 하는 태도며 주관적 체험을 중시한다. 제삼자, 즉 객관적 입장이 아니라 내담자의 관점에서 세상을 바라보고 공감하는 태도다. 사람을 이해하기 위해서는 주관적 관점에서 봐야 한다는 것은 융도 강조하는 점이다.

에이브러햄 매슬로는 인간은 기본적인 욕구(생리, 안전, 애정, 소속, 자기 존중) 충족뿐만 아니라 자아실현과 같은 상위 욕구 충족을 원한다고 주장한다. 욕구 충족이 안 될 때 심리적 문제가 발생한다고 보았으며 궁극적인 치료 목표는 자아실현이다.

칼 로저스 역시 '충분히 기능하는 사람'이 되는 것을 치료 목표로 삼는다. 자아실현 또는 기능을 충분히 발휘하는 사람은 현실을 직시하고, 자신과 타인을 있는 그대로 수용할 줄 알고, 꾸밈없이 자연스러운 사람이다. 그리고 집단 의견에 무조건 동조하고 사회적 유혹에 넘어가기보다는 스스로 결정하는 자유로운 존재이고, 일상적인 것에 감사하고, 잠재적 능력과 창의성을 발휘할 줄 아는 사람이다. 이는 칼 로저스가 강조한 진정성 있는 사람이기도 하다.

매슬로나 칼 로저스의 자아실현에 하나를 추가하자면 자기중심적인 데서 벗어나는 것이다. 자기중심적인 생각에 머물면 자아실현과는 거리가 멀어진다. 매슬로는 자아실현을 한 사람은 절정 경험을 할 수 있다고 말한다. 이는 자연이나 예술 작품을 감상할 때, 종교적 체험을 할 때, 경험 자체를 즐기며 몰입할 때 느낄 수 있다고 말한다. 절정 경험은 아리스토텔레스가 말한 타우마제인, 하이데거가 죽음을 선구할 때 느낄 수 있다는 근본 기분, 루돌프 오토가 말한 누미노제(종교적 경외감)와도 비슷하다.

칼 로저스는 자신과 환경과의 불일치, 현실의 자신과 이상적 자아와의 불일치를 부적응의 원인으로 보았다. 즉 자신이 주위 기대에 부응하지 못해 스스로를 부정적으로 생각하게 되거나 정체성에 혼란을 겪게 되는 경우, 스스로의 기대에 못 미쳐 자존감이 저하되는 경우를 부적응의 예로 들 수 있다. 환경과의 불일치는 융의 분석 심리학적 관점에서 보면 페르소나가 형성되지 않았거나 페르소나에 사로잡힌 경우라고 볼 수도 있다. 이상적 자아와 불일치는 진정한 자기로부터 소외되는 현상으로 이해할 수 있다.

칼 로저스의 인간 중심 치료에서는 치료 기법보다는 치료자의 공감적 이해와 진정성 있는 태도, 내담자를 조건 없이 수용하고 판단하지 않으며 존중하는 태도를 중시한다. 무조건적 수용과 존중은 상대의 관점에서 생각하고 존재 가치를 조건에 따라 달리 평가하지 않는다는 뜻이다. 예를 들면, 자신 또는 주위의 기대에 못 미친다고 생각해 자존감이 저하된 사람은 스스로를 수용하고 존중하지 못한다. 기대 조건에 못 미친다는 생각 때문이다. 그럼에도 치료자가 조건 없이 고유한 존재 가치를 인정하고 수용해 줄 때 비로소 자신을 수용하고 존중할 수 있게 된다. 기대 조건에 못 미친다는 생각이 비합리적인 생각이라고 보고 생각을 고치라고 하는 방식이 인지 치료다. 인본주의 치료는 치료자와의 진정한 관계를 통한 체험을 중시한다는 점에서 인지 치료와 다르다고 할 수 있다.

칼 로저스의 공감적 태도는 냉담하게 비칠 수도 있는 프로이트의 중립적 태도와는 대비된다. '자기 심리학'의 코헛 역시 치료자의 공감적 태도를 강조한다. 프로이트는 분석 시 치료적 목적의 중립적 태도를 강조했다. 그러나 그는 실제로 피분석자에게 매우 온화했고, 이러한 태도가 효과적이었을 것이라는 주장도 있다. 칼 로저스는 과거가 아니라 지금 현재에서 과거 사실을 해석하는 방식이 문제라고 보면서 '지금, 여기'에 상담의 초점을 맞췄다.

인본주의 치료는 어려운 철학 용어를 사용하지 않으나 선입견을 배제한 현상학적 태도를 보인다. 진정성 있는 치료적 관계를 통한 체험을 중시하고, 자아실현이 본래적 실존이 되는 것과 유사한 개념이라고 볼 수 있다는 점에서 실존 철학을 바탕에 두고 있다. 개성화를 목표로 하는 융의 치료도 무의식이란 용어를 제외하면 실존적, 인본주의적 치료와 크게 다르지 않다. 칼 로저스의 인본주의적 태도도 그렇지만 실존적 또는 철학적 치료도 많은 치료자가 알게 모르게 사용하고 있다. 〈굿 윌 헌팅〉에서 숀의 태도가 인본주의적이고 실존적이다.

철학적 치료

철학적 심리 치료는 살면서 겪는 심리적 어려움을 철학적 문제로 간주하고 철학적 접근 방식을 통해 스스로 해결하도록 돕는 치료다.[46] 심리적 어려움을 겪는 것을 질병으로 보지 않고 살면서 겪게 되는 실존적 조건으로 간주한다. 따라서 증상에 이름을 붙이는 진단을 하지 않고 분류하지도 않는다. 치료 대상은 증상이 아니라 증상을 가진 사람이 된다.

나는 누구인가에 관한 정체성, 세상을 바라보는 관점과 사고방식, 인생의 의미와 가치에 대한 판단은 철학의 고전적 이슈이다. 그리고 이에 대한 적절한 답을 찾게 하는 것이 철학적 심리 치료다. 철학적 심리 치료는 현재의 문제에 대해 무의식 속의 과거를 탓하는 정신 분석학의 환원주의적 사고와 환경적 조건을 탓하는 행동주의의 결정론적 견해를 거부한다. 인간은 과거에 얽매이지 않고, 스스로 자유롭게 결정하고 책임지면서 문제를 해결해 갈 수 있는 존재로 본다.

기본적인 접근 방식으로 선입견 없이 문제의 본질을 직관하고자 하는 현상학적 태도를 취한다. 알고 있는 이론이나 가설에 얽매이지 않고 새로운 관점에도 개방적이다. 소크라테스처럼 '무지'에서 대화를 시작하는 방식을 택한다. 아무것도 모른다고 생각하고 대화를 시작하는 것이다. 어떻게 해 볼 도리가 없는 지나간 과거를 들추기보다는 지금, 여기서 당면한 문제에 초점을 맞춘다. 철학적 치료에서 치료자는 듣기만 하고 내담자의 말을 따라 하는 식의 중립적 태도를 보이지 않고, 공감도 하고 필요에 따라 도덕적 판단도 하며 자기 생각을 진솔하게 얘기한다. 치료자는 묻기만 하는 사람이 아니고 대답하는 사람이 되어야 하고, 치료자의 세계관이 중요하다고 말한 융의 생각과 다르지 않다고 볼 수 있다.

〈굿 윌 헌팅〉에서 치료자 숀은, 듣기만 하며 중립적 태도를 취한 이전의 치료자들과 달리 내담자 윌 헌팅에게 자신의 감정과 생각뿐만 아니라 자신의 삶을 꾸밈없이 드러낸다. 그러면서 진솔하게 자신을 드러내지 못하는 윌을 나무란다. 숀의 진정성 있는 태도가 윌의 마음을 열게 한다. 숀은 진정한 자신의 모습을 드러냄으로써, 냉소적인 윌이 자신을 드러내고 사랑을 체험할 수 있게 한다. 숀의 치료적 접근 방식은, 그가 의식한 것은 아닐 수 있으나 인본주의적 치료와 실존적 치료에 가깝다고 볼 수 있다.

하이데거 철학을 임상에 적용한 메다드 보스Medard Boss의 현존재 분석은 존재 개현을 목표로 한다. 존재 개현은 삶의 유한함을 받아들이고 본래적 실존을 드러내는 것을 말한다. 무리에 동조하면서 스스로 결정을 회피하고 자기로부터 소외된 대중적 인간(비본래적 실존)이 아니라, 세간의 가치에 집착하지 않고, 고통을 받아들일 줄 알고, 자신의 고유한 가능성을 깨닫고, 자기중심적인 데서 벗어나 독립적이고 자유로운 자신의 모습을 드러내는 것이다.[47] 내담자가 본래적 모습을 드러내게 하기 위해서는 치료자 자신이 자신의 본래적 모습을 드러낼 수 있어야 한다. 치료자의 진정성 있는 태도가 중요하다. 〈굿 윌 헌팅〉에서 치료자 숀의 태도가 존재 개현의 좋은 예가 된다.

철학적 치료에서 치료 기법은 따로 정해진 바가 없다. 없다기보다 기법에 구애받지 않고 개별적으로 가장 적절한 방안을 모색한다는 점에서 기법을 넘어선다고 말할 수 있다. 기법보다는 치료자의 진정성 있는 태도와 내담자와의 만남을 중요하게 생각한다. 내담자를 하나의 세계로 경험하면서 고유한 가능성을 알아보고 드러낼 수 있게 한다.

철학적 치료는 치료 과정에서 정신 분석가들이 중요하게 다루는 전이나 역전이를 실제 반응으로 간주한다. 즉 타인에 대한 생각이나 감정이 무의식적으로 치료자에게 옮겨진 것이 아니라 치료자에 대한 실제 반응으로 보는 것이다. 프로이트는 부친의 지인인 K로부터 성적 유혹을 받았다고 불쾌감을 호소하는 18세 '도라' 사례에서, 딸의 환상일 뿐이라고 주장하는 부친(K의 아내와 내연 관계)의 편을 들면서 도라가 K를 거부하는 것은 K를 좋아하기 때문이라고 해석한다. 도라가 프로이트의 해석을 받아들이지 않고 치료 종결을 요구하자 이를 도라가 무의식적 성적 관심을 프로이트에게 전이한 것으로 생각했다. 그러나 철학적 치료는 도라의 치료 종결 요청을 자신을 이해해 주지 못하는 프로이트에 대한 실망, 즉 실제 반응으로 해석한다. 융의 치료나 인본주의적 치료도 정해진 방식을 따르는 치료가 아니라는 점에서는 철학적 심리 치료와 맥을 같이한다고 볼 수 있다.

행동 치료

행동 치료는 사람의 생각이나 의지와 상관없이 환경적 조건만으로 행동을 조작할 수 있다고 보는 행동주의에 바탕을 두고 있다. 행동주의는 파블로프의 개 실험과 스키너의 상자 속 쥐 실험처럼 동물의 조건 학습 결과를 사람에게 적용한다. 인간은 고상한 척하지만 결국 동물과 다를 바 없다는 전제가 깔린 셈이다. 마음만 먹으면 개가 종소리만 듣고 침을 흘리듯이 자극과 원하는 행동을 결합시킬 수 있다고 본다. 쥐가 상자 속에서 레버를 누를지 말지를 보상 또는 처벌로 조작하는 일이 가능한 것처럼 사람의 행동도 환경적 조건으로 학습시킬 수 있다고 본다.

개를 무서워하지 않던 아이를 개에 노출시키면서 무서운 자극을 주면 이후 개를 무서워하게 될 수 있다. 즉 공포가 학습된 것이다.

이후 아이에게 사탕을 주고 안심시키면서 조금씩 개에 다가가게 하면 개를 무서워하지 않게 할 수 있다. 조건 학습된 데서 벗어나게 다시 학습하는 것이 가능하다.

회사에서 판매 성과에 따라 보상을 주면 판매 실적이 는다. 우리가 성과급 제도라고 부른 것인데 스키너의 행동주의에 근거를 둔 경영 방식이다. 학교에서의 상벌 제도도 행동주의에 바탕을 두고 있다. 사실 파블로프나 스키너를 언급하지 않더라도 경험적으로 알고 있는 사실이고 오래전부터 사용한 방식이다. '자라 보고 놀란 가슴 솥뚜껑 보고 놀란다'는 것이 파블로프의 조건 학습이다. 잘못하면 예외 없이 엄벌에 처해 범법 행위를 사라지게 한 《한비자韓非子》나 진나라의 상앙商鞅의 법치주의는 스키너 이론과 다를 바 없다. 행동주의적 접근 방식은 나름의 경영 성과를 올리고 사회 질서 유지에 이바지하는 부분은 있다.

행동 치료는 아동의 문제 행동을 다루는 데 도움이 될 수 있다. 칭찬과 격려가 사람을 기분 좋게 만들 듯이 행동주의적 접근이 단순하지만 명확해 상당히 효과적일 때가 있다. 말이 안 통하는 인격 장애자의 못된 행동에 대처하는 유일한 방법일 수도 있다. 공포증이 있는 경우 두려워하는 대상에 노출시키면서 체계적으로 둔감화시키면 증상 완화에 효과적일 수 있다. 그러나 생각이 많고 복잡한 사람의 갈등 해결에는 그리 효과적이지 않고 거부감을 불러일으킬 수 있다. 개인의 생각과 자율적 의사 결정을 무시하기 때문이다. 특히 생각과 감정이 복잡한 우울증 환자에게 행동 치료는 그다지 효과적이지 않다. 만약 윌 헌팅에게 행동 치료를 했다면 냉소적 반응을 보였을 가능성이 크다.

행동주의는 행동을 자극과 반응의 결합으로만 보면서 생각이 행동에 영향을 줄 수 있다는 점을 간과한다는 비판이 있다. 이러한 비판을 바탕으로 자극과 반응 사이에 '인지'를 추가한 것이 인지 행동 치료다.

인지 행동 치료

정신과 의사 아론 벡과 심리학자 앨버트 엘리스에 의해 시작된 인지 치료는 비논리적 추론과 비합리적 믿음을 증상의 원인으로 보고 적절한 대안적 사고를 제시하는 치료다. 비논리적 추론은 근거 없이 확신하는 비합리적 추론, 자신과 상관없는 일을 자신과 관련된 것으로 생각하는 개인화, 일부 안 좋은 일을 모두 또는 항상 그런 것처럼 생각하는 지나친 일반화, 대수롭지 않은 일을 너무 심각하게 생각하거나 반대로 긍정적 가능성을 너무 낮게 생각하는 과장 또는 축소, 전체 맥락 중 일부 사실에만 초점을 맞추는 선택적 추론, 다 좋거나 다 나쁘다고 생각하는 이분법적 생각 등이 포함된다. 비합리적 믿음(역기능적 믿음dysfunctional belief)은 자신이 사랑받지 못한다는 생각, 남보다 우월한 사람이 되어야 한다는 생각, 주위의 기대에 부응해야 한다는 생각이 예가 될 수 있다. 이러한 생각을 찾아서 좀 더 합리적 생각으로 바꾸는 것이 인지 치료다.

인지 치료에서 사건이나 상황 자체보다 그것을 바라보는 시각에 문제가 있다고 보는 생각은 스토아학파의 에픽테토스의 생각이기도 하다.[48] 이는 아론 벡과 나란히 합리 정서 행동 치료rational emotive behavior therapy를 시작한 심리학자 앨버트 엘리스가 인정한 사실이다. 논리적 사고의 오류에 대해서도 소크라테스와 아리스토텔레스 이후 버트런드 러셀에 이르기까지 수많은 철학자의 논리적 사고방식에 더할 것이 없다. 인지 치료는 소크라테스의 변증법적 대화 방식을 따른다.

앨버트 엘리스는 자신의 치료가 알프레드 아들러와 정신 분석학자 카렌 호나이의 영향을 받은 사실도 인정한다. 앨버트 엘리스는 단순히 감정을 발산하는 것만으로는 치료적 효과가 부족하고 비합리적인 생각을 바꾸는 것이 중요하다고 생각하며 합리적 치료를 제시했다. 비합리적인 생각은 사고의 전개가 비논리적이거나 사실과 부합되지 않는 생각뿐만 아니라 현실적으로 도움 되지 않는 생각 및 융통성 없는 생각을 포함한다. 정신 분석학자 카렌 호나이가 당위성의 횡포tyranny of shoulds라 부른, 마땅히 자신이 어떤 사람이 되어야 한다는 신경증적 생각 역시 비합리적 사고의 예라 할 수 있다.

앨버트 엘리스는 비합리적인 생각이 유아기 체험에서 비롯될 수 있다고 보았다. 정신 분석의 유아기 체험에서 무의식이란 용어를 빼고 그냥 유아기 때 학습된 것이라고 보면 앨버트 엘리스의 인지 행동 치료가 된다. 비합리적 믿음을 콤플렉스로 지칭하면 융의 분석 심리학이 된다. 근본은 같은 데 무의식이란 용어를 사용하는지의 차이라고 말할 수 있다. 인지는 인지 치료에서만 다루는 새로운 개념은 아니다.

인지 행동 치료가 널리 소개되고 있으나 다른 심리 치료보다 이론 및 기법과 치료 효과가 특별한 것은 아니다. 또 모든 경우에 적용

가능한 것도 아니다. 수학 천재 윌의 경우도 인지 행동 치료를 적용하기 쉽지 않다. 당면한 문제의 본질이 비논리적 또는 비합리적 사고에 있다기보다는, 자신과 삶에 대한 태도에 있다고 생각되기 때문이다.

인지 행동 치료가 각광을 받게 된 이유는 정형화되지 않은 정신 분석과 달리 치료 방법이 체계적이고 어느 정도 구조화가 가능하며, 구체적이고 누구나 쉽게 배울 수 있기 때문이었다. 정신 분석과 달리 객관적 연구 성과를 낼 수 있다는 점도 한몫했다. 과학적 방법을 중시하는 임상 의학에서 치료 효과를 보여 주는 근거를 제시할 수 있어 관심을 끌게 된 것이다.

수용 전념 치료

스티븐 헤이즈의 수용 전념 치료에서는 어쩔 수 없는 부분에 대해서는 생각을 바꾸려 하기보다는 그대로 수용하라고 한다. '수용' 개념은 생각을 바꿔 봐야 도움이 안 된다는 실용적 생각에 바탕을 두고 있다. 수용 전념에서 '전념'은 할 수 있는 일을 찾아 열심히 하라는 뜻이다. 수용 전념 치료는 제3세대 인지 행동 치료로 관심을 끌고 있다.

수용 전념 치료에서 수용 개념은 공교롭게도 스토아학파의 에픽테토스의 생각과 다를 바 없다. 사실 에픽테토스 외에도 쇼펜하우어나 니체, 하이데거 같은 여러 철학자가 비슷한 생각을 하고 있었다. 불교적 생각도 마찬가지다. 융 역시 어쩔 수 없는 삶의 고통을 수용하지 못하는 것이 신경증의 원인이라고 했고, 치료는 삶을 행복으로 이끄는 것이 아니라 고통을 수용하도록 하는 것이라고 말한 바 있다. 우울증을 비롯한 여러 정신 장애의 치료에서 수용적 마음가짐을 치료에 도움이 된다고 보는데 그렇다고 새로운 치료법은 아니다.

수용 전념 치료가 기존의 치료와 다른 점은 관계 프레임 이론이나 기능적 맥락주의 같은 어려운 용어를 쓰며 기존의 철학이 아닌 실용주의에 바탕을 둔 새로운 이론처럼 설명한다는 것이다. 즉, 어쩔 수 없는 일을 수용해야 하는 이유를 어떻게 하든 도움이 안 되고 스트레스만 가중되니 현실적으로 할 수 있는 일로 관심을 돌리는 게 현명하다라고 설명한다. 결과적으로 수용하라는 생각은 같으나 에픽테토스나 실존주의 철학자들의 고민이 느껴지지는 않는 외향적인 학자들의 내향적인 발상이 아닌가 생각된다.

최면 치료

최면 치료에 대해 질문을 받을 때가 있다. 방송 매체에서 시술하는 경우를 보고 호기심을 가지고 묻는 경우가 대부분이다. 최면 치료는 시술자는 최면이라는 특별한 시술을 하고 치료를 받는 사람 역시 특별한 치료적 경험을 하는 것으로 착각하게 한다.

최면은 잡념을 없애고 시술자가 지시하는 데 주의를 집중한 상태를 말한다. 최면 상태에서는 피암시성이 커져 시술자의 말을 곧이곧대로 듣고 따라 하는 경향이 생긴다. 그렇게 하는 것이 자연스럽고 그렇게 해야만 할 것 같은 느낌이 드는 것이다.

최면은 시술자에 대한 신뢰를 전제로 한다. 윌 헌팅처럼 시술자의 권위를 존중하지 않거나 의심이 많은 사람은 최면 치료의 대상이 되지 않는다. 최면은 정상적으로 나타날 수 있는 생리적 반응을 시술자의 지시로 나타난 것처럼 착각하게 하고, 이를 매개로 시술자의 지시를 따르게 한다. 시술 전에 미리 최면에 잘 걸리도록 암시를 줘서 최면에 걸려야 할 것 같은 강박적 느낌이 들게 한다.

최면 자체는 시술이 어려운 것도 아니고 최면에 들어가도 잡념이 줄어든 느낌 외에 특별한 것은 없다. 사실 최면 상태에서 어떤 암시를 주는지가 치료의 관건이다. 간결하면서도 강력하게 긍정적 암시를 주는데, 이때 비합리적 생각을 바로잡아 줄 수도 있다.

최면에 걸렸다고 의식을 잃거나 시술자의 지시에 따라 이상한 행동을 하게 되는 것은 아니다. 프로이트는 샤르코에게 최면 치료를 배워 히스테리 환자에 적용했으나 효과가 일시적이고 근본적 치료가 되지 않는다는 생각으로 중단했다.[49] 융 역시 한동안 최면 치료를 하다가 치료 기전과 효과에 대한 회의적인 생각에 그만뒀다.[50] 요즘은 최면 치료에 관한 관심이 줄어 잘 시행하지 않는다. 치료적 대화를 부자연스럽게, 굳이 최면 상태에서 해야 할 이유가 없기 때문이다. 문제 해결에 대한 마술적 기대도 심리적 문제의 본질을 이해하게 하는 데 오히려 걸림돌이 될 수 있다. 그럼에도 심리적 외상이 있는 일부 환자에게는 증상 완화에 도움이 되기도 한다.

심리 치료의 근본은 하나

다양한 치료 이론이 소개되었으나 비교해 보면 근본은 서로 비슷한 점이 많음을 알 수 있다. 정신 분석학에서 유아기 경험이 무의식에 내재하여 있다는 표현 대신 유아기 체험이 학습된 것이라고 하면 인지 행동 치료와 크게 다르지 않다. 비합리적 생각은 사실 융의 콤플렉스와 내용 면에서 다를 바 없다. 무의식 대신 자동적 사고, 직관적 사고, 암묵적 지식이란 용어를 쓰면 최신 인지 과학 이론이 된다. 행동 과학자들이 비과학적이라고 폄하한 무의식은 인공 지능이 알려지면서 뇌 인지 과학의 주된 연구 과제가 되고 있다. 뇌의 정보 처리 과정 중 무의식적으로 이루어지는 부분이 있다고 보는 것이다. 자동적, 암묵적, 직관적이란 용어를 사용하지만, 사실 무의식과 다르지 않다. 인공 지능, 신경망 모델에서 병렬 분산 처리에 따른 패턴 인식도 무의식적 정보 처리 과정으로 볼 수 있다. 이러한 패턴 인식 과정은 기억과 주관적 체험이 인식 과정에서 중요한 역할을 한다는 것을 말해 준다. 또한 카메라로 사진 찍듯이 있는 그대로 객관적 모습을 인식하는 것이 아니라 기억을 토대로 한 주관적 추론이 더해진다는 것을 의미한다. 정신 현상 연구에서 주관적 생각을 중시한 후설의 현상학적 본질 직관도 패턴 인식과 관련될 수 있다. 융의 원형 인식도 패턴 인식 과정으로 이해해 볼 수 있다. 무의식은 낡은 개념이 아니라 뇌 인지 과학의 가장 뜨거운 주제다.

심리 치료에서 인지는 인지 치료만의 전유물이거나 새로운 것은 아니다. 누가 원조라고 말하기 어려울 정도로 고대 그리스 철학자부터 프로이트, 아들러 등 수많은 사람이 사용한 것이다. 최근 유행하는 수용 전념 치료에서 수용 개념도 새롭다고 말하기 민망하다. 고대 그리스의 스토아학파부터 쇼펜하우어, 융 등의 주장과 다르지 않다.

심리 치료는 내담자 개개인의 특성과 상황에 맞는 치료를 하는 것이 가장 바람직하다. 이런 점에서 볼 때 이론과 기법에 너무 얽매이지 않는 치료가 가장 자연스럽고 적절하다고 생각한다. 필요하고 도움이 된다면 다양한 치료 기법을 사용할 수 있다. 특정 치료를 표방하는 치료자도 사실 알게 모르게 다양한 치료 이론과 기법을 적용하는 경우가 많다. 인지 행동 치료를 시행한다고 하지만 환자의 속마음을 이해하는 데는 정신 분석가 못지않고, 내담자에 대한 태도는 인본주의적이고, 삶의 고통을 받아들이라는 조언은 상당히 철학적일 수 있다. 경험 많고 유능한 치료자일수록 그렇다. 한 가지 치료 방식만 고집하거나 정형화된 틀에 맞추는 치료는 그다지 치료적이지 않다. 심리 치료의 원리는 하나 속에 모든 것이 있고 모든 것 속에 하나가 있다─中─切 多中─ ─卽─切 多卽─.[51]

주석

1부 성격 — 성격을 알면 사람이 보인다

1 아르투어 쇼펜하우어, 《의지와 표상으로서의 세계》, 홍성광 옮김, 을유문화사, 2015, 473~474쪽.

2 Lewis R. Goldberg, "An alternative 'description of personality': the big-five factor structure," *Journal of Personality and Social Psychology*, Vol.59, No.6, 1990, pp.1216~1229; "The structure of phenotypic personality traits," *American Psychologist*, Vol.48, No.1, 1993, pp.26~34.

3 Charles S. Carver, Michael F. Scheier, 《성격심리학: 성격에 대한 관점》, 김교헌 옮김, 학지사, 2012, 111~123쪽.

4 R. E. Lucas, E. Diener, A. Grob, E. M. Suh, and L. Shao, "Cross-cultural evidence for the fundamental features of extraversion," *Journal of Personality and Social Psychology*, 79(3), 2000, pp.452~468.

5 캐나다 심리학자 마이클 애쉬튼Michael C. Ashton과 한국인 심리학자 이기범이 제시한 성격의 6요인HEXACO 모델. Michael C. Ashton and Kibeom Lee, "The prediction of honesty-humility related criteria by the HEXACO and five-factor models of personality," *Journal of Research in Personality*, 42, 2008, pp.1216~1228.

6 C. Robert Cloninger, "A systemic method for clinical description and classification of personality variants," *Archives of General Psychiatry*, 44(6), 1987, pp.573~588.

7 도파민과 세로토닌, 노르에피네프린은 모두 뇌에서 신경 세포와 신경 세포 사이의 정보 전달을 담당하는 화학 물질이다. 도파민은 새로운 자극이나 특별한 체험을 할 때, 보상을 기대할 때 증가한다. 마약도 뇌의 도파민을 증가시키는 것으로 알려져 있다. 도파민이 증가하면 일상적 체험이 특별한 체험으로 느껴질 수 있는데, 이런 느낌을 체험하기 위해 마

약이 남용되는 것으로 추정한다. 도파민이 과다해지면 별일 아닌 일에 특별한 의미를 부여하는 현상이 발생하여 정신병적 체험을 할 수 있다. 예를 들면 고장 난 신호등이 깜박거리는데 이를 자신에게 어떤 행동을 지시하는, 특별한 의미가 있는 신호로 잘못 해석하는 식으로 망상적 사고가 발생한다. 세로토닌은 우울증, 강박증, 충동성과 관련 있다고 알려져 있다. 노르에피네프린 역시 기분, 주의력, 학습, 보상 등과 관련이 있는 것으로 알려져 있다. 뇌의 신경 전달 물질과 심리적 기능을 연관 지어 설명하는 것은 매우 매력적이긴 하나 아직 충분히 입증되지 않았으며, 뇌의 복잡한 현상을 너무 단순하게 설명하거나 지나치게 일반화하는 게 아닌가 한다.

8   Filip De Fruyt, L. Van De Wiele, and Kees Van Heeringen, "Cloninger's psychological model of temperament and character and the five factor model of personality," *Personality and Individual Differences*, 29(3), 2000, pp.441~452.

9   클로닝거의 기질 요인을 주커만의 모델과 비교해 보면, 자극 추구는 주커만의 충동적 감각 추구와 높은 상관관계를 보이고 위험 회피는 주커만의 '신경증 불안'과 정적 상관, '사회성'과는 부적 상관을 보인다.

10   피터 게이, 《프로이트 II》, 정영목 옮김, 교양인, 2011, 130쪽.

11   융은 딸이 어머니를 증오하고 아버지에게 성적 애착을 느끼는 관계를 설명하기 위해 '엘렉트라 콤플렉스'라는 용어를 사용했다. 고대 그리스 비극 〈엘렉트라〉에 등장하는 엘렉트라는 어머니가 아버지를 살해한 데 대한 복수를 하기 위해 남동생에게 어머니를 살해하게 한다.

12   지그문트 프로이트, 《꿈의 해석》, 김인순 옮김, 열린책들, 2003, 321쪽.

13   엘프리데 옐리네크, 《피아노 치는 여자》, 이병애 옮김, 문학동네, 2009.

14   지그문트 프로이트, 《꿈의 해석》, 322~323쪽.

15   이중 정보 처리 이론과 관련하여 심리학자 케이스 스타노비치Keith E. Stanovich와 리처드 웨스트Richard F. West가 사용한 용어로 시스템 1은 무의식적, 시스템 2는 의식적 정보 처리로 볼 수 있다. 대니얼 카너먼의 《생각에 관한 생각》(이창진 옮김, 김영사, 2018)에 상세히 설명되어 있다.

16   알프레드 아들러, 《아들러 인생방법 심리학》, 한성자 옮김, 동서문화사, 2017, 24~30쪽.

17   같은 책, 59~76쪽.

18   '권력 의지'라고 표현했다가 후에 '우월성 추구'로 변경했다. 융은 남보다 뛰어나거나 똑똑해지고 싶은 것도 권력 욕구로 보았다(클레어 던, 《카를 융, 영혼의 치유자》, 공지민 옮김, 지와사

랑, 2013, 171쪽).

19 알프레드 아들러, 《아들러의 인간이해》, 홍혜경 옮김, 을유문화사, 2016, 33~40, 96~105쪽.

20 클레어 던, 《카를 융, 영혼의 치유자》, 303쪽.

21 같은 책, 28쪽.

22 레이 커즈와일, 《마음의 탄생》, 윤영삼 옮김, 크레센도, 2016, 63~118쪽.

23 칼 구스타프 융, 《꿈 분석》, 정명진 옮김, 부글북스, 2018, 126쪽.

24 요한 볼프강 폰 괴테, 《파우스트/젊은 베르테르의 슬픔》, 곽복록 옮김, 동서문화사, 2007, 72~73쪽.

25 〈세일즈맨의 죽음〉으로 1949년 퓰리처상을 받은 극작가다. 먼로는 야구 선수 조 디마지 오Joe DiMaggio와 결혼했다가 9개월이 채 안 되어 헤어지고 밀러와 세 번째 결혼을 한다. 1956년 결혼할 당시 밀러는 마흔이나, 먼로는 서른이었으며 둘의 결혼 생활은 1961년 합 의 이혼으로 끝을 맺는다. 불행하게도 먼로는 이혼 후 1년 7개월 만에 약물 남용으로 사망 한다.

26 헬게 헤세, 《두 사람의 역사》, 마성일·육혜원 옮김, 북캠퍼스, 2018, 315, 321, 325~326쪽.

27 이문열, 《추락하는 것은 날개가 있다》, 자유문학사, 1988, 65쪽.

28 허문명, "마릴린 먼로 20세기를 뒤흔든 섹스 심벌," 《신동아》, 2009년 9월호.

29 먼로의 첫 번째 남편은 이웃집 청년 짐 도허티다. 그녀는 양부모에게서 독립하기 위해 열 여섯 살에 결혼해 4년 만에 이혼한다. 도허티가 입대하게 되면서 먼로는 군수 공장에서 일 하다 모델을 거쳐 배우가 된다.

30 Carl G. Jung, *Aion: Researches into the Phenomenology of the Self*, 2nd edition, trans. R. F. C. Hull, Princeton University Press, 1968, p.71.

31 칼 구스타프 융, 《심리 유형》, 정명진 옮김, 부글북스, 2019; 칼 구스타프 융, 《정신요법의 기본 문제》, 한국융연구원 C. G. 융 저작 번역위원회 옮김, 솔출판사, 2001; 이부영, 《분석 심리학: C. G. Jung의 인간심성론》, 일조각, 2011.

32 바바라 한나, 《융, 그의 삶과 저작》, 심상영·김영중 옮김, 한국심층심리연구소, 2013, 200쪽.

33 대니얼 카너먼, 《생각에 관한 생각》, 이창진 옮김, 김영사, 2018.

34 존 D. 메이어, 《성격, 탁월한 지능의 발견》, 김현정 옮김, 추수밭, 2015, 138~139쪽; 브 라이언 리틀, 《성격이란 무엇인가》, 이창신 옮김, 김영사, 2015, 45~73쪽; Charles S. Carver, Michael F. Scheier, 《성격심리학: 성격에 대한 관점》, 111~123쪽.

35 실제 이를 지지하는 연구 결과도 있다. Adrian Furnham, "The big five versus the big four: the relationship between the Myers-Briggs Type Indicator(MBTI) and NEO-PI five factor model of personality," *Personality and Individual Differences*, Vol.21, No.2, August 1996, pp.302~307 참조.

36 칼 구스타프 융, 《영혼을 찾는 현대인》, 김세영 옮김, 부글북스, 2014, 205~206쪽.

37 감정의 정의는 학자마다 다르다. 실험 심리학의 기초를 마련한 빌헬름 분트Wilhelm Wundt는 감정은 쾌/불쾌, 흥분/침착, 긴장/이완 세 가지 차원으로 구성되어 있다고 설명하는데, 융이 말하는 감정은 감정의 동요나 생리적 반응이 나타나기 전에 쾌/불쾌를 인지하면서 가치 판단을 하는 기능으로 이해된다(칼 구스타프 융, 《분석 심리학 강의》, 정명진 옮김, 부글북스, 2019, 43~51쪽). 공감 능력과 예의에 어긋나지 않고 사회적 상황에 맞는 처신을 위한 사회적 인지 기능도 감정에 속한다.

38 Marie-Louise von Franz, *Lectures on Jung's Typology*, Spring Publications, 1986, p.21.

39 칼 구스타프 융, 《분석 심리학 강의》, 94쪽.

40 칼 구스타프 융, 《영혼을 찾는 현대인》, 193쪽.

41 함규진, 《최후의 선비들》, 인물과사상사, 2017, 263~264쪽.

42 이부영, 《분석심리학: C. G. Jung의 인간심성론》, 148쪽.

43 칼 구스타프 융, 《꿈 분석》, 407쪽.

44 칼 구스타프 융, 《심리 유형》, 277쪽.

45 서은국, 《행복의 기원》, 21세기북스, 2014, 98쪽.

46 불행한 어린 시절과 우울증을 앓은 어머니의 유전적 요인도 관여했을 것으로 보인다.

47 헬게 헤세, 《두 사람의 역사》, 325~326쪽.

48 칼 구스타프 융, 《심리 유형》, 104쪽. 프로이트 서클에서 아들러의 자기주장은 강하고 냉소적이었다. "똥한 데다 애처로울 정도로 인정받고 싶어 한다"라고 묘사되기도 했다(피터 게이, 《프로이트 I》, 정영목 옮김, 교양인, 2011, 414쪽 참조).

49 프로이트의 성격 유형이 외향적이란 뜻은 아니다. 융의 수제자 폰 프란츠는 프로이트가 내향적 감정형의 외향적 사고를 보인다고 보았다(Marie-Louise von Franz, *Lectures on Jung's Typology*, p.61 참조).

50 칼 구스타프 융, 《심리 유형》, 104쪽.

51 함규진, 《최후의 선비들》, 258~259쪽.

52 브렌트 슐렌더·릭 데트첼리,《비커밍 스티브 잡스》, 안진환 옮김, 혜윰, 2017, 358, 360쪽;
    월터 아이작슨,《스티브 잡스》, 안진환 옮김, 민음사, 2011, 438, 544, 763쪽.

53 전원경,《역사가 된 남자》, 21세기북스, 2009, 77~96쪽; "음악의 제우스, 카라얀,"《중앙
    SUNDAY》, 2008년 1월 26일자.

54 피터 월링,《불꽃의 지휘자 카라얀》, 김희상 옮김, 21세기북스, 2009, 258, 443~448,
    508~509쪽.

55 같은 책, 388~389쪽.

56 카라얀은 베를린 필 취임사에서 속내와 달리 사회적 시선에 맞춰 자신을 노골적으로 싫어
    했던 전임자 푸르트뱅글러에 대한 찬사를 아끼지 않았다고 한다(같은 책, 189쪽).

57 "영혼을 울린 거장의 지휘…천상의 선율을 만들다,"《한국경제》, 2012년 5월 25일자.

58 피터 월링,《불꽃의 지휘자 카라얀》, 69, 84, 254쪽. 푸르트뱅글러는 흔히 악보에 따른 정
    확한 연주를 중시하는 토스카니니와 대조된다. 카라얀의 성향은 토스카니니에 가까운 편
    이다. 토스카니니는 푸르트뱅글러를 아마추어 같다고 비판했고, 푸르트뱅글러는 토스카
    니니를 단순히 박자만 맞추는 사람이라고 비하하기도 했다.

59 같은 책, 98쪽.

60 빌헬름 푸르트뱅글러,《음과 말》, 이기숙 옮김, 포노, 2019, 291쪽.

61 무라카미 하루키,《직업으로서의 소설가》, 양윤옥 옮김, 현대문학, 2016, 120~121쪽.

62 나오코는 와타나베가 연민을 느끼는 여자 친구다. 원래는 친구인 기즈키의 애인이나 와
    타나베와 하룻밤을 같이 보낸다. 나오코는 기즈키와 언니의 자살로 정신요양시설에 들어
    가게 되는데, 와타나베가 요양원을 방문하면서 다시 서로 가까워진다. 와타나베가 요양원
    을 드나들며 알게 된 레이코 여사는 열아홉 살 연상으로 피아니스트이자 나오코의 룸메
    이트다.

63 무라카미 하루키,《상실의 시대》, 유유정 옮김, 문학사상사, 1994, 468쪽.

64 무라카미 하루키,《해변의 카프카》(상), 김춘미 옮김, 문학사상사, 2003, 234, 242쪽.

65 전원경,《역사가 된 남자》, 190~192쪽.

66 같은 책, 192쪽.

67 같은 책, 200쪽.

68 이채윤,《삼성* 사람들 이야기》, 성안북스, 2014, 221~223쪽; 이병철,《호암자전》, 나남,
    2014, 414~416쪽; 박상하,《이기는 정주영 지지 않는 이병철》, 경영자료사, 2014, 293,
    305, 442~444쪽.

69 이채윤,《삼성※ 사람들 이야기》, 450~452쪽.

70 록펠러는 고등학교를 졸업하고 경리 보조로 취직했는데 회계와 가계부 작성을 중시했다.

71 "Rockefeller's 6 personal traits for success," https://beardedcolonel.co.uk/blog/rockefellers-6-personal-traits-success/

72 바바라 한나,《융, 그의 삶과 저작》, 197쪽.

73 Erenow, "Introvert and Extrovert," Biographies and Memoirs, John D. Rockefeller, https://erenow.net/common/lifeofjohnrockefeller/32.php

74 칼 구스타프 융,《정신요법의 기본 문제》, 287, 289쪽.

75 시그마는 모집단의 표준 편차(자료가 평균에서 퍼진 정도)를 나타내는데, 6시그마는 불량품 발생을 100만 개 중 3.4개 정도로 낮추는 경영 혁신 방법론이다.

76 잭 웰치·수지 웰치,《승자의 조건》, 윤여필 옮김, 청림출판, 2007, 199~200쪽.

77 잭 웰치,《잭 웰치·끝없는 도전과 용기》, 이동형 옮김, 청림출판, 2001, 163쪽.

78 정주영,《이 땅에 태어나서: 나의 살아온 이야기》, 솔출판사, 1998, 161쪽.

79 같은 책, 234~235쪽.

80 같은 책, 106~115쪽.

81 같은 책, 363쪽.

82 앤서니 스토,《처칠의 검은 개 카프카의 쥐》, 김영선 옮김, 글항아리, 2018, 26~30쪽.

83 밴디 리 엮음,《도널드 트럼프라는 위험한 사례》, 정지인·이은진 옮김, 푸른숲, 2018.

84 프리드리히 니체,《초역 니체의 말 Ⅱ》, 시라토리 하루히코 편역, 박미정 옮김, 삼호미디어, 2014, 243쪽.

85 "도올은 한국 인문학계의 황우석,"《동아일보》, 2007년 8월 17일자.

86 융은 차라투스트라를 늙은 현자의 원형으로 본다.

87 레지날드 J. 홀링데일,《니체》, 김기복·이원진 옮김, 북캠퍼스, 2017, 88쪽. 당시 바젤에서 토퍼topper(연미복에 쓰는 높은 모자)를 쓰는 사람은 니체와 나이 지긋한 참사관뿐이었다고 한다.

88 프리드리히 니체,《차라투스트라는 이렇게 말했다》, 곽복록 옮김, 동서문화사, 2016, 442쪽.

89 스털링 P. 렘프레히트,《서양 철학사》(개정판), 김태길·윤명로·최명관 옮김, 을유문화사, 1992, 538쪽.

90 레지날드 J. 홀링데일,《니체》, 87쪽.

91 칼 구스타프 융,《심리 유형》, 243쪽.

92 칼 구스타프 융,《칼 융, 차라투스트라를 분석하다》, 김세영·정명진 옮김, 부글북스, 2017, 388~390쪽.

93 월터 라우리,《키르케고르 평전》, 임춘갑 옮김, 다산글방, 2007, 68쪽.

94 빌헬름 바이셰델,《철학의 뒤안길》, 이기상·이말숙 옮김, 서광사, 1990, 379~380쪽.

95 레지날드 J. 홀링데일,《니체》, 317쪽.

96 루 살로메는 36세에 22세인 릴케의 연인이 되고, 훗날 프로이트의 문하생이 된다.

97 빌헬름 바이셰델,《철학의 뒤안길》, 379~380쪽.

98 리스트의 딸이며 바그너와 결혼하기 전 그의 친구 뷜러의 아내였던 코지마는 니체에게 친절했으나 은인 행세를 하는 경향이 있었다. 바그너에게만 헌신적이었으며, 니체가 바그너와 다른 의견을 내거나 다른 주제에 대한 의견을 낼 때는 주저 없이 적대적인 논평을 했다고 한다. 니체는 발병 후 예나의 요양원에 머물고 있을 때 "나의 아내 코지마 바그너가 나를 여기로 데려왔다"라고 말하기도 했다(레지날드 J. 홀링데일,《니체》, 113~114쪽).

99 칼 구스타프 융,《분석 심리학 강의》, 22쪽.

100 아네트 C. 바이어,《데이비드 흄》, 김규태 옮김, 지와사랑, 2015, 52쪽.

101 애덤 스미스,《도덕감정론》, 김광수 옮김, 한길사, 2016, 65쪽.

102 뤼디거 자프란스키,《쇼펜하우어 전기》, 정상원 옮김, 꿈결, 2018, 603~605쪽.

103 이부영,《분석심리학: C. G. Jung의 인간심성론》, 165쪽.

104 빌 브라이슨,《거의 모든 것의 역사》, 이덕환 옮김, 까치, 2003, 403쪽.

105 칼 구스타프 융,《심리 유형》, 362쪽.

106 박성숙 엮음,《한권으로 읽는 철학 이야기》, 석일사, 1999, 219쪽.

107 빌헬름 바이셰델,《철학의 뒤안길》, 312쪽.

108 같은 책, 314쪽.

109 철학아카데미,《처음 읽는 독일 현대철학》, 동녘, 2013, 358쪽.

110 칼 구스타프 융,《정신의 본질에 대하여》, 정명진 옮김, 부글북스, 2017, 140쪽.

111 빌헬름 바이셰델,《철학의 뒤안길》, 309~310, 329쪽; 한스 요하힘 슈퇴리히,《세계 철학사》, 박민수 옮김, 자음과모음, 2008, 696쪽; 아르투어 쇼펜하우어,《의지와 표상으로서의 세계》, 823쪽.

112 뤼디거 자프란스키,《쇼펜하우어 전기》, 543쪽.

113 칼 구스타프 융,《심리 유형》, 362쪽.

114 https://www.marxists.org/archive/marx/works/1865/04/01.htm 참조.

115 칼 R. 포퍼, 《열린사회와 그 적들 II》, 이명현 옮김, 민음사, 1997, 132쪽.

116 한스 요하힘 슈퇴리히, 《세계 철학사》, 752쪽.

117 빌헬름 바이셰델, 《철학의 뒤안길》, 371~372쪽.

118 칼 구스타프 융, 《심리 유형》, 463쪽.

119 앤서니 스토, 《처칠의 검은 개 카프카의 쥐》, 133쪽.

120 김상운, 《역사를 뒤바꾼 못 말리는 천재 이야기》, 이가서, 2005, 26쪽.

121 칼 구스타프 융, 《심리 유형》, 472쪽.

122 같은 곳.

123 같은 책, 470쪽.

124 같은 곳.

125 빌헬름 바이셰델, 《철학의 뒤안길》, 270쪽.

126 칼 구스타프 융, 《심리 유형》, 424쪽.

127 "와이에스(김영삼)가 종종 디제이(김대중)에게 '니는 도대체 쉬운 것도 와 그렇게 복잡하게 생각하노?' 하고 농을 걸었고, 그럼 디제이는 '자네는 말이여, 매사를 너무 쉽게 생각한당게~'라고 맞받았죠" 박찬종 전 의원의 회고다("민추협 시절 '연애 같았던' DJ-YS의 '40년 애증'," http://www.hani.co.kr/arti/politics/politics_general/372312.html).

128 김종필, 《남아 있는 그대들에게》, 스노우폭스북스, 2018, 260쪽.

129 Marie-Louise von Franz, *Lectures on Jung's Typology*, p.61.

130 심상욱, 《J. D. 샐린저 생애와 작품》, 동인, 2011, 106~108쪽.

131 J. D. 샐린저, 《호밀밭의 파수꾼》, 이덕형 옮김, 문예출판사, 1998, 270~273쪽.

132 엘리자베스 하스 에더샤임, 《피터 드러커, 마지막 통찰》, 이재규 옮김, 명진출판, 2007, 204쪽.

133 칼 구스타프 융, 《무의식이란 무엇인가》, 김성환 옮김, 연암서가, 2016, 89쪽.

134 바바라 한나, 《융, 그의 삶과 저작》, 494쪽.

135 평균 50, 편차 10인 정규 분포 점수로 표준화한 점수.

136 Samuel D. Gosling, Peter J. Rentfrow, and William B. Swann Jr., "A very brief measure of the Big-Five personality domains," *Journal of Research in Personality*, 37, 2003, pp.504~528.

2부 삶 ― 어떻게 살 것인가

1   칼 구스타프 융,《칼 융의 말》, 정명진 엮음, 부글북스, 2017, 82쪽.

2   이부영,《분석심리학: C. G. Jung의 인간심성론》, 일조각, 2011, 272쪽.

3   칼 구스타프 융,《꿈 분석》, 정명진 옮김, 부글북스, 2018, 159쪽.

4   이는 아들러의 관점이기도 하다(알프레드 아들러,《아들러 인생방법 심리학》, 한성자 옮김, 동서문화사, 2017, 23~24쪽).

5   다자이 오사무,《인간 실격》, 김춘미 옮김, 민음사, 2004.

6   버트런드 러셀,《나는 무엇을 위해 살아왔는가》, 최혁순 옮김, 문예출판사, 2013, 62쪽.

7   전원경,《역사가 된 남자》, 21세기북스, 2009, 169쪽.

8   알프레드 아들러,《아들러 인생방법 심리학》, 410쪽.

9   칼 구스타프 융,《칼 융의 말》, 226쪽.

10 클레어 던,《카를 융, 영혼의 치유자》, 공지민 옮김, 지와사랑, 2013, 171쪽.

11 이부영,《분석심리학: C. G. Jung의 인간심성론》, 71쪽.

12 존 스타인벡,《에덴의 동쪽 2》, 정회성 옮김, 민음사, 2008, 526~528쪽.

13 칼 구스타프 융,《칼 융, 차라투스트라를 분석하다》, 김세영·정명진 옮김, 부글북스, 2017, 282~283쪽.

14 알프레드 아들러,《아들러 인생방법 심리학》, 430쪽.

15 바바라 한나,《융, 그의 삶과 저작》, 심상영·김영중 옮김, 한국심층심리연구소, 2013, 440쪽.

16 Fraser Boa,《융학파의 꿈해석》, 박현순·이창인 옮김, 학지사, 2004, 268~269쪽.

17 에리히 프롬,《자기를 위한 인간》, 강주헌 옮김, 나무생각, 2018, 155쪽.

18 에리히 프롬,《자유로부터의 도피》, 김석희 옮김, 휴머니스트, 2012, 145~214쪽.

19 아르투르 쇼펜하우어,《쇼펜하우어 인생론》, 박현석 옮김, 나래북, 2010, 261쪽.

20 서영은,《먼 그대》, 새움, 2018, 37~67쪽.

21 클레어 던,《카를 융, 영혼의 치유자》, 27쪽.

22 맹자,《평생에 한 번은 꼭 맹자를 읽어라》, 이용원 엮음, 주변인의길, 2019, 443~444쪽.

23 헤르만 헤세,《데미안》, 전영애 옮김, 민음사, 2000, 229~230쪽.

24 아니엘라 야훼 엮음,《C. G. Jung의 회상, 꿈, 그리고 사상》, 이부영 옮김, 집문당, 2012, 298쪽.

25 칼 구스타프 융,《아이온》, 김세영·정명진 옮김, 부글북스, 2016, 33쪽.

26 같은 책, 42쪽.

27 이부영,《분석심리학: C. G. Jung의 인간심성론》, 110쪽.

28 헤르만 헤세,《데미안》, 103~108쪽.

29 〈무진기행〉은 "안개"라는 제목으로 영화화되기도 했다.

30 김승옥, 〈무진기행〉,《서울 1964년 겨울》, 문학과지성사, 2019, 105~139쪽.

31 데이비드 허버트 로렌스,《아들과 연인》(상), 최희섭 옮김, 열린책들, 2011, 39쪽.

32 같은 책, 337~338쪽.

33 융보다 열세 살 연하인 볼프는 27세 때 우울증으로 융에게 치료받기 시작하면서 그의 제
    자가 되었다. 미혼이었던 볼프는 융을 사랑했고 융 또한 그녀에게 특별한 관심을 가졌던
    것으로 보인다. 융의 아내는 "그는 내게서 어떤 것을 취해서 토니에게 주지 않았습니다.
    오히려 그가 그녀에게 더 주면 줄수록 나에게 더 많은 것을 줄 수 있을 것 같았어요"라는
    말을 하기도 했다. 세 사람의 관계를 지켜본 바바라 한나는 세 사람 모두 애정 결핍이 없
    었기에 질투에서 벗어날 수 있었다고 말한다. 그리고 볼프의 성격은 내향적 직관형으로
    생각된다(바바라 한나,《융, 그의 삶과 저작》, 153, 178~181, 198, 297~300, 474~476쪽; 클레어 던,
    《카를 융, 영혼의 치유자》, 246~251쪽).

34 헤타이라는 반려자를 의미하며 고대 그리스에서는 남자들의 정신적 동반자가 되기 위해
    교육받은 고급 기생을 가리켰다.

35 그리스 신화에 나오는 여전사 '아마존'은 그리스어로 유방이 없다는 뜻인데, 무기를 다루
    기 위해 한쪽 유방을 제거한 데서 유래된 말이다. 남미의 아마존강도 16세기 탐험대가 여
    전사들에게 공격을 당하면서 아마존이라고 부르게 되었다 한다.

36 여성에게 에로스는 관계를 의미한다. 남성이 생각하는 성적 관계만을 의미하는 것은 아
    니다.

37 존 A. 샌포드,《우울한 남자의 아니마, 화내는 여자의 아니무스》, 노혜숙 옮김, 아니마,
    2013, 178~183쪽; 이부영,《아니마와 아니무스》, 한길사, 2001, 135~146쪽.

38 칼 구스타프 융,《꿈 분석》, 153쪽.

39 셰익스피어의《햄릿》에 나오는 대사 "아, 세상만사가 다 지겹고 썩었고 의미 없구나. 아,
    역겹도다. 세상은 잡초가 무성한 정원, 온통 더러운 것을 다 차지하고 있구나"(박용남,《난생
    처음 도전하는 셰익스피어 4대 비극》, 이와우, 2019, 28쪽) 참조.

40 아르투어 쇼펜하우어,《의지와 표상으로서의 세계》, 홍성광 옮김, 을유문화사, 2015,
    578쪽.

41 윌리엄 셰익스피어, 《오셀로》, 김민애 옮김, 더클래식, 2015, 10~11, 97, 116~117, 134~136, 144쪽.

42 박영규, 《한 권으로 읽는 조선왕조실록》, 웅진지식하우스, 2004, 164~167쪽; 이덕일, 《사화로 보는 조선 역사》, 석필, 1998, 258~262쪽.

43 박영규, 《한 권으로 읽는 조선왕조실록》, 210~211쪽; 이덕일, 《사화로 보는 조선 역사》, 305~320쪽.

44 아르투르 쇼펜하우어, 《사랑은 없다》, 이동진 옮김, 해누리기획, 2004, 221쪽.

45 뤼디거 자프란스키, 《쇼펜하우어 전기》, 정상원 옮김, 꿈결, 2018, 26~38, 105~108, 170~182쪽; 아르투어 쇼펜하우어, 《의지와 표상으로서의 세계》, 779~782쪽.

46 앤서니 스토, 《처칠의 검은 개 카프카의 쥐》, 김영선 옮김, 글항아리, 2018, 97~99쪽.

47 로버트 그린, 《인간 본성의 법칙》, 이지연 옮김, 위즈덤하우스, 2019, 323~324쪽.

48 박영규, 《조선 왕실 로맨스》, 옥당북스, 2019, 265~270쪽.

49 로버트 그린, 《인간 본성의 법칙》, 328쪽.

50 버트런드 러셀, 《철학이란 무엇인가/행복의 정복》, 정광섭 옮김, 동서문화사, 2017, 280쪽.

51 칼 구스타프 융, 《칼 융, 차라투스트라를 분석하다》, 390~395쪽.

52 칼 구스타프 융, 《꿈 분석》, 317~318쪽.

53 칼 구스타프 융, 《아이온》, 87쪽.

54 같은 곳.

55 칼 구스타프 융, 《무엇이 개인을 이렇게 만드는가》, 김세영 옮김, 부글북스, 2013, 95~105쪽.

56 칼 구스타프 융, 《인격은 어떻게 발달하는가》, 김세영·정명진 옮김, 부글북스, 2015, 235~251쪽.

57 칼 구스타프 융, 《아이온》, 127쪽; Carl G.Jung, *Aion:Researches into the Phenomenology of the Self*, 2nd edition, trans. R. F. C. Hull, Princeton University Press, 1968, p.86.

58 헬게 헤세, 《두 사람의 역사》, 마성일·육혜원 옮김, 북캠퍼스, 2018, 293쪽.

59 칼 구스타프 융, 《인격은 어떻게 발달하는가》, 241쪽.

60 칼 포퍼는 오스트리아 출생의 철학자로 런던 대학 교수를 역임했다. 대표 저서 《열린사회와 그 적들》에서 전체주의를 비판했다. 과학과 비과학을 반증 가능성으로 비판할 수 있다고 했으며 그가 주장하는 합리주의적 태도는 오류 가능성을 인정하는 것을 말한다.

61 마르쿠스 아우렐리우스, 《아우렐리우스 명상록》, 김소영 옮김, 동서문화사, 2017, 149쪽.

62 아리스토텔레스, 《니코마코스 윤리학》, 천병희 옮김, 숲, 2013, 161쪽.

63 에픽테토스, 《에픽테토스의 인생을 바라보는 지혜》, 키와 블란츠 옮김, 강현규 엮음, 메이트북스, 2019, 29, 48쪽.

64 클레어 던, 《카를 융, 영혼의 치유자》, 270~271쪽.

65 칼 구스타프 융, 《꿈 분석》, 117쪽.

66 셰익스피어의 《리어 왕》에 나오는 대사 "우리가 이 세상에 태어날 때 우는 이유는 바보들만 있는 이 큰 무대에 왔기 때문이다"(박용남, 《난생처음 도전하는 셰익스피어 4대 비극》, 275쪽 참조).

67 《금강경》에 나오는 한 구절로 육조 혜능 선사가 우연히 이 구절을 듣고 출가를 결심하게 되었다는 얘기로 널리 알려졌다.

68 칼 구스타프 융, 《인격은 어떻게 발달하는가》, 247쪽.

69 오스트리아 빈 출생의 유대인 정신과 의사 빅터 프랭클은 제2차 세계 대전 때 나치 강제 수용소에서의 체험을 바탕으로 《죽음의 수용서에서》 등의 저서를 발표했고, 삶의 의미를 강조하는 의미 치료Logotherapie를 창시했다.

70 빅터 프랭클, 《영혼을 치유하는 의사》, 유영미 옮김, 청아출판사, 2017, 17, 121쪽.

71 "Man cannot stand a meaningless life." 1959년 융이 84세 되던 해 영국 BBC와의 인터뷰에서 한 말로 유튜브에서 쉽게 찾아볼 수 있다. 존 프리먼John Freeman이 신을 믿느냐고 묻자 융은 "나는 압니다. 나는 믿을 필요가 없습니다. 나는 압니다"라고 답해 궁금증과 논란을 일으킨 유명한 장면을 볼 수 있다. 융은 자신이 신적인 것을 체험했다는 뜻으로 답한 듯하다. 로렌스 W. 자피, 《융 심리학과 개성화》, 심상영 옮김, 한국심층심리연구소, 2006, 105, 138쪽; 클레어 던, 《카를 융, 영혼의 치유자》, 284쪽; 바바라 한나, 《융, 그의 삶과 저작》, 187쪽 참조.

72 알프레드 아들러, 《아들러 인생방법 심리학》, 23~24쪽. 아들러는 각자 개별적인 가상적 목표에 따라 우월성을 추구한다고 보고 일, 사랑, 적절한 인간관계(공감, 배려, 이타적 태도)를 통한 사회 적응(공헌)과 사회적 감정(공동체 의식)을 강조한다(알프레드 아들러, 《삶의 의미》, 김세영 옮김, 부글북스, 2019, 272~288쪽).

73 지그문트 프로이트, 《문명 속의 불만》, 김석희 옮김, 2004, 247쪽; 베벌리 클락, 《프로이트를 좋아하는 사람이라면 꼭 알아야 할 것》, 박귀옥 옮김, 소울메이트, 2016, 226~227쪽.

74 빅터 프랭클, 《영혼을 치유하는 의사》, 39쪽.

75 서머싯 몸, 《인간의 굴레》, 조용만 옮김, 동서문화사, 2011, 275~278쪽.

76 버트런드 러셀, 《나는 무엇을 위해 살아왔는가》, 62쪽.

77 독일 태생 유대인으로 사회 심리학자이자 정신 분석학자인 에리히 프롬은《자유로부터의 도피》,《사랑의 기술》,《소유냐 삶이냐》 등의 저서로 널리 알려져 있다.

78 에리히 프롬,《자기를 위한 인간》, 273쪽.

79 빅터 프랭클,《영혼을 치유하는 의사》, 101~105쪽.

80 파우스트는 학식이 뛰어난 노학자지만 삶의 의미와 본질을 알지 못하는 점을 한탄한다. 이때 메피스토펠레스로 변신한 악마가 파우스트의 시중을 들며 삶의 온갖 향락을 체험하게 해 주고, 대신 파우스트가 만족하는 순간 영혼을 거두어 가기로 계약한다. 파우스트는 그간 경험하지 못한 향락을 체험하나 만족하지 못하고 삶의 의미를 찾지 못한다.

81 빌헬름 바이셰델,《철학의 뒤안길》, 이기상·이말숙 옮김, 서광사, 1990, 87~94쪽; 군나르 시르베크·닐스 길리에,《서양철학사 1》, 윤형식 옮김, 이학사, 2016, 189~191쪽; 강상진 외,《서양고대철학 2》, 길, 2016, 302~311쪽.

82 뤽 페리,《철학으로 묻고 삶으로 답하라》, 성귀수 옮김, 책읽는수요일, 2015, 70~91쪽.

83 개별적인 모든 사물을 존재하게 하는 근거, 인식되지 않고 제어할 수 없는 충동, 의지 그 자체는 맹목적이고 그 현상의 대부분이 무의식적으로 나타난다. 쇼펜하우어는 프로이트에 앞서 무의식의 개념을 소개한 것으로 알려져 있다(아르투어 쇼펜하우어,《의지와 표상으로서의 세계》, 809, 820쪽).

84 버트런드 러셀,《나는 무엇을 위해 살아왔는가》, 67~69쪽; 빌헬름 바이셰델,《철학의 뒤안길》, 421쪽.

85 김형석,《백년을 살아보니》, 덴스토리, 2016, 48, 229쪽.

86 롤로 메이,《자아를 잃어버린 현대인》, 백상창 옮김, 문예출판사, 2015, 263쪽.

87 빅터 프랭클,《영혼을 치유하는 의사》, 230쪽.

88 버트런드 러셀,《나는 무엇을 위해 살아왔는가》, 68쪽.

89 스털링 램프레히트,《서양 철학사》, 김태길·윤명로·최명관 옮김, 을유문화사, 2008, 536~537쪽.

90 아르투어 쇼펜하우어,《의지와 표상으로서의 세계》, 423쪽.

91 디오니소스적인 것은 쇼펜하우어의 의지와 비슷한 것으로 볼 수 있고(스털링 램프레히트,《서양철학사》, 539~540쪽 참조). 아폴론적인 것은 지성적인 것으로 볼 수 있다. 예술에서 디오니소스적인 것은 음악이나 춤이고, 아폴론적인 것은 미술 작품과 같은 형상에 대한 관조를 말한다.

92 프리드리히 니체,《차라투스트라는 이렇게 말했다》, 곽복록 옮김, 동서문화사, 2016,

440~444쪽.

93 박찬국,《초인수업》, 21세기북스, 2014, 190~200쪽.

94 이어령,《딸에게 보내는 굿나잇 키스》, 열림원, 2015, 344쪽.

95 메다드 보스,《정신분석과 현존재분석》, 이죽내 옮김, 하나의학사, 2003, 37~41쪽.

96 빌헬름 바이셰델,《철학의 뒤안길》, 93쪽.

97 뤽 페리,《철학으로 묻고 삶으로 답하라》, 49쪽.

98 빌헬름 바이셰델,《철학의 뒤안길》, 396~397쪽.

99 같은 책, 400쪽.

100 서머싯 몸,《인간의 굴레》, 685~687쪽.

101 박찬국,〈마르틴 하이데거, 존재의 소리에 귀 기울이기〉, 철학아카데미,《처음 읽는 독일
현대철학》, 동녘, 2013, 186쪽.

102 박찬국,《하이데거의 존재와 시간 읽기》, 세창미디어, 2013, 91쪽.

103 박찬국,〈마르틴 하이데거, 존재의 소리에 귀 기울이기〉,《처음 읽는 독일 현대철학》,
188쪽.

104 박찬국,《들길의 사상가, 하이데거》, 그린비, 2013, 75쪽.

105 박찬국,《하이데거의 존재와 시간 읽기》, 91~94쪽.

106 박찬국,《삶은 왜 짐이 되었는가》, 21세기북스, 2017, 169~178쪽.

107 강영안,《타인의 얼굴》, 문학과지성사, 1995, 38쪽.

108 이부영,《분석심리학: C. G. Jung의 인간심성론》, 343쪽. 누미노스는 힌트나 신호를 의미하
는 '누멘numen'에서 나온 말이다. 고대인이 신에게 기도를 올릴 때 신상의 귀에 대고 큰소
리로 기도하고, 신이 어떤 식으로든 대답할 때까지 신상의 움직임을 바라보며 신의 동의
나 거절 또는 암시를 체험하는 것이 누미노즘이다(칼 구스타프 융,《칼 융, 차라투스트라를 분석
하다》, 290쪽).

109 이부영,《분석심리학: C. G. Jung의 인간심성론》, 345쪽.

110 칼 구스타프 융,《정신요법의 기본 문제》, 한국융연구원 C. G. 융 저작 번역위원회 옮김, 솔
출판사, 2001, 51쪽.

111 쇼펜하우어에 따르면 연민은 도덕적 요청이 아니라 강렬한 감정을 동반하며 번개 치듯 덮
치는 어떤 경험이다. 연민은 도덕의 기초가 되고 형이상학으로 이끄는 불가사의다(뤼디거
자프란스키,《쇼펜하우어 전기》, 440, 604쪽).

112 최인호,《최인호의 인생》, 여백, 2013, 47쪽.

113 정병석 역주,《주역》(하권), 을유문화사, 2011, 531쪽.

114 장기근 편저,《백락천》(다듬판), 석필, 2006, 67~68쪽.

115 프리드리히 니체,《차라투스트라는 이렇게 말했다》, 470~476쪽. 니체는 신은 죽었다고
     말하며 종교는 연약한 인간이 만들어 낸 허구이고 천국은 내세가 아닌 마음속에 있다고
     주장한다(박찬국,《초인수업》, 118~156쪽). 융은 니체가 막상 보통 사람이 어떻게 해야 초인이
     되는지 제대로 설명을 하지 않았다고 아쉬움을 표한다. 니체가 직관적 성격이라 핵심만
     건드리며 슬쩍 언급만 하고 본격적으로 파고들지 않으면서 달아나 버린다고 말한다(칼 구
     스타프 융,《칼 융, 차라투스트라를 분석하다》, 432쪽).

116 빌헬름 바이셰델,《철학의 뒤안길》, 403쪽.

117 레프 톨스토이,《톨스토이 고백록》, 박문재 옮김, 현대지성, 2018, 102쪽.

118 같은 책, 20, 76, 86, 97~99쪽.

119 칼 구스타프 융,《정신요법의 기본 문제》, 65쪽.

120 클레어 던,《카를 융, 영혼의 치유자》, 254쪽.

121 로렌스 W. 자퍼,《융 심리학과 개성화》, 107쪽.

122 빅터 프랭클,《영혼을 치유하는 의사》, 178쪽.

123 조지 베일런트,《행복의 조건》, 이덕남 옮김, 프런티어, 2010, 112쪽.

124 "(Dostoevsky:)letters and reminiscences," https://archive.org/stream/
     dostoevskyletter00dostuoft/dostoevskyletter00dostuoft_djvu.txt

125 베벌리 클락,《프로이트를 좋아하는 사람이라면 꼭 알아야 할 것》, 207~245쪽; 지그문트
     프로이트,《문명 속의 불만》, 241, 248쪽.

126 빌헬름 바이셰델,《철학의 뒤안길》, 364쪽. 포이어바흐는 프로이트가 존경하는 철학자다
     (피터 게이,《프로이트 I》, 정영목 옮김, 교양인, 2011, 77, 78쪽).

127 버트런드 러셀,《철학이란 무엇인가/행복의 정복》, 281쪽.

128 노자,《노자 도덕경》, 무공 옮김, 좋은땅, 2018, 122~129쪽.

129 아니엘라 야훼 엮음,《C. G. Jung의 회상, 꿈, 그리고 사상》, 447쪽.

130 정해왕,《중용 읽기》, 세창미디어, 2016, 49~73쪽.

131 배철현,《신의 위대한 질문》, 21세기북스, 2015, 299쪽.

132 신창호,《경이란 무엇인가》, 글항아리, 2018, 48~70쪽.

133 헤르만 헤세,《데미안》, 116쪽.

134 칼 구스타프 융,《칼 융, 차라투스트라를 분석하다》, 282~283쪽.

135 이언 보스트리지, 《슈베르트의 겨울 나그네》, 장호연 옮김, 바다출판사, 2016, 266~267쪽. 〈하프 타는 노인의 노래 1〉이다. 〈하프 타는 노인의 노래〉는 괴테의 《빌헬름 마이스터의 수업시대》에 나오는 노악사의 노래에 슈베르트가 곡을 붙인 것으로 모두 세 곡으로 구성되어 있다.

136 이강재, 《논어》, 살림출판사, 2006, 175, 190쪽.

137 뤼디거 자프란스키, 《쇼펜하우어 전기》, 537쪽; 레지날드 J. 홀링데일, 《니체》, 김기복·이원진 옮김, 북캠퍼스, 2017, 41~42쪽; 프리드리히 니체, 《우상의 황혼》, 박찬국 옮김, 아카넷, 2015, 22쪽.

138 클레어 딘, 《카를 융, 영혼의 치유자》, 272쪽.

139 아르투어 쇼펜하우어, 《의지와 표상으로서의 세계》, 420~438쪽.

140 프리드리히 니체, 《초역 니체의 말 Ⅱ》, 시라토리 하루히코 편역, 박미정 옮김, 삼호미디어, 2014, 139쪽.

141 프리드리히 니체, 《세상을 어떻게 이해할 것인가》, 이동진 옮김, 해누리, 2019, 260쪽.

142 이부영, 《아니마와 아니무스》, 130쪽.

143 앤서니 스토, 《처칠의 검은 개 카프카의 쥐》, 70쪽.

144 김종필, 《남아 있는 그대들에게》, 스노우폭스북스, 2018, 268쪽.

145 융은 돌판에 조각하는 일을 계속하지 않았다면 아내가 죽은 뒤 처음 한 달 동안 살아가기가 무척 힘들었을 것이라고 말했다(바바라 한나, 《융, 그의 삶과 저작》, 497쪽).

146 클레어 딘, 《카를 융, 영혼의 치유자》, 164, 207, 260쪽; 바바라 한나, 《융, 그의 삶과 저작》, 225쪽.

147 칼 구스타프 융, 《꿈 분석》, 337쪽.

148 조지 베일런트, 《행복의 조건》, 16쪽.

149 삶의 본질이 맹목적 의지에 사로잡혀 고통스러울 수밖에 없다고 보아서 염세주의라고 말하나 쇼펜하우어의 삶은 염세적이지 않았다.

150 아르투르 쇼펜하우어, 《쇼펜하우어 인생론》, 39~43쪽.

151 같은 책, 77쪽.

1   프레데리크 그로,《걷기, 두발로 사유하는 철학》, 이재형 옮김, 책세상, 2014, 223~224쪽.

2   김상운,《역사를 뒤바꾼 못 말리는 천재 이야기》, 이가서, 2005, 172쪽.

3   스테판 밋첼·마가렛 블랙,《프로이트 이후》, 이재훈·이해리 옮김, 한국심리치료연구소, 2000, 143쪽.

4   이부영,《분석심리학: C. G. Jung의 인간심성론》, 일조각, 2011, 228쪽.

5   빅터 프랭클,《영혼을 치유하는 의사》, 유영미 옮김, 청아출판사, 2017, 263~308쪽.

6   같은 책, 253쪽.

7   앤서니 스토,《처칠의 검은 개 카프카의 쥐》, 김영선 옮김, 글항아리, 2018, 139쪽.

8   쇠렌 키르케고르,《이것이냐/저것이냐》(제2부), 임춘갑 옮김, 다산글방, 2008, 367쪽.

9   조증은 당위를 넘어서 힘이 넘치는 느낌이 드는 경우다.

10   페터 한트케,《소망 없는 불행》, 윤용호 옮김, 민음사, 2002, 17~18, 25, 28, 31, 34, 57쪽.

11   빅터 프랭클,《영혼을 치유하는 의사》, 178쪽.

12   빅터 프랭클은 삶의 의미를 '창조적 가치', '경험적 가치', '태도적 가치' 세 가지에서 찾을 수 있다고 설명한다. 창조적 가치는 활동을 통해 실현되며, 경험적 가치는 사랑을 체험하고 예술 또는 자연을 관조하는 데서 실현되는 것이고, 태도적 가치는 변경할 수 없는 운명에 대한 태도와 관련된다(같은 책, 101~105쪽).

13   Pim Cuijpers et al., "Psychotherapy for depression in adults: a meta-analysis of comparative outcome studies," *Journal of consulting and Clinical Psychology*, 2008, 76(6), pp.909~922.

14   클레어 던,《카를 융, 영혼의 치유자》, 공지민 옮김, 지와사랑, 2013, 254쪽.

15   앤서니 스토,《처칠의 검은 개 카프카의 쥐》, 17쪽.

16   김상운,《역사를 뒤바꾼 못 말리는 천재 이야기》, 154~160쪽.

17   정하은·김창윤, 〈사도세자에 대한 정신의학적 고찰: 사도세자, 양극성 장애 환자인가 당쟁의 희생양인가〉,《신경정신의학》, 53(5), 2014, pp.299~309.

18   김범,《연산군》, 글항아리, 2010, 35~65쪽; 신동준,《연산군을 위한 변명》, 지식산업사, 2003, 73~86쪽; 이한우,《왕비의 하루》, 김영사, 2014, 64~96쪽.

19   Nick Craddock and Pamela Sklar, "Genetics of bipolar disorder," *Lancet*, Vol.381, 2013, pp.1654~1662.

20 단순히 이름 부르는 소리나 잠들 무렵 또는 잠 깰 무렵에 나타나는 환청은 임상적으로 의미 있는 증상은 아니다. 노벨 경제학상을 수상한 수학자의 정신병적 체험을 영화로 만든 〈뷰티풀 마인드〉(2001)에서는 러셀 크로우가 분한 주인공 존 내시가 환시를 체험하는 것으로 나오는데, 조현병에서 환청은 흔히 나타나는 증상이나 실제 환시를 체험하는 경우는 흔치 않다. 이는 정신병적 체험을 극화하면서 시각적으로 묘사하기 위해 사용한 방식으로 이해된다.

21 원래 면역 세포는 외부 세균이나 바이러스 또는 암세포 등을 공격하는 역할을 하는데, 면역 세포가 자신의 신체 조직을 공격해서 발생하는 질환을 자가 면역 질환이라고 부른다.

22 중추 신경계의 흥분성 신경 전달 물질의 일종이다. 기억이나 학습 등의 인지 기능과 산소 공급 부족 시 뇌 세포 손상 등의 기전에 관여한다. 글루탐산모노나트륨monosodium glutamate은 인공조미료 MSG로 널리 알려져 있다.

23 Susannah Cahalan, *Brain on Fire, My Month of Madness*, Simon & Schuster Paperbacks, 2012.

24 이세정·전명욱·이중선·김창윤, 〈항-NMDA-수용체 뇌염으로 진단된 긴장증 사례〉, 《대한조현병학회지》, Vol.20, No.1, 2017, pp.23~27.

25 김창윤, 〈정신건강복지법 이대로는 안 된다〉, 《의료정책포럼》, 제15권 3호, 2017, pp.43~50; 김창윤, "두 마리 토끼 모두 놓친 정신보건법 개정,"《매일경제》, 2017년 2월 15일자.

26 Elyn Saks, "A tale of mental illness," TED Talks, 2012.

27 마광수, 〈빈센트 반 고흐〉, 《생각》, 책읽는귀족, 2014, 291쪽.

28 알프레드 아들러, 《아들러 인생방법 심리학》, 한성자 옮김, 동서문화사, 2017, 67쪽.

29 "정호승의 새벽편지―자살의 유혹에 침을 뱉어라," 《동아일보》, 2011년 10월 6일자.

30 레프 톨스토이, 《톨스토이 고백록》, 박문재 옮김, 현대지성, 2018, 76쪽.

31 빅터 프랭클, 《영혼을 치유하는 의사》, 111~112쪽.

32 로렌스 W. 자피, 《융 심리학과 개성화》, 심상영 옮김, 한국심층심리연구소, 2006, 108쪽.

33 아르투어 쇼펜하우어, 《의지와 표상으로서의 세계》, 홍성광 옮김, 을유문화사, 2015, 633쪽.

34 이부영, 《분석심리학: C. G. Jung의 인간심성론》, 227쪽.

35 프리드리히 니체, 《초역 니체의 말 II》, 시라토리 하루히코 편역, 박미정 옮김, 삼호미디어, 2014, 226쪽.

36   윌리엄 셰익스피어,《리어 왕》, 박우수 옮김, 열린책들, 2012, 127쪽.

37   아르투르 쇼펜하우어,《사랑은 없다》, 이동진 옮김, 해누리기획, 2004, 223쪽.

38   다자이 오사무,《인간 실격》, 김춘미 옮김, 민음사, 2004.

39   로버트 그린,《인간 본성의 법칙》, 이지연 옮김, 위즈덤하우스, 2019, 98쪽.

40   같은 책, 98~99쪽.

41   이를 융은 프로이트가 무의식을 지나치게 강조한 데 대한 반작용일 수 있으나, 아들러학
      파가 무의식을 대하는 태도를 보면 무의식을 완전히 무시하는 것처럼 보인다고 말한다(칼
      구스타프 융,《영혼을 찾은 현대인》, 김세영 옮김, 부글북스, 2014, 128쪽).

42   피터 게이,《프로이트 II》, 정영목 옮김, 교양인, 2011, 465~466쪽.

43   칼 구스타프 융,《심리 유형》, 정명진 옮김, 부글북스, 2019, 103~104쪽; 칼 구스타프 융,
      《영혼을 찾은 현대인》, 127쪽.

44   칼 구스타프 융,《정신분석이란 무엇인가》, 정명진 옮김, 부글북스, 2014, 198쪽.

45   칼 구스타프 융,《정신요법의 기본 문제》, 한국융연구원 C. G. 융 저작 번역위원회 옮김, 솔
      출판사, 2001, 63쪽.

46   피터 B. 라베,《상담과 심리치료에서 철학의 역할》, 김수배·이한균 옮김, 학이시습, 2016;
      다그마르 펜너,《철학상담치료와 심리치료, 무엇이 다른가?》, 김성진 옮김, 서광사, 2017.

47   메다드 보스,《정신분석과 현존재분석》, 이죽내 옮김, 하나의학사, 2003.

48   에픽테토스,《에픽테토스의 인생을 바라보는 지혜》, 키와 블란츠 옮김, 강현규 엮음, 메이
      트북스, 2019, 29쪽.

49   피터 게이,《프로이트 I》, 정영목 옮김, 교양인, 2011, 118~122, 158쪽.

50   바바라 한나,《융, 그의 삶과 저작》, 심상영·김영중 옮김, 한국심층심리연구소, 2013, 127쪽.

51   의상 대사가《화엄경華嚴經》의 내용을 간추려 한 말이다.